21 世纪经济与管理规划教材·会计学系列

内部控制与风险管理

（第三版）

（含数字教材）

王清刚　主　编
吴志秀　骆长琴　副主编
赵喜斌　黎高辉　审　校

INTERNAL CONTROL AND RISK MANAGEMENT

北京大学出版社
PEKING UNIVERSITY PRESS

图书在版编目(CIP)数据

内部控制与风险管理/王清刚主编.--3 版.--北京:北京大学出版社,2025.8.--(21 世纪经济与管理规划教材).--ISBN 978-7-301-36361-4

Ⅰ.F272.3

中国国家版本馆 CIP 数据核字第 2025VH6012 号

书　　　名	内部控制与风险管理(第三版)
	NEIBU KONGZHI YU FENGXIAN GUANLI(DI-SAN BAN)
著作责任者	王清刚　主编
责 任 编 辑	李　娟
标 准 书 号	ISBN 978-7-301-36361-4
出 版 发 行	北京大学出版社
地　　　址	北京市海淀区成府路 205 号　100871
网　　　址	http://www.pup.cn
微信公众号	北京大学经管书苑(pupembook)
电 子 邮 箱	编辑部 em@pup.cn　　总编室 zpup@pup.cn
电　　　话	邮购部 010-62752015　发行部 010-62750672　编辑部 010-62752926
印 刷 者	河北滦县鑫华书刊印刷厂
经 销 者	新华书店
	787 毫米×1092 毫米　16 开本　20.25 印张　488 千字
	2016 年 8 月第 1 版　2020 年 11 月第 2 版
	2025 年 8 月第 3 版　2025 年 8 月第 1 次印刷
定　　　价	68.00 元（含数字教材）

未经许可，不得以任何方式复制或抄袭本书之部分或全部内容。
版权所有，侵权必究
举报电话: 010-62752024　电子邮箱: fd@pup.cn
图书如有印装质量问题，请与出版部联系，电话: 010-62756370

丛书出版说明

教材作为人才培养重要的一环，一直都是高等院校与大学出版社工作的重中之重。"21世纪经济与管理规划教材"是我社组织在经济与管理各领域颇具影响力的专家学者编写而成的，面向在校学生或有自学需求的社会读者；不仅涵盖经济与管理领域的传统课程，还涵盖学科发展衍生的新兴课程；在吸收国内外同类最新教材优点的基础上，注重思想性、科学性、系统性，以及学生综合素质的培养，以帮助学生打下扎实的专业基础和掌握最新的学科前沿知识，满足高等院校培养高质量人才的需要。自出版以来，本系列教材被众多高等院校选用，得到了授课教师的广泛好评。

随着信息技术的飞速进步，在线学习、翻转课堂等新的教学/学习模式不断涌现并日渐流行，终身学习的理念深入人心；而在教材以外，学生们还能从各种渠道获取纷繁复杂的信息。如何引导他们树立正确的世界观、人生观、价值观，是新时代给高等教育带来的一个重大挑战。为了适应这些变化，我们特对"21世纪经济与管理规划教材"进行了改版升级。

首先，为深入贯彻落实习近平总书记关于教育的重要论述、全国教育大会精神、《关于深化新时代学校思想政治理论课改革创新的若干意见》以及《教育强国建设规划纲要（2024—2035年）》，我们按照国家教材委员会《习近平新时代中国特色社会主义思想进课程教材指南》《关于做好党的二十大精神进教材工作的通知》和教育部《普通高等学校教材管理办法》《高等学校课程思政建设指导纲要》等文件精神，将课程思政内容尤其是党的二十大精神融入教材，以坚持正确导向，强化价值引领，落实立德树人根本任务，立足中国实践，形成具有中国特色的教材体系。

其次，响应国家积极组织构建信息技术与教育教学深度融合、多种介质综合运用、表现力丰富的高质量数字化教材体系的要求，本系列教材在形式上将不再局限于传统纸质教材，而是会根据学科特点，添加讲解重点难点的视频音频、检测学习效果的在线测评、扩展学习内容的延伸阅读、展示运算过程及结果的软件应用等数字资源，以增强教材的表现力和吸引力，有效服务线上教学、混合式教学等新型教学模式。

为了使本系列教材具有持续的生命力，我们将积极与作者沟通，争取按学制周期对教材进行修订。您在使用本系列教材的过程中,如果发现任何问题或者有任何意见或建议,欢迎随时与我们联系(请发邮件至 em@pup.cn)。我们会将您的宝贵意见或建议及时反馈给作者,以便修订再版时进一步完善教材内容,更好地满足教师教学和学生学习的需要。

最后,感谢所有参与编写和为我们出谋划策提供帮助的专家学者,以及广大使用本系列教材的师生。希望本系列教材能够为我国高等院校经管专业教育贡献绵薄之力!

北京大学出版社

经济与管理图书事业部

第三版前言

当前国际国内形势纷繁复杂，世界百年未有之大变局加速演进。变化就意味着不确定，意味着风险。针对风险，必须实施有效的管理和控制。新时代，我国发展战略机遇和风险挑战并存，不确定、难预料因素明显增多，各种"黑天鹅"和"灰犀牛"事件随时可能发生。我们必须增强忧患意识，居安思危、未雨绸缪，有效应对各种风险和挑战。习近平总书记强调要用完善的制度防范化解风险，在危机中育新机、于变局中开新局。党的二十届三中全会进一步强调了防范和化解风险的重要性，特别是要关注房地产、地方政府债务、中小金融机构等重点领域的风险防控问题，切实维护社会稳定和经济发展。

风险是影响目标实现的各种不确定性因素。企业在生产经营和管理活动中经常面临各种风险，如利率风险、汇率风险、价格风险、法律风险、技术风险等。内部控制是对影响企业目标实现的各种风险因素进行识别、分析和应对，从而帮助企业实现目标的过程。内部控制与风险管理是非常重要的管理学术语，是促进企业目标实现的关键，是使企业的各项生产经营和管理活动高效、有序运行的内在要求。企业的生存和发展，对外主要靠经营，对内主要靠管理，管理主要是控制各种风险。内部控制有效与否，直接关系到企业的兴衰成败。尽管内部控制并不能绝对保证企业的成功，但成功的企业无不具有良好的内部控制体系，失败的企业或多或少都有内部失控的影子。正如美国著名管理学家罗伯特·安东尼（Robert Anthony）所说："管理企业好比驾驶一辆汽车，车速越快越需要良好的控制系统。"

经过不断的发展和演进，内部控制先后经历了内部牵制阶段、内部控制制度阶段、内部控制结构阶段、内部控制整合框架阶段和风险管理整合框架阶段等。内部控制与风险管理有融合之势，内部控制主要是对影响企业目标实现的各种风险进行梳理、识别、分析和应对，风险导向理念贯穿内部控制的全过程。我国《企业内部控制基本规范》及其配套指引和操作指南，充分吸收了全面风险管理的理念和方法，强调了内部控制与风险管理的统一。内部控制的目标是防范和控制风险，促进企业实现发展战略，风险管理的目标也是促进企业实现发展战略，两者都要求将风险控制在可承受范围之内。因此，内部控制与风险管理不是对立的，而是协调统一的整体。在实际工作中，企业应从工作内容、目标、要求以及具体工作执行的方法、程序等方面，将内部控制建设和风险管理工作有机地结合起来，避免职能交叉、资源浪费、重复劳动，降低企业管理成本，提高工作效率和效果。

然而，实践中很多企业认为内部控制就是管理制度，是企业用于防止差错和舞弊，或应付有关部门检查的各种规章制度，是存放在文件柜中的一份份文件；还有一些企业认为责任分工体系、授权审批制度就是内部控制。这些认识都是对内部控制的片面理解。内部控制不仅仅是制度安排，更强调制度的执行过程以及实施的效率和效果。内部控制并不等同于内部会计控制，也不仅仅是管理层的控制，而是涉及全员的风险管控过程，是由一系列目标、原则、要素等组成的完整框架，是全面风险管理。内部控制既涉及企业整体层面，又涉及具体业务和事项，还涉及子公司和分支机构层面，可以说覆盖企业生产经营和管理活动的全过程。内部控制的目标也不再局限于防范错弊，而是拓展到合规目标、资产目标、报告目标、运营目标和战略目标五个方面。特别是战略目标的提出，为内部控制与风险管理向上拓展到公司治理层面奠定了基础。健全而有效的内部控制不仅能够合理保证企业的生产经营和管理活动合法合规，提高企业报告的真实性、可靠性和完整性，而且可以提高企业的运营水平和风险防范能力，提升管理效率，改善经营效果，帮助企业实现运营目标和发展战略，促进企业可持续发展。

现代企业内部控制已由单纯规避损失的传统风险管理转向能够创造价值的全面风险管理。内部控制与风险管理可以将企业发展战略、管理理念、控制要求融入公司治理、企业文化、岗位授权、制度规范和业务流程，通过风险评估、风险预警、信息沟通、流程监控、有效性评价、缺陷改进等控制活动，推动企业管理从单一制度管理向体系化管理转变、从事后监督考核向全过程监控转变、从职能条块化管理向全流程管理转变，从而实现企业管理水平的持续提升，全面服务于企业的价值创造。

本书以习近平经济思想为指导，立足中国企事业单位实际，秉持立德树人、培育德才兼备卓越管理人才的根本任务，以系统论、控制论和信息论为指导，以"理论—实践—案例"为主线，按照"目标—风险—控制"的逻辑，注重培养学生"提出问题—分析问题—解决问题"的专业素养和实践能力，注重价值引领，努力提升学生内部控制与风险管理的知识结构和能力框架，使学生能够系统掌握内部控制与风险管理的理论基础、实践技能和分析能力，熟悉内部控制设计和运行的原理及方法，掌握风险管理的先进技术和工具，熟练地对企事业单位的内部控制与风险管理作出分析和评价。本书还介绍了内部控制与风险管理的最新动态和发展趋势，包括风险智能管理、嵌入人工智能的风险管理、"互联网+"环境下的内部控制等。

本书简明扼要，强调学以致用。在内容编写上，尽可能地吸取最新的研究和实践成果，努力提升教材的科学性、先进性和适用性。在结构安排上，紧密结合理论与实践，注重实务操作，结合案例分析，将理论与实践熔为一炉、操作与规范连为一体。在案例选材上，尽可能选取作者深入企业调研获取的一线材料，使案例真正成为联系理论与实践的纽带。

本书由王清刚任主编，吴志秀、骆长琴任副主编。参编人员有黄晓玲、黎锡贵、向纯双、刘思、梁飞、陈侯宇、吴青、黄渊、任靳玲、黄懿、贺兵兵、何璐碧、龙雪珍、邹元祯、文春、钟有信、肖浩匀、覃慧明、杨汝。赵喜斌、黎高辉同志对全书进行了审校。中南财经政法大学会计学原理教研室全体教师就教材定位、主要结构、内容安排、写作风格等进行了多次讨论，提出了很多富有建设性的意见，在此表示感谢！在本书编写的过程中，我们参考了大量的教材和著作，在此向这些文献的作者(包括列出的和未列出的)表示感谢！

与本书配套的"内部控制与风险管理"慕课(MOOC)课程，已在"中国大学 MOOC""学堂在线"和"学习强国"等多个平台上线运行，先后获评首届大中华地区优秀 MOOC 选拔赛最佳课程设计提名奖、湖北省及国家级高校精品在线开放课程、国家级线上一流课程、国家级线上线下混合式一流课程、国家级课程思政示范课程等荣誉。读者阅读本书若配合线上资源，会让学习效率事半功倍。

由于我们水平有限，书中难免存在错误和不足之处，欢迎各位读者提出宝贵意见。

编　者
2025 年 1 月

目 录

第一章 内部控制与风险管理概述 / 1
  第一节　内部控制的概念及特征　/ 2
  第二节　内部控制的产生及发展　/ 8
  第三节　内部控制目标及其设定原则　/ 12
  第四节　内部控制要素及原则　/ 19
  第五节　内部控制建设的思路和方法　/ 24
  第六节　内部控制的局限性　/ 28

第二章 内部环境 / 33
  第一节　组织架构　/ 35
  第二节　发展战略　/ 43
  第三节　人力资源　/ 48
  第四节　社会责任　/ 53
  第五节　企业文化　/ 59

第三章 风险评估 / 66
  第一节　风险的概念、特征和分类　/ 67
  第二节　目标设定　/ 72
  第三节　风险识别　/ 75
  第四节　风险分析　/ 84
  第五节　风险应对　/ 101

第四章 控制活动 / 114
  第一节　常用的控制措施　/ 115
  第二节　全面预算管理　/ 126

第五章 信息与沟通 / 143
  第一节　信息与沟通概述　/ 144
  第二节　内部信息传递　/ 151

第六章 内部监督和内部控制评价 / 158
    第一节 内部监督 / 160
    第二节 内部控制评价 / 171
    第三节 审计委员会、内部审计与内部控制 / 182

第七章 内部控制与风险管理新发展 / 189
    第一节 风险智能管理框架 / 190
    第二节 嵌入人工智能的风险管理 / 198
    第三节 "互联网+"环境下的内部控制 / 202

第八章 资产业务内部控制 / 208
    第一节 业务控制的基本思路 / 209
    第二节 货币资金业务内部控制 / 214
    第三节 存货业务内部控制 / 224
    第四节 固定资产业务内部控制 / 229
    第五节 无形资产业务内部控制 / 234

第九章 购销及投筹资业务内部控制 / 240
    第一节 采购业务内部控制 / 241
    第二节 销售业务内部控制 / 249
    第三节 投资业务内部控制 / 256
    第四节 筹资业务内部控制 / 265

第十章 其他业务内部控制 / 272
    第一节 担保业务内部控制 / 273
    第二节 业务外包内部控制 / 280
    第三节 财务报告内部控制 / 285
    第四节 对子公司和分支机构的控制 / 291

第十一章 行政事业单位内部控制与风险管理 / 295
    第一节 行政事业单位内部控制与风险管理概述 / 296
    第二节 行政事业单位整体层面的内部控制 / 302
    第三节 行政事业单位业务层面的内部控制 / 304
    第四节 行政事业单位廉政风险防控 / 310

主要参考文献 / 315

第一章 内部控制与风险管理概述

学习目标 >>>

1. 理解和掌握内部控制的概念及其特征,树立正确的价值观,将诚信、谨慎、规范和责任融入日常行为。
2. 熟悉内部控制与风险管理的产生及发展,感悟中华文明的贡献,培育文化自信和理论自信。
3. 理解和掌握内部控制整合框架,培育团队协作精神和自我管理能力。
4. 理解和掌握内部控制目标及其设定,熟悉并理解内部控制的局限性,培养思辨能力。
5. 理解和掌握内部控制要素及其基本原则,培养全局意识和社会责任感。
6. 了解内部控制建设的基本思路和方法,强化顶层设计,培育系统观念。

引导案例 >>>

《红楼梦》第十三回"秦可卿死封龙禁尉,王熙凤协理宁国府"的结尾处有这样一段话,很有意思。

> 这里凤姐儿来至三间一所抱厦内坐了,因想:头一件是人口混杂,遗失东西;第二件,事无专执,临期推委;第三件,需用过费,滥支冒领;第四件,任无大小,苦乐不均;第五件,家人豪纵,有脸者不服钤束,无脸者不能上进。此五件实是宁国府中风俗,不知凤姐如何处治,且听下回分解。

其实,王熙凤发现的宁国府中的这些风俗放在一家企业的事务处理环境中也是经常存在的,这些都与企业内部控制与风险管理的有效性相关。

企业在生产经营活动中经常面临各种影响目标实现的不确定性因素(即风险),针对各种风险,需要进行识别、评估和控制,以促进企业目标的实现。健全、有效的内部控制不仅能够合理保证企业生产经营活动合法、合规,提高企业报告的可靠性和完整性,而且可以提高企业运营水平和风险防范能力,提升管理效率,改善经营效果,帮助企业实现运营目标和战略目标,促进企业可持续发展。企业要进行内部控制建设,就必须理解内部控制的概念及特征,熟悉内部控制基本框架,辨析一些认识误区,了解内部控制的产生及发展,清楚内部控制建设的思路和方法,明白内部控制的固有局限性。

第一节 内部控制的概念及特征

内部控制(internal control)是一个非常重要的管理术语,是现代企业管理的重要手段,是促进企业实现战略目标和经营计划的必要因素。英文"control",不仅意指控制,还有管理、核实、检验、限制、支配、监督、指导等含义。内部控制即规范与监督企业的生产经营活动,使之有效率、有效果,以便达成既定目标。内部控制有效与否,直接关系到企业的兴衰成败。安然、世通等财务丑闻曝光后,美国、澳大利亚、日本和欧盟等国家或地区的组织相继颁布法规[1],从立法角度强化了企业内部控制建设的责任。然而现实中,人们对内部控制概念及特征的认识和理解还有很多误区,从而限制了内部控制建设的成效。

一、内部控制的概念

1992年之前,人们对内部控制作出了多种解释。从审计角度来看,内部控制是保证财务报告可靠性的手段和方法;从管理者角度来看,内部控制是保证企业经营效率和目标实现的管制活动;从股东和其他利益相关者角度来看,内部控制是为了解决代理人的道德风险与逆向选择问题而建立的一套监督和制衡制度。[2] 为了整合多种内部控制的概念和解释,1992年,美国反欺诈财务报告委员会(National Commission on Fraudulent Reporting)成立了发起组织委员会(Committee of Sponsoring Organizations,COSO)。1992年9月,COSO发布《内部控制——整合框架》(Internal Control: Integrated Framework),指出:内部控制是由企业董事会、经理层和其他员工实施的,为运营的效率和效果、财务报告的可靠性、相关法律法规的遵循等目标的实现提供合理保证的过程。2004年9月,COSO发布《企业风险管理——整合框架》(Enterprise Risk Management: Integrated Framework,ERM),认为企业风险管理是一个过程,受企业董事会、经理层和其他员工的影响,包括内部控制及其在战略管理和整个企业活动中的应用,旨在为实现经营的效率和效果、财务报告的可靠性以及法规的遵循提供合理保证。2013年5月,COSO发布《内部控制——整合框架(2013)》,将内部控制定义为:**由一个主体的董事会、经理层和其他员工实施的,旨在为实现运营、报告和合规目标提供合理保证的过程。**

我国2008年5月发布的《企业内部控制基本规范》将内部控制定义为:**由企业董事会、监事会、经理层和全体员工实施的,旨在实现控制目标的过程。内部控制的目标是合理保证企业经营管理合法合规、资产安全、财务报告及相关信息真实完整,提高经营效率和效果,促进企业实现发展战略。**

---

[1] 例如,美国前总统乔治·沃克·布什于2002年7月签发的《萨班斯-奥克斯利法案》(Sarbanes-Oxley Act,以下简称《SOX法案》),便是旨在加强内部控制、改进企业治理状况并最终加强企业责任的一部法案。
[2] 张先治,戴文涛.中国企业内部控制评价系统研究[J].审计研究,2011(1):69-78.

二、内部控制的特征

从上述内部控制的定义,我们可以看出内部控制具有以下特征:

(1) 内部控制是**一个动态的过程**,是为实现企业目标而实施控制活动的过程,包括持续的任务和活动,是达到目标的手段。内部控制过程涉及事前、事中和事后,覆盖决策、执行和监督等全过程。

(2) 内部控制**不是单纯的政策、制度、流程和表单**,而是由目标、要素及原则等构成的**完整框架**,强调对制度及流程的执行过程和效率效果。内部控制是一项**全面的风险管理活动**,涉及全员、全方位和全过程,覆盖企业整体、业务活动、子公司及分支机构等各个层面。因此,内部控制建设绝不等同于制度建设,而是要建立健全有效的内部控制体系。

(3) 内部控制的主体是**全体员工**,而不仅仅是经理层的控制,更不等同于会计控制,上至董事会、监事会、经理层,下至普通员工,各部门、各岗位都是实施控制活动的主体。当然,董事会对内部控制的建立健全和有效性承担最终责任。单位负责人是行政事业单位内部控制与风险管理的最终责任人。主要领导人员是中央企业内部控制体系监管工作的第一责任人。

(4) 内部控制已从制约理念提升为可持续发展理念,内部控制的目标不是仅仅预防差错和舞弊,而是由合规目标、报告目标、资产目标、运营目标及战略目标等构成的一个多目标管控体系。预防差错和舞弊是较低层面的控制目标,已经融入其他几类目标之中,没有必要单独提出。内部控制的最高目标是促进企业实现发展战略和可持续发展,打造基业长青的优秀企业。

(5) 内部控制只能提供**合理保证**,而非绝对保证,也不同于有限保证。有限保证是很低程度的保证,是不作为情况下的一种消极保证。任何组织的内部控制体系都存在局限性,没有人能够对不确定性和风险事件进行绝对准确的预测,追求绝对保证是不切实际的。目标设定不适当、员工串通、经理层凌驾、人员素质低、职业判断失误、成本效益低、外部环境变化莫测等都可能导致内部控制失效。

(6) 内部控制的对象是**风险**,而不是普通员工,员工是内部控制的主体。风险是**影响目标实现的不确定性**,是经济活动在实际结果产生之前可能出现的各种结果及其概率分布的组合。

(7) 内部控制是由人设计和实施的,内部控制的**核心是人,人的素质及其具体行动直接影响内部控制的有效性**。每个员工都有特定的背景、操守、能力和需求,企业每天都可能面临各种问题,而相关人员可能无法完全理解这些问题的本质,对事件重要性的认识和采取的具体行动也有差异。这些个体差异如果不能与组织的目标协调一致,将直接影响内部控制的有效性。内部控制的**最高境界是"无为而治"**,如果每个员工都能做到业务能力足够强,个人道德和修养非常好,责任感和使命感异常坚定,与企业同呼吸、共命运,达到"人企合一",就不需要内部控制了,管理者也就非常轻松了。企业应重视人力资源、社会责任、企业文化等软环境建设,积极培育以人为本的管理理念。高层管理人员应建立恰当的高层基调,强调内部控制和行为准则的重要性,带头垂范,以身作则。

（8）内部控制的定义具有普遍适用性和灵活性。内部控制的定义被设计得很宽泛是因为:一方面,它必须具有普遍适用性,适用于任何类别、任何行业或地区的任何组织,能为主体设计、实施和执行内部控制,以及开展内部控制有效性评价提供基本的概念支撑;另一方面,它必须具有灵活性,主体可根据特定需求或实际情况建立或维护内部控制体系。它既可以覆盖组织整体,也可以在下属单位、分部、业务单元或在与运营、报告和合规目标相关的某个职能部门内部开展。

图 1-1 直观地展现了内部控制的概念及特征。

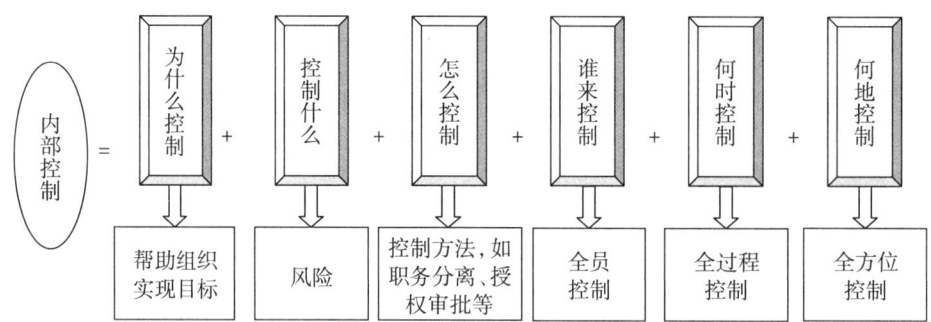

图 1-1　内部控制的概念及特征

三、有机整合内部控制、风险管理与合规管理

风险是可能对组织目标的实现产生影响的各种不确定性因素,可能造成实际结果与预期目标的差异。风险管理是对各种风险进行识别、衡量、分析并适时采取有效方法进行应对的过程。合规管理是以有效防控合规风险为目的,以提升依法合规经营管理水平为导向,以单位经营管理行为和员工履职行为为对象,通过建立合规制度、完善运行机制、培育合规文化、强化监督问责等有组织、有计划的管理活动。

内部控制、风险管理与合规管理有着类似或交叉的目标、原则、要求,三者应有机整合。我国《企业内部控制基本规范》及其配套指引充分吸收了全面风险管理的理念和方法,始终贯穿着风险导向的基本原则,强调了内部控制与风险管理的统一。2019 年 11 月,国务院国有资产监督管理委员会发布《关于加强中央企业内部控制体系建设与监督工作的实施意见》,明确要求内部控制建设要以风险管理为导向、合规管理监督为重点,形成内部控制、风险管理与合规管理三位一体的全面风险管理体系。

有机整合内部控制、风险管理与合规管理,能够将企业的发展战略、管理理念、控制要求融入组织架构、公司治理、企业文化、岗位授权、制度规范和业务流程之中,通过风险评估、监测与预警、信息与沟通、流程监控、有效性评价、缺陷改进等活动,推动企业管理从单一制度管理向体系化管理转变、从传统管理向风险管理转变、从事后监督向过程监督转变、从职能条块化管理向全流程管理转变,实现企业管理水平的全面提升。

四、内部控制与风险管理的认识误区

出于种种原因,实践中人们对内部控制与风险管理的认识存在这样或那样的误区,影响着内部控制与风险管理的建立和实施的效率及效果,从而阻碍了内部控制目标的实现。

(一)认识误区一:内部控制就是一系列的规章制度

实践中,很多人认为内部控制就是管理制度,是企业用于防止差错和舞弊,或者应付有关部门和主管单位的检查而制定的各种规章制度,是存放在文件柜中的一份份书面文件。在实际执行过程中,有些企业认为责任分工体系、授权审批制度就是内部控制。这些认识都是对内部控制的一知半解。从前面的分析可以看出,内部控制的内涵远不只是规章制度,而是为实现内部控制目标对风险进行识别、分析和应对的过程。内部控制建设涉及设计、执行、评价和改进等过程,是一个动态的持续改进过程。尽管内部控制设计的有形成果大多表现为政策、制度、流程和表单等,但这些静态的规章制度并不等同于内部控制的全部;内部控制建设更强调规章制度的执行过程和实施的效率效果。**内部控制是一项全面的风险管理活动,内部控制建设绝不等同于制度建设,而是要建立健全有效的内部控制体系。**例如,内部环境作为构建和执行内部控制的基础,包括治理结构、管理哲学、经营风格,员工的正直品行、道德价值观和胜任能力,以及企业文化等,这些软环境比规章制度更重要。

(二)认识误区二:内部控制是针对基层岗位和普通员工的控制

内部控制的对象是风险,而不是基层岗位和普通员工。**内部控制是全员控制,责任主体不仅包括董事会、监事会和经理层,还包括全体普通员工。**当然,在内部控制建设的过程中,董事会和经理层发挥着领导及示范作用,有责任建立并维持恰当的高层基调,制定并遵循行为准则。从风险的责任归属来看,董事会和经理层要在战略风险、经营风险等方面承担责任。董事会对设计、实施并维护有效的内部控制与风险管理机制负有总体责任;监事会主要对董事、经理和其他高级管理人员履行职责的合规性及胜任能力等进行监督;经理层和职能部门主要对经营风险与管理风险负责,并协助业务部门控制业务层面的风险;业务部门要对业务风险负责,重点关注业务流程风险;普通员工要对自身的岗位操作风险负责。企业上至董事会、监事会和经理层,下至各基层岗位和普通员工,谁也不能游离于内部控制之外。如果普通员工认为自己是被控制的对象,那么其在内部控制建设中的积极性和主动性就会受限。经理层凌驾是导致内部控制失效的重要原因。现实工作中,有些企业的内部控制往往只针对基层岗位和普通员工,对最高权力机构和决策人员却显得无能为力,个别领导权力膨胀和主观臆断决策,甚至出现徇私舞弊和经济犯罪现象,结果导致内部控制失效。

(三)认识误区三:内部控制等同于内部会计控制,是会计部门的事

实务中,很多企业内部控制建设的牵头部门设在会计部门,由会计部门负责内部控制

推进的一些具体工作。这本身无可厚非,但很多人据此认为内部控制就等同于内部会计控制,是会计部门的事,与自己无关。也有部分企业将其内部控制定位在会计领域。诚然,会计部门和会计人员在内部控制建设中发挥着重要作用,内部控制目标中的报告目标、资产目标及合规目标等都与会计工作直接相关,会计系统控制是重要的控制活动和控制手段。会计工作既要管控好自身的报告风险、资产风险和合规风险,还要为运营分析、绩效考评、预算控制等控制活动提供支撑。在信息与沟通、内部监督等方面,会计部门和会计人员同样发挥着重要作用。可以说在内部控制建设中,会计部门是最重要的职能部门之一,但不能因此就认为内部控制等同于内部会计控制,只是会计部门的事。**内部控制是一项系统工程,不是某一个部门的事,而是全面的风险管理活动,涉及全员、全过程和全方位。**此外,从发展历程来看,内部控制先后经历了内部牵制、内部控制制度、内部控制结构、内部控制整合框架和风险管理整合框架等阶段。在内部控制制度阶段,内部控制被划分为内部会计控制和内部管理控制两类。这种划分思想在实务界产生了广泛而深远的影响。我国于2001年发布的《内部会计控制规范——基本规范(试行)》及其系列配套指引,也是从会计控制的角度规范企业内部控制,将内部控制的基本目标定位为"纠错防弊"。这种认识是滞后的,扭曲了内部控制的本质,人为地缩小了内部控制的范围。

(四)认识误区四:内部控制建设可以一劳永逸,开始时费点劲以后就轻松了

内部控制建设没有终点,是一个反复的持续改进过程。当今世界复杂多变,利率、汇率、物价、客户信用、市场竞争、技术创新等时时都在变化,这些变化对内部控制与风险管理提出了更大的挑战;企业应根据内外部环境变化、管理要求提升和业务职能调整等的需要,不断修正和改进其内部控制体系。内部控制与风险管理是一个精益求精的动态过程,必须通过持续监督、单独评估或两者并用进行持续的改进和提升。已建立起内部控制体系的企业,应重点抓好有效执行和持续改进工作,着力提升内部控制的健全性和有效性。**企业可以通过 PDCA 循环来加强内部控制体系的建设工作**。PDCA 是英语单词 plan(计划)、do(执行)、check(检查)和 action(处理)的首字母组合,PDCA 循环在内部控制体系建设中的具体含义为:P 表示内部控制的设计,D 表示内部控制的实施和执行,C 表示对内部控制体系的监督检查和缺陷评估,A 表示对内部控制缺陷和薄弱环节的改进与提升。

(五)认识误区五:内部控制越严越好,规章制度越多越好

实务中,有些企业认为内部控制越严越好、规章制度越多越好;还有些企业将内部控制执行的有效性体现在惩罚力度上,以罚代控。规章制度和严格处罚反映不了员工内心的诉求,内部控制建设是企业健康发展的需要,要做到控而有度、控而不僵,同时还要结合企业文化等精神层面的软环境建设。内部控制的核心是人,包括诚信、道德价值观和胜任能力的个人品性是内部控制中最重要的因素。员工素质的高低与控制制度的多寡及控制措施的严松是反向变动的。员工素质越高,需要的控制就越少;员工素质越低,需要的控制就越多。**在内部控制建设中,规章制度是基础,正直、诚信和道德操守则**

是内部控制的灵魂,是内部控制建设的更高境界,能够引领员工由被动走向自觉,从而达到"无为而治"的境界。制度是一种"硬约束",必须融入企业道德和文化的"软约束"才能实现"他控"和"自控"相结合,以达成内部控制目标。因此,企业应重视软环境建设,加强企业文化建设,培育积极向上的价值观和社会责任感,倡导诚实守信、爱岗敬业、开拓创新和团队协作精神,并与企业目标和战略规划相协调,而不能一味地追求控制越严越好、规章制度越多越好。内部控制设计的宽严程度应切合单位实际,并遵循成本效益、适用性和重要性等原则。控制环节越多、控制措施越严、规章制度越多,控制成本就越高。如果控制成本超过了控制风险和防错治弊的收益,那么再好的控制都将失去意义。当然,对事关企业生死存亡的重要环节和主要风险点要遵循重要性原则,在关键控制点上进行严格控制。

(六)认识误区六:内部控制是企业内部的事,用不着外人来管

所有权与经营权相分离是现代企业的重要特征,投资人通常并不直接参与企业的经营和管理,需要内部控制来保护其投资的安全,保证其资产的保值增值。银行等债权人也希望企业能够建立并保持良好的内部控制,稳健经营,以便及时还本付息。证券监管、工商税务等政府部门也希望企业能具备良好的内部控制,以促进企业合法经营、稳定增长。我国《企业内部控制基本规范》及其配套指引分别于2008年和2010年由财政部、证监会、审计署、银监会、保监会五部委联合发布,可见相关政府部门对企业内部控制的关注。同样,其他利益相关者(如供应商、客户、消费者、当地社区等)也都希望企业具备良好的内部控制,能够进行长期合作,以保护自身的利益。薄弱的内部控制不仅会给企业自身带来经营和管理上的混乱,以致无法实现自己的目标,也会对投资者、债权人、政府部门等利益相关者造成危害。因此,**建立并实施内部控制,不仅是企业的事情,还具有外部性**。

(七)认识误区七:有了内部控制就可以万事大吉、高枕无忧了

人们对事物的认识总是一个不断深化的过程,在设计内部控制时不可能设计出无任何缺陷的内部控制体系;出于成本效益的考量,企业在建立内部控制体系时,也不可能事无巨细、面面俱到;由于环境不断变化,内部控制还具有时效性,今天有效的内部控制明天不一定有效;新业务的出现也可能使现有内部控制体系无所适从。企业战略目标和运营目标的实现取决于许多因素,内部控制固然非常重要,但只是其中的一个方面,是企业战略目标和运营目标实现的必要而非充分条件。有些企业的内部控制非常健全和有效,执行的效果也很好,但突发事件或外部灾害可能使企业战略目标和运营目标无法实现。再加上内部控制的固有局限性(例如,目标设定不当、员工串通、高层凌驾、员工素质低、职业判断失误、成本效益低、外部环境变化莫测等),使内部控制很可能失效。因此,内部控制不能解决企业所有的操作风险和安全隐患,只能为内部控制目标的实现提供合理保证,它不是包治百病的灵丹妙药。

（八）认识误区八：内部控制的目标是消除风险，杜绝差错和舞弊

内部控制的目标不是消除风险，而是通过主动的风险管理过程来实现风险与收益的平衡，将风险控制在可接受的范围内。风险是未来事件发生的可能性及其后果，绝大多数风险是无法消除的，一味地增加控制、追求风险的无限降低可能不符合内部控制建设的成本效益原则，只要使控制后的剩余风险降到可接受的水平就可以了。同样，再好的内部控制也不可能杜绝差错和舞弊，员工串通合谋、高层凌驾于内部控制之上、员工判断失误等都可能使差错或舞弊发生。

第二节　内部控制的产生及发展

当今世界充满变化，百年未有之大变局使未来面临更大的不确定性，这也推动内部控制与风险管理不断向前发展。内部控制和风险管理经历了由低级到高级的演进变化，先后经历了内部牵制、内部控制制度、内部控制结构、内部控制整合框架和风险管理整合框架等阶段。

一、内部牵制阶段

两个或两个以上的人或部门无意识地犯同样错误的概率是很小的，两个或两个以上的人或部门有意识地合伙舞弊的可能性大大低于单独一个人或部门舞弊的可能性。这是内部牵制的基本原理，是内部控制的萌芽阶段。内部牵制是为了提供有效的组织和经营、防止错误和其他非法业务的发生，而以不相容岗位分离和账目核对为基础的制度设计，包括实物牵制、程序牵制、分权牵制、簿记牵制等。

实物牵制是由两人或两人以上共同掌管实物以完成一定程序的牵制。例如，保险柜密码和钥匙分别由不同人员保管；网上银行的数字证书和交易密码分别由不同人员保管；凡涉及货币资金业务的支票、本票、发票、收据等票据与有关印章应分开保管；出纳不得同时保管空白收据、发票和财务专用章等。

程序牵制是只有按正确的程序操作才能完成一定过程的牵制。例如，如果系统操作员连续三次输入错误的密码，则程序将自动报警或锁死该用户名；销毁保管期满的会计档案时，必须按规定程序进行；超过正常信用条件的赊销，必须按规定程序报批；等等。程序控制要求单位将各类业务及事项的处理过程，以文字说明或流程图的形式表示出来，形成制度并颁布执行。

分权牵制是为了防止错弊，对每项业务或事项的处理都由两人或两人以上共同分工负责，以相互牵制，任何人不得单独办理任何业务的全过程。分权牵制主要通过分工和授权来实现，要求明确划分各部门和岗位的职责权限，规定相互配合与制约的方法。例如，构成亲属关系的人员不应在本单位财务部门担任不同财务权限的职务；单位负责人的直系亲属不得担任本单位的财务负责人；财务负责人的直系亲属不得担任本单位的出纳；等等。

簿记牵制是将原始凭证与记账凭证、会计凭证与账簿记录、不同账簿记录之间、账簿记录与资产实有数、账簿记录与报表项目之间定期或不定期进行核对,以确定是否相符,并进一步查明和处理不相符的情况。例如,定期将账簿记录与库存实物、货币资金、有价证券、债权人或债务人记录等进行核对。

二、内部控制制度阶段

1949年,美国注册会计师协会(AICPA)审计程序委员会首次提出内部控制制度的概念,认为内部控制制度是企业制定的旨在保护资产安全、保证会计信息可靠、提高企业经营效率、推动各项政策得以贯彻执行的组织计划及其配套的各种方法和程序。后来,审计程序委员会又将内部控制划分为内部会计控制和内部管理控制两类。会计控制由所有与保护资产安全、保证会计信息可靠性有关的组织计划、方法和程序构成,包括授权与批准制度,记账、编制财务报表、保管财物等职务的分离,财产的实物控制,内部审计等。管理控制由所有为提高经营效率、保证管理部门制定的各项政策得到贯彻执行等有关的组织计划、方法和程序构成。管理控制的方法和程序通常只与财务记录发生间接关系,如统计分析、经营报告、雇员培训和质量控制等。独立审计师主要检查会计控制;管理控制通常只对财务记录产生间接的影响,审计人员可以不对其作出评价。

三、内部控制结构阶段

1988年,AICPA发布了《审计准则公告第55号——在财务报表审计中考虑内部控制结构》,以内部控制结构取代了原有的内部控制制度。内部控制结构包括为合理保证企业特定目标的实现而建立的各种政策和程序,包括控制环境、会计系统和控制程序三个要素。控制环境是指对建立、加强或削弱特定政策和程序效率产生影响的各种因素,如管理者的思想和经营作风、企业组织结构、董事会及其所属委员会(特别是审计委员会)的职能等。会计系统规定各项交易及事项的分析、归类、计量、记录和报告的方法等。控制程序是经理层制定的用以保证达成一定目标的措施和方法,如授权审批、不相容岗位分离、内部稽核等。与之前的定义相比,内部控制结构将控制环境纳入内部控制的范畴,强调了控制环境对内部控制效率和效果的支持及影响。

四、内部控制整合框架阶段

1992年,COSO发布了《内部控制——整合框架》,将内部控制定义为:由企业董事会、经理层和其他员工实施的,为运营的效率和效果、财务报告的可靠性、相关法律法规的遵循等目标的实现提供合理保证的过程。整合框架认为内部控制是由目标层面、要素层面和结构层面构成的三维度整合框架。目标层面包括财务报告目标、合规目标及运营目标三个方面;要素层面包括控制环境、信息与沟通、控制活动、风险评估、监控五要素;结构层面包括各业务单位和业务活动(见图1-2)。

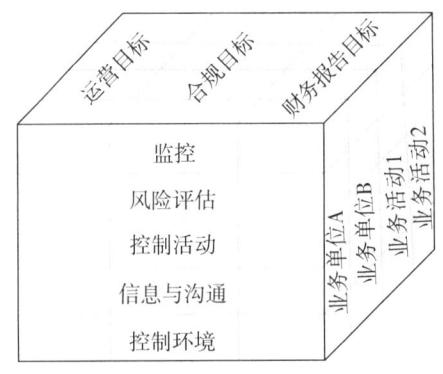

图 1-2 内部控制整合框架

COSO 的《内部控制——整合框架》得到了广泛的认可,美国公共监督委员会不仅特地为这个报告发布了推荐公告,还建议美国证券交易委员会要求上市公司在公司年报中进行内部控制有效性评价,并把该框架设定为内部控制有效性的评价标准。但是美国证券交易委员会没有采纳将该框架作为内部控制强制性标准的建议,主要原因如下:一是 COSO 主要由财务、会计、审计领域的人员组成,代表性不够,在平衡各利益相关者的利益关系上缺少权威性;二是该框架明显偏向会计、审计视角,内部控制目标过分强调财务报告的可靠性,经理层和其他利益相关者不太愿意接受这一点;三是该框架对内部控制的有效性缺乏清晰的判断标准。

五、风险管理整合框架阶段

2004 年 9 月,COSO 根据《SOX 法案》的要求,发布了《企业风险管理——整合框架》(ERM)。ERM 认为,风险管理是一个过程,受企业董事会、经理层和其他员工的影响,包括内部控制及其在战略管理和整个企业活动中的应用,旨在为实现经营的效率和效果、财务报告的可靠性及法规的遵循提供合理保证。ERM 涵盖了先前的内部控制整合框架,认为内部控制是实现风险管理的手段,是企业风险管理的重要内容,两者应融为一体,整合为一个完整的框架,如图 1-3 所示。

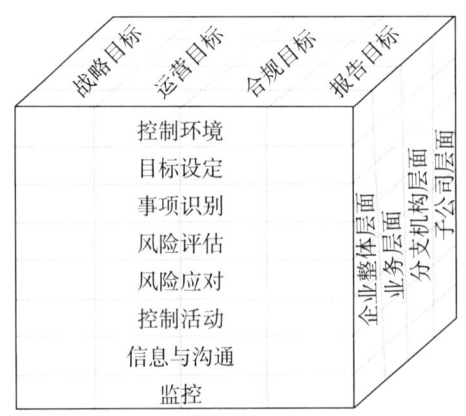

图 1-3 风险管理整合框架

ERM 具备完整的三维度结构,目标层面包括战略目标、运营目标、合规目标和报告目标;要素层面包括控制环境、目标设定、事项识别、风险评估、风险应对、控制活动、信息与沟通、监控八要素;结构层面包括企业整体层面、业务层面、子公司层面和分支机构层面四个方面。

在目标层面,ERM 认为风险管理的最高目标是帮助企业实现发展战略,促进企业的可持续发展。在报告目标方面,ERM 还拓展了范围,由财务报告目标扩大到促进企业整体报告可靠性的提高。在要素层面,ERM 突出了风险评估和风险应对的重要性,从目标设定、事项识别、风险评估和风险应对四个方面完善了风险管理流程,并定义了风险偏好和风险容忍度两个概念。在结构层面,ERM 认为风险管理活动贯穿于企业上下和业务始终,上至企业战略和经营计划,下至业务单元和职务岗位,是一种全面的风险管理,涉及企业整体、业务活动、子公司和分支机构四个层面,必须依靠企业管理系统整体推进。企业整体层面的控制是指存在于企业整体范围内,对内部控制目标的实现能够产生深远影响,对业务层面的控制及其他控制的有效实施能够产生普遍影响的控制领域。企业整体层面的控制是与内部控制各要素直接相关的基础性控制。例如,企业的风险管理理念、风险承受能力、全面预算管理、信息系统及沟通机制、内部监督的有效性、公司治理水平、内部机构设置和运行的有效性、对诚信和道德价值观的遵守、管理理念和经营风格、员工素质与权责配置等。业务层面的控制是指针对企业主要业务活动开展的控制,涉及资金业务、资产管理、投资业务、筹资业务、采购业务、生产业务、销售业务、工程项目、担保业务、业务外包等。对子公司的控制主要涉及选任子公司董事、经理、总会计师等高管人员,并对选派人员进行绩效考核与薪酬激励;修订子公司章程以体现母公司的意志,限制子公司的某些业务或经营行为;控制子公司重大的投资、筹资、合同、利润分配、担保、捐赠、关联交易、经营等活动;等等。企业可以比照对子公司控制的制度,对分公司和具有重大影响的参股公司进行控制,根据各分支机构的管理水平、风险管理能力、地区经济和业务发展的需要,建立相应的授权体系。

六、内部控制与风险管理新发展

近几十年来,经济、社会和技术环境发生了巨大变化,生态和资源环境压力越来越大,组织结构和商业模式日益复杂化,金融和商业创新的步伐越来越快,企业生产经营和日常管理更加依赖创新和复杂技术,等等。企业内外部环境变化给组织的风险管理与内部控制带来了巨大影响,财务舞弊和内部控制失效事件频发,促进内部控制与风险管理理论及实践向前发展。

2013 年 5 月,COSO 发布《内部控制——整合框架(2013)》及其配套指南,对 1992 年版的框架进行了修订和完善。新框架提出了基于内部控制五要素的 17 项原则和相应的关注点,结合内部控制目标,构成了一个层次分明的体系:系统—目标—要素—原则—关注点。

2017 年 9 月,COSO 发布《企业风险管理框架——整合战略与绩效》,将企业风险管理重新定义为主体在创造、实现和维护企业价值的过程中,为战略制定和执行而管理风险所依赖的文化、能力和实践。新框架更加注重对企业战略和愿景的支撑、与价值创造的紧密关联,更加强调和业务活动的融合,倡导决策和目标导向,明确风险管理对战略计划和嵌入整个组织的重要性。

2018年2月,国际标准化委员会(ISO)发布ISO 31000风险管理国际标准,对2009年版本进行了修订,对风险管理的原则、框架和流程进行了改进和优化。新标准更加简洁,强调了风险管理对决策支持的重要性,更加注重风险管理与其他管理活动的整合。

数字化、网络化和智能化让工作变得更轻松,让生活变得更美好,但风险和挑战无处不在。组织既要充分利用大数据分析和人工智能技术来提升风险管理水平及能力,又要注重防控由此而产生的算法错误、数据质量、黑客攻击、文化伦理、人才短缺等特殊风险。为指导组织有效应对"互联网+"环境下的重要风险,2015年1月,COSO发布《网络时代的内部控制》,以方便组织应用COSO《内部控制——整合框架(2013)》防范网络风险。

2021年4月,国际标准化委员会发布ISO 37301合规管理体系——要求及使用指南,规定了组织建立、实施、维护和改进合规管理体系的要求,并提供了实施指南,适用于全球任何类型、规模、性质和行业的组织。

2022年8月,国务院国有资产监督管理委员会发布《中央企业合规管理办法》,明确了合规管理相关主体职责,要求企业建立业务及职能部门、合规管理部门和监督部门"三道合规管理防线"。中央企业要建立健全合规管理制度体系、运行机制、管理流程及信息化,并培育合规文化等保障体系。

第三节 内部控制目标及其设定原则

目标引领行动,任何组织都应有自己的目标。内部控制主要是对影响目标实现的风险进行评估和管控,**目标设定的适当性是建立和实施内部控制的先决条件**,是内部控制建设的基础,对内部控制结构的建立、内部控制要素和层级的确定、内部控制评价及内部控制审计等有着重要意义。只有明确目标,才能确定内部控制建设与实施的方向。

一、内部控制的总体目标

内部控制的总体目标是主体建立和实施内部控制体系所要达到的预期效果及所要完成的主要任务,涉及对内部控制定位和功能的认识。关于内部控制的总体目标,世界各国的不同组织有不同的认识。

COSO 1992年版《内部控制——整合框架》把内部控制目标设定为三类:运营的效率和效果,财务报告的可靠性,相关法律法规的遵循。COSO 2004年发布的《企业风险管理——整合框架》又增加了一个战略目标,并将其设定为内部控制最高层次的目标,为风险管理向上拓展到公司治理层面奠定了基础。2013年5月,COSO发布《内部控制——整合框架(2013)》及其配套指南,新框架仍维持了内部控制三目标的基本分类,但对目标的适用范围和具体内容进行了细分与深化。

我国《企业内部控制基本规范》将内部控制的总体目标确定为五类：合理保证企业经营管理合法合规，资产安全完整，财务报告及相关信息真实可靠，提高经营效率和效果，促进企业实现发展战略。《中央企业全面风险管理指引》将企业风险管理的目标界定为五个方面：一是确保将风险控制在与总体目标相适应并可承受的范围内；二是确保内外部，尤其是企业与股东之间实现真实、可靠的信息沟通，包括编制和提供真实、可靠的财务报告；三是确保遵守有关法律法规；四是确保企业有关规章制度和为实现经营目标而采取的重大措施的贯彻执行，保障经营管理的有效性，提高经营活动的效率和效果，降低实现经营目标的不确定性；五是确保企业建立针对各项重大风险发生后的危机处理计划，保护企业不因灾害性风险或人为失误而遭受重大损失。

二、内部控制目标的结构层级

内部控制各目标之间并不是简单的罗列关系，一个目标可能会与另一个目标有所重叠或相互支持，有时也不太好确定一个目标到底属于哪种类别，需要视具体情况而定。下面简要归纳各目标之间的逻辑结构和层级关系。

（一）战略目标是内部控制最高层次的目标

战略目标是对企业全局的一种总体构想，是企业整体发展的总任务和总要求，是企业宗旨的展开和具体化，是对企业经营活动预期主要成果的期望值。内部控制的最高目标是促进企业实现发展战略，促进企业可持续发展。将战略目标设定为内部控制的最高目标，有利于企业将当前利益与长远利益、局部利益与全局利益结合起来，在生产经营和管理活动中作出符合战略要求、有利于提升可持续发展能力和创造长久价值的选择与判断，从而克服片面追求当前利益和局部利益的短期行为，也有利于社会资源的合理配置。战略目标为内部控制与风险管理向上拓展到治理层和"三重一大"事项决策提供了依据。

（二）运营目标是内部控制的核心目标

运营目标是战略目标的细化、分解与落实，是战略目标的具体化。内部控制并不是要捆住业务的手脚，不是要制衡和束缚业务活动的开展，而是要助力业务的开展，服务企业价值创造，努力提高经营的效率和效果。内部控制主要通过识别、分析和控制风险来减少损失、提高收益，促使生产经营活动达成预期目标。因此，内部控制的核心目标是提高企业经营的效率和效果，通过促进人、财、物、技术等资源的优化配置，以更优的效率和效果实现其运营目标。内部控制目标应匹配战略目标和运营目标。企业的宗旨是为利益相关方创造价值，内部控制目标是为管理和控制企业价值创造过程中的风险，减少和控制这一过程中的不确定性，提高经营的效率和效果，从而促进企业战略目标和运营目标的实现。

（三）合规目标、资产目标及报告目标是内部控制的基本目标

诚实守信、遵纪守法是企业发展的前提，企业必须遵循相关法律法规来开展生产经营活动，这是企业能够持续经营的基本保障；不遵纪守法的企业是无法长期生存的，其内部

控制也就无从谈起。各国的内部控制框架都强调法律法规的遵循性是企业内部控制的基本目标。合规目标不仅包括企业要遵循适用的法律法规和监管要求，遵循企业内部制定的各种政策方针和规章制度，还要遵守商业伦理和道德层面的公序良俗、公平正义等。

资产目标不仅涉及资产的安全完整，更强调有效率、有效果地使用资产，提高资产利用的效率和效果，为组织创造更大的价值。有效率地使用资产并避免因差错、浪费、使用效率低下或决策失误而可能带来的资产损失（如低价出售资产、发生坏账损失、造成资产毁损等），涉及更广泛的运营目标。经理层或员工串通舞弊、违法违规等行为可能造成企业资产流失，同时危及合规目标。资产的安全完整是企业内部控制报告的重要内容，财务报表编制的前提是必须确认资产的存在和完整，资产的安全完整及利用的效率和效果是企业内部报告与财务分析的重要内容，应在内部控制报告中披露未经授权取得、使用和处置资产的行为。

报告目标也是内部控制的基本目标，内部控制的设计和实施应合理保证企业财务报告及其他相关信息真实、完整和准确，没有漏报、错报和误导性陈述。报告目标不仅关乎企业的透明度、诚信度和公信力，直接影响企业声誉、投资者信心及监管合规性问题，还用于支持企业内部管理和经营决策。高质量的财务报告有助于降低企业财务风险和经营风险，保障企业稳健发展。进行财务报告舞弊的企业一般都无法实现其运营目标，最后铤而走险，走上不合规之路。

（四）内部控制各目标之间的关系

内部控制的五个目标不是彼此孤立，而是相互联系的，它们共同构成了一个完整的内部控制目标体系，各目标之间的逻辑关系如图1-4所示。**内部控制的根本目标是控制风险以创造价值，以更优的效率和效果实现企业运营目标，从而促进企业战略目标的实现。这些目标的实现必须以合规目标、资产目标和报告目标为基础。战略目标是内部控制的最高目标**，是与企业使命和愿景相联系的终极目标。企业在设定内部控制目标时，应将内部控制目标与战略目标结合起来，通过内部控制的实施，促进企业实现发展战略；**运营目标是战略目标的细化、分解与落实，是战略目标的短期化与具体化，是内部控制的核心目标**；**资产目标是实现运营目标的物质前提；报告目标是运营目标的成果体现与反映；合规目标是实现运营目标的有效保证。**

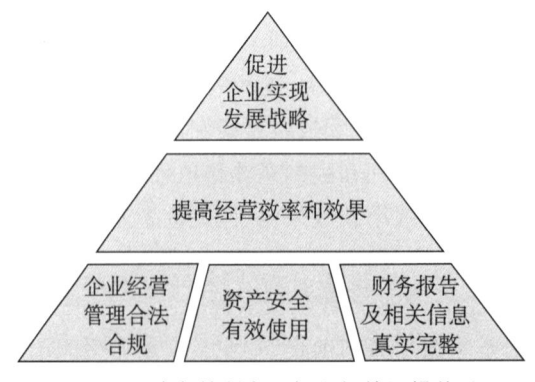

图1-4 内部控制各目标之间的逻辑关系

三、设定内部控制目标应考虑的因素

(一)设定内部控制目标应考虑风险偏好和风险容忍度

风险偏好是企业在实现其目标的过程中愿意接受的风险数量,是在承担风险时获得效用的状况。不同的人对风险的态度、意识、处置能力和接受水平是不同的,有人喜欢大得大失的刺激,有人喜欢平稳。根据人们对风险的偏好,可将行为者分为风险回避型、风险喜好型和风险中立型。风险容忍度是企业在目标实现过程中对偏差的态度,是在风险偏好的基础上设定的对目标实现过程中所出现偏离的容忍程度,描述的是人们承担风险的意愿和能力。能够容忍的上限,称为风险容限,对于在风险容限之内但不能接受的风险应实施风险降低策略,使控制后的剩余风险降到可接受水平之内。风险可接受水平是企业愿意接受的风险。

企业设定目标时不仅应考虑业务指标,还应考虑反映风险容忍度的控制指标。**企业应在风险容忍度范围内,根据不同的风险类别、业务或产品特征等,分别确定风险容限。在设定风险可接受水平时,企业应考虑目标的重要性,并与风险偏好相匹配。**例如,企业组织员工参加专业技能培训,培训目标是90%的受训人员通过某项考试,能够容忍的考试通过率最低为70%,可以接受的考试通过率为80%。再如,某公司持有一笔3个月期的应收账款,在99%的置信水平上,能够容忍的最大坏账损失为150万元。

内部控制的目标类别不同,风险容忍度的表达方式也不尽相同。在报告目标中,风险容忍度通常表达为重要性水平;在合规及运营目标中,风险容忍度通常表达为可接受的业绩偏离程度。当外部要求不存在时,经理层对于确定风险容忍度有较大的自主裁量权。当报告目标、合规目标等存在外部标准或监管要求时,经理层应依据相关标准或要求确定风险容忍度。在风险容忍度范围内经营会使经理层对实现企业目标更有信心。

(二)设定的内部控制目标应具有可操作性

内部控制目标的设定应**适当而具体,易于理解,具有可操作性**。对目标的执行结果应该是可以衡量、能够被检验的。为使目标制定更具有针对性和可操作性,**可以遵循 SMART(Specific,Measurable,Attainable,Relevant,Time-based)原则**。S 是指具体的,要尽可能量化为具体数据,如年销售额5 000万元、存货周转一年5次等;不能量化时要尽可能细化,如对文员工作态度的考核可以分为工作纪律、服从安排、服务态度、电话礼仪、员工投诉等。M 是指可测量的,要把目标转化为指标,指标可以按一定标准进行评价,如主要原料采购成本下降10%,即在原料采购价格波动幅度不大的情况下,同比采购单价下降10%;完善人力资源制度可以描述成"5月31日前完成初稿并组织讨论,6月30日前讨论通过并颁布施行,无故推迟一个月扣5分"等。A 是指可达成的,要根据企业的资源、人员、协作条件、技术保障和管理流程配备程度来设计目标,保证目标是可以达成的。R 是指相关的、合适的,各项目标之间要有关联、相互支持、符合实际。T 是指有完成时间期限要求的,各项目标要制定出明确的进度安排和完成时间,以便于监控和评价。

例如,HTB公司是一家大型电子产品制造企业,在设定内部控制目标时,该公司制定了6项总体目标(包括产品质量目标、资产管理目标、收入增长目标、投资增长目标、采购及物流管理目标、健康及安全管理目标)、37项目标值,分解到各科室、车间,形成了75项二级分目标、101项目标值,再分解到班组、个人,共形成了2 150项目标值。

(三)内部控制目标应与企业战略目标和经营目标一致

内部控制的核心目标是提高经营的效率和效果,促进企业实现发展战略。因此,内部控制目标应与企业战略目标和经营目标相匹配。企业的宗旨是为利益相关者创造价值,实现企业价值最大化,因此内部控制目标应设定为管理和控制企业价值创造与维护过程中的风险,减少和控制这一过程中的不确定性,提高经营的效率和效果,从而促进企业战略目标和经营目标的实现。例如,供应商审核认定的内部控制目标可以设定为:一是在采购源头得到来自供应商的可靠质量保证;二是保证企业的所有供应商均得到必要的审核论证;三是保证企业供应商名录的完整和可靠;四是保证企业所选择的供应商资质符合有关质量要求,符合法律法规和内部规章制度要求。

四、战略目标及运营目标的设定

战略目标的制定首先需要明确企业的愿景和使命。愿景是对未来的一种憧憬和期望,是企业努力想要达成的长期目标,是企业发展的蓝图,体现企业永恒的追求。使命,又称宗旨,反映了企业存在的理由或价值。使命不是对企业经营活动具体结果的表述,而是企业开展活动的努力方向、核心理念和基本原则。战略目标是企业愿景与使命的具体化,反映企业在一定时期内经营活动的方向和所要达到的长期成果,如业绩水平、资产规模等。与愿景和使命不同的是,战略目标要有具体的数量特征和时间节点。战略目标一般由总体战略目标、业务单位战略目标和职能战略目标三个层次构成。业务单位战略要服从企业的总体战略,职能战略是总体战略和业务单位战略得以实现的保证性战略。战略目标是企业的总目标、总任务和总要求,是一种长期目标。在时间上,要将长期战略目标分解为整个企业的短期执行性战术目标,形成年度运营目标。在空间上,战略目标要分解到不同的业务单位、事业部或经营单位,使每个业务单位及其职能部门都有自己的长期目标和短期目标。战略目标分解形成年度运营目标后,年度运营目标再层层分解,最后落实为具体目标、具体任务和具体要求,从而使企业的目标体系成为一个空间关系、时间关系、权责关系清晰而明确的协调整体。例如,某公司销售方面的战略目标是未来5年内销售额增长1倍,达到2亿元,根据战略实施的进度,第一年销售额应达到1.2亿元。销售总监和地区经理会讨论如何达成目标,同时设立不同区域或产品的具体目标,然后再层层细分到部门、班组、岗位和个人。这样,从最高层到一线员工每个人都清楚需要实现什么目标。再如,某公司根据战略目标的分解,可以将进口业务的内部控制运营目标设定为:保证公司生产经营所需要的设备和材料顺利进口,保证公司采购成本与国际价格持平,保护公司设备与材料免遭海关扣留、罚款或没收等。

五、合规目标的设定

企业行为必须合法合规,在规则和制度框架内开展生产经营活动。除法律法规外,企业还必须遵守相关部门制定的监管规则、国际组织制定的相关标准、行业组织制定的自律章程及企业内部制定的规章和制度等。很多法律法规是人们比较熟悉的,如员工权益、税收、环保、质量等方面的要求,也有一些法律法规可能不太为人所知,如企业社会责任的国际标准、在境外开展业务要遵循的所在地法规等。设定合规目标,首先要清楚自己必须遵循的法律法规有哪些,企业可以为此开展培训和学习,特别是法律法规和监管要求变更时,企业应及时跟进。企业应建立合规事务的管理体系,可以专设法规部门,由专业人士专职负责合规方面的相关事务。

法律法规为企业建立了最低的行为准则,企业必将这些法律法规整合到管理目标中。随着人们对人权、环境及健康的关注,一些部门或组织可能会制定更加严格的法规。在设定管理目标的过程中,企业可适当提高合规性标准。例如,企业所在地的环保监管要求是机动车排放标准达到国6A,企业可适当提高标准,要求新增机动车排放标准达到国6B,以体现自己的先进性和前瞻性。

企业应主动核查自身行为是否合规,并定期开展合规评价。开展相关标准的第三方认证也是实现合规目标的重要举措。例如,企业可以聘请第三方机构依据 ISO 14001 国际标准开展环境管理体系的合格认证,依据 ISO 9000 系列国际标准开展产品或服务质量合格认证,依据 OHSAS 18000 国际标准开展职业健康安全管理体系的合格认证,等等。

六、资产目标的设定

COSO 发布的《内部控制——整合框架(2013)》将资产目标列为运营目标的一个子目标,同时也支持将资产目标单列的做法;我国的《企业内部控制基本规范》将其作为一个独立的目标单列。资产安全完整是企业生产经营的基础,很多企业资产管理不善,资产流失、价值毁损、利用效率低下等问题突出。因此,将资产目标作为内部控制的目标单列,对于保护资产的安全完整、使用效率、保值增值、更新重置等具有重要意义。**企业设定资产目标不能仅关注资产的安全完整及权属不受侵害,更要关注资产的有效利用和使用效果,确保资产价值和功能不遭受损失,使资产在经济上保值增值。**

资产目标的设定应结合经理层的风险偏好,确定风险容忍度,采取定量和定性相结合的办法。例如,某公司设定的资产目标如下:

(1) 库存现金、银行存款和其他货币资金安全完整率为 100%;

(2) 上市有价证券投资的最大止损点为市价跌至成本的 70%;

(3) 全年坏账损失率控制在应收款项的 3% 以内;

(4) 存货完好率为 95%,存货周转率提高到全年 4 次;

(5) 固定资产完好率为 98%,固定资产成新率达到 60% 以上,固定资产全年更新率提高到 30%;

(6) 无形资产做到产权清晰,证书文件保存完好,相关商业秘密不泄露。

七、报告目标的设定

企业应编制和提供报告,向利益相关方传递财务或非财务信息。企业设置报告目标既要考虑外部报告,又要考虑内部报告;既要考虑财务报告,又要考虑非财务报告,具体包括外部财务报告目标和非财务报告目标、内部财务报告目标和非财务报告目标。四类报告目标的内容、特点及关系如图1-5所示。

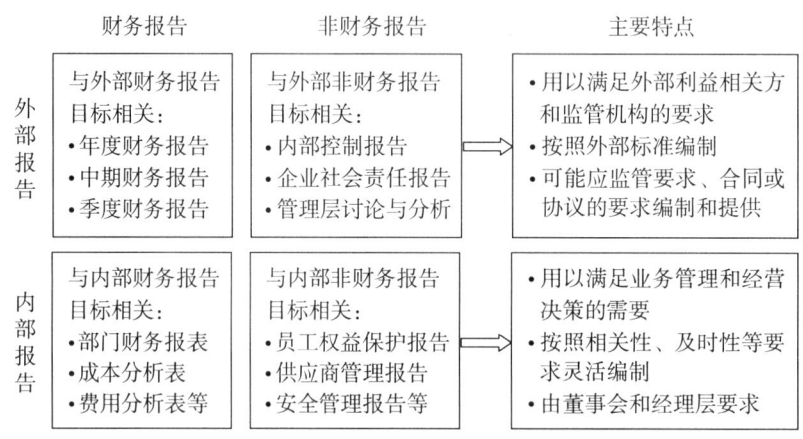

图1-5 四类报告目标的内容、特点及关系

内部报告主要用于内部管理和决策支持,相关披露要求由董事会和经理层制定,编制和提供较为灵活。 内部财务报告,主要向内部各阶层管理者提供财务方面的信息,例如部门财务报表、成本分析表、费用分析表等。内部非财务报告,主要向内部信息使用者提供非财务方面的信息,例如员工权益保护报告、供应商管理报告、安全管理报告等。

外部报告主要向投资者、债权人等外部信息使用者提供决策支持信息。外部财务报告,主要向外部信息使用者提供财务方面的信息,例如年度财务报告、中期财务报告、季度财务报告等;外部非财务报告,主要向外部信息使用者提供非财务方面的信息,例如内部控制报告、企业社会责任报告、管理层讨论与分析等。

外部报告主要是满足外部投资者、债权人和监管机构等的要求,根据会计准则和监管框架进行披露,可能受到监管者、有关合同和协议要求的限制。外部财务报告必须达到会计准则和监管框架所要求的质量标准。重要性水平是财务报告目标设定的一个重要概念,反映使用者所需报告的精确度,是确定一个项目金额是否具有相关性的临界值。 确定重要性水平需要进行分析和判断,判断应以信息对使用者的影响程度而定,如果信息能够对使用者产生重大影响,其漏报或错报能够导致决策差别,则该信息就具有重要性。重要性水平应从"质"和"量"两个方面加以判断。从"质"的方面来说,重要性水平的判断应结合特定环境和项目性质进行综合评价,在某些情况下,单凭项目性质就足以确定其重要性水平。例如,报告期内新设立的分部,不管其业绩如何,对评价企业所面临的风险与机遇都具有重要性。从"量"的方面来说,一般以金额结合百分比来评价。例如,某公司将报表项目金额达到20万元及以上的错报定义为重大错报。

第四节　内部控制要素及原则

内部控制要素在内部控制框架中居于核心地位,直接影响内部控制的设计、实施和评价等环节。我国《企业内部控制基本规范》设置了内部环境、风险评估、控制活动、信息与沟通、内部监督五个要素。内部控制原则是企业建立与实施内部控制应当遵循的基本指引。企业建立与实施内部控制应遵循全面性、重要性、制衡性、适应性和成本效益等基本原则。

一、内部控制要素

下面以我国的《企业内部控制基本规范》为主介绍内部控制要素。

（一）内部环境

内部环境是企业实施内部控制的基础,构成企业的基本氛围,是内部控制赖以生存的土壤,是其他内部控制要素的基础,主导或左右着员工的理念和行为。内部环境的好坏直接决定其他内部控制要素能否发挥作用,直接或间接地影响内部控制的有效性,对整个内部控制体系产生了深远的影响。内部环境一般由治理结构、内部机构及权责分配、诚信和道德价值观、员工素质和人力资源政策、经营风格和管理哲学等分要素构成。我国企业内部控制规范体系通过**组织架构、发展战略、人力资源、社会责任和企业文化**五项配套指引来规范企业的内部环境。

（二）风险评估

风险是对实现目标可能产生影响的不确定性因素,是经济活动在实际结果出现之前可能出现的各种结果及其概率分布的组合。企业的生产经营和管理活动经常面临各种风险,风险评估是及时识别、科学分析和评价风险事件发生的可能性及其潜在影响,并采取应对策略的过程。风险评估是实施内部控制的重要环节,主要包括**目标设定、风险识别、风险分析和风险应对**。风险评估的先决条件是已建立了各种目标,并联结到企业内部各层级。

（三）控制活动

控制活动是企业根据风险评估结果,采取相应的控制措施,将风险控制在可接受水平之内。**控制活动是在控制目标的引导下针对风险所采取的政策、方法、程序和行动**。从控制方式来看,控制活动可分为手工控制与自动控制、预防性控制与发现性控制等;从控制内容来看,控制活动存在于战略控制、管理控制、作业控制等各个层级;从控制对象来看,控制活动涉及财务控制、会计控制、资产控制、人员控制等;从具体措施来看,控制活动包括不相容岗位分离控制、授权审批控制、会计系统控制、财产保护控制、预算控制、文件记录控制、运营分析控制、绩效考评控制、内部报告控制等。

(四)信息与沟通

信息与沟通是指企业及时收集和整理与经营管理相关的各种信息,并使这些信息以适当的方式在企业内部以及企业与外部之间进行及时传递、有效沟通和正确应用的过程。信息对于企业内部各主体履行内部控制责任以促进目标的实现是非常必要的。经理层应从内部和外部来源获取或生成并使用高质量的信息,以支持内部控制的持续执行。沟通是提供、共享和获取所需信息,并作出恰当反应的过程。内部沟通是让信息在整个组织内向上、向下和横向传递的手段,它使员工能清晰获得高层要求其认真履行控制职责的资讯。外部沟通包括引入外部相关信息,以及向外部提供信息以回应利益相关者的要求和期望。信息与沟通是企业应对情况变化、保证控制有效的"神经系统",贯穿于内部控制的全过程。企业应建立信息与沟通制度,明确相关信息的收集、处理和传递程序,确保信息真实、沟通及时。我国企业内部控制规范体系还要求企业建立反舞弊机制、举报投诉制度和举报人保护制度,这也是重要的信息与沟通制度。

(五)内部监督

内部监督是指企业对内部控制的设计与实施情况进行监督检查,评价其有效性,发现和认定内部控制缺陷,并及时加以改进和完善的过程。内部监督是内部控制得到有效实施的有力保障,具有非常重要的地位。企业应利用信息与沟通所获取的情况,提高内部监督工作的针对性和时效性。

内部控制的构成要素并不是简单相加的,而是相互联系、相互制约、相辅相成的,共同组成一个完整的框架,五个要素的关系如图1-6所示。内部环境是内部控制赖以存在的基础,提供了实施控制活动和履行控制职责的氛围,支撑着整个内部控制框架;风险评估是实施内部控制的依据,实施风险评估进而管理风险是开展控制活动的重点;控制活动是实现控制目标的手段,是内部控制的主要组成部分,企业评估影响目标实现的风险,确定合理的风险管理策略,通过控制活动确保降低风险的措施得以顺利实施;信息与沟通可以确保相关信息被获取并在组织内部和外部进行有效的传递,它贯穿于内部控制的全过程,联系着企业内外、上下和左右,将整个内部控制结构整合在一起,是保证内部控制得到良好执行的"润滑系统";内部监督位于顶端的重要位置,是内部控制系统的特殊构成要素,它独立于各项生产经营活动之外,是对其他内部控制的一种再控制。

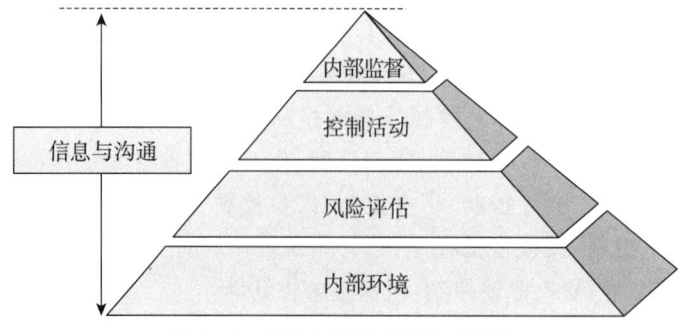

图1-6 我国内部控制的构成要素

案例 1-1

华为内部控制概述

华为基于组织架构和运作模式设计并实施了内部控制体系,发布的内部控制管理制度及内部控制框架适用于公司所有流程(包括业务和财务)、子公司以及业务单元。该内部控制体系基于COSO模型而设计,包括控制环境、风险评估、控制活动、信息与沟通、监督五大部分,同时涵盖了财务报告内部控制体系,以确保财务报告的真实、完整、准确。

一、控制环境

控制环境是内部控制体系的基础。华为致力于倡导及维护公司诚信文化,高度重视职业道德,严格遵守企业公民道德相关的法律法规。公司制定了员工商业行为准则,明确全体员工(包括高管)在公司商业行为中必须遵守的基本业务行为标准,并例行组织全员培训与签署,确保其阅读、了解并遵从商业行为准则。华为建立了完善的治理架构,包括董事会、董事会下属专业委员会、职能部门以及各级管理团队等,各机构均有清晰的授权与明确的问责机制。在组织架构方面,华为对各组织明确了其权力和职责的分离,以相互监控与制衡。公司CFO(首席财务官)负责全公司内部控制管理,内部控制管理部门向公司CFO汇报内部控制缺陷和改进情况,协助CFO建设内部控制环境。内部审计部门对公司所有经营活动的控制状况进行独立的监督评价。

二、风险评估

华为设立了专门的内部控制与风险管理部门,定期开展针对全球所有业务流程的风险评估,对公司面临的重要风险进行识别、管理与监控,预测外部和内部环境变化对公司造成的潜在风险,并就公司整体的风险管理策略及应对方案提交公司决策。各流程责任人负责识别、评估与管理相关的业务风险并采取相应的内部控制措施。公司已建立内部控制与风险管理问题的改进机制,能够有效管理重大风险。

三、控制活动

华为建立了全球流程与业务变革管理体系,发布了全球统一的业务流程架构,并基于业务流程架构任命了全球流程责任人负责流程和内部控制的建设。全球流程责任人针对每个流程识别业务关键控制点和职责分离矩阵,并应用于所有区域、子公司和业务单元;例行组织实施针对关键控制点的遵从性测试并发布测试报告,从而持续监督内部控制的有效性;围绕经营痛点、财务报告关键要求等进行流程和内部控制优化,提升运营效率和效益,支撑财务报告准确、可靠及合规经营,帮助业务目标达成;每年进行年度控制评估,对流程整体设计和各业务单元流程执行的有效性进行全面评估,向审计委员会报告评估结果。

四、信息与沟通

华为设立了多维度的信息与沟通渠道,及时获取来自客户、供应商等的外部信息,并建立了公司内部信息的正式传递渠道,同时在内部网站上建立了所有员工都可以自由沟通的心声社区。公司管理层通过日常会议与各级部门定期沟通,以有效传递管理导向,保证管理层的决策有效落实。同时,公司在内部网站上发布所有业务政策和流程,并定期由各级管理者/流程责任人组织业务流程和内部控制培训,确保所有员工都能及时掌握信息。公司亦建立了各级流程责任人之间的定期沟通机制,回顾内部控制执行情况,跟进和落实内部控制问题改进计划。

五、监督

华为设立了内部投诉渠道、调查机制、防腐机制与问责制度,并在与供应商签订的《诚信廉洁合作协议》中明确相关规则,供应商能根据协议内提供的渠道,举报员工的不当行为,以协助公司对员工的诚信廉洁进行监查。内部审计部门对公司整体控制状况进行独立和客观的评价,并对违反商业行为准则的经济责任行为进行调查,审计和调查结果报告给公司高级管理层和审计委员会。此外,华为建立了对各级流程责任人、区域管理者的内部控制考核、问责及弹劾机制,并例行运作。审计委员会和公司 CFO 定期审视公司内部控制状况,听取内部控制问题改进计划与执行进展的汇报,并有权要求内部控制状况不满意的流程责任人和业务管理者汇报原因及改进计划。

资料来源:华为公司官网(https://www.huawei.com/cn/corporate-governance#internal-control,访问时间:2024 年 9 月 30 日)。

二、内部控制基本原则

尽管每家企业在组织形式、行业特点、业务类别、经营范围、规模大小、管理模式等方面存在差异,其内部控制模式也不尽相同,但在内部控制体系建立和实施的过程中存在一些具有共性的原则和理念。企业应根据内部控制目标,遵循这些原则建立并实施内部控制。

(一)全面性原则

企业内部控制应**贯穿于决策、执行和监督的全过程,涉及事前控制、事中控制和事后控制**,覆盖企业及其所属单位的各种业务和事项,包括企业整体层面的控制、业务层面的控制、对于公司的控制和对分支机构的控制。**内部控制是全员控制,上至董事会,下至普通员工,以及中间各层级的管理者,都是内部控制实施的主体**。内部控制在业务流程上应渗透到决策、执行、监督、反馈等各个环节;任何决策或操作均应有案可查,避免内部控制出现空白和漏洞。

(二)重要性原则

内部控制应在全面控制的基础上,**关注重要业务和事项及高风险领域,针对重要业务和事项、高风险领域采取更为严格的控制措施,确保不存在重大缺陷**。企业要加强重点领域日常管控、重要岗位授权管理和权力制衡,健全重大风险防控机制。重大经营事项决策前必须开展专项风险评估。重要性原则的应用要求一定的职业判断,企业应根据所处行业环境和经营特点,从业务和事项的性质与涉及金额两方面去考量是否及如何实行重点控制。通常,权力集中、资金密集、资源富集、资产聚集的领域应进行重点控制。

(三) 制衡性原则

内部控制应**在治理结构、机构设置及权责分配、业务流程等方面形成相互制约、相互监督,同时兼顾运营效率**。制衡性原则要求企业完成某项工作必须经过互不隶属的两个或两个以上的岗位和环节,履行内部控制监督职责的机构或人员具有较强的独立性。任何人不得拥有凌驾于内部控制之上的特殊权力。

(四) 适应性原则

内部控制应**与企业经营规模、业务范围、竞争状况和风险水平等相适应,并随着企业外部环境的变化、经营业务的调整、管理要求的提高等不断改进和完善**。适应性原则要求企业建立与实施内部控制应考虑各单位的具体特点,繁简适度,易于操作。内部控制建设要具有针对性和前瞻性,企业应适时对内部控制系统进行评估,及时发现可能存在的问题,并采取措施予以补救。

(五) 成本效益原则

一般而言,**各项控制的设计与实施成本不应超过如不施行该控制所产生的错误或存在的潜在风险可能造成的损失和浪费**。内部控制成本通常包括**设计成本与执行成本**。例如,增加控制流程需要增加设计成本和执行成本,广泛依赖信息技术控制需要增加设计成本和执行成本,聘请高技能员工需要支付更高的薪酬,等等。内部控制效益是某项控制实施、执行后产生的效益和好处。例如,内部控制可以增强董事会和经理层实现目标的信心,减少意外不利事件的发生,满足进入资本市场的特定要求,为经营管理中的判断提供依据,提高业务职能和工作流程的效率,等等。

做任何事情都需要成本,成本效益原则是企业[①]从事一切经济活动的基本原则,设计和实施内部控制也不例外。例如,我们不能要求一家中小企业像上市公司那样实施全套的内部控制方案,那不符合成本效益原则。企业进行内部控制建设必须统筹考虑投入成本和产出效益之比,在合理保证有效性的前提下,权衡实施成本与预期效益的关系,争取以合理的成本实现更为有效的控制。在**大多数情况下,直接评价内部控制设计和执行的成本效益之比并不容易,企业必须从整体利益出发,从更长远的角度进行综合评价**。尽管某些控制会影响工作效率,但也可能会使企业避免遭受更大的损失,所以此时仍应实施相应的控制。

[①] 注意:行政事业单位开展内部控制没有这项原则,行政事业单位更强调社会效益,追求公平公正,而不仅仅是经济效益。

三、内部控制的规范体系

2008年5月,财政部、证监会、审计署、银监会、保监会五部委根据有关法律联合制定了《企业内部控制基本规范》;2010年4月,上述五部委又联合发布了《企业内部控制配套指引》,并对每项指引逐项进行了深入而权威的解读;2012年2月,财政部发布了《企业内部控制规范体系实施中相关问题解释第1号》;2012年9月,财政部又发布了《企业内部控制规范体系实施中相关问题解释第2号》;2013年12月,财政部发布了《石油石化行业内部控制操作指南》;2014年12月,财政部发布了《电力行业内部控制操作指南》。自此,中国形成了较为完整的企业内部控制规范体系。

如图1-7所示,**中国企业内部控制规范体系由企业内部控制基本规范、企业内部控制配套指引和企业内部控制解释公告及特殊行业内部控制操作指南等构成**。企业内部控制配套指引包括应用指引、评价指引和审计指引三个系列。企业内部控制应用指引又可细分为内部环境类应用指引、控制活动类应用指引和控制手段类应用指引。

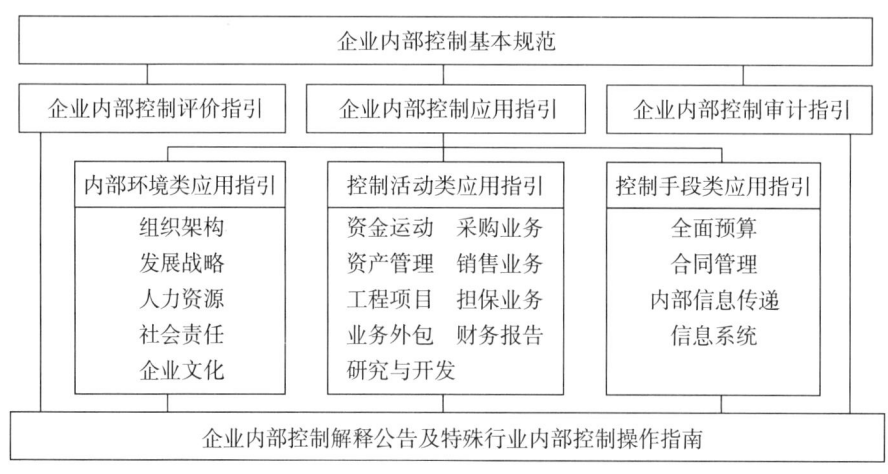

图1-7 中国企业内部控制规范体系

内部控制评价是公司董事会或类似权力机构对内部控制的健全性和有效性进行全面评价、形成评价结论、出具评价报告的过程。《企业内部控制评价指引》主要规范企业对自身内部控制的健全性和有效性进行评价的行为,用于引导企业全面评价内部控制的设计与执行状况。内部控制审计是会计师事务所接受委托,对客户在特定基准日内部控制设计与执行的健全性和有效性进行审计。

第五节 内部控制建设的思路和方法

不同企业在组织形式、行业特点、业务类别、经营范围、规模大小、管理模式等方面存在差异,现实中并不存在一种适用于所有企业的内部控制模式;但在建设内部控制时,还是有一些共同的思路和方法。管理的基本逻辑是:明确目标—调研现状—分析问题—改进提升。实践中,企业可以按照这个逻辑开展内部控制建设工作。企业应**依据内部控制**

规范体系的要求,结合企业实际,以提高生产经营与管理活动的效率和效果为核心,以风险管理为导向,以流程构建为基础,以关键控制点为重点,制订内部控制建设实施方案,明确总体建设目标和分阶段任务;按照管理制度化、制度流程化、流程信息化的要求,倡导全员参与、全业务覆盖,注重控制实效,抓好内部控制建设的基础工作和关键环节。企业要重视内部控制的监督和评价工作,促进内部控制持续地改进与优化。

一、明确内部控制的定位和目标

内部控制是一项全面风险管理活动,内部控制建设不等于制度建设,企业应重视内部控制建设,特别是软环境的培育,不能一味地追求控制越严越好、制度越多越好。内部控制不等于会计控制,也不是针对基层岗位和普通员工的控制,更不仅仅是经理层的责任,而是全员控制,上至董事会、经理层,下至普通员工,各部门、各岗位和全体员工在内部控制中都有自己的职责权限。内部控制既涉及企业整体层面,又涉及业务层面,还涉及下属部门或附属公司(包括控股子公司、分公司和具有重大影响的参股公司)层面,覆盖企业生产经营和管理活动的全过程。

目标引领行动,内部控制目标是构建企业内部控制体系的出发点,也是测试和评价企业内部控制建设与执行状况的基本标准。只有明确了内部控制目标,才能确定内部控制建设与实施的方向。内部控制的目标不是仅仅"纠错防弊",而是以提高经营的效率和效果为核心,合理保证企业经营管理合法合规、资产安全并有效利用、财务报告及相关信息真实完整,促进企业实现发展战略。企业开展内部控制建设应明确总体目标和分阶段建设任务,并将总体目标细分到具体业务或特定事件的日常管理和控制上。

二、摸清现状,分析缺陷和薄弱环节

除新建企业外,绝大多数情况下,企业的内部控制建设不是推倒重来,而是在现有基础上结合企业实际进行改进和提升。内部控制建设没有终点,是一个精益求精的持续改进过程。已建立起内部控制体系的企业,应重点抓好有效执行和持续改进工作,着力提升内部控制的健全性和有效性。

改进的前提是对企业的内部控制现状进行调查与评估,摸清现状,分析现有内部控制的缺陷和薄弱环节,弄清楚阻碍内部控制目标实现的因素,确定需要改进的方面。企业应对现有的规章制度、业务流程、权责配置、风险信息等进行全面梳理,并与《企业内部控制基本规范》及其配套指引、监管要求、管理需求等进行比较,确认需要改进的方面,针对不同情况进行优化。

三、搭框架、定基调,顶层设计至关重要

企业进行内部控制建设要制订整体建设方案,搭好基本框架,定好基调,做好顶层设计,具体工作包括组建内部控制组织体系,确定内部控制建设范围,建章立制、统一标准,加强信息系统建设,等等。

（一）组建内部控制组织体系

1. 健全治理结构

企业应建立健全法人治理结构，依法设置董事会、监事会、经理层等组织架构，明确各自的权利和义务；结合业务特点和内部控制要求设置内部机构，明确职责权限，将权利与责任落实到各级单位、部门和岗位。

2. 成立专门机构

企业应在董事会下组建全面风险管理（或内部控制）委员会等类似机构，负责企业内部控制与风险管理的政策制定和重大决策；在全面风险管理（或内部控制）委员会下设立专职部门，负责组织协调内部控制的建设、实施、评价及日常运转。该机构应配备适当的人员，明确权责范围，拥有直接接触及监督评价业务单元和职能部门工作的权力，并能直接向董事会或类似权力机构报告工作。

3. 强化专业岗位

业务部门负责本专业内部的日常管理工作，指导和监督本专业内部控制工作的开展，配合全面风险管理（或内部控制）部门开展风险评估、内部控制评价等相关工作。业务部门应配备专人或专岗，负责组织开展本专业内部控制的相关工作。

4. 建立授权体系

企业应构建分级授权体系，将各项职责权限和管控要求逐级落实到各级单位、部门和岗位。

5. 加强内部监督

审计委员会、审计部门等内部监督机构负责对内部控制的建设与执行情况进行监督、检查，并提出完善建议。

（二）确定内部控制建设范围

企业内部控制建设范围包括企业整体层面、业务层面、子公司层面和分支机构层面等。在企业整体层面，企业应开展内部环境、风险评估、控制活动、信息与沟通、内部监督建设，确保企业内部控制的整体有效性。在业务层面，随着企业目标的逐级分解，业务流程也应划分为一级、二级、三级等不同层级，形成业务流程分类分级框架。对于跨专业流程的衔接问题，要明确流程的跨专业接口，促进业务横向融合。通过流程构建，促进风险、控制、岗位、职责、制度等管理要素的有机融合，建立动态联系，实现各要素的一体化管理。企业应着力抓好资金、投资、采购、基建、销售、产权、人力资源、质量、安全生产等关键业务的流程管理，加强境外资产、金融及其衍生业务、重大经济合同和节能减排等特殊业务的内部控制建设。企业应加强对下属部门和附属企业的控制及管理，管控重点应放在组织规划和人员管理、重大政策制定、绩效考评等方面。企业应制定针对子公司的控制政策及程序，并充分考量子公司的业务特征，督促其建立与母公司相一致的内部控制体系。

(三)建章立制、统一标准

企业应以流程构建为基础,规范各类业务活动的办理程序,将控制目标、主要风险点、关键控制点、应对措施、控制标准、部门和岗位职责权限等内容制度化、流程化。大型企业集团内部应建立统一的内部控制标准体系,通过制度固化必要的员工行为,使企业内部上下各管理层级、各职能部门和各业务单元都使用统一的内部控制术语和风险管理语言。企业应定期梳理内部控制、风险管理和合规管理相关制度,及时将法律法规等外部监管要求转化为企业内部规章制度。

(四)加强信息系统建设

企业应加强信息系统建设,充分利用现代信息技术,加快从信息化向数字化、智能化转型,提高自动控制水平,实现标准化和智能化,减少人为操纵因素,推进内部控制体系建设同数字化建设的融合对接,将制度要求、业务流程和控制措施逐步固化到信息系统中,推动业财信息全面对接与整合,统一底层架构、流程体系和数据规范,构建因果关系的数据结构,实现业财一体化管控,实现在线运行,不断提高内部控制效能。主动采用信息化、数字化手段,建立风险量化评估模型和动态监测预警机制,实现风险"早发现、早预警、早处置"。

四、围绕风险点,设置控制点,抓好流程建设

内部控制建设应以防范和化解风险、规范和审慎经营为出发点。风险是影响目标实现的不确定性,针对风险,企业应在控制点上采取相应的控制措施,以实现业务管控目标。控制点是在日常运作过程中能降低风险发生概率或减少风险损失、协助控制目标实现及保证前一步骤正确性的操作步骤。主要风险必须在关键控制点上加以预防和控制。关键控制点是执行人能够进行控制,并且该控制为防范、消除风险或将相关风险降到可接受水平所必需的某一步骤。在相关流程中,关键控制点是影响力和控制力相对较强的一项或多项控制,应设置在最佳、最有效的控制点上。一系列控制点按业务办理的先后顺序和逻辑关系组合起来,便构成了流程的核心内容。流程是企业为了实现特定业务管控目标而采取的一系列动作的集合体。

企业应基于业务流程框架,对影响企业目标实现的风险进行识别与评估,识别各业务、各流程、各环节的风险点,分析和评估风险发生的原因、可能性及其潜在影响,结合风险承受能力,明确相应的风险管理策略。企业应依据风险评估结果,设置关键控制点,并在业务流程中标记清楚,记录在内部控制文档中。企业应将关键控制点作为实施控制活动的重点,对其实行全面、严格的管控,避免重大风险的发生。在实施控制活动时,企业可以遵循"5W1H"原则,即 Why——此项控制的目的是什么?Where——哪个部门实施此项控制?Who——谁来实施此项控制?When——实施此项控制的时间及频率是什么?What——对什么进行控制?How——实施此项控制的方法和工具是什么?

五、重视内部控制评价,做好动态改进与持续优化

内部控制评价是对企业内部控制设计和执行的有效性进行评价,识别控制缺陷,形成评价结论,出具评价报告的过程。内部控制评价工作应包括内部控制的设计与运行,涵盖内部控制的各个要素及各类业务和事项,对实现内部控制目标的各个方面进行全面、系统、综合的评价;在全面评价的基础上,关注重要业务单位、重大业务事项和高风险领域。内部控制评价工作要与部门绩效考核及员工薪酬挂钩,达到"以评促建"的效果。

对于内部控制评价中发现的设计缺陷和运行缺陷,企业应进行记录,分析其成因、表现形式和影响程度,明确责任单位和个人,提出整改方案及整改计划,并监督与追踪整改的落实情况和整改效果,做好内部控制的持续改进与优化工作,确保将影响企业目标实现的风险控制在可接受水平之内,实现企业内部控制建设的良性循环。

第六节　内部控制的局限性

内部控制不是万能的,不能认为有了内部控制体系就有了一切,就可以高枕无忧了。无论内部控制设计和运行得多么好,内部控制都只能合理保证而非绝对保证企业目标的实现。内部控制无法杜绝错误的判断和决策,也无法完全防止可能导致组织无法实现其目标的外部事件。也就是说,一个有效的内部控制体系也有可能出现失败,因为内部控制存在一些固有的局限性。

一、目标设定不当可能导致内部控制失效

目标引领行动,内部控制主要是对影响目标实现的风险进行评估和管控,设立目标是管理工作的重要内容。尽管目标并非内部控制要素,但它是内部控制得以实施的先决条件,也是促成内部控制的要件。如前文所述,内部控制有合规目标、报告目标、资产目标、运营目标和战略目标五个方面,这五大目标必须被细分和具体化到战略、运营和操作等各个层次,明确到企业整体层面、业务层面,以及对子公司和分支机构的管控等各个领域。**目标设定及其细分的科学性和适当性直接关系到内部控制的有效性**。例如,发展战略为内部控制设定了最高目标,是企业执行层的行动指南。如果企业为了追求"超常规""跨越式"的发展,制定了激进的发展目标,则可能造成企业盲目做大,不惜成本地"铺摊子",试图在短期内成为巨型企业。但是,这种所谓的"跨越式"发展,在内部管理能力难以跟上、风险管理水平不匹配的情形下,一旦遇到外部环境"风吹草动",企业就很可能迅速走向衰败。

二、判断失误可能导致内部控制失效

现实工作中,很多事项都需要判断,如医生对病情的诊断,法官对案件的审理,气象工程师对天气的预测,等等。一个有效的内部控制系统不仅要求严格遵守政策和程序,还必

须运用判断。例如,董事会和经理层运用判断确定所需控制的程度;经理层与其他人员在日常的生产经营和管理中每天都会运用判断选择和实施控制;经理层与内部审计人员运用判断监督和评估内部控制系统的有效性。一方面,治理层和经理层可以运用判断消除无效、冗余及低效率的控制;另一方面,**人们在进行选择和判断时可能会出现错误、偏差或失误**,从而导致内部控制失效。

三、员工串通可能导致内部控制失效

内部控制起源于内部分工、相互牵制和权力制衡,不相容岗位分离是内部控制的基本设计;但如果执行控制的**相关人员通过串通或合谋而发生舞弊**,则很容易规避控制,使相关控制措施失效。执行控制的相关人员包括企业经理层、员工和第三方等。内部控制至今未能有效地解决企业内部的合谋或串通舞弊问题。合谋是指两个或两个以上的员工或管理者或第三方串通起来欺诈企业,使得内部控制系统失效。如果经理层企图共同进行欺诈,就有可能形成内部人控制,即经理层事实上或依法掌握了企业的控制权,经理层利益在企业战略决策中会得到充分的体现。

四、高层凌驾可能导致内部控制失效

高层凌驾是影响内部控制有效性的重要因素。在内部控制建设中,董事、监事和经理层应以身作则、带头垂范,保持恰当的高层基调。然而,在信息不对称和公司治理不完善的情境下,很容易出现高层滥用权力的问题,从而越过内部控制谋取私利。高层不遵守既定的内部控制政策或程序,是威胁内部控制有效运行的重大障碍。高层自身素质、行事作风、决策能力、经营风格和管理哲学等会对内部环境产生重大影响,进而直接或间接地影响内部控制的有效性。企业可通过健全公司治理、完善约束机制、制定"三重一大"决策机制和议事规则、增加透明度、缓解信息不对称等措施来抑制高层凌驾。

五、员工素质参差不齐可能导致内部控制失效

企业活动的核心是人的活动,内部控制是由人设计的,也是由人执行的,内部控制的许多局限归根结底是人性的局限。用正确的人做正确的事是保证组织成功运行的根本,员工素质是影响内部环境的关键因素。**员工素质的高低与内部控制制度的多寡及控制措施的严松是反向变动的关系**。若员工素质良好、诚实守信、有正义感,则即使某些控制缺失,企业也能保持良好的发展;反之,若员工油滑、无原则、无诚信、无正义感,则即使有完美的控制制度,企业也可能蒙受损失或信誉扫地。内部控制执行人员玩忽职守,不按制度要求执行或操作疏忽,都将大大降低内部控制的应用效果。人格修养、职业道德和专业胜任能力应是企业选拔与聘用员工的重要标准,企业应切实加强员工培训和继续教育,不断提升员工素质,从而提高内部控制的有效性。

六、成本效益低可能导致内部控制失效

权衡成本效益是企业从事一切经济活动的出发点,设计和实施内部控制也不例外。

如果设计和实施某项控制的成本超过实施该项控制的预期效益,则该项控制就会因成本太高而失去现实意义。例如,当货币资金收支频繁、业务量很大时,企业可以设置收入和支出两个出纳岗位,实行收支两条线,这样能更好地起到内部控制作用;但当货币资金业务不多时,设置两个出纳岗位就可能不符合成本效益原则。随着内外部环境的变化,很多企业的内部控制系统变得越来越复杂,相应的控制成本也越来越高,甚至影响到企业生产经营和日常管理的效率。风险管控的目标并不是消除风险,因为在多数情形下风险是无法消除的。**企业应在权衡成本效益的前提下,采取适当措施降低风险,将风险控制在可接受水平之内,而不是不计成本地杜绝差错或舞弊。对于可接受水平之内的风险,企业不必采取额外的控制措施。**企业应在综合考虑成本效益的基础上,建立能够为达成组织目标提供合理保证的内部控制系统。

七、环境变化可能导致内部控制失效

内部控制可能因经营环境、业务性质的改变而弱化或失效。内部控制一般是为日常发生的经常性业务而设计的,一旦发生异常或未预计到的业务,内部控制就可能失效或原有的内部控制不再适用。设计并实施一个有效的内部控制系统具有很大的挑战性,要使这一控制系统每天保持有序且高效的运行也是非常艰难的。新兴和急剧变革的商业模式、对信息技术应用和依赖程度的不断提高、日益增加的监管要求和细致审查、不断深化的全球化趋势及其他挑战等,都要求内部控制系统能更灵活地应对业务、运营和监管环境的变化。

八、外部突发事件可能导致内部控制失效

任何企业的生产经营和管理活动都处在特定的环境中,企业与环境进行着物质、能量或信息交换,并在与环境不断交换的过程中得到发展壮大。企业应高度重视包括经济、技术、社会、政治和伦理等方面的外部环境因素及其变化。对企业而言,外部环境分析是非常重要的,特别是要重点关注超出企业控制能力的外部事件及其发展趋势,分析和评价企业面临的机会与威胁,从而采取进一步的应对措施。内部控制的最高目标是促进企业战略的实现,企业目标及其战略规划的提出离不开具体的内外部环境,而企业的内外部环境又处于不断变化之中,当这种变化累积到一定程度,特别是发生超出企业控制能力的外部事件时,内部控制系统可能会滞后或偏离既定目标,从而降低其有效性。

本章小结 >>>

内部控制是对影响目标实现的风险进行评估和管控,从而帮助企业实现目标的过程。内部控制不是单纯的流程和制度安排,而是由目标层面、要素层面和结构层面构成的三维度整合框架。目标层面包括战略目标、运营目标、合规目标、资产目标和报告目标;要素层面包括内部环境、风险评估、控制活动、信息与沟通和内部监督;结构层面包括四个层次,即企业整体层面的控制、业务层面的控制、对子公司的控制和对分支机构的控制。

内部控制是一项全面的风险管理活动,涉及全员、全过程和全方面。内部控制的主体

是全体员工,而不仅仅是经理层,更不等同于会计控制,上至董事会、经理层,下至普通员工,各部门、各岗位都是实施控制活动的主体。董事会对内部控制的建立健全和有效性负责。内部控制与风险管理过程涉及事前、事中和事后,覆盖决策、执行和监督等全过程;内部控制领域既涉及企业整体层面的控制,又涉及业务层面的控制,还包括对子公司、分支机构的控制,可以说是全方位、无死角的。

目标引领行动,任何活动都要有明确的目标。内部控制建设的基本逻辑是"目标—风险—控制"。内部控制目标的设定是建立和实施内部控制的前提,目标设定的适当性是评价内部控制是否有效的先决条件。企业建立与实施内部控制应遵循全面性、重要性、制衡性、适应性和成本效益五项基本原则。内部控制只能为目标实现提供合理保证,目标设定不当、判断失误、员工串通、高层凌驾、员工素质参差不齐、成本效益低、环境变化、外部突发事件都可能导致内部控制失效。

思考题 >>>

1. 如何恰当地理解内部控制的内涵和特征?
2. 内部控制的目标有哪些?
3. 如何理解和分解内部控制的报告目标?
4. 内部控制的产生与发展经历了哪几个阶段?
5. 内部控制的构成要素有哪些?如何理解它们之间的关系?
6. 内部控制建设应遵循哪些基本原则?
7. 在内部控制建设过程中,如何理解和践行成本效益原则?
8. 内部控制与风险管理是什么关系?
9. 内部控制有哪些固有局限性?
10. 我国企业内部控制规范体系是怎样构成的?

案例讨论 >>>

某公司按《企业内部控制基本规范》的要求,建立并实施本公司的内部控制系统。公司为此召开了董事会全体会议,就内部控制相关重大问题形成了决议,摘要如下:

(1)控制目标。会议首先确定了公司内部控制的目标为:切实做到经营管理合法合规、资产安全,严格按照法律法规及相关监管要求开展经营活动,确保公司经营管理过程不存在任何风险。

(2)内部环境。内部环境是建立和实施内部控制的基础。会议一致通过了优化内部环境的决议,内容包括:严格规范公司治理结构,各类业务和事项均应提交董事会或股东会审核批准;调整机构设置和权责分配,做到所有不相容岗位或职务严格分离、相互制约、相互监督;完善人力资源政策,建立优胜劣汰机制,同时注重就业和员工权益保护;认真履行社会责任,加强企业文化建设,倡导诚实守信、爱岗敬业、开拓创新和团队协作精神。

(3)风险评估。会议决定成立专门的风险评估机构,围绕内部控制目标,定期或不定期地全面评估内部环境、业务流程等,准确识别公司面临的内部和外部风险,根据风险发生的可能性和影响程度进行排序,并采取相应的风险应对策略。

(4) 控制活动。会议明确了公司应从以下三个方面强化控制措施:一是实施全面预算管理,将各类业务和事项均纳入预算控制范围;二是将控制措施"嵌入"信息系统中,通过现代化手段实现自动控制;三是完善合同管理制度,所有对外发生的经济行为均应签订书面合同。

(5) 信息与沟通。会议要求公司完善信息与沟通制度,具体包括:及时收集、整理与内部控制相关的内外部信息,促进信息在企业内部各层级之间、企业与外部有关方面之间的有效沟通及反馈;建立反舞弊机制,实施举报投诉制度和举报人保护制度,并及时传达至所有中层以上员工,确保举报、投诉成为公司有效掌握信息的重要途径。

(6) 内部监督。会议强调,内部监督是防止内部控制流于形式的重要保证。为此,公司应强化内部监督制度,由审计委员会和内部审计机构全权负责内部控制的监督与检查,合理保证内部控制目标的实现;审计委员会和内部审计机构在内部监督中发现的重大问题,有权直接向董事会和监事会报告。

要求:请你分析、判断该公司董事会会议形成的上述决议有无不当之处,并简要说明理由。

第二章　内　部　环　境

学习目标 >>>

1. 理解并掌握内部环境的构成内容,明确将社会主义核心价值观、人本理念、生态文明、可持续发展等融入内部环境建设的重要意义。
2. 熟悉企业组织架构设计与运行中的主要风险及其控制,掌握中国公司治理中的中国特色——党的领导、民主集中、团队协作和集体主义精神等。
3. 熟悉企业发展战略规划与实施中的主要风险及其控制,将企业战略融入国家战略和民族复兴,培养家国情怀。
4. 熟悉企业人力资源政策与实践中的主要风险及其控制,培养德才兼备、具有全面素质和综合能力的优秀人才。
5. 熟悉企业履行和管理社会责任中的主要风险及其控制,树立正确的价值观、道德观和世界观,培养责任感和担当精神。
6. 熟悉企业文化建设过程中的主要风险及其控制,将中华优秀传统文化及社会主义核心价值观融入企业文化,提升企业文化的影响力、凝聚力和感召力。

引导案例 >>>

华为独特的公司治理

华为创立于1987年,是全球领先的ICT(信息与通信)基础设施和智能终端提供商。华为20.7万员工遍及170多个国家和地区,为全球30多亿人口提供服务。华为拥有完善的内部治理架构,各治理机构权责清晰、责任聚焦但又分权制衡,使权力在闭合中循环,在循环中科学更替。

华为在治理层实行集体领导,不把公司的命运系于个人身上,集体领导遵循共同价值、责任聚焦、民主集中、分权制衡、自我批判的原则,建立了完善的治理架构,各机构均有清晰的授权与明确的问责机制。

(一)股东与员工持股计划

华为是100%由员工持有的民营企业。股东为华为工会委员会(下称"工会")和任正非。员工持股计划将公司的长远发展和员工的个人贡献及发展有机地结合在一起,形成了长远的共同奋斗、分享机制。任正非作为自然人股东持有公司股份,同时也参与了员工持股计划。

(二)股东会和持股员工代表会

股东会是公司的权力机构,对公司增资、利润分配、选举董事/监事等重大事项作出决策。股东会由工会和任正非两名股东组成。工会履行股东职责、行使股东权利的机构是持股员工代表会。持股员工代表会代表全体持股员工行使有关权利。

(三)董事会

董事会是公司战略、经营管理和客户满意度的最高责任机构,承担带领公司前进的使命,行使公司战略与经营管理决策权,确保客户与股东的利益得到维护。公司董事会及董事会常务委员会由轮值董事长主持,轮值董事长在当值期间是公司最高领袖。董事会主要职责为:制订公司治理方案;审议公司注册资本增加或减少方案、利润分配方案及弥补亏损方案;审议公司股权激励计划、非股权的长期激励计划;审议或批准公司进入或退出产业领域,批准公司战略规划;批准重大的组织变革与调整、管理机制建设和业务变革;批准重大的财经政策、财务规划与商业交易;批准公司年度预算方案、年度经营报告及年度审计报告;批准公司高级管理人员的任免、薪酬、长期激励;批准公司层面的重大人力资源政策及规划;批准事关公司重大风险和重大危机的管理方案,管理重大突发事件;批准合规与内部控制体系的建设。

(四)监事会

监事会是公司的最高监督机构,代表股东行使监督权,其基本职权包括领袖管理、业务审视和战略前瞻。监事会通过干部考察、后备干部培养等,推动公司接班人梯队建设,保障公司事业后继有人;通过建立规则化、制度化、系统化的监督框架,对董事与高管履职、公司经营和财务状况、合规与内部控制体系等进行全方位的监督,推动公司逐渐从基于经验的管理走向基于规则的管理,让业务在边界内自由运作。

(五)独立审计师

审计师负责审计年度财务报表,根据会计准则和审计程序,评估财务报表是否真实和公允,对财务报表发表审计意见。任何潜在影响外部审计师客观性和独立性的关系或服务,都要与审计委员会讨论。此外,独立审计师还与审计委员会共同商讨审计中可能遇到的问题、困难以及管理层的支持情况。

资料来源:华为公司官网(https://www.huawei.com/cn/corporate-governance#corporate-governance,访问时间:2024年9月30日)及华为公司2023年年度报告。

内部环境构成一家企业的基本氛围,是影响和制约企业内部控制设计、实施与监督的各种内部因素的总称。内部环境是内部控制存在和发展的基础,是内部控制赖以生存的土壤,内部环境的好坏直接决定着其他内部控制要素能否发挥作用。内部环境支配并左右着员工的意识和行为,影响着全体员工实施控制活动和履行控制责任的态度及行为,直接影响着内部控制的效率和效果。《内部控制——整合框架(2013)》认为控制环境包括:①企业对诚信和道德价值观的承诺;②董事会应独立于经理层;③经理层为实现目标,应在董事会的监督下确立组织架构、汇报路线、合理的权利与责任;④企业应致力于吸引、发展和留住优秀人才,以配合企业目标的实现;⑤组织为实现目标,应要求员工承担内部控制的相关责任等。我国企业内部控制配套指引通过**组织架构、发展战略、人力资源、社会责任和企业文化**五个应用指引描述了内部环境。

第一节 组 织 架 构

在内部控制五要素中,内部环境是其他内部控制要素的基础,而组织架构又是内部环境建设的核心。现代企业制度的核心是组织架构问题,企业应不断完善法人治理结构,持续优化内部机构设置和权责分配,为优化内部环境、实现企业目标提供有力的组织保障。

一、组织架构的概念及内容

(一)组织架构的概念

任何工作的有序开展都需要有力的组织保障,企业开展经营活动,必须有科学的组织架构。组织架构是企业内部环境的重要组成部分,也是企业开展风险评估、实施控制活动、促进信息沟通、强化内部监督的平台和载体。一个有序高效、分工制衡的组织架构对内部环境培育和内部控制有效性具有重要影响,它决定了有关部门和人员的职责及关系模式,是内部控制能够良好执行的组织基础。

我国《企业内部控制应用指引第1号——组织架构》明确界定:**组织架构是指企业按照国家有关法律法规、股东(大)会决议和企业章程,结合本企业实际,明确股东(大)会、董事会、监事会、经理层和企业内部各层级机构设置、职责权限、人员编制、工作程序和相关要求的制度安排。**

(二)组织架构的内容

如图2-1所示,理解组织架构的内涵,应把握**两个关键点:一是治理结构的有效性**,如果企业治理结构形同虚设,缺乏科学决策、良性运行机制和执行力,则可能导致企业经营失败,难以实现发展战略;**二是内部机构设置的科学性**,如果内部机构设计不科学,权责分配不合理,则可能导致机构重叠、职能交叉或缺失、推诿扯皮,运行效率低下。

1. 治理结构

在现代企业制度下,所有权和经营权是分离的,所有者和管理者之间形成了一种委托代理关系,管理者为了实现自身目标的最大化,可能会偏离所有者的目标。为了尽可能地减少这种偏离,就需要良好的公司治理结构。公司治理结构是指为实现企业最佳经营业绩,企业所有权与经营权基于信托责任而形成相互制衡关系的结构性制度安排,**具体表现为股东会、董事会、监事会和经理层职责分配与制衡关系的安排。**

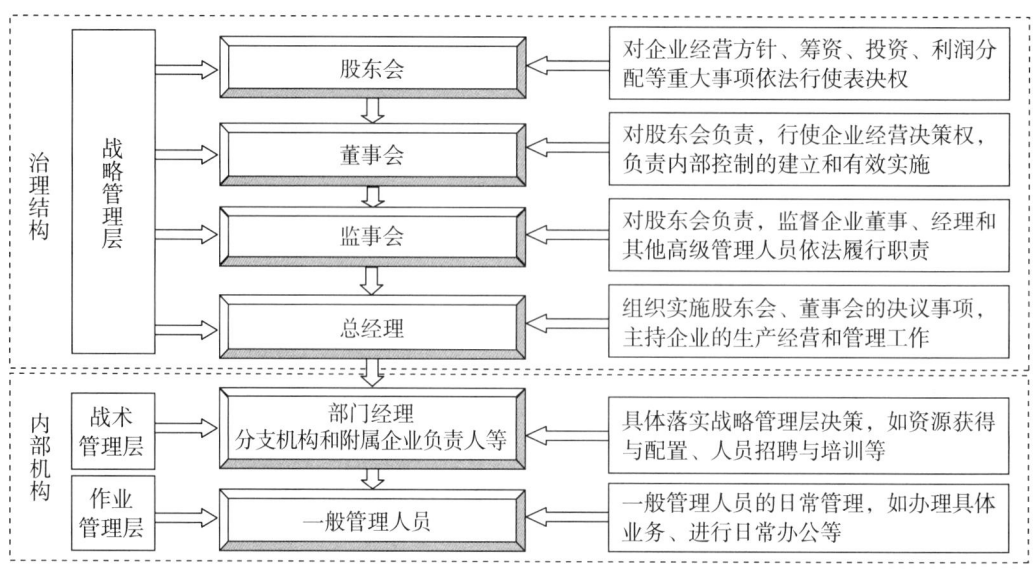

图 2-1 组织架构设计的主要层级

（1）**股东会**由全体股东组成，是企业的**最高权力机构和最高决策机构**，具有选举董事和监事、进行重大决策及依法行使企业经营方针、筹资、投资、利润分配等重大事项的表决权。

（2）**董事会**是股东会闭会期间的办事机构，**负责制定战略、进行重大决策、聘任经理并对生产经营和管理活动进行监督，依法行使企业的经营决策权**。在内部控制建立健全和有效实施的过程中，董事会应充分认识到自身对企业内部控制所承担的责任，加强对本企业内部控制建立与实施情况的指导和监督。另外，董事会可以按股东会的有关决议，设立战略、审计、提名、薪酬与考核、风险管理等专门委员会，为董事会的科学决策提供支持。各专门委员会对董事会负责，提案应提交董事会审查决定。

（3）监事会对股东会负责，监督企业董事、经理和其他高级管理人员依法履行职责。

（4）**经理层对董事会负责，负责组织实施股东会、董事会的决议事项，主持企业的生产经营和管理工作**。企业应明确经理和其他高级管理人员的职责分工。

一家企业如同一个人，是全体股东投资成立的企业法人，董事会是企业的"大脑"，总经理是企业的"心脏"，总经理管辖的各部门是企业的"五脏六腑及肢体"，监事会是企业的"免疫力系统"，公司治理结构则是企业的"神经系统"。

中国企业的治理结构中还有党委会，党组织研究讨论是董事会、经理层决策重大问题的前置程序。这能够有机结合党的政治优势、组织优势和现代公司治理优势，是中国特色企业管理理论的重要体现，对改善公司治理具有重要意义。

2. 内部机构

内部机构是指企业根据业务发展的需要，分别设置不同层次的管理人员以及由各专业人员组成的管理团队，针对各项业务功能行使决策、计划、执行、监督、评价的权利并承担相应的义务，从而为业务顺利开展、实现企业发展战略提供组织架构的支撑平台。**内部机构设置的关键在于权责分配**，是依据运营目标、职能划分和管理要求，结合业务特点而进行的权责分配。在内部控制建设过程中，内部机构设置在明确各职能部门和分支机构及基层作业单位的职责权限、将权利和责任落实到各责任单位的同时,也应特别注意内部控制要求在上述过程中的体现和落实。只有将内部控制要求所对应的权利和责任落实到具体的责任单位与岗位,才能为内部控制的设计和执行奠定良好的基础。

案例 2-1

宝钢股份的组织架构

宝山钢铁股份有限公司(以下简称"宝钢股份")是全球领先的现代化钢铁联合企业,是《财富》世界500强中国宝武钢铁集团有限公司的核心企业。2000年12月,宝钢股份在上海证券交易所上市(证券代码:600019)。2017年2月,完成吸收合并武汉钢铁股份有限公司后,宝钢股份拥有上海宝山、武汉青山、湛江东山、南京梅山等主要制造基地,在全球上市钢铁企业中粗钢产量排名第二、汽车板产量排名第三、取向电工钢产量排名第一,是全球碳钢品种最为齐全的钢铁企业之一。宝钢股份以"做钢铁业高质量发展的示范者"和"做未来钢铁的引领者"为使命,致力于为客户提供超值的产品和服务,为股东和社会创造最大价值,实现与相关利益主体的共同发展。

宝钢股份的组织架构如图 2-2 所示。组织架构主要有治理结构和内部机构两个层面:治理结构主要是股东大会、董事会及下属各专门委员会、监事会和总经理;内部机构主要是在总经理领导下的各职能部门和业务单元。

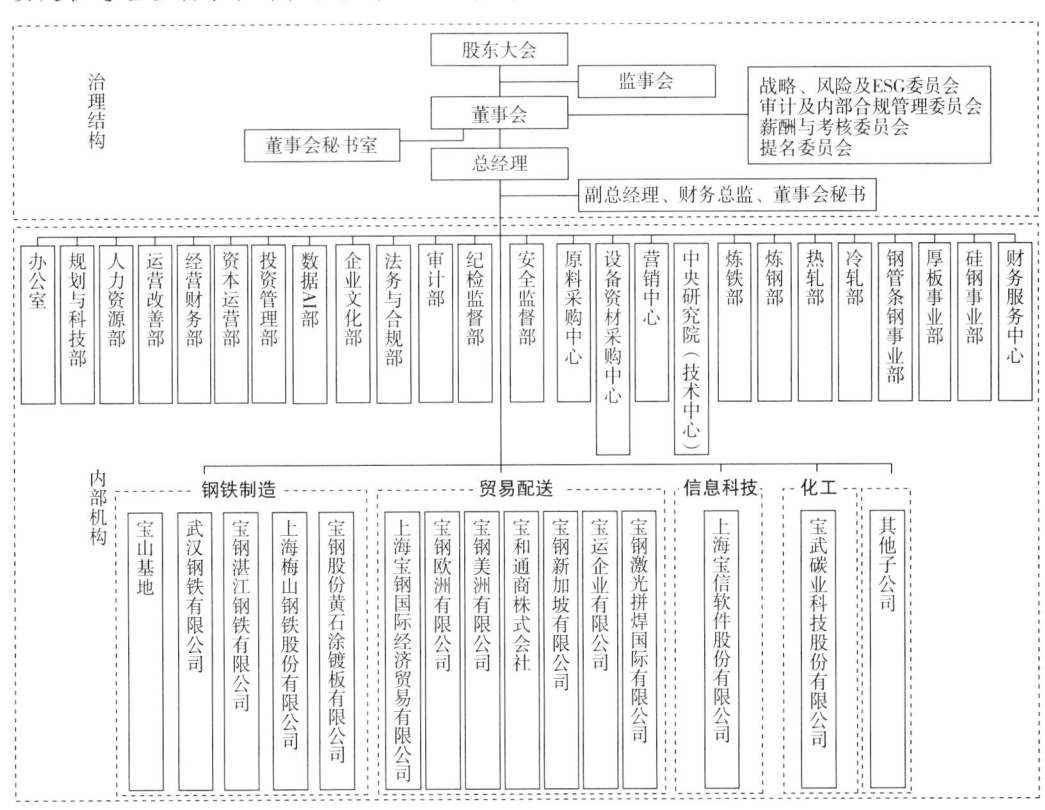

图 2-2 宝钢股份的组织架构

资料来源:宝钢股份官网。

二、组织架构的内部控制目标

企业建立和培育内部环境,首先,根据内部控制的五大目标,确定内部环境要素应实现的目标;其次,对目标进行分解,确定组织架构设计与运行应实现的具体目标,以识别和分析影响预期目标实现的主要风险;最后,及时采取有效措施将风险降到可接受的水平,以保证企业目标的实现。组织架构设计与运行的内部控制目标主要包括以下四个方面:

（1）根据相关法律法规,结合公司章程和实际情况,建立规范的法人治理结构,促进企业内部控制的有效执行。企业应科学地界定决策、执行和监督各层面机构的地位、职责与任务,形成有效的分权和制衡机制,切实发挥相关机构的作用,为内部控制的建立和实施提供强有力的组织保障与工作机制保障。

（2）建立科学合理的组织架构,适应企业生产经营和管理活动的实际需要,并能适应内外部环境的变化,提高管理效能,避免机构重叠和效率低下,促进内部控制的有效实施。

（3）根据运营目标、职能划分和管理要求,明确高级管理人员、各职能部门和分支机构以及基层作业单位的职责权限,将权利与责任分解到具体岗位,为内部控制的设计和实施创造良好的条件。

（4）通过内部管理制度汇编、员工手册、组织结构图、业务流程图、岗（职）位说明书、权限指引等适当方式,使企业员工了解和掌握内部机构设置及权责分配状况,促进企业内部各层级员工明确职责分工,正确行使职权,并加强对权责履行的监督。

三、组织架构设计与运行的主要风险

企业至少应关注组织架构设计与运行中的下列风险：

（一）治理结构层面

治理结构设计与运行的主要风险在于治理结构形同虚设,缺乏科学决策、良性运行机制和执行力,可能导致企业经营失败,难以实现发展战略。具体表现为：

（1）股东会是否规范且有效地召开,股东是否可以通过股东会行使其权利。

（2）企业与控股股东是否在资产、财务、人员方面实现了相互独立,企业与控股股东的关联交易是否贯彻了平等、公开、自愿的原则。

（3）对与控股股东相关的信息是否根据规定及时、完整地进行披露。

（4）企业是否对中小股东权益采取了必要的保护措施,使中小股东能够与大股东同等条件参加股东会,获得与大股东一致的信息,并行使相应的权利。

（5）董事会是否独立于经理层和大股东,董事会及其审计委员会中是否有适当数量的独立董事存在且能有效地发挥作用。

（6）董事对自身的权利和责任是否有明确的认知,并且有足够的知识、经验和时间去勤勉、诚信、尽责地履行职责。

（7）董事会是否能够保证企业建立并实施有效的内部控制,审批企业发展战略和重大决策并定期检查、评价其执行情况,明确企业可接受的风险容忍度,并督促经理层对内部控制的有效性进行监督和评价。

（8）监事会的构成是否能够保证其独立性,监事能力是否与相关领域匹配。

（9）监事会是否规范而有效地运行,监督董事会、经理层正确履行职责并纠正损害企业利益的行为。

（10）对经理层的权力是否存在必要的监督和约束机制。

（二）内部机构层面

内部机构设计与运行的**主要风险在于内部机构设计不科学,权责分配不合理,可能导致机构重叠、职能交叉或缺失、推诿扯皮,运行效率低下。具体表现为:**

（1）企业内部机构是否考虑经营业务的性质,按适当集中或分散的管理方式设置。

（2）企业是否对内部机构设置、各职能部门的职责权限、组织的运行流程等作出明确的书面说明和规定,是否存在关键职能缺位或职能交叉的现象。

（3）企业内部机构是否支持发展战略的实施,并根据环境变化及时作出调整。

（4）企业内部机构的设计与运行是否适应信息沟通的要求,有利于信息的上传下达以及在各层级、各业务活动间的传递,有利于为员工提供履行职权所需的信息。

（5）关键岗位员工是否对自身权责有明确的认识,有足够的胜任能力去履行权责,是否建立了关键岗位员工轮换制度和强制休假制度。

（6）企业是否对董事、监事、高级管理人员及全体员工的权限有明确的制度规定,对授权情况是否有正式的记录。

（7）企业是否对岗位职责进行了恰当的描述和说明,是否存在不相容岗位未分离的情况。

（8）企业是否对权限的设置和履行情况进行了审核与监督,对于越权或权限缺位的行为是否及时予以纠正和处理。

四、组织架构设计的风险控制

企业在设计组织架构时,必须考虑内部控制的要求,**合理确定治理层及内部各部门之间的权利和责任,并建立恰当的报告关系。**组织架构的设计应既能保证企业高效运营,又能根据内部环境的需要进行相应的调整。具体而言,企业设计组织架构时应遵循以下原则:一是依据法律法规;二是有助于实现发展战略;三是符合管理控制的要求;四是能够适应内外部环境的变化。

（一）治理结构层面

1. 治理结构设计的一般要求

健全的**治理结构一般要求涉及股东会、董事会、监事会和经理层。**企业应根据国家有关法律法规的规定,按决策机构、执行机构和监督机构相互独立、权责明确、相互制衡的原则,明确董事会、监事会和经理层的职责权限、任职条件、议事规则与工作程序等。

2. 上市公司治理结构设计的特殊要求

上市公司吸纳了一定比例社会公众的投资,具有公众性。上市公司治理结构的设计具有特殊要求,主要表现在:

(1) **上市公司董事会应设立独立董事,独立董事应独立于所受聘的公司及其主要股东**。独立董事不得在上市公司担任除独立董事外的其他任何职务。独立董事应按有关法律法规和公司章程的规定,认真履行职责,维护上市公司的整体利益,尤其要关注中小股东的合法权益不受损害。独立董事应独立履行职责,不受上市公司主要股东、实际控制人及其他与上市公司存在利害关系的单位或个人的影响。

(2) **在上市公司董事会下设的审计委员会、薪酬与考核委员会中,独立董事应占多数并担任负责人,审计委员会中至少应有一名独立董事是会计专业人士**。在董事会各专门委员会中,审计委员会对内部控制的建立健全和有效实施发挥着尤其重要的作用。审计委员会对董事会负责并代表董事会对经理层进行监督,侧重于对经理层提供的财务报告和内部控制评价报告加强监督;同时,审计委员会通过指导和监督内部审计与外部审计工作,提高了内部审计和外部审计的独立性,在信息披露、内部审计和外部审计之间建立起一个独立的监督与控制机制。

(3) **上市公司应设立董事会秘书,董事会秘书为上市公司的高级管理人员,直接对董事会负责,并由董事长提名、董事会任免**。在上市公司中,董事会秘书是一个重要角色,负责公司股东会和董事会会议的筹备、文件及公司股东资料的保管、信息披露事务的办理等事宜。

3. 国有独资企业治理结构设计的特殊要求

国有独资企业治理结构设计的特殊要求具体表现在:

(1) **国有资产监督管理机构代行股东会职权**。国有独资企业不设股东会,由国有资产监督管理机构行使股东会职权。国有独资企业董事会可以根据授权行使部分股东会的职权,决定企业的重大事项,但企业的合并、分立、解散、增加或减少注册资本和发行企业债券,必须由国有资产监督管理机构决定。

(2) **国有独资企业董事会成员应包括企业职工代表**。国有独资企业董事会成员由国有资产监督管理机构委派,但是董事会成员中的职工代表由企业职工代表大会选举产生。国有独资企业董事长、副董事长由国有资产监督管理机构从董事会成员中指定产生。

(3) **国有独资企业监事会成员由国有资产监督管理机构委派,但是监事会成员中的职工代表由企业职工代表大会选举产生**。监事会主席由国有资产监督管理机构从监事会成员中指定产生。

(4) **外部董事由国有资产监督管理机构提名推荐,由外部人士担任**。外部董事在任期内,不得在任职企业担任其他职务。外部董事制度对于规范国有独资企业的治理结构、提高决策的科学性、防范重大风险具有重要的意义。

(二) 内部机构层面

内部机构的设计是组织架构设计的关键环节,只有切合企业经营业务特点和内部控制要求的内部机构,才能为实现企业发展目标发挥积极作用。

(1) 企业应按照科学、精简、高效、透明、制衡的原则,综合考虑企业性质、发展战略、文化理念和管理要求等因素,合理设置内部机构,明确各机构的职责权限,避免职能交叉、缺失或权责过于集中,形成各司其职、各负其责、相互制约、相互协调的工作机制。

(2) 企业应对**各机构的职能进行科学合理的分解,确定具体岗位的名称、职责和工作要求等,明确各岗位的权限和相互关系**。企业在设计内部机构的过程中,应体现不相容岗位相分离原则,努力识别出不相容职务,并根据相关的风险评估结果建立内部牵制机制,特别是在涉及重大或高风险业务处理程序时,必须考虑建立各层级、各部门、各岗位之间的分离和牵制机制;对于因机构人员较少且业务简单而无法分离的某些不相容职务,企业应制定切实可行的替代控制措施。

(3) 企业应**制定组织结构图、业务流程图、岗(职)位说明书和权限指引等内部管理制度或相关文件,使员工了解和掌握组织架构设计及权责分配情况,正确履行职责**。企业内部各级员工必须获得相应的授权才能实施决策或办理业务,严禁越权办理。

(三) 对"三重一大"的特殊考虑

"三重一大"是指企业的重大决策、重大事项、重要人事任免及大额资金使用。组织架构应用指引明确要求,企业的重大决策、重大事项、重要人事任免及大额资金使用等,应**按规定的权限和程序实行集体决策审批或联签制度。任何个人不得单独进行决策或者擅自改变集体决策意见**。重大决策、重大事项、重要人事任免及大额资金支付业务的具体标准由企业自行确定。

五、组织架构运行的风险控制

组织架构运行不仅涉及新企业治理结构和内部机构的运行,还涉及对存续企业组织架构的全面梳理。组织架构运行是指企业治理结构和内部机构按既定的设计方案,行使各自权利和履行相应责任的动态过程。对组织架构运行的内部控制包括对治理结构和内部机构的全面梳理。企业应根据组织架构的设计规范,对现有治理结构和内部机构进行全面梳理,确保本企业的治理结构、内部机构设置和运行等符合现代企业制度的要求。

(一) 治理结构的梳理

企业梳理治理结构,应**重点关注董事、监事、经理及其他高级管理人员的任职资格和履职情况,以及董事会、监事会和经理层的运行效果**。如果治理结构存在问题,企业就应采取有效措施加以改进。

(1) 就任职资格而言,应重点关注行为能力、道德诚信、经营管理素质、任职程序等方面。

（2）就履职情况而言,应重点关注合规、业绩以及履行忠实和勤勉义务等方面。

（3）就运行效果而言,应重点关注:董事会是否按时定期或不定期地召集股东会并向股东会报告;是否严格、认真地执行了股东会的所有决议;是否合理地聘任或解聘经理及其他高级管理人员等。监事会是否按规定对董事、高级管理人员的行为进行监督;在发现违反相关法律法规或损害企业利益的行为时,是否能够对其提出罢免建议或制止、纠正其行为等。经理层是否认真、有效地组织并实施董事会决议;是否认真、有效地组织并实施董事会制订的年度经营计划和投资方案;是否能够完成董事会确定的生产经营计划和绩效目标等。

（二）内部机构的梳理

企业梳理内部机构设置,应**重点关注内部机构设置的合理性和运行的高效性**。

（1）从设置的合理性角度梳理,应重点关注:内部机构设置是否适应内外部环境的变化;是否以战略目标为导向;是否满足专业化的分工和协作,有助于企业提高劳动生产率;是否明确界定各机构和岗位的权利与责任,不存在权责交叉重叠,不存在只有权利而没有相应的责任和义务的情况等。

（2）从运行的高效性角度梳理,应重点关注:内部各机构的职责分工是否针对市场环境的变化作出及时调整。特别是当企业面临重要事件或重大危机时,各机构间表现出的职责分工协调性可以较好地检验内部机构运行的效率。此外,还应关注权力制衡的效率评估,包括机构权力是否过大并存在监督漏洞,机构权力是否被架空,机构内部或各机构之间是否存在权力失衡等。梳理内部机构运行的高效性,还应关注内部机构运行是否有利于保证信息及时、顺畅地流通,在各机构间达到快捷沟通的目的。评估内部机构运行中的信息沟通效率,一般包括信息在内部机构间的流通是否通畅,是否存在信息阻塞;信息在现有组织架构下的流通是否及时,是否存在信息滞后;信息在组织架构中的流通是否有助于提高效率,是否存在沟通的舍近求远。

（三）集团公司对组织架构的梳理要点

企业拥有子公司的,应建立科学的投资管控制度,通过合法有效的形式履行出资人职责、维护出资人权益,重点关注子公司(特别是异地、境外子公司)的发展战略、年度财务预决算、重大投融资、重大担保、大额资金使用、主要资产处置、重要人事任免、内部控制体系建设等重要事项。

（四）评价与改进

企业应定期对组织架构设计和运行的效率与效果进行全面评估,发现组织架构设计与运行存在缺陷的,应及时进行优化调整,使企业的组织架构始终处于高效运行的状态。企业组织架构调整应充分听取董事、监事、高级管理人员和其他员工的意见,按规定的权限和程序进行决策审批,通过后予以调整并及时将调整结果以适当的形式通知企业的全体员工。

第二节 发 展 战 略

俗话说:"三年发展靠机遇,十年发展靠战略。"发展战略事关企业长远发展和总体规划,关系到企业的发展方向、业务范围与运营目标,是企业何去何从的行动纲领。制定一项科学有效、满足社会需求并符合企业实际的发展战略,是企业谋求长远发展的不懈追求。现代企业如果没有明确的发展战略,就不可能在当今激烈的市场竞争和国际化浪潮中求得长远发展,战略失误很可能把企业引向绝路。因此,什么都可以出错,战略不能出错;什么都可以失败,战略不能失败。战略的失败是最彻底的失败!

一、发展战略的概念及内容

(一)发展战略的概念

我国《企业内部控制应用指引第 2 号——发展战略》明确界定:**发展战略是指企业在对现实状况和未来趋势进行综合分析和科学预测的基础上,制定并实施的长远发展目标与战略规划**。这一定义表明,发展战略不仅要确定企业未来的方向和使命,也涉及企业所有的关键活动,还必须根据内外部环境的变化不断加以调整和完善。

发展战略指明了企业的发展方向、目标与实施路径,描绘了企业未来的经营方向和行动纲领,是企业发展的蓝图,关系到企业的生存与长远发展。只有制定出科学合理的发展战略,企业管理层才有行动的指南,在日常经营管理和决策时才不会迷失方向,才能知晓哪些是应着力做的"正确的事";否则,要么盲目决策,要么无所作为,既浪费企业宝贵的资源,未能形成竞争优势,又可能失去发展机会,导致企业走向衰落甚至消亡。

(二)发展战略的内容

发展战略包括**战略目标**和**战略规划**两个方面。战略目标是在重要经营领域对企业使命的具体化,表明企业在未来一段时间内所要努力的方向和所要达到的水平;战略规划是为了实现战略目标而制定的具体规划,即企业通过什么路径实现战略目标,表明企业在每个发展阶段的具体目标、工作任务和实施路径。

案例 2-2

华为的愿景、使命与战略目标

华为创立于 1987 年,是全球领先的 ICT 基础设施和智能终端提供商。

华为的愿景、使命与战略目标:华为致力于把数字世界带入每个人、每个家庭、每个组织,构建万物互联的智能世界;让无处不在的链接,成为人人平等的权利;让无所不及的智能,驱动新商业文明;所有的行业和组织,因强大的数字平台而变得敏捷、高效、生机勃勃;个性化的定制体验不再是少数人的专属特权,每个人与生俱来的个性得到尊重,潜能得到充分的发挥和释放。

二、发展战略制定与实施的内部控制目标

企业应确定战略制定与实施所应实现的内部控制目标,以识别和分析影响目标实现的主要风险。发展战略制定与实施的内部控制目标主要包括以下四个方面:

(1) **确保企业制定的战略目标和战略规划科学合理**,这需要企业综合考虑宏观经济政策、国内外市场需求变化、技术发展趋势、行业及竞争对手状况、可利用的资源水平、自身的优势与劣势等多种因素。

(2) 为了**确保企业发展战略的有效落实和顺利实施**,企业必须加强对战略实施的统一领导。战略具有宏观性和长期性,企业应根据战略需要制订详细的年度工作计划,对年度目标进行分解、落实,通过人员安排、薪酬激励、财务安排、管理变革等配套措施,确保战略落地。

(3) 为了**及时发现和处理战略实施中的问题与偏差**,企业应建立发展战略评估制度,加强对发展战略制定与实施的事前、事中和事后评估。对于发展战略制定与实施过程中存在的问题和偏差,企业应及时进行内部报告,并采取措施予以纠正。

(4) 结合战略期内每一年度工作计划和经营预算的完成情况,对战略执行能力和执行效果进行分析与评价,确保发展战略得到贯彻实施,促进企业健康、可持续地发展。

三、发展战略制定与实施的主要风险

战略风险是指企业发展战略与实际状况脱节、与社会需求背离、与企业目标不一致,从而导致企业发展方向出现偏离的风险。2006年6月,国务院国有资产监督管理委员会颁布的《中央企业全面风险管理指引》把战略风险作为企业的首要风险。战略风险的产生与战略定位有着直接的联系,定位不当或者失误都会带来战略风险。为了实现组织发展战略和运营目标,制定与实施发展战略至少应关注下列风险:

(1) **缺乏明确的发展战略或发展战略实施不到位**,可能导致企业盲目发展,难以形成竞争优势,丧失发展机遇和发展动力。

(2) **发展战略过于激进**,脱离企业实际能力或偏离主业,可能导致企业过度扩张,甚至经营失败。

(3) **发展战略因主观原因频繁变动**,可能导致资源浪费,甚至危及企业的生存和持续发展。

四、制定发展战略的风险控制

制定发展战略是企业实现健康、可持续发展的起点。企业应按科学发展观的要求,将企业前途与国家命运紧密地联系起来,立足当前,面向未来,针对发展战略的风险评估结果,设置关键控制点,科学地制定既切合自身实际又符合市场经济发展规律的发展战略。

(一) 建立和健全发展战略制定机构

发展战略关系到企业的现在和未来,企业各层级都应给予高度重视和大力支持,要在

人力资源配置、组织架构设置等方面提供必要的保证。企业应在董事会下设立战略委员会，或者指定相关机构负责发展战略的管理工作，履行相应的职责。此外，企业还应在内部机构中设置专门部门或指定相关部门，承担战略委员会下达的相关工作任务。

（1）企业应明确战略委员会的职责和议事规则，对战略委员会会议的召开程序、表决方式、提案审议、保密要求和会议记录等作出规定，确保议事过程规范透明、决策程序科学民主。

（2）战略委员会应组织有关部门对战略目标和战略规划进行可行性研究与科学论证，形成发展战略建议方案；必要时，可借助中介机构和外部专家的力量为其履行职责提供专业咨询意见。战略委员会成员应具有较强的综合素质和实践经验，其任职资格和选任程序应符合有关法律法规与公司章程的规定。

（二）综合分析与评价发展战略的内外部影响因素

企业外部环境、内部资源等因素，是影响发展战略制定的关键因素。企业应综合考虑宏观经济政策、国内外市场需求变化、技术发展趋势、行业及竞争对手状况、可利用资源水平和自身优势与劣势等影响因素，在充分调查研究、科学分析预测和广泛征求意见的基础上制定发展战略。

（1）外部环境是制定发展战略的重要影响因素，包括企业所处的宏观环境、行业环境及竞争对手、经营环境等。分析企业面临的外部环境，应着重分析环境的变化和发展趋势及其对企业战略的重要影响，同时评估有哪些机会可以挖掘，以及企业可能面临哪些威胁。

（2）内部资源是企业发展战略的重要制约条件，包括企业资源、企业能力、核心竞争力等各种有形和无形资源。只有对企业所处的外部环境和拥有的内部资源展开深度分析，才能制定出科学合理的发展战略。分析企业拥有的内部资源和能力，应着重分析这些资源和能力使企业在同行业中处于何种地位，与竞争对手相比有哪些优势和劣势。

（三）科学制定发展战略

（1）制定战略目标。企业战略目标作为指导企业生产经营活动的准绳，通常包括盈利能力、生产效率、市场竞争地位、技术领先程度、生产规模、组织结构、人力资源、用户服务、社会责任等内容。**企业制定战略目标时应突出主业，既不能过于激进，又不能过于保守。**

（2）编制战略规划。企业应根据战略目标编制战略规划。战略规划应明确企业发展的阶段性和发展程度，确定每个发展阶段的具体目标和工作任务，以及达成战略目标必经的实施路径。

（3）严格审议和批准发展战略。发展战略方案拟订后，企业应按规定的权限和程序对发展战略方案进行审议与批准。审议战略委员会提交的发展战略方案是董事会的重要职责。在审议过程中，董事会应着力关注发展战略的全局性、长期性和可行性。董事会如果发现重大问题，则应责成战略委员会对方案作出调整。**企业的发展战略方案经董事会审议通过后，应报经股东会批准实施。**

五、实施发展战略的风险控制

制定战略是一个复杂的过程,实施战略更是一项系统工程。企业只有重视和加强战略实施,在所有相关领域全力推进,才有可能将战略目标描绘的蓝图转变为现实,铸就核心竞争力。为此,企业应加强对发展战略实施的统一领导,制订详细的年度工作计划,编制全面预算,对年度目标进行分解、落实,确保战略目标的实现。此外,还要加强对发展战略的宣传培训,通过组织结构调整、人员安排、薪酬调整、财务安排、管理变革等配套措施,保证发展战略顺利实施。

(一)加强对发展战略实施的领导

要确保发展战略得到有效实施,加强组织领导是关键。企业**经理层**作为发展战略制定的直接参与者,往往比一般员工掌握更多的战略信息,对企业战略目标、战略规划和战略实施路径的理解与体会也更加全面、深刻,**应担任发展战略实施的领导者**,通过资源分配、内部机构优化、企业文化培育、信息与沟通、考核激励等方面的统筹协调,确保发展战略的有效实施。

(二)对发展战略进行细化

发展战略制定后,企业经理层应着手对发展战略进行逐步细化,确保发展战略得到有效实施。

(1)要**根据战略规划,制订年度工作计划**。

(2)要按上下结合、分级编制、逐级汇总的原则**编制全面预算,将战略目标分解并落实**到产销水平、资产与负债规模、收入及利润增长幅度、投资回报、风险管控、技术创新、品牌建设、人力资源建设等可操作层面,确保发展战略能够真正有效地指导企业各项生产经营和管理活动。

(3)要进一步**将年度预算细分为季度、月度预算**,通过实施分期预算控制,促进年度预算目标的实现。

(4)要通过建立发展战略实施的激励约束机制,将各责任单位年度预算目标完成情况纳入**绩效考评体系**,切实做到有奖有惩、奖惩分明,促进发展战略的有效实施。

(三)保障发展战略有效实施

战略实施是一项系统工程,需要各方面密切配合。

(1)培育和发展与企业发展战略相匹配的企业文化。企业文化是发展战略有效实施的重要支持。发展战略制定后,企业要充分利用企业文化所具有的导向、约束、凝聚、激励等作用,统一全体员工的观念行为,共同为发展战略的有效实施而努力奋斗。

(2)调整及优化组织结构。发展战略决定着企业组织结构模式的设计与选择;反过来,发展战略的实施过程及效果又受到组织结构模式的制约。要解决好发展战略前导性和组织结构滞后性之间的矛盾,企业必须在制定发展战略后,调整及优化组织结构、业务流程、权责关系等，以适应发展战略的要求。

（3）整合内外部资源。企业能够利用的资源是有限的，如何调动和分配企业不同领域的人力、财力、物力和信息等资源以适应发展战略，是促进企业战略实施的关键所在。

（4）调整管理方式。企业在战略实施的过程中，往往要克服各种阻力，改变企业日常惯例，在管理体制、机制及管理模式等方面实施变革，由粗放、层级制管理向集约、扁平化管理转变，为发展战略的有效实施提供强有力的支持。

（四）做好发展战略的宣传培训工作

企业应重视发展战略的宣传培训工作，为推进发展战略的实施提供强有力的思想支撑和行为导向。

（1）企业董事、监事和高级管理人员应树立战略意识与战略思维，充分发挥其在战略制定与实施过程中的模范带头作用。

（2）企业应采取内部会议、培训、讲座、知识竞赛等多种行之有效的方式，把发展战略及其分解落实情况传达给内部各管理层级和全体员工，营造战略宣传的强大舆论氛围。

（3）企业高级管理人员应加强与广大员工的沟通，使全体员工充分了解企业的发展思路、战略目标和具体举措，自觉将发展战略与自己的具体工作结合起来，促进发展战略的有效实施。

六、发展战略的优化调整和转型

（一）加强对发展战略实施的监控

企业应建立发展战略评估制度，加强对发展战略制定与实施的事前、事中和事后评估。对于发展战略制定与实施过程中存在的问题和偏差，企业应及时进行内部报告，并采取措施予以纠正。

（二）根据监控情况持续优化发展战略

发展战略明确了企业的长期发展目标，在一定时期内应保持相对稳定。但是，如果经济形势、产业政策、技术进步、行业竞争态势及不可抗力等因素发生较大变化，对企业发展战略的实现有较大的影响，或者企业内部经营管理发生较大变化，确有必要对发展战略作出调整，则企业应按规定的权限和程序调整、优化发展战略，以促进企业内部资源能力和外部环境条件保持动态平衡。

（三）把握机遇顺利实现战略转型

当企业外部环境尤其是所处行业的竞争状况发生重大变化，或者企业步入新的成长阶段需要对生产经营与管理模式进行战略调整时，企业必须选择新的生存与发展模式，即进行战略转型。

第三节 人力资源

在内部环境的众多分要素中,人力资源对企业实现发展战略有着不可替代的作用。企业竞争归根结底是人力资源的竞争,人力资源已经成为促进经济社会发展的第一要素。良好的人力资源管理是增强企业活力的源泉,是提升企业核心竞争力的重要基础,是实现发展战略的根本动力。内部控制是全员控制,实施主体包括董事会、监事会、经理层和全体员工。因此,人力资源水平直接影响企业内部环境的质量。良好的人力资源政策及实践,不但有利于改善内部环境,而且有利于提升企业内部控制的有效性。企业应加强人力资源管理,强化对员工招聘、培训、考核、激励、退出等环节的风险评估与控制。

一、人力资源的概念及内容

(一)人力资源的概念

我国《企业内部控制应用指引第3号——人力资源》明确界定:**人力资源是指企业组织生产经营活动而录(任)用的各种人员,包括董事、监事、高级管理人员和全体员工。**人力资源管理的核心是建立一套科学的人力资源制度和机制,不断优化人力资源结构,实现人力资源的合理配置和布局,切实做到人尽其才,充分发挥人力资源的作用,控制人力资源风险。

(二)人力资源的内容

企业应重视人力资源建设,根据发展战略,结合人力资源现状和未来需求预测,建立人力资源发展目标,制定人力资源总体规划和能力框架体系,优化人力资源整体布局,明确人力资源的引进、开发、使用、培养、考核、激励、退出等管理要求。企业的人力资源政策应包括下列内容:

(1)员工的聘用、培训、辞退与辞职。
(2)员工的薪酬、考核、晋升与奖惩。
(3)关键岗位员工的强制休假制度和定期轮岗制度。
(4)掌握国家秘密或重要商业秘密的员工离岗的限制性规定。
(5)有关人力资源管理的其他政策。

案例 2-3

华为的人力资源

员工是华为最重要的财富,华为以奋斗者为本,无论经营结果好坏,一直努力改善员工的办公和生活条件,为员工提供丰富的美食、舒适的环境和多彩的业余生活,提升员工的幸福感。华为开放吸纳全球优秀人才,充分激发内部人才潜力。在激励政策上,华为以责任结果为导向,给一流的人才以一流的待遇,同时鼓励员工面向不确定性积极探索,营造开放的思想氛围。华为还为员工提供系统的培训和全方位赋能,鼓励管理者和专家多跟新员工交流,帮助他们开阔眼界,用最优秀的人培养更优秀的人。华为致力于倡导及维护公司诚信文化,高度重视职业道德,制定了员工商业行为准则,明确全体员工(包括高管)在公司商业行为中必须遵守的行为标准,并例行组织全员培训,确保其阅读、了解并遵循行为准则。一流的人力资源政策与实践为华为的可持续发展提供了不竭的动力。

二、人力资源的内部控制目标

人力资源的内部控制目标可以设定为以下五个方面:

(1) 建立科学、规范、公平、公开、公正的人力资源政策,调动员工的积极性、主动性和创造性。

(2) 确保企业选拔和聘用的员工具备良好的道德素养与专业胜任能力,能够满足企业生产经营和管理活动的需要,促进员工的价值取向和行为特征符合内部控制与风险管理的有关要求。

(3) 重视并加强员工培训,制订科学合理的培训计划,提高员工培训的针对性和实效性,不断提升员工的道德素养和业务素质。

(4) 建立和完善针对不同层级员工的激励约束机制,通过制定合理的目标、建立明确的标准、执行严格的考核和落实配套的奖惩,促进员工责、权、利的有机统一和企业内部控制的有效执行。

(5) 确保企业的人力资源政策与实践合法合规,能有效支撑企业发展战略、社会责任和企业文化等内部环境的培育。

三、人力资源政策与实践的主要风险

人力资源风险是企业人力资源政策与实践中对企业目标实现可能产生影响的不确定性因素,包括机会和损失两方面的不确定性。如果人力资源政策或实践不当,就会给企业发展带来隐患。人力资源风险来自人力资源管理的各个环节,企业在人力资源管理的过程中至少应关注以下风险:

(1) **人力资源缺乏或过剩、结构不合理、开发机制不健全,可能导致企业发展战略难以实现。**这一风险侧重于企业决策层和执行层的高级管理人员。在现代企业中,决策层和执行层对实现企业发展战略具有重要的作用。在评估考核决策层和执行层高管团队的过程中,如果发现有不胜任岗位工作的,就应采取有效方式尽早加以解决。当然,这一风险也不完全限于高级管理人员,其他人员缺乏或过剩、结构不合理等,也可能影响企业实现发展战略。

(2) **人力资源激励约束制度不合理、关键岗位人员管理不完善,可能导致人才流失、**

经营效率低下,或者关键技术、商业秘密和国家机密泄露。这一风险侧重于专业技术人员,特别是掌握企业发展命脉的核心技术人员。这些专业人才是企业在激烈竞争中立于不败之地的关键"资本"。企业应建立良好的人才激励约束机制,做到以事业、待遇、情感留人与有效的约束限制相结合。对于掌握或涉及产品技术、市场、管理等方面关键技术、知识产权、商业秘密或国家机密的工作岗位的员工,要按有关法规并结合企业实际情况,建章立制,加强管理,防止关键技术、商业秘密或国家机密泄露。

(3)人力资源退出机制不当,可能导致法律诉讼或企业声誉受损。这一风险侧重于企业辞退员工、解除员工劳动合同等引发的劳动纠纷。为了避免和减少此类风险,企业应根据发展战略,在遵循国家有关法律法规的基础上,建立健全良好的人力资源退出机制,采取渐进措施执行退出计划。

四、人力资源引进与开发的风险控制

(一)建立和完善人力资源引进的相关制度

1. 完善人力资源引进制度

企业应根据人力资源的总体规划,结合生产经营的实际需要,制订年度人力资源需求计划;完善人力资源引进制度,规范工作流程,按计划、制度和程序组织人力资源引进工作。

2. 优化选聘和选拔人才制度

企业应根据人力资源能力框架的要求,明确各岗位的职责权限、任职条件和工作要求,遵循德才兼备、以德为先以及公开、公平、公正的原则,采取公开招聘、竞争上岗等多种方式选聘优秀人才,重点关注选聘对象的价值取向和责任意识。企业选拔高级管理人员和聘用中层及以下员工,应切实做到因事设岗、以岗选人,避免因人设岗,确保选聘人员能够胜任职责要求。

3. 建立选聘人员试用期和岗前培训制度

企业确定选聘人员后,应依法签订劳动合同,建立选聘人员试用期和岗前培训制度,对选聘人员进行严格考查,促进选聘人员全面了解岗位职责、掌握岗位基本技能、达到工作要求。试用期满考核合格后,选聘人员方可正式上岗;试用期满考核不合格者,企业应及时解除劳动关系。

(二)加强人力资源开发过程的管控

企业应重视人力资源开发工作,建立员工培训长效机制,营造尊重知识、尊重人才和关心员工职业发展的文化氛围;加强后备人才队伍建设,促进全体员工的知识、技能持续更新,不断提升员工的服务效能。

（三）分门别类地管理各类人员的引进与开发

1. 高级管理人员的引进与开发

高级管理人员的引进与开发应处于首要位置。企业应制订高级管理人员引进计划，并提交董事会审议通过后实施。董事会在审议高级管理人员引进计划时，应关注高级管理人员的引进是否符合企业的发展战略，是否满足企业当前和长远的需要，是否有明确的岗位设定和能力要求，是否设定了公平、公正、公开的引进方式。通常情况下，高级管理人员必须对企业所处行业及其在行业中的发展定位、优势等有足够的认知，对企业文化和价值观有充分的认同；具有全局性思维，具备谋划重大事项的能力；具有解决复杂问题的能力；具有综合分析能力和敏锐的洞察力，有广阔的思路和前瞻性，有宽广的胸怀等；精明强干并具备奉献精神。在引进高级管理人员的过程中，企业还要坚持重才求实学，不唯学历和文凭。在高级管理人员开发的过程中，企业要注重激励和约束相结合，创造干事业的良好环境，让他们的聪明才智得到充分显现，使其真正成为企业的核心领导者。

2. 专业技术人员的引进与开发

专业技术人员是企业发展的动力，企业发展离不开专业技术人员的创新和研发。在后金融危机时代，企业必须开展自主创新，推进技术升级，走低碳可持续发展道路。在现有专业技术人员不能满足发展战略所要求达到的条件的情形下，企业要注重通过各种方式引进专业技术人员。引进专业技术人员既要满足企业当前生产经营的需要，又要有一定的前瞻性，适量地储备人才以备紧急之需；既要**注重专业人才的技术素质、科研能力，又要注重其道德素质、协作精神及对企业价值观和文化的认同感，关注其事业心、责任感和使命感**。专业技术人员的开发，应注重知识的持续更新，紧密结合企业技术攻关及新技术、新工艺和新产品开发来开展各种专题培训等继续教育，帮助专业技术人员不断补充、拓宽、深化和更新知识；同时，要建立良好的专业技术人员激励约束机制，努力做到以事业、待遇、情感留人。

3. 一般员工的引进与开发

一般员工占企业人力资源的大部分，主要在生产经营一线工作。一般员工流动性强，往往成为企业年度人力资源引进的重点，可以通过公开招聘的方式引进。在招聘过程中，企业应严格遵循有关法规，招收具有一定技能、能独立承担工作任务的员工。在经济发展迅速、环境变化较快的今天，企业要根据生产经营的需要，不断拓展员工的知识和技能；加强岗位培训，不断提升员工的技能和水平。同时，企业应善待员工，在最低工资标准、保险保障标准等方面严格按国家或地区要求办理，努力营造一种宽松的工作环境。

五、人力资源使用与退出的风险控制

（一）人力资源使用的风险控制

（1）建立激励约束机制。企业应建立和完善人力资源的激励约束机制，科学地设置业绩考核指标体系，对各级管理人员和一般员工进行严格的考核与评价，以此作为确定员

工薪酬、职级调整和解除劳动合同等的重要依据,确保员工队伍处于持续优化的状态。

（2）完善薪酬制度。企业应制定与业绩考核挂钩的薪酬制度,切实做到薪酬安排与员工贡献相协调,体现**效率优先、兼顾公平**。

（3）建立轮岗制度。企业应制定各级管理人员和关键岗位员工的轮岗制度,明确轮岗范围、轮岗周期、轮岗方式等,使相关岗位员工有序、持续地流动,全面提升员工素质。

（二）人力资源退出的风险控制

（1）建立退出机制。企业应按有关法律法规的规定,结合企业实际,建立健全员工退出（辞职、解除劳动合同、退休等）机制,明确退出的条件和程序,确保员工退出机制得到有效实施。人力资源只进不出会严重影响企业的有效运行。实施人力资源退出机制,可以保证企业人力资源团队的精干、高效和富有活力。通过自愿离职、再次创业、待命停职、提前退休、离岗转岗等途径,可以实现不适宜员工的直接或间接退出,让更优秀的人员充实到相应的岗位上,真正做到能上能下、能进能出,实现人力资源的优化配置。

（2）解除劳动合同。企业对考核不能胜任岗位要求的员工,应及时暂停其工作,安排再培训或调整工作岗位;转岗培训后仍不能满足岗位要求的,应按规定的权限和程序解除劳动合同。

（3）保守企业秘密。企业应**与退出员工依法约定保守关键技术、商业秘密、国家机密和竞业限制的期限,确保知识产权、商业秘密和国家机密安全。企业关键岗位人员离职前,应根据有关法律法规的规定进行工作交接或离任审计**。

为了确保实现发展战略,企业应注重人力资源管理,定期对人力资源管理情况进行评估,总结人力资源管理经验,分析存在的主要缺陷和不足,及时改进和完善人力资源政策与实践,促进企业整体团队充满生机和活力,为企业长远战略和价值提升提供充足的人力资源保障。

案例 2-4

Z 公司近年来内部问题频发

Z 公司 2024 年 1 月 18 日的内部反腐公告称,2023 年公司供应链贪腐造成平均采购价格超过合理水平 20%以上,保守估计造成超过 10 亿元人民币损失。在公司运作的各个领域均出现了舞弊行为,可见此次串通勾结行为范围极广、危害程度极大。该公告披露涉贪采购人员和研发人员采用的主要手法有:

（1）让供应商报底价,然后伙同供应商往上加价,加价部分双方按比例分成。

（2）利用手中权力,以技术规格要求为由指定供应商或故意以技术不达标把正常供应商踢出局,让可以给回扣的供应商进入名单,长期拿回扣。

（3）以降价为借口,淘汰正常供应商,让可以给回扣的供应商进入名单并做成独家垄断,然后涨价,双方分成。

（4）利用内部信息和手中权力与供应商串通收买验货人员,对品质不合格的物料不进行验货,导致质次价高的物料长期独家供应。

(5) 内外勾结,搞皮包公司,利用手中权力以皮包公司接单,转手把单分给工厂,中间差价双方分成。

不仅如此,2022年一名安全研究员在Z公司网络安全方面发现了一个非常严重的漏洞。这个漏洞会导致Z公司所有旧密钥毫无用处,从而可能造成服务器上的用户信息、飞行日志等私密信息能够被下载。尽管Z公司之后采取了合理的保密措施,但该次事件依然给Z公司造成116.4万元的经济损失。

业内人士分析,Z公司内部接连出现如此严重的问题,主要有以下几个原因:

(1) 公司治理结构相对混乱。Z公司领导层面对业务的迅速扩张,将注意力集中在极力扩大经营规模、追求足够的市场份额和企业利润上,而忽略了组织内部治理,致使腐败、泄密等问题频繁产生。

(2) 缺乏内部信息的披露。作为一家非上市的民营企业,Z公司没有对外披露重大事项的要求和压力,导致公司内部治理缺乏良性运行和监督机制,在信息不对称的情况下,舞弊、泄密等问题极易产生。

(3) "重结果,轻人才"的管理模式。公司创始人兼CEO(首席执行官)搞技术出身,对产品至上有着独特情怀,赛马机制一直是团队竞争发展的管理模式。产品在开发时由两个团队分头去做,谁的产品好就用谁的,产品未被选用的团队就会被淘汰。这一管理模式带来诸多问题,如研发过程中两个团队恶性竞争,人才流失严重,被选用的团队为防止以后被淘汰而滋生腐败动机等。"重结果,轻人才"的文化氛围大大降低了员工的归属感,难以形成凝聚力、向心力,离职员工对Z公司负面评价很多。

第四节 社 会 责 任

产品质量、安全生产、环境保护、资源节约、员工权益、公益慈善等企业社会责任问题事关民生和社会稳定。我国历届党和国家领导人都十分重视企业社会责任,多次强调企业要关心社会,承担社会责任;**要义利兼顾,自觉履行和管理社会责任**。企业**忽视履行和管理社会责任可能带来重大风险**。进入21世纪以来,西方发达国家时常以企业社会责任问题为借口对中国企业实施贸易制裁,中国企业频频遭遇发达国家以环境、劳工权益、商业道德等名义设置的社会责任贸易壁垒①,严重影响了企业的可持续发展和共建"一带一路"的实施。

---

① 社会责任贸易壁垒是以环境、劳工权益、商业道德等社会责任国际标准为理由设置的贸易保护措施。随着国际贸易的发展和贸易自由化程度的提高,关税已大幅下降,一些传统非关税壁垒也在逐步被消除和规范。一些发达国家利用与发展中国家在教育文化和道德标准上的差异,开始构筑一种新型的、更为隐蔽的社会责任贸易壁垒。社会责任贸易壁垒最典型的代表是SA 8000标准,此外还有ISO 14000系列标准、ISO 26000标准等。

一、社会责任的概念及内容

(一) 社会责任的概念

早在18世纪中期,一些美国企业就开始履行部分社会责任,如帮助雇员修建住房,为雇员子女建学校等。关于企业社会责任的界定,有着不同的说法。阿尔希·卡罗尔(Archie Carroll)提出了三维企业社会绩效模型,认为企业的社会责任不仅包括经济责任和法律责任,还包括治理责任和慈善责任。[①] 此外,他还提出了企业社会责任金字塔,将企业社会责任划分为**经济责任、法律责任、伦理责任和自愿责任**四个方面。[②] 我国《企业内部控制应用指引第4号——社会责任》明确界定,社会责任是指**企业在经营发展过程中应当履行的社会职责和义务,主要包括安全生产、产品质量(含服务)、环境保护、资源节约、促进就业、员工权益保护等。**

(二) 社会责任的内容

基于利益相关者的视角,我们系统地梳理了企业生产经营过程中的主要社会责任,如图2-3所示。

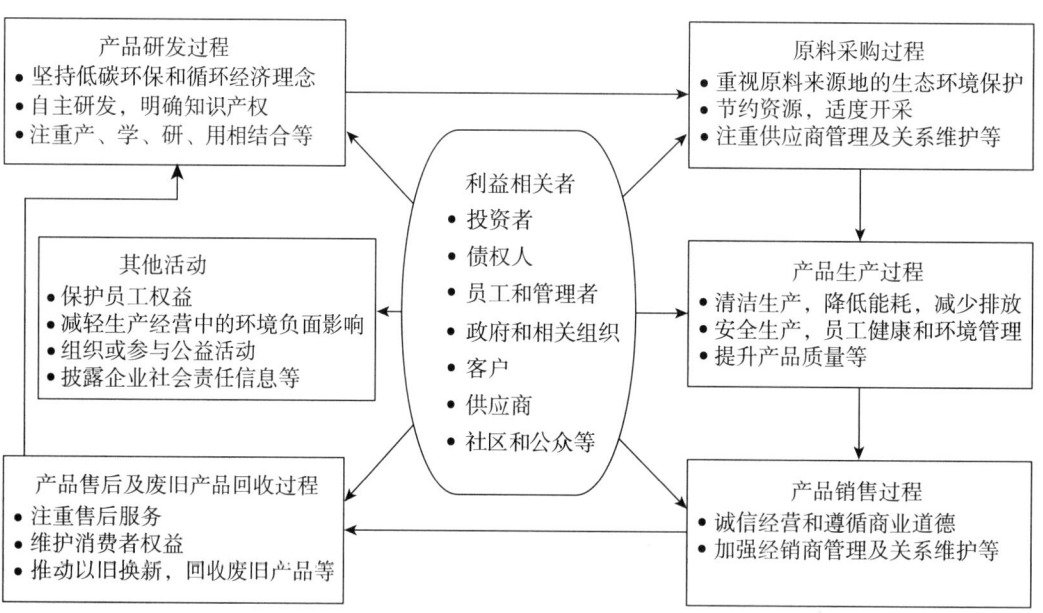

图2-3 企业生产经营过程中的主要社会责任

(1) 在产品研发过程中,企业应坚持低碳环保和循环经济理念,自主研发,明确知识产权,避免侵权纠纷;同时,应积极推动产、学、研、用相结合,注重人才培养和交流,开展与

---

① CARROLL A B. A three-dimensional conceptual model of corporate performance [J]. Academy of management review, 1979(4): 497-505.

② CARROLL A B. The pyramid of corporate social responsibility: toward the moral management of organizational stakeholders [J]. Business horizons, 1991(34): 39-48.

高校及科研院所的合作,实现优势互补,激发创新活力。

（2）在原料采购过程中,企业应重视原料来源地的生态环境保护,努力节约资源,适度开采;依靠科技进步和技术创新,着力开发利用可再生资源;同时,注重供应商管理及关系维护,努力实现共赢多赢,避免侵害供应商权益等。

（3）在产品生产过程中,企业应坚持清洁生产,降低能耗,减少废弃物排放,加强对废弃物的回收、利用和处置;安全生产、员工健康和环境管理事关企业发展、员工权益与社会稳定,企业应加强管理,建章立制,并确保落实到位;低劣的产品质量损人不利己,企业应努力提升产品质量,这既是对消费者和整个社会负责,又是对自己负责。

（4）在产品销售过程中,企业应诚信经营,公平贸易,遵循商业道德,避免商业贿赂;加强对经销商的管理及关系维护,坚持共赢多赢,避免侵害经销商和消费者权益等。

（5）在产品售后及废旧产品回收过程中,企业应注重售后服务,维护消费者权益,保持畅通的沟通平台;积极推动以旧换新,回收废旧产品,促进废旧物资再利用。

（6）在其他活动中,企业应积极促进就业,保护员工权益,维护员工健康,推动员工培训,为员工提供良好的发展平台;主动减轻生产经营中的环境负面影响,积极组织或参与公益活动、慈善事业,披露企业社会责任信息等。

二、企业社会责任的内部控制目标

内部控制与风险管理的五大目标具体到企业社会责任领域,可设定为以下五个方面:

（1）企业在生产经营和管理活动中,要符合社会责任标准,遵守社会责任相关法律法规及单位内部的相关规章制度。

（2）企业在生产经营和管理活动中,要积极履行和主动管理社会责任,主要包括:建立健全安全管理体系,加强安全措施,搞好安全生产;节能减排、减少污染,提高资源综合利用效率;为社会提供优质、安全、健康的产品,最大限度地满足消费者需求;主动保护员工权益,积极促进就业。

（3）加强对企业社会责任活动相关资产（劳保用品、消防设施、职工食堂、康乐设施等）的管理,确保相关资产的安全完整和有效使用。

（4）加强与利益相关者的沟通,定期编制和发布企业社会责任报告,如实反映企业履行和管理社会责任的相关情况。

（5）在战略层面,企业在发展规划和战略决策中应强化社会责任意识,综合考量各利益相关者的利益,关注和妥善处理企业活动对社会与环境的影响。

三、企业社会责任的主要风险

企业社会责任贯穿企业生产经营和管理的全过程,既涉及公司治理层面,又涉及内部机构和业务层面。企业不承担社会责任或社会责任管理不当可能引发各种风险,包括战略风险、经营风险和操作风险等。

（一）企业发展战略中的社会责任风险

企业社会责任管理不当,可能引发战略风险,包括战略决策风险和战略实施风险,如战略目标定位不科学等。战略目标的规划仅从股东利益最大化角度出发,只考虑经济利益,缺少对其他利益相关者利益的考虑,缺少对社会和环境因素的考量,可能导致企业的声誉受损或其他不利情况的出现。

(二)企业生产经营中的社会责任风险

经营风险是企业生产经营中的不确定性因素可能对企业经营目标产生的影响。企业生产经营中的社会责任风险主要包括:

(1)在研发过程中,企业未能坚持低碳环保和循环经济理念,与国家产业政策导向不一致;对研发过程管理不善,存在产权纠纷;不注重人才培养,缺乏创新活力;等等。

(2)在采购过程中,企业不重视原料来源地的生态环境保护或进行掠夺式开采,可能造成资源枯竭;不注重对供应商的管理及关系维护,侵害供应商权益;等等。

(3)在生产过程中,企业安全生产措施不到位、责任不落实,可能导致企业发生安全事故;对员工健康和环境管理不到位,可能损害员工权益;未坚持清洁生产,能耗超标或废弃物排放超标,可能形成环境责任事故;产品质量低劣,损害消费者权益;等等。

(4)在销售过程中,企业不遵循商业道德,进行商业贿赂,使企业声誉受损;不注重对经销商的管理及关系维护,侵害经销商权益;不重视售后服务,侵害消费者权益;等等。

(5)其他社会责任风险,如人力资源政策不当使员工积极性受挫;忽视公益活动、慈善事业,使企业声誉受损;忽视企业社会责任信息的披露,与利益相关者的沟通不畅;等等。

上述经营风险如果控制不好,可能导致企业形象受损、遭遇巨额赔偿、缺乏发展后劲、停业甚至破产,从而影响企业的可持续发展,甚至影响社会稳定或形成生态灾难。

(三)企业日常管理和岗位操作中的社会责任风险

操作风险是因企业内部程序、人员或系统的不完备或失效,或者因外部事件而造成损害的风险,如商业欺诈、不履行合同、不按规程作业、对突发事件处置不力等。操作风险是一个非常广的范畴,几乎涉及企业内部的所有部门、岗位和员工。企业在履行社会责任和实施社会责任管理的过程中,随时可能发生各种操作风险。例如,管理人员不按规程管理,可能发生侵害员工权益的行为;员工违规作业,可能导致安全生产事故或生态环境灾难;业务人员诚信缺失,可能欺诈利益相关者;相关人员能力不胜任,可能导致企业社会责任信息披露不当;等等。

四、企业社会责任的风险控制

企业重视并切实履行社会责任,既是对企业的前途、命运负责,又是对社会、国家、公众负责。企业应高度重视履行社会责任,在培育企业价值观和企业文化的过程中融入社会责任理念,积极采取措施促进社会责任的履行。企业应建立履行社会责任的机制,把履行社会责任融入企业的发展战略,落实到生产经营的各个环节,明确归口管理部门,建立健全预算安排,逐步建立和完善企业社会责任指标统计与考核体系,为企业履行社会责任提供坚实的基础与保障。

（一）企业发展战略中的社会责任风险控制

治理层对企业社会责任战略风险负责，企业应从基于股东利益最大化的战略转变为基于各利益相关者综合价值创造的战略，企业战略决策和战略实施应从单纯的经济考量转向经济、社会、环境三者并重。企业应深知社会责任与可持续发展密切相连，战略选择应基于企业社会责任，努力提高各利益相关者对企业社会责任的可观察及认同度，协调好与各利益相关者的关系，使企业能从它们那里获取资源和支持；同时，准确把握各利益相关者的需求和社会议题的变化，寻求企业的发展机会。企业应站在为各利益相关者创造综合价值的战略高度，将社会责任管理全面融入企业目标、战略规划和经营计划，并配置相应资源；关键决策应进行社会责任评价；董事、监事和高级管理人员应强调社会责任管理的重要性，并与企业文化、核心价值观等相互配合，使企业上下形成统一的思想认识。

（二）企业生产经营中的社会责任风险控制

企业生产经营活动由经理层负责，为控制生产经营活动中的社会责任风险，企业应设置专职机构并赋予其清晰的责权，明确岗位责任制；在企业战略和年度经营计划中设置社会责任管理目标，并通过全面预算管理工具来配置社会责任管理资源，分解落实各项指标；定期调查和评估社会责任管理现状，进行风险识别与评估，列示风险清单，制定风险数据库；针对风险清单，制定并实施风险应对的解决方案；对可能发生的重大社会责任事件，设置紧急预案并定期测试，以确保其有效性。

（三）企业日常管理和岗位操作中的社会责任风险控制

关于企业日常管理和岗位操作中的社会责任风险控制，企业应实行岗位责任制，由岗位员工对操作风险负责。

1. 安全生产的风险控制

（1）建立健全安全生产管理体系。企业应当根据国家有关安全生产的规定，结合本企业的实际情况，建立严格的安全生产管理体系、操作规范和应急预案，强化安全生产责任追究制度，切实做好安全生产。企业应设立安全管理部门和安全监督机构，负责企业安全生产的日常监督管理工作。

（2）加大安全生产投入和经常性管理。企业当应重视安全生产投入，在人力、物力、资金、技术等方面提供必要的保障，健全检查监督机制，确保各项安全措施落实到位，不得随意降低保障标准和要求。

（3）预防为主，实行特殊岗位资格认证制度。企业应当贯彻预防为主的原则，采用多种形式增强员工的安全意识，重视岗位培训，对于特殊岗位实行资格认证制度。企业应当加强生产设备的经常性维护管理，及时排除安全隐患。

（4）建立安全生产事故应急预案和报告机制。企业如果发生生产安全事故，应当按照安全生产管理制度妥善处理，排除故障，减轻损失，追究责任。重大生产安全事故应当启动应急预案，同时按照国家有关规定及时报告，严禁迟报、谎报和瞒报。

2. 产品质量的风险控制

（1）建立健全产品质量标准体系。企业应当根据国家和行业相关产品质量的要求，从事生产经营活动，切实提高产品质量和服务水平，努力为社会提供优质、安全、健康的产品和服务，最大限度地满足消费者的需求，对社会和公众负责，接受社会监督，承担社会责任。

（2）严格质量控制和检验制度。企业应当规范生产流程，建立严格的产品质量控制和检验制度，严把质量关，禁止缺乏质量保障、危害人民生命健康的产品流向社会。

（3）加强产品售后服务。企业应当加强产品的售后服务。售后发现存在严重质量缺陷、隐患的产品，应当及时召回或采取其他有效措施，最大限度地降低或消除缺陷、隐患产品的社会危害。企业应当妥善处理消费者提出的投诉和建议，切实保护消费者权益。

3. 环境保护与资源节约的风险控制

（1）转变发展方式，发展循环经济。企业应当按照国家有关环境保护与资源节约的规定，结合本企业的实际情况，建立环境保护与资源节约制度，认真落实节能减排责任，积极开发和使用节能产品，发展循环经济，降低污染物排放，提高资源综合利用效率。企业应当通过宣传教育等有效形式，不断提高员工的环境保护和资源节约意识。

（2）重视生态保护，实现清洁生产。企业应当重视生态保护，加大对环境保护工作人力、物力、财力的投入和技术支持，不断改进工艺流程，降低能耗和污染物排放水平，实现清洁生产。企业应当加强对废气、废水、废渣的综合治理，建立废料回收和循环利用制度。

（3）关注资源节约和资源保护。企业应当重视资源节约和资源保护，着力开发利用可再生资源，防止对不可再生资源进行掠夺性或毁灭性的开发。企业应当重视国家产业结构相关政策，特别关注产业结构调整的发展要求，加快高新技术开发和传统产业改造，切实转变发展方式，实现低投入、低消耗、低排放和高效率。

（4）建立监测考核体系，强化日常监控。企业应当建立环境保护和资源节约的监控制度，定期开展监督检查，发现问题，及时采取措施予以纠正。污染物排放超过国家有关规定的，企业应当承担治理或相关法律责任。发生紧急、重大环境污染事件时，应当启动应急机制，及时报告和处理，并依法追究相关责任人的责任。

4. 促进就业与员工权益保护的风险控制

（1）企业应当依法保护员工的合法权益，贯彻人力资源政策，保护员工依法享有劳动权利和履行劳动义务，保持工作岗位相对稳定，积极促进充分就业，切实履行社会责任。企业应当避免在正常经营情形下批量辞退员工，增加社会负担。

（2）企业应当与员工签订并履行劳动合同，遵循按劳分配、同工同酬的原则，建立科学的员工薪酬制度和激励机制，不得克扣或无故拖欠员工薪酬。企业应当建立高级管理人员与员工薪酬的正常增长机制，切实保持合理水平，维护社会公平。

（3）企业应当及时为员工办理社会保险、足额缴纳社会保险费，保障员工依法享受社会保险待遇。企业应当按照有关规定做好健康管理工作，预防、控制和消除职业危害；按期对员工进行非职业性健康监护,对从事有职业危害作业的员工进行职业性健康监护。企业应当遵守法定的劳动时间和休息休假制度,确保员工的休息休假权利。

(4)企业应当加强职工代表大会和工会组织建设,维护员工合法权益,积极开展员工职业教育培训,创造平等发展机会。企业应当尊重员工人格,维护员工尊严,杜绝性别、民族、宗教、年龄等各种歧视,保障员工的身心健康。

(5)企业应当按产学研用相结合的社会需求,积极创建实习基地,大力支持社会有关方面培养、锻炼满足社会需求的应用型人才。

(6)企业应当积极履行社会公益方面的责任和义务,关心帮助社会弱势群体,支持慈善事业。

5. 企业社会责任信息披露的风险控制

企业应建立社会责任信息报告制度,定期发布社会责任报告,向股东、债权人、员工、客户、社会等利益相关者如实陈述本企业在社会责任领域所做的工作、所取得的成就。企业社会责任信息披露可以增强企业的战略管理能力,使企业由外而内地深入审视与社会的互动关系,全面提高企业的服务能力和水平,提升企业的品牌形象和价值。

第五节 企 业 文 化

内部控制是根植于制度和文化的科学,制度建设是企业内部控制的基础,而道德和文化建设是企业内部控制的灵魂,两者的有机耦合共同影响着企业内部控制的效率和效果。内部控制建设不仅要有科学的制度和流程,还要注重人力资源、正直诚信、社会责任、价值观等软环境的培育。内部软环境的培育依靠企业文化建设来推动,企业文化不仅能为企业提供精神支柱,还对促进企业实现发展战略、提升核心竞争力、增强内部控制有效性等具有重要意义。因此,企业应加强文化建设,培育积极向上的价值观和社会责任感,倡导诚实守信、爱岗敬业、开拓创新和团队协作精神,树立现代管理理念,强化风险意识。

一、企业文化的概念及意义

(一)企业文化的概念

企业文化是员工广泛接受的价值观念,以及由这种价值观念所决定的行为准则和行为方式。我国《企业内部控制应用指引第 5 号——企业文化》明确界定,**企业文化是指企业在生产经营实践中逐步形成的、为整体团队所认同并遵守的价值观、经营理念和企业精神,以及在此基础上形成的行为规范的总称**。

(1)价值观是个人对客观事物(包括人、物、事)以及对自己行为结果的意义、作用、效果和重要性的总体评价,关系到对是非曲直的基本判断,是推动并指引一个人作出决定和采取行动的原则及标准。

(2)经营理念是企业在生产经营实践中逐步形成的基本原则和核心思想,任何生产经营和管理活动都要符合这些基本原则和核心思想。

（3）企业精神是企业基于自身特定的性质、任务、宗旨、时代要求和发展方向，为谋求生存与发展，在长期的生产经营实践中经过精心培育、提炼而逐步形成的，为员工群体所认同的正向心理定式、价值取向和主导意识的统称。

（4）行为规范是用来规范个人行为、处理人际关系、维护社会秩序的思想工具，是人们说话、做事所依据的标准，也是社会成员都应遵守的行为准则。

（二）企业文化建设的重大意义

著名经济学家于光远先生指出，国家富强在于经济，经济繁荣在于企业，企业兴旺在于管理，管理优劣在于文化。

1. 企业文化为企业发展提供精神支柱和灵魂归宿

企业作为社会的一个单元，要实现可持续发展、打造百年基业，就必须重视文化建设，有自己的企业文化。企业文化渗透于管理制度设计和执行的各个层面，是内部控制的灵魂。企业有了积极向上的优秀文化，就会重视创新、尊重知识、尊重人才、赢得客户、打响品牌，终成"百年老店"；反之，如果缺乏优秀的文化，企业就像一个没有个性和创业激情的人，终将在市场竞争中湮没沉沦、失去竞争力、为市场所唾弃。内部控制的核心是人，个人品性（包括诚信、道德价值观和胜任能力）是内部环境中最重要的因素。企业文化是重要的内部环境，能够培育员工认同感，增强凝聚力。企业文化是象征企业灵魂的价值导向，是内部控制的最高境界，反映着以人为本的管理理念，重视人的因素，强调精神文化的力量，希望用无形的文化力量形成一种行为准则、价值观念和道德规范，凝聚企业员工的归属感、积极性和创造性，引导员工为企业和社会的发展而努力工作、积极进取。因此，一家道德缺失、文化贫瘠的企业是很难走向持续繁荣的。

2. 企业文化能够提升企业核心竞争力

核心竞争力是企业不可交易和不可模仿的独特优势，是企业竞争中最具有长远和决定性影响的内在因素。成功的企业总是与成功的企业文化紧密相连，优秀的企业无不有着优秀的企业文化。企业文化对提升企业竞争力、推动企业可持续发展具有重大的作用。具有核心竞争力的企业一般具备以下要素：具有良好市场前景的关键技术、真实稳健的财务状况、内外一致的企业形象、真实诚信的服务态度、团结协作的团队精神、以客户为中心的经营理念、善待员工的公平机制、鼓励员工开拓创新的激励机制等。所有这些要素，几乎都与企业文化有关。我国中医药行业的著名老字号——北京同仁堂，历经三百多年而不衰，不可否认的是其拥有"核心技术"，但同样重要的在于，历代同仁堂人前赴后继、不懈追求，始终恪守和培育"炮制虽繁必不敢省人工，品味虽贵必不敢减物力"的文化传承。约翰·科特和詹姆斯·赫斯克特在长达 11 年的跟踪研究中发现，重视企业文化建设的企业，其经营绩效远胜于那些不重视企业文化建设的企业。[①] 因此，企业应重视和加强企业文化建设，不断提升核心竞争力。

---

① 科特,赫斯克特.企业文化与经营业绩[M].李晓涛,译.北京:中国人民大学出版社,2004.

3. 企业文化为提高内部控制的有效性奠定了坚实基础

行为是文化的"函数",企业的内部控制主要针对员工行为而设计,而员工行为受企业文化的影响。在内部控制建设中,制度和流程是基础,是内部控制有效执行的前提和保障;道德和文化建设是内部环境培育的重要内容,是内部控制建设的更高境界,道德能够引领员工由被动走向主动,文化能够凝聚人心。制度是一种"硬约束",必须融入企业道德和文化的"软约束"才能实现"他控"和"自控"相结合,以达成内部控制目标。企业文化不仅能提高制度效力,还能弥补制度约束的漏洞。道格拉斯·诺思指出,即使在最发达的经济中,正式规则也只能决定行为选择的小部分,大部分行为依靠习惯、伦理等非正式规则来约束。[①]

二、企业文化的内部控制目标

企业应根据内部控制与风险管理的五大目标,确定内部环境要素应达成的目标,并将目标分解落实,确定企业文化应达成的具体目标。企业文化的内部控制目标可设定为以下四个方面:

(1) 培育健康向上的核心价值观,培养员工的社会责任感和遵纪守法意识,倡导团结友爱、相互尊重、学习创新和热爱生活的企业精神。

(2) 管理团队和各级管理人员要树立有利于实现企业目标的管理理念与经营风格,避免因个人风险偏好而可能给企业带来的不利影响和损失。

(3) 全体员工要培养以正直诚信、爱岗敬业、廉洁自律为核心的职业操守,坚持客观公正、依法办事的准则,不损害投资者、债权人、供应商、客户、员工和社会公众的利益。

(4) 坚持以人为本、文化育人,培育高素质的员工队伍,不断提升企业的核心竞争力。企业应建立一种团结和凝聚员工的文化力量,培育与现代企业制度相适应的思想观念,增强员工的团队意识、责任意识、风险意识、效率意识、开拓创新意识等。

三、企业文化建设的主要风险

越来越多的企业广泛开展跨国、跨地区的经济合作及并购活动,使企业内部的价值观、经营理念、企业精神面临冲击、更新与交替,时常引发文化风险。在加强企业文化建设时,企业至少应关注以下风险:

(1) 缺乏积极向上的企业文化,可能导致员工丧失对企业的信心和认同感,企业缺乏凝聚力和竞争力。

(2) 缺乏开拓创新、团队协作和风险意识,可能导致企业发展目标难以实现,影响可持续发展。

(3) 缺乏诚实守信的经营理念,可能导致舞弊事件的发生,造成企业损失,影响企业信誉。

(4) 忽视企业间的文化差异和理念冲突,可能导致并购重组失败。

---

① 刘和旺.诺思的制度与经济绩效理论研究:兼与马克思制度分析之比较[M].北京:中国经济出版社,2010.

四、企业文化建设的风险控制

企业文化是建立和完善内部控制的重要基础。没有优秀的企业文化,就不可能统一董事、监事、高级管理人员和全体员工的思想与意志,就不能激发其潜力和热情、培育其对企业的认同感,就不能形成卓越的执行力。企业文化不是抽象的理论,而是存在于生产经营和管理活动各环节的无形约束力,不但影响着员工的行为规范、心理状态、思维习惯,而且影响着企业的经营方针、经营风格、管理哲学、企业形象和可持续发展。

(一)塑造企业的核心价值观

核心价值观是企业在经营过程中坚持不懈、努力使全体员工都必须信奉的信条,体现了企业核心团队的精神,往往也是企业家身体力行并坚守的理念。这种**价值观和理念是一家企业的文化核心**,凝聚着董事、监事、高级管理人员和全体员工的思想观念,从而使大家的行为朝着一个方向努力,反映出一家企业的行为和价值取向。企业文化建设始于核心价值观的精心培育,终于核心价值观的维护、延续和创新,这是成功企业不变的法则。为此,企业应注重以下方面:

(1)挖掘自身文化。企业要注意从特定的外部环境和内部条件出发,把共性和个性、一般和个别有机地结合起来,总结出本企业的优良传统和经营风格,挖掘出本企业长期形成的宝贵的文化资源,在企业精神提炼、理念概括、实践方式上体现出鲜明的特色,形成既具有时代特征又独具魅力的企业文化。

(2)博采众长。企业要紧紧把握先进文化的前进方向,以开放、学习、兼容、整合的态度,坚持以我为主、博采众长、融合创新、自成一家的方针,广泛借鉴国外先进企业的优秀文化成果,大胆吸取世界新文化、新思想、新观念中的先进内容,取其精华、去其糟粕,扬长避短、为我所用。

(3)根据塑造形成的核心价值观指导企业的实际行动。核心价值观明确提倡什么、反对什么,哪一种行为是企业所崇尚的、鼓励大家去做的,哪一种行为是企业所反对的、大家不应去做的,企业应根据塑造形成的核心价值观指导企业的实际行动。

案例 2-5

部分著名企业的核心价值观

国家电网:服务党和国家工作大局、服务电力客户、服务发电企业、服务社会发展。

中国航天科技:以国为重、以人为本、以质取信、以新图强。

华能国际:坚持诚信、注重合作、不断创新、积极进取、创造业绩、服务国家。

华为:聚焦在主航道,抵制一切诱惑;坚持不走捷径,拒绝机会主义,踏踏实实,长期投入,厚积薄发;坚持以客户为中心,以奋斗者为本,长期艰苦奋斗,坚持自我批判。

苏宁电器:做百年苏宁,国家、企业、员工、利益共享;树家庭氛围,沟通、指导、协助,责任共担。

（二）打造以主业为核心的品牌

品牌通常是指能够给企业带来溢价、产生增值的一种无形资产，其载体是用以和其他竞争者的产品相区分的名称、术语、象征、标志或设计及其组合。企业产品的品牌与企业的整体形象联系在一起，是企业的"脸面"或"标识"。品牌能够增值，主要来自消费者心智所形成的关于其载体的印象。在市场竞争中，企业无不重视其产品品牌的建设。**打造以主业为核心的品牌**，是企业文化建设的重要内容。企业应将核心价值观贯穿于自主创新、产品质量、生产安全、市场营销、售后服务等方面的文化建设中，着力打造源于主业且能够让消费者长久认可、在国内外市场上彰显其强大竞争优势的品牌。

（三）充分体现以人为本的理念

"以人为本"是企业文化建设应坚守的重要原则。企业应在企业文化建设的过程中牢固树立以人为本的思想，坚持全心全意依靠全体员工办企业的方针，尊重劳动、尊重知识、尊重人才、尊重创造，用美好的愿景鼓舞人，用宏伟的事业凝聚人，用科学的机制激励人，用优美的环境熏陶人。企业应努力为全体员工搭建发展平台，提供发展机会，挖掘创造潜能，增强其主人翁意识和社会责任感，激发其积极性、创造性和团队精神；尊重全体员工的首创精神，在统一领导下，有步骤地发动全体员工广泛参与，从基层文化抓起，集思广益、群策群力、全员共建；努力使全体员工在主动参与中了解企业文化建设的内容，认同企业的核心理念，形成上下同心、共谋发展的良好氛围。

（四）强化企业文化建设的领导责任

在建设优秀企业文化的过程中，领导是关键。要建设好企业文化，领导必须高度重视、认真规划、狠抓落实，这样才能取得实效。企业主要负责人应站在促进企业长远发展的战略高度重视企业文化建设，切实履行第一责任人的职责，对企业文化建设进行系统思考，出思想、谋思路、定对策，确定本企业文化建设的目标和内容，提出正确的经营管理理念。**董事、监事、经理和其他高级管理人员应在企业文化建设中发挥主导与垂范作用**，不断提高自身的道德操守和文化素养，以自身的优秀品格和脚踏实地的工作作风带动并影响整个团队，共同营造积极向上的企业文化环境。

（五）将企业文化融入生产经营的全过程

企业文化建设应融入生产经营的全过程，切实做到文化建设与发展战略的有机结合，增强员工的责任感和使命感，做到与企业同呼吸、共命运、同成长、共生死，真正实现"人企合一"。企业应着力将核心价值观转化为企业文化规范，梳理完善相关的管理制度，对员工日常行为和工作行为进行细化，逐步形成企业文化规范，以理念引导员工的思维，以制度规范员工的行为，使员工自身价值在企业的发展中得到充分体现。

本章小结

内部环境是影响和制约企业内部控制建立与执行的各种内部因素的总称,组织架构、发展战略、人力资源、社会责任和企业文化构成了企业内部环境的主要内容。组织架构为企业开展风险评估、实施控制活动、促进信息沟通、强化内部监督等内部控制活动提供了组织平台;发展战略事关企业的长远发展和总体规划,关系到企业的发展方向、业务范围与运营目标,涉及企业所有的关键活动,是企业何去何从的行动纲领;企业竞争归根结底是人力资源的竞争,人力资源已经成为促进经济社会发展的第一要素,内部控制是全员控制,人力资源水平直接影响企业内部环境的质量;企业是创造财富与履行社会责任的统一体,企业社会责任事关安全生产、产品质量、环境保护与资源节约、促进就业与员工权益保护等民生问题和企业的可持续发展,企业履行和管理好社会责任就能够改进发展质量、提升综合价值;内部控制是根植于制度和文化的科学,制度建设是企业内部控制的基础,而道德和文化建设是企业内部控制的灵魂,两者的有机结合共同影响着企业内部控制的效率和效果。企业应全面而系统地梳理和分析组织架构设计与运行、发展战略制定与实施、人力资源政策与实践、企业社会责任履行与管理以及企业文化建设与创新等过程的主要风险,并有针对性地采取控制措施,降低相关风险,改进和完善内部环境,促进企业内部控制有效性的提升。

思考题

1. 内部环境在内部控制中的地位如何?具有哪些作用?
2. 什么是企业的组织架构?它分为哪几个层面?
3. 企业组织架构设计与运行的主要风险有哪些?如何应对这些风险?
4. 如何理解企业发展战略的意义及其重要性?
5. 企业发展战略制定与实施的主要风险有哪些?如何应对这些风险?
6. 如何理解人力资源的意义及其重要性?
7. 企业人力资源政策与实践的主要风险有哪些?如何应对这些风险?
8. 如何理解企业的社会责任?它具体包括哪些内容?
9. 企业履行和管理社会责任的主要风险有哪些?如何应对这些风险?
10. 企业文化建设的主要风险有哪些?如何应对这些风险?

案例讨论

红星公司是一家集农工商于一体的中型企业,主要从事农产品的生产、加工和销售,在国内农副产品市场有着较高的知名度和较大的市场份额。公司董事长张某十年前从事售卖咸鸭蛋的生意,有了一定的资本积累后,于2018年创立了红星公司,同时任命其妹夫隋某为公司总经理。公司以利润最大化为目标,为提高盈利能力,决定建立农产品生产基地,按市场销售动向生产产品,以扩大市场份额,提高经济效益。在产品加工阶段,公司注重产品形象,多生产品相好的产品;在产品销售阶段,公司建立营销队伍,设立专柜,扩大宣传，引导消费。

经过不懈努力，公司规模不断扩大，经济效益节节攀升。在销售过程中，隋某发现，大多数人在购买咸鸭蛋时喜欢买红心的，因为红心蛋色泽诱人、味道鲜美、营养价值丰富。因此如果公司能够生产出红心蛋，则不但卖得快而且价格高。于是，隋某建议公司应千方百计地生产红心蛋，这一想法得到了张某的全力支持。隋某经过实验发现，只要在饲料中添加苏丹红，鸭子产下来的蛋就符合红心蛋的标准，经过腌制加工，就可以变成红心蛋。

苏丹红分为1、2、3、4号，都是工业染料。"苏丹红事件"曾经轰动全国，广东亨氏美味源辣椒酱、肯德基新奥尔良烤翅等80多种食品曾被检测出含有致癌的苏丹红1号。苏丹红4号不但颜色更加鲜艳，而且毒性更大，国际癌症研究机构将其列为三类致癌物质。

在生产实验之初，公司技术人员注意到苏丹红作为工业染料含有致癌物质，不能作为食品添加剂，而且国家是明令禁止的。技术人员将此情况反馈给了张某，但张某还是决定继续使用苏丹红作为饲料添加剂。企业决策层也是一致拥护，未能对张某的决定予以否决。事件曝光后，相关部门对红星公司进行了封杀，要求全面检查红心蛋的生产和经营单位，详细登记市场上销售涉嫌含有苏丹红红心蛋的进货和库存情况，并将所有产品查封和销毁，红星公司停产整顿，相关责任人依法查处。

要求：请你分析红星公司内部控制环境方面存在的缺陷，并简要说明理由。

第三章 风险评估

学习目标

1. 理解和掌握风险的概念、特征及类别,从"风险"一词的来源感受中华文化的魅力。
2. 熟悉风险的组成要素及其作用原理,培养系统思维、谨慎行事的习惯。
3. 掌握并能熟练应用风险识别的方法和技术,培养解决复杂问题的能力。
4. 了解企业整体层面的风险识别,树立全局观念和系统思维。
5. 熟悉业务和流程层面的风险识别,了解中国企事业单位风险管理实践。
6. 理解和掌握固有风险和剩余风险概念,明确风险管理的目标。
7. 立足全球视野了解防范和化解国家政治、经济、科技等领域的重大风险问题,培养忧国忧民、奋发图强的忧患意识。

引导案例

ABC 公司(化名)是在上海证券交易所上市的一家股份有限公司,为了开拓市场、提高效益,公司专门召开了一次董事会会议,并拟定以下改革措施:

(1) 为了提高市场占有率,公司决定依靠自身强大的人力资源加大研发力度以提高产品的科技含量,在研发上大量投入,力争在较短时间内有所突破。

(2) 企业发展离不开强大的人力资源,公司决定面向社会大量招聘具有管理专长和技术专长的员工,以提高企业整体的管理水平和技术水平,同时辞退不符合要求的员工。

(3) 扩大销售需要大量资金,公司决定进行筹资。为了提高财务杠杆效应、降低综合资金成本,新增资金全部通过发行长期债券筹集,该筹资方案未经专家论证。

(4) 为了强化内部管理,公司决定提高审计委员会和内部审计机构的监督效能,审计委员会主要由执行董事、高层管理人员组成。

(5) 为了促进并购重组的顺利开展,公司决定加强被并购方员工的文化建设,尽快使被并购方的员工抛弃原单位文化,接受公司的新文化,使其拥有归属感。

(6) 公司 X 产品(健身器材)在市场上供不应求,为了扩大销量,公司决定在不影响产品基本功能的情况下适当降低检验标准。

(7) 为了增大市场份额,公司决定有偿为主要经销商提供担保,以提高产品销售能力。

要求：对于上述 ABC 公司的董事会决议，你能够逐项识别出各项改革措施所面临的主要风险吗？针对识别出来的主要风险，应采取哪些相应的控制措施？

内部控制的建立和实施不仅要明确目标，更要始终贯穿风险导向。对于影响目标实现的风险因素，企业要提高警惕，树立风险意识，积极主动地识别风险，科学地分析和评估风险，上传下达已识别和评估出来的主要风险，以便引起相关人员的注意和重视，并采取适当的策略和措施来应对风险，将其控制在可接受水平之内。风险评估主要涉及目标设定、风险识别、风险分析和风险应对等内容。

第一节 风险的概念、特征和分类

人们在工作和生活中，时常要面对各种各样、大大小小的"险情"，它们会给人们带来不安和困惑。而经济活动中的"冒险"，又使人们在担心损失的同时，对获得未来收益满怀希望。风险的普遍性，使得"风险"一词被广泛使用。如何识别、分析和应对风险，是内部控制建设的核心问题，这就需要首先弄清楚风险的概念、特征和分类。

一、风险的概念

人们对风险的意识自古就有，人类社会自形成起就一直面临自然灾害和意外事故的侵扰。我国夏朝后期就有了"天有四殃，水旱饥荒，其至无时，非务积聚，何以备之"（《逸周书·文传解第二十五》）的描述。据史料记载，公元前 1700 年开始，我国在长江从事货运的商人们将重要货物分装在几条船上；公元前 2800 年左右，古埃及平民中开始盛行互助基金组织；公元前 916 年，《罗地安海商法》确定了共同海损制度[①]。

据说"风险"一词是由渔民们创造的。以前的渔民每次出海前都要祈祷，祈求神灵保佑自己能够平安，祈祷神灵保佑自己在出海时能够风平浪静、满载而归。在长期的捕捞实践中，渔民们深刻体会到"风"给他们带来的无法预测、无法确定的危险，"风"意味着"险"，于是"风险"一词便产生了。关于风险的概念，人们有着不同的认识和理解，出现过诸多观点，比如，可能发生的危险，发生不幸事件的可能性，事件产生我们所不希望的后果的可能性，实际结果与人们所期望目标之间的差异程度，遭受不利、伤害、损失或毁灭的可能性，某一特定危险情况发生的可能性和潜在后果的组合，结果的潜在变化，未来结果的不确定性，可能的结果及其概率分布的组合函数——$R=F(E_i,P_i)$，等等。

COSO 1992 年版《内部控制——整合框架》认为，风险是任何可能影响目标实现的负面因素。COSO 2013 年版《内部控制——整合框架》仍然认为，风险是事件发生并对组织实现其目标产生负面影响的可能性。COSO 2004 年版《企业风险管理——整合框架》指出，所有主体都面临不确定性。**不确定性可能破坏或增加价值，因而它既代表风险，又代**

[①] 海上贸易源远流长，在公元前 2000 多年的地中海，航海被视作一种海上冒险之旅，载货木帆船构造简陋，抵御海上灾害事故的能力很差，遇到风暴多采取"抛货"保船的办法。经过长期实践，共同承担"抛货"损失的共同海损分摊原则逐渐形成。公元前 916 年，居住在爱琴海罗德岛的腓尼基人把这一原则收录在《罗地安海商法》中。

表机会。

《中央企业全面风险管理指引》认为,风险是未来的不确定性对企业实现其经营目标的影响。2018年版《ISO 31000:组织的风险管理国际标准》,将风险定义为不确定性对目标的影响。其中,影响是实际与预期的偏差,包括积极的影响、消极的影响,或两者兼而有之;风险通常依据风险源、潜在事项的可能性及其结果进行表达;不确定性是指对事件及其后果或可能性的认识或理解所需信息的缺乏或不完整的状态。

综上所述,经过不断演化,风险一词已经大大超越"遇到危险"的狭义范畴,越来越倾向于未来的不确定性对实现目标的影响。企业在实现其目标的经营活动中,会遇到各种不确定事件,这些事件发生的概率及其影响程度是无法事先预知的;这些事件将对经营活动产生影响,从而影响企业目标实现的程度。这种在一定环境下和一定期限内客观存在的、影响企业目标实现的各种不确定性因素就是风险。不确定性既可能给企业带来损失,又可能使企业获得收益。如果企业采取适当措施管理这种不确定性,则不仅能够减少损失,还可能形成机会从而获得收益,有时风险越大,收益越大。

二、风险的特征

对风险的不同理解和定义,使得**风险具有多种属性和特征**。就单项风险而言,每项风险都有不确定性、动态性、偶然性、可知性等特征。其中,**不确定性是风险的本质特征**。从总体来看,风险又呈现出普遍性和规律性。

1. 风险具有不确定性

企业在一个变化的、多样的、复杂的环境中从事经营活动,在经营管理过程中随时会面临各种不确定性。风险事件是否发生,何时、何地发生,以及发生之后会造成什么样的后果等,都是不确定的。例如,交通事故每天都在发生,但具体是哪一辆车,在何时、何地发生是无法预先确定的;万一发生交通事故,将会造成怎样的损失和伤害,我们也无法确切预知。

2. 风险具有动态性

任何风险都是一定条件下的风险,是一定时空内的风险。当条件发生变化时,风险也随之发生变化。风险的动态性表现为风险性质的变化、风险量值的变化和风险结果的变化。风险既可以从无到有,又可以从有到无;既可以从大到小,又可以从小到大。风险在一定条件下可以转化为机会,反之亦然。风险的动态性要求企业的风险评估、控制活动、内部监督等都要动态跟进,持续改进。

3. 风险具有偶然性

风险虽然客观存在,但就某一具体风险而言,风险事件的发生具有偶然性或随机性。风险事件的发生是诸多因素共同作用的结果,每一因素的作用时间、作用点、作用方向、先后顺序、作用强度等都是在特定条件下发生的。每一因素的出现本身就具有偶然性,这就导致风险事件的发生具有偶然性。风险事件发生的偶然性还意味着发生时间的随机性,俗语所说的"天有不测风云"就是风险突发性的体现。风险事件的偶然性和突发性可能会加剧风险的破坏性。

4. 风险具有可知性

如果一种事物不可认知,便会陷入神秘主义的泥潭。人们既可以认识风险的性质和大小,又可以观测和度量风险的后果。对于事件发生的不确定性程度,可以用概率来描述。例如,当概率为 0～50% 时,随着概率的增加,不确定性随之加大,概率为 50% 时不确定性最大;当概率为 50%～100% 时,随着概率的增加,不确定性随之减小;当概率为 0 和 100% 时,不确定事件即转变为确定事件。对于事件结果的不确定性,可以用实际结果与预期目标的偏差或可能结果的变动来描述,极差或全距、标准差、方差、离散系数、β 系数等指标可以用来衡量可能结果的变异程度。企业还可以通过敏感性测试、压力测试、计算风险值等方法测试风险因素可能带来的影响。借助现代信息技术,大数据和云计算更是为人们认知和衡量风险提供了便利,人们对风险的认识和测定也越来越接近客观实际。

5. 风险具有客观性

风险不以人的意志为转移,独立于主观意识之外而客观存在。例如,虽然我们知道自然灾害、意外事故、生老病死及决策失误等风险的存在,也能部分地控制风险,但我们无法完全消除它们。风险的存在取决于决定风险的各种因素,人们只有承认和识别风险、分析和评估风险,并采取应对措施,改变风险存在和发生的条件,才可能降低或化解风险;但是,风险一般是不可能彻底消除的,远离风险,也就意味着放弃收益和机会。

6. 风险具有相对性

俗话说"福祸相依",没有绝对的风险,风险总是与机会并存。风险是相对于机会而言的,没有风险,也就没有机会。一般而言,风险大,潜在收益就大;风险小,潜在收益就小。不同主体对同一事件的感受和处理方式不同,风险便不相同。不同主体对风险的承受能力不同,风险所产生的影响也不同。而主体的风险承受能力受时间、空间的影响,具有个体差异。风险的这种相对性,要求我们面对风险时应保持正确的认识、理念和态度。

7. 风险具有普遍性

风险无处不在,只要某一事件的发生存在两种或两种以上的可能性,即可认为该事件存在风险。人类历史总是与各种风险相伴,天灾人祸、意外事故、生老病死、冲突战争等从未远离人们。随着科学技术和人类社会的进步,新的风险层出不穷,物价、利率、汇率、股票指数、信用、技术、政策、法规等都处于不断变化之中。变化就意味着风险,变化越快、越大,风险越大;没有变化,就没有风险。

8. 风险具有规律性

就单个风险事件而言,其发生和影响具有偶然性和突发性。但从总体来看,一定时期内某种风险的发生概率及其影响程度具有一定的规律性。我们可以借助数理统计的方法处理大量相互独立的随机事件,发现和归纳其规律性。例如,每一笔应收账款的收回都具有不确定性,该笔应收账款是否成为坏账具有一定的偶然性,但我们可以运用过去的数据和经验,估计出应收款项总体的收回比例和坏账损失情况。

三、风险的分类

为了更全面地了解和认知风险,按照不同标准,可以将风险分成不同类别。

1. 以风险对企业目标实现产生的影响为标准分类

以风险对企业目标实现产生的影响为标准,可以将风险分为**战略风险**、**运营风险**、**合规风险**、**资产风险和报告风险**。战略风险是影响企业战略目标实现的不确定性因素,如战略规划风险、战略实施风险等。战略风险影响着整个企业的发展方向、资源配置、企业文化、生存能力、整体效益、核心竞争力等。运营风险是企业在运营过程中存在的影响运营效率和效果的不确定性因素,如产品价格风险、人力资源风险、融资风险、投资风险、资本结构风险等。合规风险是企业在生产经营和管理活动中,未按法律法规、合同约定、监管要求、内部规章等的规定行使权利、履行义务,从而对企业造成负面后果的不确定性因素。资产风险是影响企业资产安全完整和使用效能的不确定性因素。报告风险是因企业的对内或对外报告达不到应有的质量要求而影响其目标实现的不确定性因素。

2. 以风险的来源为标准分类

以风险的来源为标准,可以将企业风险分为**内部风险和外部风险**。内部风险包括董事、监事、经理及其他高级管理人员的职业操守和员工专业胜任能力等人力资源风险,组织机构、经营方式、资产管理、业务流程等管理风险,研究开发、技术投入、信息技术运用等自主创新风险,财务状况、经营成果、现金流量等财务风险,营运安全、员工健康、环境保护等社会责任风险,等等。外部风险包括经济形势、产业政策、融资环境、市场竞争、资源供给等经济方面的风险,法律法规、监管要求等法律方面的风险,安全稳定、文化传统、社会信用、教育水平、消费者行为等社会方面的风险,技术进步、工艺改进等科学技术方面的风险,自然灾害、环境状况等自然环境方面的风险,等等。

3. 以风险的经济后果为标准分类

以风险的经济后果为标准,可以将风险分为**纯粹风险和机会风险**。纯粹风险是只会带来损失等不利后果的可能性,如火灾、洪水、被盗等。对当事人而言,有的纯粹风险可以回避,有的可能无法回避。例如,不乘坐飞机的人不会有空难风险,但像地震、疾病这类风险则无法回避,总有发生这类风险事件的可能性。在纯粹风险面前,人们往往较为被动。机会风险带来损失和盈利的可能性并存,如股票市场的变化既可能使持股者获得盈利,又可能给持股者带来损失。在机会风险面前,人们往往较为主动,有决策的余地。

4. 以风险产生的原因为标准分类

以风险产生的原因为标准,可以将风险分为**自然风险和人为风险**。自然风险是指由自然界不可抗力因素引起的自然灾害导致的物质损失和人员伤亡,如台风、洪水、地震等。人为风险是指由人类行为及各种经济、政治、技术活动引起的风险。人为风险又可以分为行为风险、经济风险、政治风险和技术风险。行为风险是由个人或团体的行为不当、过失及故意行为造成的风险,如盗窃、渎职、故意破坏等行为造成的损失和不良后果。经济风险是由市场预测失误、经营管理不善、价格波动、汇率变化、需求变化、通货膨胀等因素导致的经济影响。政治风险是由政局、政策的变化引发的不确定性。技术风险是由科学技术发展的副作用产生的种种影响,如环境污染、技术犯罪等。

5. 以单位或个人对风险的承受能力为标准分类

以单位或个人对风险的承受能力为标准,可以将风险分为**可接受风险和不可接受风险**。可接受风险是指预期风险事件的最大损失在单位或个人承受能力的最大限度之内。不可接受风险是指预期风险事件的最大损失已经超过单位或个人承受能力的最大限度。

6. 以风险预期的严重程度为标准分类

以风险预期的严重程度为标准,可以将风险分为**一般风险、中等风险和重大风险**。一般风险是指风险事件发生的可能性较小,或者风险事件发生所致损失较小的风险。中等风险是介于一般风险和重大风险之间的风险,一旦发生则危害较大。重大风险是指发生的可能性较大,且一旦发生则危害极大的风险。例如,某公司将风险事件发生的可能性分为5(很高)、4(较高)、3(中等)、2(较低)、1(很低)五个等级,将风险事件潜在后果的严重性分为5(很大)、4(较大)、3(中等)、2(较小)、1(很小)五个等级,而风险系数是两者的乘积。公司规定,风险系数为15~25的为重大风险,风险系数为10~15的为中等风险,风险系数在10以下的为一般风险。

7. 以风险存在的层级为标准分类

以风险存在的层级为标准,可以将风险分为**一级风险、二级风险、三级风险**,甚至更细分的风险。一级风险是企业整体及主要业务领域所面临的总体性风险,如战略风险、财务风险、销售风险、工程项目风险、人力资源风险等。二级风险是在企业各主要业务领域中的具体经营活动和管理行为所产生的风险,是对一级风险的细分。例如,与销售风险相关的二级风险有销售计划管理风险、客户开发风险、信用管理风险、销售定价风险、销售合同风险、发货管理风险、收款管理风险、售后服务风险等。三级风险是可能导致二级风险发生的主要风险诱因,是对二级风险的细分。例如,与客户开发风险和信用管理风险相关的三级风险有客户管理制度缺失或不完备、潜在市场开发不够、客户档案不健全、缺乏合理的资信评估等。

8. 以风险是否可被分散为标准分类

以风险是否可被分散为标准,可以将风险分为**系统性风险和非系统性风险**。系统性风险又称市场风险,是政治、经济、社会等外部环境变化对所有个体造成的影响。系统性风险包括政策风险、经济周期性波动风险、利率风险、购买力风险、汇率风险等,不能通过多样化投资加以分散或消除,因此也称不可分散风险。非系统性风险是只对某个行业或个别证券产生影响的风险,通常由某一特殊因素引起,与整个市场不存在系统性关联,只对个别企业或个别行业产生影响。非系统性风险包括产品风险、管理风险、财务风险、经营风险、信用风险、偶然事件风险等,可以通过多样化投资来分散,因此也称可分散风险。

第二节 目标设定

内部控制是对影响企业目标实现的风险进行控制,而风险是影响企业目标实现的不确定性因素。目标设定是企业建立和实施有效内部控制的基础,是进行风险识别、风险分析和风险应对的前提。管理当局应采取恰当的程序去设定目标,并与其业务目标和风险容忍度相一致。

一、战略目标的关注点

(1)战略目标是对企业全局的总体构想,是企业整体发展的总任务和总要求,是企业宗旨的展开和具体化。**战略目标是内部控制最高层次的目标,企业应设定明确的战略目标,进行战略规划,从而为运营、资产、合规和报告目标奠定基础。**

(2)在战略目标设定的过程中,董事会应清楚管理层的风险偏好,管理层应在董事会的监督下确定风险容忍度。企业在战略制定的过程中,应选择与其风险容忍度相一致的战略,并据以指导资源配置。

(3)战略目标和运营目标的实现并不完全在企业的控制范围之内,外部事项(如政局动荡、政策变动、自然灾害、市场变化等)的发生可能超出企业的控制范围。企业在目标设定过程中应考虑外部事项,赋予它们较小的可能性,一旦发生就启用相应的权变计划进行处理。但是,这种计划只能缓解外部事项的影响,不能确保目标的实现。

(4)战略目标是中长期目标,一般是稳定的,但在企业战略的实施过程中,内外部环境处于不断变化之中,当这种变化累积到一定程度时,战略目标就可能滞后或其执行偏离设定的目标。如果确实需要对既定目标作出调整、优化甚至转型,企业就应按规定的权限和程序,调整战略目标或实施战略转型。

(5)战略目标应层层细分,以便落实。在时间上,要将长期战略目标分解为整个企业的短期执行性战术目标,形成年度运营目标。在空间上,要将战略目标分解到不同业务单位、事业部门或经营单位,使每个业务单位及其职能部门都有自己的长期目标和短期目标。战略目标分解形成年度运营目标后,年度运营目标再层层分解,最后落实为具体目标、具体任务和具体要求,并明确关键绩效指标等考核标准,从而使企业的目标体系成为一个空间关系、时间关系、权责关系清晰且明确的协调整体。

二、运营目标的关注点

(1)运营目标关系到企业经营的效率和效果,反映管理层在企业运营的特定业务、行业背景、外部环境和内部资源等条件下的管理决策。运营目标反映了企业现实和市场需求,并以有意义的业绩计量方式表达出来。运营目标与许多具体目标相关联,如采购、销售、生产、质量控制、安全管理、工程建造等各项活动的控制目标。

（2）设定运营目标应考虑风险容忍度。管理层应确定实现运营目标可接受的偏离范围，并及时进行运营分析和业绩考评；董事会和管理层应及时知悉企业实现这些目标的程度，以便及时采取应对措施修正偏差。

（3）运营目标为引导企业资源配置奠定了基础，企业应依据设定的运营目标规划资源配置，以便达到预定的经营效率和效果。如果企业运营目标不清晰或设定不完善，则其资源配置就可能被误导。

（4）运营目标为企业从事经营活动提供了可计量的基准。运营目标必须被充分了解和可计量，各层级员工应根据各自影响范围的不同对运营目标进行必要的了解，所有员工都必须对要实现什么有共同的认识，并且有办法计量实现的情况。

（5）企业应识别影响运营目标实现的关键成功因素，并能正确地处理好这些关键环节。关键成功因素存在于企业的整体层面、业务单位、职能部门或分部之中。通过设定运营目标，管理层应根据对关键成功因素的关注来确定业绩的计量标准。例如，某企业的运营目标之一是快速扩大销售规模，确定了提高销售收入、提高售后服务质量、有效组织货源等关键成功因素，并设计了相应的业绩计量指标，如表3-1所示。

表3-1 某企业的销售目标、关键成功因素及相应的业绩计量指标

销售目标	关键成功因素			业绩计量指标
快速扩大销售规模	提高销售收入	加强市场推广	促销力度	促销计划完成率
			促销效果	明星产品销售额
		增强产品竞争力	增加新产品数量	新产品销售计划完成率
			产销衔接	成品周转率
			合理的销售结构	高端、中端、低端产品销售比例
			提高产品质量	开箱合格率
				售后服务费用比率
				产品直通率
		拓展销售渠道	增加客户数量	客户增加数量
			提高客户质量	万元客户增加数量
			提高渠道覆盖率	销售渠道覆盖率
			提高渠道利用率	销售渠道利用率
		实施有效价格策略	提升品牌指数	品牌指数
			增强定价合理性	与行业价格的符合率
	提高售后服务质量			客户投诉率
	有效组织货源	加快新产品开发进度		新产品开发计划完成率
		按时完成订单		周订单完成率

三、资产目标的关注点

（1）资产安全完整是企业开展生产经营活动的前提条件和物质基础，是企业实现发展战略的保障，也是投资者、债权人和其他利益相关者普遍关注的问题。将资产目标作为内部控制的目标单列，对于保证企业资产的安全完整、使用效率、保值增值、更新重置等具有重要意义。

（2）资产目标的设定**不能仅关注企业资产的安全完整及其权属不受侵害，更要关注资产的有效利用和利用效果**，确保资产的价值和功能不受损，使其在经济上保值增值。

（3）资产目标的设定应结合管理层的风险偏好，确定风险容忍度，采取定量和定性相结合的办法设定资产的内部控制目标。

四、合规目标的关注点

（1）合规目标的设定应反映企业适用的外部法律法规，包括相关法律、监管规则、国际组织制定的相关标准、行业组织制定的自律章程等。

（2）企业内部制定的规章制度也应包括在合规目标的设定中。

（3）法律法规为企业设定了最低的行为准则。企业在设定目标的过程中，管理层有一定的自主裁量权，可以适当提高合规性标准。

（4）合规目标的设定应考虑风险容忍度，管理层应确定实现合规目标可接受的偏离范围。企业应经常主动检查、复核自己的行为是否合法合规，并定期开展合规性评价。

（5）积极开展相关标准的第三方认证是实现合规目标的重要举措。

（6）合规性记录可能对企业在社会和市场上的声誉产生很大的正面或负面影响。

五、报告目标的关注点

（1）报告目标的设定应以**信息使用者的需求为导向，考虑信息使用者所要求的精确度**，以合理的方式和适当的详细程度对信息进行分类与总结，使其既不过于烦琐，又不过于简单。

（2）报告应反映企业的基本商务活动，按照信息使用者所要求的精确度和准确度描述交易与事项。

（3）**外部财务报告目标应符合适用的会计准则和监管要求，具备相应的质量特征**。设定外部财务报告目标应考虑财务报表列报的重要性水平，遵循会计准则进行相关认定，包括认定报告期内的相关交易和事项、账户的期末余额、报表项目的列报和相关披露等。

（4）外部非财务报告目标应与法律法规、规章或公认的外部机构所发布的标准及框架相一致。设定外部非财务报告目标应考虑满足信息使用者所要求的精确度和准确度，并符合第三方对非财务报告方面的相关标准。

（5）内部报告目标应反映管理层的选择，为管理层提供决策所需要的准确、完整的信息。**设定内部报告目标时，管理层应在非财务报告目标中体现信息使用者所要求的精确度，并在财务报告目标中体现重要性水平**。

六、评估目标设定的适当性

风险评估的先决条件是企业各个层级的目标已经确立,这些目标应符合企业发展战略并支持企业实现其发展战略。在设定目标的过程中,企业首先要确认目标的适当性,然后才能将其作为风险评估的基础。在评估和确认目标设定的适当性时,企业应综合考虑以下因素:

(1) 确立的目标是否与企业的战略重点保持一致。
(2) 是否明确了与目标相关的风险容忍度。
(3) 确立的目标是否与企业相适用的法律法规、规章及标准保持一致。
(4) 阐述目标时所运用的术语是否具有明确的含义,目标是否可衡量、可观察、可实现、具有相关性和时效性。
(5) 目标体系在企业各层级及其分支机构是否得到充分沟通、理解和有效贯彻。
(6) 需要企业关注的其他情形是否符合目标体系的要求。

第三节 风险识别

风险识别是发现、辨识和表述风险的过程,包括对风险源、风险事件、风险原因和风险潜在后果的识别。企业应及时识别可能对其目标实现产生影响的潜在事项,并确定它们是否代表机会,或者是否会对目标实现产生负面影响。在风险识别的过程中,企业应全面考虑一系列可能对目标实现产生影响的内部风险和外部风险。

一、风险的组成要素及其作用原理

风险的组成要素包括风险因素、风险事件及风险后果。

1. 风险因素

风险因素也称风险因子,是指**引起或增加风险事件发生的机会或条件,是风险事件发生的潜在原因**。不同领域的风险因素表现形态各异。例如,一栋大楼所用建筑材料的质量和建筑结构的合理性都是造成房屋倒塌的潜在因素,经纪人超越委托人授权的投资范围进行证券投资是导致投资亏损的潜在因素,不按规定流程进行岗位操作是造成安全生产责任事故的潜在因素,等等。

根据唯物辩证法的观点,任何事物的产生与发展都是内因和外因共同作用的结果。诱发风险产生的内因包括治理、组织、经营、管理、技术、信息、人员、环境等因素。诱发风险产生的外因包括经济、科技、法律、社会、政治、自然等因素。

根据风险因素的性质,还可以将其分为三种:一是物理风险因素(有形因素),可能直接影响某事物的物理性质,如传动系统、刹车系统的不安全因素等直接影响汽车的安全使用;二是道德风险因素(无形因素),与人的品行修养、价值观、人生观及道德操守等有关,如人的欺诈行为、诚信缺失等;三是认知风险因素(无形因素),与人的心理状态、认知状况有关,如投保后不注意防范损失等。

2. 风险事件

风险事件是对目标实现产生影响的偶发事件,风险事件的发生会给企业造成人身伤亡、财产损失、客户流失、声誉受损等后果。风险事件意味着潜在后果成了现实结果。

3. 风险后果

风险事件的发生对目标实现的影响可以是负面的,也可以是正面的,或者两者兼而有之。风险后果可以分为直接后果和间接后果。例如,某企业因遭受火灾而导致的设备损毁属于直接后果;间接后果包括因修理或重置设备而支出的费用,因设备损毁无法运营而减少的利润,因无法正常生产不能履约而造成的违约金或罚款等。

风险是由风险因素、风险事件和风险后果构成的统一体,其作用链条可以用如图 3-1 所示的因果关系来描述:风险因素的产生或增加诱发风险事件的发生,风险事件的发生带来现实的风险后果,风险后果形成实际结果与预期目标的差异。例如,雪天路滑导致车祸的发生,造成人员伤亡和财产损失。其中,"雪"是风险因素,"车祸"是风险事件,"人员伤亡和财产损失"是风险后果。

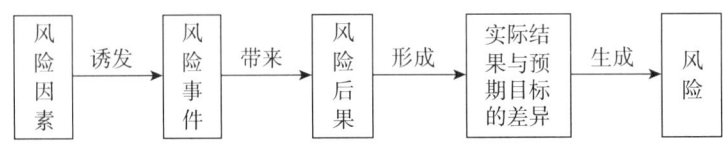

图 3-1　风险要素的作用机理

二、风险识别应注意的事项

(1) 风险无处不在,存在于各领域和各层级。企业应对影响其目标实现的风险因素进行全范围的识别,涵盖企业整体层面、业务单位、职能部门和分部等,贯穿决策、执行和监督的全过程。

(2) 风险识别应同时考虑内部、外部风险因素及其对企业目标实现的影响。内部风险因素包括人力资源、生产经营、管理活动、自主创新、财务状况、社会责任等。外部风险因素包括社会环境、经济环境、政治环境、法律法规、科学技术、自然环境等。

(3) 风险因素有的很明显,有的很隐晦;所产生的影响有的微不足道,有的十分重大。如果对重要目标的实现有重大影响,则即使事件发生的可能性较小,也不应被忽略。为了避免忽略相关的风险,最好把风险识别与风险分析区分开,对事件发生的可能性及其影响的评估属于风险分析的范畴,但在实践中存在一定的局限性,通常很难知道到底应该把界限划在哪儿。

(4) 在风险识别的过程中,管理层应认识到不确定性的存在,即并不知道风险事件是否会发生,或者什么时候发生,或者它产生的切实影响。管理层最初只需考虑源于外部和内部的一系列潜在事件,而没有必要对它们的影响是正面的还是负面的给予过多关注。

(5) 不同企业面临的风险是不一致的,即使同一企业在不同时期面临的风险也不一致。尽管不同企业进行风险识别的深度、广度、时机和范围各异,但管理层应高度重视风险识别,选择符合其风险管理理念的技术和支持性工具,这是风险分析和风险应对的基础。

（6）企业应建立有效的风险识别机制，让适当层级的管理人员及专业人士参与其中。风险普遍存在于各个领域和不同的管理层级，有些风险因素的专业性很强，而不同领域与层级的管理人员及专业人士在本专业和本层级内熟悉相关情况，因此在相关领域和层级的风险识别过程中，确保适当领域和层级的管理人员及专业人士参与其中是十分重要的。

（7）风险识别过程既要关注过去的经验和教训，又要着眼于将来，考虑未来可能的变动和趋势，如人口结构、新兴市场、政策趋势、创新技术、竞争状况等方面的变化。风险识别是一个动态和持续不断的过程，企业应针对内外部环境的变化持续地进行。

（8）事项通常并不是孤立发生的，一个事项可能引发另一个事项，也可能同时发生两个事项，因此在风险识别的过程中应注意事项彼此之间的联系。例如，某车间的通风条件较差，而工人在工作时距离工作台很近且没有任何防护，当设备突然失控使工人必须进入车间进行维护时，很可能导致工人窒息或中毒，进而产生一系列后果。又如，央行利率变动会影响外汇汇率，外汇汇率会影响货币交易的利得和损失。再如，进入新经营领域的决策与报告业绩挂钩的重大激励措施可能增加误用会计准则和发布欺诈性报告的风险。

三、风险识别的方法和技术

风险识别从理论上可以分为筛选、监测和诊断三个环节或阶段。风险筛选是将各种风险参照本企业的实际情况对号入座，按其明显程度和重要程度进行排序。风险监测是根据某种风险及其后果，对涉及这种风险的产品、过程、现象或个人进行观测、记录和分析，以掌握它们的活动范围与变动趋势。风险诊断是根据企业的风险症状或其后果及可能的因果关系进行评价和判断，找出可疑的起因，并仔细进行审查。

风险识别过程可能包含多种技术及支持性工具，针对不同情况要使用不同的方法或工具。例如，对生产过程来说，流程图法可能是一种合适的风险识别方法；而在一个不以流程为主要特征的地方，使用其他风险识别工具可能会更好。下面介绍几种常用的方法和工具。

1. 流程图法

流程图法（process flow analysis）是将企业的主要活动过程或操作步骤绘成流程图，对流程的每一个环节和步骤进行调查分析，识别出那些可能影响过程目标实现的事项。例如，一家医学实验室绘制了血液样本的接收和测试流程图，利用流程图识别那些可能影响输入、任务、责任和输出的因素的范围，识别与样本采集、传递过程、测试及人员换班等有关的风险。采用流程图法进行风险识别能够给决策者一个总体印象，能够清晰地展示系统各要素之间的联系及因果传导机制。

2. 德尔菲法

德尔菲法（Delphi method）是众多专家就某一专题达成一致意见的方法，源于20世纪40年代末，由美国兰德公司首次用于预测，后来被广泛运用。德尔菲法依据系统的程序，采用匿名发表意见的方式（专家之间不得相互讨论，不发生横向联系，而只与调查人员联系），多轮次调查专家对问卷所提问题的意见，反复征询、归纳、修改，最后汇总形成专家基本一致的看法作为风险识别的结果。德尔菲法具有广泛性、匿名性、统计性和收敛性等特点,有助于减少数据的偏倚,防止个人对风险识别结果产生过大的影响。

3. 头脑风暴法

头脑风暴法(brainstorming method)是在主持人的推动下,通过营造一个无批评的自由环境,使参与者畅所欲言、充分交流、互相启迪,产生大量创造性意见的过程。头脑风暴法可在项目团队中进行,也可邀请多学科专家参与其中。例如,一名财务主管与其团队成员一起开会以识别对外部财务报告目标有影响的事项。这种方法能够集思广益,较快识别出新风险且容易实施,但可能存在非正式、不全面等情况,其效果依赖于参与者的知识和技能、主持人的经验等。

4. 检查表法

检查表法(check-lists method)也称风险清单法,是由专业人员根据经验将项目可能发生的潜在风险列示在一张表上,形成常见风险清单,供识别人员进行检查核对,用以判别某项目是否存在表中所列或类似的风险。例如,一家从事软件开发的公司编制了一份清单,详细列示了与软件开发项目有关的常见风险,以此作为风险识别的出发点。这种方法能够确保常见问题不被忽视,但容易抑制风险识别过程中的想象力,以前没有发生过的风险可能会被忽视。

5. 现场调查法

现场调查法(field survey method)是通过直接观察工作现场、设备设施和实际操作等,了解单位的经济活动和行为方式,发现和识别潜在的风险隐患。这种方法有助于获得第一手的资料,并能提供防范风险的措施和建议。

6. 报表分析法

报表分析法(statement analysis method)是借助比较分析、比率分析、趋势分析、结构分析和因素分析等工具对报表项目进行深入的分析研究,以识别潜在风险的方法。通过财务报表分析,研究人员可以获得多种综合性的风险指标,如流动性、盈利能力、偿债能力、资本结构等。通过监控与特定事项有关联的数据,研究人员可以识别可能导致一个事项发生的情形是否存在。例如,持续监测应收账款周转率可及时识别应收账款管理方面的风险,持续监测存货周转率可及时识别存货积压风险。

7. SWOT 分析法

SWOT 是 strength(优势)、weakness(劣势)、opportunity(机遇)和 threat(威胁)的首字母缩写组合。SWOT 分析法是一种战略规划与风险识别工具,主要用来比较、分析与同行业企业所处的地位和实力、面临的内部和外部风险对企业的利弊影响等。

8. 风险图法

风险图法(risk graph method)是将企业面临的风险以图解形式逐层分解,将复杂事项分解为多个较简单的事项,将大系统分解为具体的组成要素,以便顺藤摸瓜,从中找出企业所承受风险的具体形态。常见的风险图有风险流程图、鱼骨图、故障树图等,分别如图 3-2、图 3-3、图 3-4 所示。

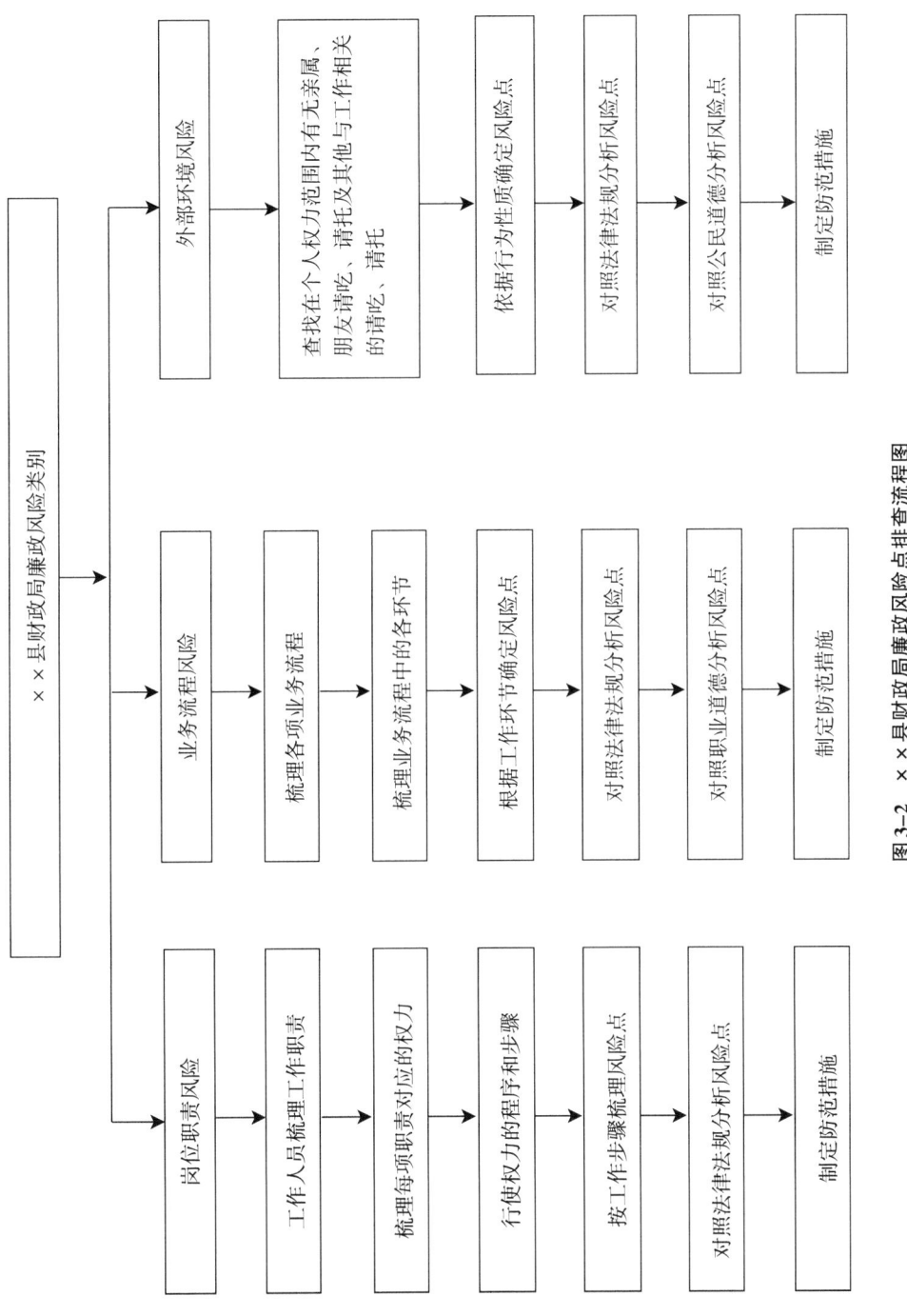

图 3-2　××县财政局廉政风险点排查流程图

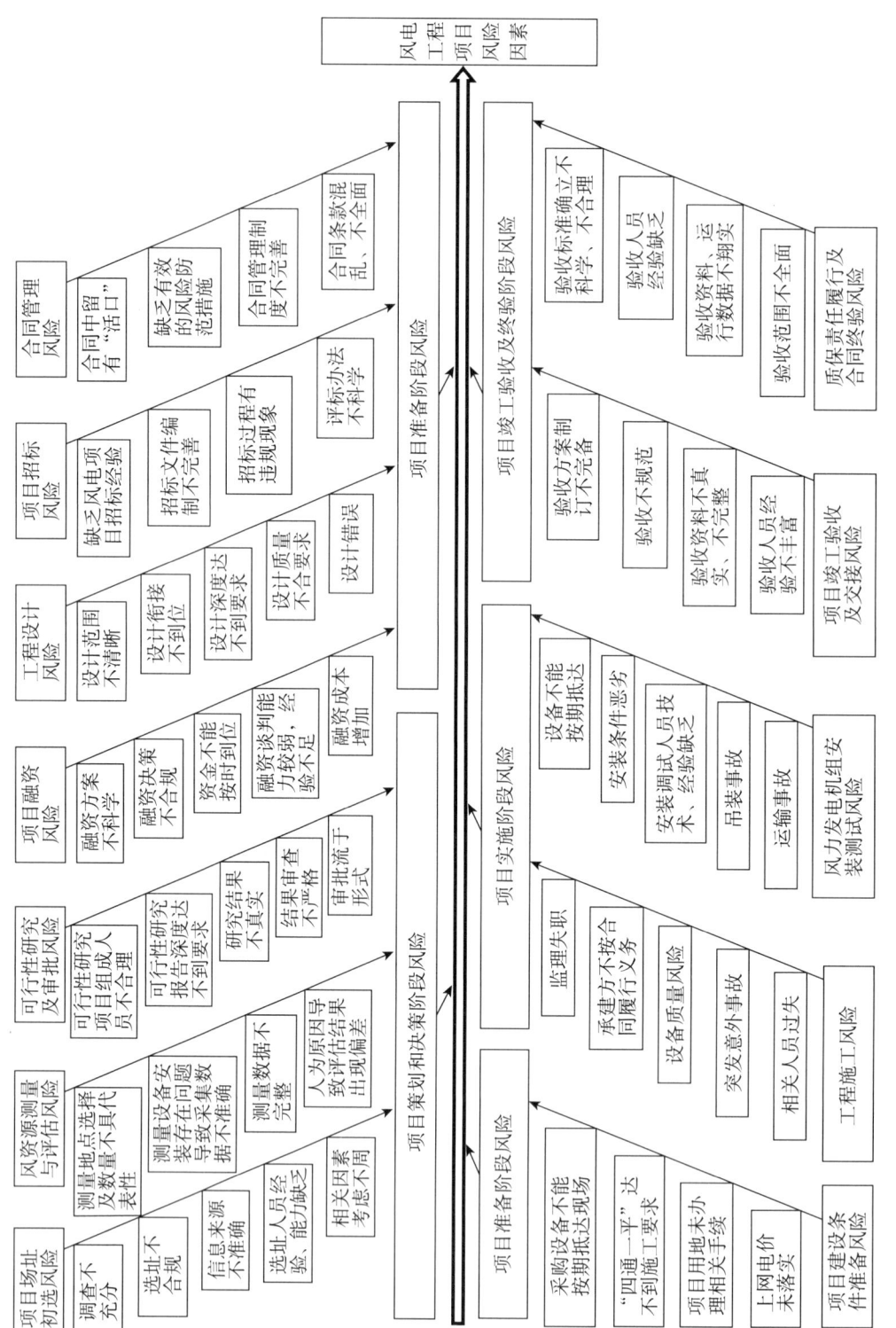

图 3-3 风电工程项目风险因素识别鱼骨图

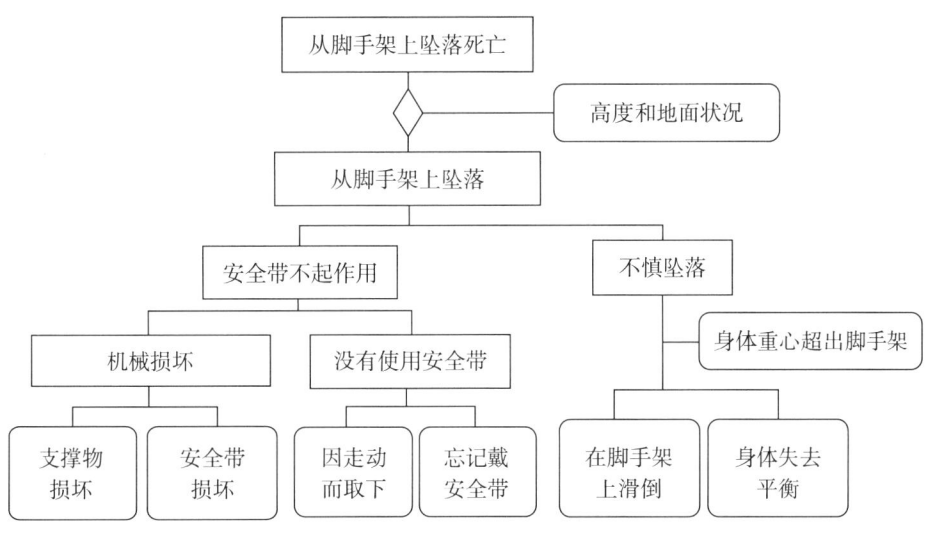

图 3-4 从脚手架上坠落死亡的风险识别故障树图

风险识别的方法有很多,不论采用什么方法,只要能把风险识别出来就行,而不必过于强调定量分析模型。对于已识别风险,应形成风险清单或风险数据库。风险数据库是企业内部的风险清单,可能没有统一的格式和内容,但能够把识别出来的风险按风险类别、风险描述、风险因素、管理部门、业务流程等列示出来。例如,某中央企业不仅建立了业务层面的风险数据库,还建立了企业风险分类表、部门风险表、企业风险汇总表等风险数据库。业务层面的风险数据库关注风险与业务活动、控制流程的联系;风险分类表结合企业自身业务中的风险事项及运营中常见的风险,分为社会风险、管理风险、经营风险、财务风险、合规风险和其他风险;部门风险表由各部门经理负责,根据确定的风险识别工具和方法,基于本部门的主要业务活动和管理流程,对本部门的风险事项进行识别、归类和讨论而形成;企业风险汇总表是部门风险表的汇总,汇集了各部门的主要风险及企业整体层面的风险。通过风险汇总表,可以比较清楚地了解各部门主要业务活动和管理流程所涉及的风险类别,也可以了解某项风险存在于哪些部门的哪些业务活动和管理流程中。对于风险管理基础比较薄弱的企业,掌握特定行业或职能领域共有的潜在风险清单是必要的。

四、企业整体层面的风险识别

企业整体层面的风险是涉及面广、对企业活动产生普遍影响、存在于企业整体层面的不确定性,主要包括以下内容:

(1) 与内部环境有关的风险,如高管团队的诚信和道德风险、公司治理风险、内部机构风险、运行机制风险、战略规划风险、战略实施风险、人力资源风险、企业文化风险、社会责任风险、反舞弊风险、管理层凌驾风险、健康与安全风险等。

(2) 与风险评估有关的风险,如企业目标设定不当、风险评估流于形式、风险识别不充分、风险分析不科学、风险应对措施不力等。

(3) 与控制活动有关的风险,如预算管控风险、运营分析风险、绩效考评风险等。

(4) 与信息及沟通有关的风险,如信息系统风险、内部报告风险、外部报告风险等。

(5) 与内部监督有关的风险,如内部审计流于形式、内部审计人员能力不胜任或存在道德缺失、监事会形同虚设、董事会对管理层缺乏监督等。

影响企业目标实现的风险因素是由一系列的外部因素和内部因素驱动的,在识别企业整体层面的风险时,企业至少应关注的外部因素包括:经济因素(如价格变动、资本成本及其可得性、竞争状况、市场准入状况等可能形成企业的经营风险)、自然环境因素(如洪水、地震、火灾、暴风雪等对企业的原料供应、资产安全、物流运输等可能构成的威胁)、政治因素(如官员选举、政策变动、严格管制等可能形成企业的战略和经营风险)、社会因素(如人口统计、社会习俗、家庭结构、生活方式等的变化可能影响企业的产品开发和服务定价)及技术因素(如移动终端、电子商务、工业机器人等的广泛应用可能挑战企业的运行机制、生产工艺和运营方式)。企业至少应关注的内部因素包括:基础设施(如缩短供货周期可能导致设备的超负荷运转和人工短缺等)、人员(如工作场所的意外事故、业务胜任能力不足、欺诈行为、个人诚信缺失等)、流程(如未经批准的流程修改、流程执行错误可能导致舞弊、低效率及客户不满意等)及技术(如系统故障及潜在的停滞可能导致订货减少、不能按时交货等)。

风险的识别与评估是一个动态过程,企业应及时关注对其内部控制体系可能造成重大影响的变化,包括外部环境变化(如运营中监管、经济、社会和政治环境等的变化)、商业模式变化(如新业务的潜在影响、现有业务的剧烈变化、已收购或剥离业务对内部控制体系的影响、快速增长或改变对外国地区和新技术的依赖)、领导层变化(如领导层变动及管理层对内部控制理念和态度的变化等)。例如,一家鞋类生产商兼进口商确定了成为高质量男鞋行业领导者的战略目标。为了实现这个目标,它采用最先进的技术,并倚重于选择性的进口采购,着手制造集款式、舒适和耐用于一体的产品。这家公司考察了它的外部经营环境,并识别出社会因素和相关事项(包括市场主要消费者年龄的变化、工作着装的变化趋势等),以及经济因素和相关事项(包括外汇波动和利率变动),而其内部技术因素突出表现为落后的配送管理系统,人员因素则表现为营销培训不足等。

五、业务和流程层面的风险识别

企业战略和运营目标最终要靠业务活动来实现,开展业务活动要遵循预先设计的流程,以防范和控制相关风险。**业务和流程层面的风险识别主要集中在业务单位或职能部门**,企业至少应关注以下主要风险:

(1) 销售与收款风险,如产品定价风险、发货风险、客户信用风险、账款收回风险等。

(2) 采购与付款风险,如采购价格风险、货物运输风险、货物质量不达标风险等。

(3) 融资风险,如融资方案不合理、融资成本过高、资金结构不合理、偿债能力不足等。

(4) 投资风险,如投资决策失误、投资行为违反国家规定、相关资产保管不善等。

(5) 存货管理风险,如存货保管不善、存货周转过慢等。

(6) 固定资产及无形资产管理风险,如固定资产维护保养不到位、更新改造不及时、相关技术陈旧过时、专利权属不清、关键技术泄密等。

(7) 生产过程管理风险,如原材料或人工消耗超标、产品质量不达标、清洁生产不达标、安全生产不到位等。

（8）担保风险，如担保资料审核不严、担保决策程序不完备、对被担保人和被担保项目的动态监控不力等。

（9）工程项目风险，如项目的可行性论证风险、项目决策风险、项目设计风险、项目的预算和决算风险等。

（10）业务外包风险，如业务外包审批不严、外包决策出现重大疏漏、承包人选择不当等。

（11）财务收支风险，如虚列开支、私设小金库、未按规定程序开具支票、资金结算违反相关规定等。

（12）会计核算与报告风险，如会计政策变更不符合会计准则要求、固定资产折旧不足、会计报告未经审批就对外披露等。

六、舞弊风险的识别

企业在识别影响其目标实现的风险时，应考虑潜在的舞弊行为。**舞弊风险可能涉及内部欺诈、外部欺诈或内外勾结欺诈等**。例如，管理层提供虚假财务报告以便参与剩余利润的分配，员工串通侵占企业资产，销售人员与客户合谋侵占销售货款，人力资源主管违规招聘亲信入职，员工不当行为导致腐败，等等。

企业在**识别舞弊风险时，应综合考虑舞弊的压力或动机、机会或漏洞、借口或态度等因素**。

（1）压力因素是指舞弊者的行为动机。刺激个人为其自身利益而进行舞弊的压力大体有经济压力、升迁压力、考核压力、恶癖压力等。例如，当入不敷出、喜好赌博或投机性投资等时，员工通过舞弊获取不当利益的压力是很大的。

（2）机会因素是指进行舞弊而又能掩盖起来不被发现或能逃避惩罚的时机，主要有缺乏发现舞弊行为的内部控制、无法判断工作质量、缺乏惩罚措施、信息不对称、监督者能力不足、制度不健全等。例如，未经授权地获取、使用或出售资产，改变相关记录或犯有其他不当行为等方面的机会。

（3）舞弊者在面临压力、获得机会后，还会寻找舞弊的借口，即自我合理化，找到某个理由，使其舞弊行为与本人的道德观念、行为准则相吻合，而不管这一解释本身是否真正合理。例如，"这是公司欠我的""我只是暂时借用这笔资金，以后肯定会归还""我的意图是善意的，用途是正当的"，等等。

舞弊有不同的类别，常见的有侵占资产、腐败、虚假报告等。侵占资产是指未经授权擅自获取、使用或处置资产，以便获得个人或小团体的不当利益。例如，销售人员非法营销企业商品，保管人员盗窃企业资产，技术人员侵犯知识产权等。腐败是指相关人员为其特殊利益而滥用职权的现象。虚假报告是指管理当局、相关部门或人员编制报告时，故意遗漏或虚假陈述，以谋取不当利益。虚假报告可能借助未经授权的收入或支出、虚拟交易、资产重组、关联交易、滥用专业判断等手段实施。对财务报告内部控制体系进行设计和实施，就是为了能够及时发现或防止因错弊所导致的财务报告重大遗漏或虚假陈述。

识别虚假报告可重点关注管理当局的偏见、估计和判断的使用程度,受管理当局影响重大的不正常交易或复杂交易,管理当局影响会计信息系统的程度,管理当局易于凌驾的领域,企业所在行业或市场中常见的舞弊方式或案例等。

第四节 风 险 分 析

风险分析是风险评估的重要步骤,通常采用定性和定量相结合的方法,在风险识别的基础上对风险发生的可能性、影响程度等进行综合评价。风险分析是风险管理的重要环节,是企业采取风险应对策略和措施的依据。风险分析应以个别或分类考察的方式分析潜在事项的正面和负面影响,并基于**固有风险和剩余风险进行风险评估**。

一、风险分析的概念及内容

风险分析是在风险识别的基础上对风险事件发生的可能性和条件、对目标实现的影响程度等进行描述、分析和判断,并确定风险重要性水平的过程。风险分析是理解风险特性和确定风险大小的过程,是确定风险应对策略的基础。风险分析通常采用定性和定量相结合的方法,量化风险不能像会计工具那样主要量化"过去",而应主要量化"未来",过去只能是依据。虽然计量风险是非常困难的,但风险计量是很实用的(即便是不太精确的估计)。风险计量需要运用比较专业的方法和技能,需要较多的专业判断。

风险分析应从风险发生的可能性和影响程度两个维度展开。"可能性"和"潜在影响"是风险分析中常用的两个术语,有的企业可能会用"概率""危害程度""严重性"或"后果"等词语进行表述。"可能性"代表特定事件发生的概率,"潜在影响"代表事件发生所产生的后果。"可能性"和"潜在影响"既可以采用定性方式也可以采用定量方式描述。"可能性"的定性表述,如"高""中""低"等;采用概率来描述则是定量的表达方式,如百分比、发生频率或其他数字度量值。例如,ABC 公司将风险发生的可能性分为"低、较低、中等、高、极高"五个等级,依次对应 1~5 分,描述规则如表 3-2 所示。在分析风险发生后对目标的影响程度时,可以针对企业关注的项目(如产值、直接损失、安全生产、员工健康、社会形象等),采用定性和定量相结合的方法描述风险影响的程度。例如,ABC 公司将风险影响的程度分为"不重要、较小、中等、较大、重大"五个等级,依次对应 1~5 分,描述规则如表 3-3 所示。

表 3-2 ABC 公司风险发生可能性的描述规则

方法		低	较低	中等	高	极高
定量方法	分值	1	2	3	4	5
定性方法	文字描述	未来 5 年内可能不发生	未来 3~5 年内可能出现 1 次	未来 1~2 年内可能出现 1 次	未来 1 年内极可能出现 1 次	未来 1 年内会至少出现 1 次

表 3-3 ABC 公司风险发生后潜在影响的描述规则

分值	不重要 1	较小 2	中等 3	较大 4	重大 5
产值	对当年产值影响在1%以下，1亿元以下	对当年产值影响为1%~5%，1亿~5亿元	对当年产值影响为5%~10%，5亿~10亿元	对当年产值影响为10%~20%，10亿~20亿元	对当年产值影响在20%以上，20亿元以上
直接损失	100万元以下	100万~500万元	500万~1 000万元	1 000万~2 000万元	2 000万元以上
安全生产	无人员死亡和重伤，但有人员轻伤	3人以下死亡，或者10人以下重伤	3~10人死亡，或者10~50人重伤	10~30人死亡，或者50~100人重伤	30人及以上死亡，或者100人以上重伤
员工健康	对员工健康（身体和心理）造成轻微伤害	对员工健康已造成一定程度的伤害（如职业病），但未形成事故	发生事故，对员工健康造成中等程度的伤害	发生较大事故，对员工健康造成较大伤害	发生重大事故，对员工健康造成重大伤害
社会形象	在小范围内受到影响，但该影响可在短期内自行消除	在一定范围内受到影响，但该影响需要一定时间、付出一定代价才能消除	在较大范围内受到影响，这种影响需要较长时间、付出较大代价才能消除	在全国范围内受到影响，这种影响需要长时间的努力、付出巨额代价才能消除	在国际范围内受到影响，这种影响难以消除
……	……	……	……	……	……

企业应综合考虑风险发生的可能性及其影响程度，评估风险的重要性，确定风险等级。评估风险的重要性还应考虑，风险一旦发生，其产生影响的速度、影响的持续性和持续时间。例如，ABC公司将风险等级分为"高、中等、低"三个级别，描述规则如表3-4所示。再如，XY公司用"1、2、3、4、5"描述事件发生的可能性；按事件对人员、财物、环境和声誉的影响，分别用"1、2、3、4、5"描述后果的严重性。两者的乘积为风险系数，在此基础上将风险分为三个等级：可承受风险（低风险，系数为1~6）、需要重视的风险（中等风险，系数为8~12）、优先控制风险（高风险，系数为15~25）。描述规则如表3-5所示。

表 3-4 ABC 公司风险等级的分类规则

发生可能性		潜在影响				
		不重要 1	较小 2	中等 3	较大 4	重大 5
极高	5	中等风险	中等风险	高风险	高风险	高风险
高	4	低风险	中等风险	中等风险	高风险	高风险
中等	3	低风险	低风险	中等风险	中等风险	高风险
较低	2	低风险	低风险	低风险	中等风险	中等风险
低	1	低风险	低风险	低风险	低风险	中等风险

表 3-5　XY 公司风险等级的分类规则

后果严重性				发生可能性				
				1	2	3	4	5
人员	财物	环境	声誉	同类作业中未听说过	同类作业中发生过	本单位发生过	本单位每年几次	本作业每年几次
1 可忽略的	极小	极小	极小	1	2	3	4	5
2 轻微的	小	小	小	2	4	6	8	10
3 严重的	大	大	一定范围	3	6	9	12	15
4 个体死亡	很大	很大	国内	4	8	12	16	20
5 多人死亡	重大	重大	国际	5	10	15	20	25

二、风险分析应注意的事项

1. 关注事件之间的关联性

如果潜在事件之间没有关联，企业就应该分别对它们进行风险评估。例如，产品销售价格和安全生产风险通常是不相关的，应分别进行评估。但是当事件之间存在相互关联，或者事件组合会产生显著不同的可能性和影响时，企业就应该把它们放在一起进行评估。尽管单一事件的影响可能很轻微，但是事件组合的影响可能很大。例如，进口原材料可能遭受采购价格和汇率变动的双重市场风险，如果是贷款或采用商业信用采购，则还可能遭受利率风险，企业应将这些风险因素放在一起评估。再如，仓库中丙烷罐上一个有缺陷的阀门会导致丙烷泄漏，而库门关闭可以增加安全性，当保管员开启遥控装置打开库门时，泄漏的丙烷气体和库门马达产生的火花可能会共同引发一场爆炸。这些不同的事件相互关联并导致了重大风险的发生。

2. 关注事件潜在影响的范围和层级

企业进行风险评估时应关注事件潜在影响的范围和层级。如果风险可能影响多个业务单元或管理层级，则企业可以将它们归入具有共性的风险类别中，首先分单元逐个分析，然后从整体上加以考虑。例如，一家金融机构的多个业务单元面临央行利率变动的风险，其管理当局不仅要从每个业务单元的角度分别评估风险，还要将它们组合起来从整体上进行风险评估。

3. 既要关注预期事件，又要关注非预期事件

企业在分析风险时，既要考虑预期事件发生的可能性及其影响，又要考虑非预期事件发生的可能性及其影响。许多事件是常规性和重复性的，并且已经在管理当局的计划和经营预算中提到，而其他的事件则是非预期的。

4. 尽量采用与衡量目标完成程度相一致或类似的指标

管理当局在确定目标的完成程度时常常采用业绩指标，在分析风险对一项特定目标实现的潜在影响时通常也应采用相同或类似的指标。例如，A 公司的一个目标是将客户服务质量维持在特定水平，并为这个目标设计了客户满意度指数、客户投诉数量、客户投

诉反应时间等测度指标。在评估一项可能影响客户服务质量的风险(如公司网站在一段时间内无法使用的可能性)的影响时,最好采用相同的指标。

5. 尽量参照相对客观的数据

对于风险可能性和影响的估计值,企业可以参照历史数据、以往经验、行业均值、市场参数、设计参数等相对客观的数据来确定,这样可以提供一个比完全主观的估计值更加客观的依据。例如,一家公司在评估因设备故障所导致的生产中断风险时,可以先参照该设备先前发生故障的频率和影响,再根据该设备的设计参数、行业基准等数据进行补充,这样就能对故障的可能性和影响进行更可靠的估计,从而制订更有效的防护性维护计划。

6. 关注风险评估决策人员的"过度自信偏差"

风险分析需要管理人员对不确定性作出主观判断,这时他们应该认识到自身的固有局限。心理学研究发现,不同能力的决策者(包括经营管理人员)都对自身的估计和判断能力过度自信,存在显著的过度自信偏差。通过有效地利用内部和外部的经验数据或其他更可靠的数据,可以使过度自信偏差最小化。

三、固有风险和剩余风险

企业进行风险分析既要考虑固有风险又要考虑剩余风险。**固有风险是在管理当局没有采取任何措施来改变风险的可能性或影响的情境下一家企业所面临的风险。剩余风险是在管理当局采取风险应对策略之后所残余的风险,即未被控制的风险。**一旦企业确定了应对风险的策略和措施,管理当局就要考虑剩余风险,**确保剩余风险在可接受水平之内。**

从严格意义上来说,企业风险评估主要是针对剩余风险,因为任何企业的管理或多或少都有相应的风险应对措施。管理当局的这些措施有些可能达到了预期的效果,有些可能没有达到预期的效果。相应地,有些风险可能得到了有效的控制,有些风险可能没有得到有效的控制,从而形成剩余风险。**剩余风险的大小与企业风险应对措施的有效性密切相关。企业对风险的管理和控制越有效,剩余风险就越小;企业对风险管理和控制的效率与效果越差,剩余风险就越大。剩余风险的大小直接关系到企业目标的实现程度。剩余风险越大,内部控制的有效性越弱,内部控制对实现企业目标的保障程度就越低;剩余风险越小,内部控制的有效性越强,内部控制对实现企业目标的保障程度就越高。**对剩余风险进行评估,是一个持续性和重复性的互动过程,不能将风险评估与一次性的风险活动联系起来。

无论是对固有风险的评估,还是对剩余风险的评估,始终不变的是要从可能性和影响程度两个方面进行分析。下面以 BJNY 集团的环境、健康和安全管理为例,介绍其风险评估程序和评估模板。

案例 3-1

BJNY 集团的环境、健康和安全管理的风险评估

环境、健康和安全(environment, health and safety, EHS)风险管理是针对企业在设计、建设、生产、销售各环节中可能出现的损害健康、生命、财产安全及造成环境破坏等方面的

风险因素进行分析、评价、监测和控制的过程。EHS 风险管理是企业维持可持续发展的重要环节,有效地降低生产经营过程中的 EHS 风险是保证企业生产经营活动顺利进行的基础。BJNY 集团成立于 2004 年,注册资本为 130 亿元,业务涉及电力能源、热力供应、地产置业、节能环保和金融证券五大板块。近年来,BJNY 集团坚持以科学发展观为指导,倡导绿色低碳环保和创新驱动理念,大力推进 EHS 风险管理,有力地促进了集团的健康与和谐发展。集团 EHS 风险评估的行动方案包括细化管理目标、辨识与评估风险、检查和治理隐患、实施作业许可、加强信息沟通、安全生产管理、承包商和供应商安全管理、应急方案管理、健康管理、环保治理等。EHS 风险管理的内容较多,限于篇幅,本案例仅介绍 BJNY 集团安全生产管理的风险评估。

(一) 评估安全生产总体风险

在安全生产管理中,风险可被解释为影响健康、生命及财产安全的不确定性因素。风险分析就是对潜在风险、风险事件发生的可能性及其风险程度进行识别、衡量和评估,确定风险等级的过程。评估安全生产总体风险是做好相关管理工作的前提,是实施风险导向内部控制的基础。经过深入分析,BJNY 集团识别出影响安全生产管理的总体风险如下:

(1) 安全生产管理规程未及时更新,可能遭受外部监管处罚或其他损失;
(2) 安全生产管理规程执行不到位、操作不规范,可能引发安全生产事故;
(3) 安全生产配套设施与生产经营规模不匹配,或者安全生产配套设施未达标,可能遭受外部处罚或形象受损;
(4) 重大风险源未按规定进行登记和监控,可能产生重大安全生产事故隐患;
(5) 未按规定恰当地设置安全生产标识,可能引发伤害事件;
(6) 未设置应急预案,或者未定期测试和演练应急预案,可能导致突发事件应对不力。

(二) 设置安全生产控制目标

控制目标是实施控制活动的依据,针对安全生产总体风险,BJNY 集团努力建立安全生产长效机制,以"零容忍、零伤害、零事故、零损失"为追求目标,设置安全生产控制目标如下:

(1) 定期评估和更新安全生产管理规程,确保符合规定,控制合规性风险;
(2) 实施安全生产责任制,确保各项规程执行到位,努力控制操作性风险;
(3) 科学配置安全生产配套设施,定期保养和检测其有效性,以确保其有效工作状态;
(4) 按规定登记和监控重大风险源,以消除隐患、预防重大事故的发生;
(5) 按规定科学设置安全生产标识,提醒各种潜在风险和威胁,降低伤害的可能性;
(6) 设置并定期测试或演练应对突发事件的应急预案,以确保其有效性。

(三) 设计安全生产管理流程

企业应根据总体风险、控制目标、组织结构、职责分工、管理要求等合理设计管理流程,以落实安全生产管理的日常工作。为了认真执行国家安全生产法律法规,全面落实安全生产责任制,建立健全安全生产监督管理体制,BJNY 集团设计并实施了安全生产管理流程,如图 3-5 所示。

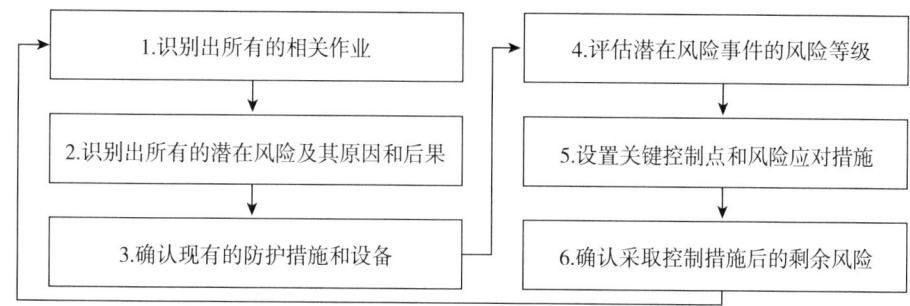

图 3-5　BJNY 集团安全生产管理流程

（1）根据相关法律法规要求、工作环境、作业规模、事故经验、活动流程等识别出所有的相关作业。

（2）针对作业风险源,辨识出所有潜在风险及其发生的原因、造成的后果,并进行适当的分类。

（3）按工程控制、管理控制及个人防护等分别确认现有的防护措施和设备。

（4）评估风险事件发生的可能性和后果,确定风险事件的风险等级。集团将风险事件发生的可能性分为5(很高)、4(较高)、3(中等)、2(较低)、1(很低)五个等级,将风险事件潜在后果的严重性分为5(很大)、4(较大)、3(中等)、2(较小)、1(很小)五个等级,风险系数是两者的乘积(见表3-6)。风险等级由事件发生的概率和事件损失的严重程度两个因素决定,集团按风险事件发生的可能性及事件可能造成的后果将风险分为四级,即重大风险(风险系数为20～25)、高度风险(风险系数为15～20)、中等风险(风险系数为10～15)和低度风险(风险系数在10以下)。

表 3-6　BJNY 集团风险事件的风险系数

事件潜在后果严重性	集团风险事件的风险系数				
	事件发生可能性5(很高)	事件发生可能性4(较高)	事件发生可能性3(中等)	事件发生可能性2(较低)	事件发生可能性1(很低)
5(很大)	25	20	15	10	5
4(较大)	20	16	12	8	4
3(中等)	15	12	9	6	3
2(较小)	10	8	6	4	2
1(很小)	5	4	3	2	1

注:风险系数20～25为重大风险,风险降低前应停止作业;风险系数15～20为高度风险,应优先控制,风险降低前不应开始作业;风险系数10～15为中等风险,应一般控制;风险系数在10以下为低度风险,不需要采取额外措施,但应保持关注,并确保现有控制措施有效。

（5）根据风险事件的风险评估结果设置关键控制点和风险应对措施。

（6）确认采取控制措施后的剩余风险,检验风险应对措施的适用性及有效性,确认是否修正应对措施或采取其他有效措施。

以塔槽清洗作业的安全生产管理为例,表3-7展示了上述六步骤管理流程的风险评估及其应对模板。

表 3-7 BJNY集团安全生产管理流程及风险评估

公司名称			部门名称			评估人员			审核人员			审核时间		
					评估时间									

1.作业		2.识别风险及后果		3.现有防护			4.风险评估			5.风险应对措施	6.剩余风险		
名称 编号	作业周期	作业环境	风险类型及后果	工程控制	管理控制	个人防护	严重性	可能性	等级		严重性	可能性	等级
塔槽清洗 A01	1次/月	空间狭小、易燃、易爆、易腐蚀	①接触有害物，危害健康 ②槽内缺氧致人窒息 ③火灾 ④爆炸 ⑤坠落 ⑥其他危害	通风设备 略 略 略 略 略	①标准化作业程序 ②教育培训 ③工作许可管理 ④人员管制及登记 ⑤健康检查 ⑥个人防护器具管理办法 略 略 略 略 略	①防毒口罩 ②防护手套 ③护目镜 ④安全鞋 ⑤安全带 ⑥安全帽 略 略 略 略 略	4 略 略 略 略 略	5 略 略 略 略 略	20 略 略 略 略 略	①佩戴携带式四用气体浓度探测器 ②四用气体浓度探测器须定期维护，保养 ③制订紧急应变方案，并定期演练 ④备紧急救援设备 ⑤置紧急救援设备定期检查及维护，保养 略 略 略 略 略	3 略 略 略 略 略	3 略 略 略 略 略	9 略 略 略 略 略

(四)安全生产管理各环节的风险点及其应对措施

BJNY集团的安全生产管理作业主要由五个环节构成:设计和建造安全生产工程项目、配备和检测安全生产配套设施、登记和监控重大风险源、设置安全生产标识、监控日常生产经营活动。为节约篇幅,本案例仅介绍配备和检测安全生产配套设施环节的主要风险及其应对措施,并对表3-7进行了简化,只对该业务环节的主要风险点、关键控制点、控制目标和应对措施进行描述与分析,具体分析如表3-8所示。

表3-8 BJNY集团"配备和检测安全生产配套设施"环节的主要风险及应对措施

主要风险点	关键控制点	控制目标	应对措施
①未按规定配置安全生产配套设施 ②未按规定保养和检测安全生产配套设施 ③安全生产配套设施未经相关部门检测 ④安全生产配套设施的保养和检测流于形式 ⑤使用国家明令淘汰或禁止使用的工艺和设备 ⑥劳动保护或卫生条件不符合规定	①安全生产配套设施采购控制 ②安全生产配套设施安装控制 ③安全生产配套设施保养和检测控制 ④特种设备的配置和使用控制 ⑤落实安全生产岗位责任制 ⑥劳保和卫生用品的发放与使用控制	科学配备安全生产配套设施,并确保其处于有效的工作状态;为员工提供必要的劳动和卫生防护	①依据相关规定和安全生产管理的要求购置、配备相应的安全生产配套设施 ②定期检测、维修、改造和报废安全生产配套设施,确保其处于有效的工作状态 ③特种设备应取得特种设备使用证,定期检测合格,在检测周期内正确使用 ④专人负责安全生产配套设施的检测、维护和保养,并同步填制检测表 ⑤积极改进工艺,淘汰落后配套设施 ⑥设置相关配套设施的台账,详细记录其购置、使用、检测、维修、改造、报废等信息 ⑦为员工提供合格的劳保和卫生用品

四、风险分析的方法

由于很多风险难以被量化,因此通常采用定性、定性和定量相结合(即半定量)、定量的方法进行风险分析。

(一)定性方法

在风险分析的过程中,如果仅使用定类尺度或定序尺度[①]描述风险,就被认为是定性方法,即主要使用文字说明或定序数字来描述风险发生的可能性和潜在影响的方法。例如,用"极低、低、中等、高、极高"或"1、2、3、4、5"等描述风险发生可能性的大小。定性方

---

① 从统计学来看,理论上一切均可量化,其量化方法无外乎四种:定类、定序、定距、定比。定类尺度也称类别尺度或名义尺度,是将调查对象分类,标以各种名称,并确定其类别的方法。定类尺度实质上是一种分类体系。定序尺度也称等级尺度或顺序尺度,是按某种逻辑顺序将调查对象按高低或大小排列,确定其等级及次序的一种尺度。定距尺度也称等距尺度或区间尺度,是一种不仅能区分变量类别和等级,还可以确定变量之间的数量差别和间隔距离的方法。定比尺度也称比例尺度或等比尺度,是测量不同变量之间的比例或比率关系的方法。

法通常应用于对决策而言不要求有定量分析的精确度、对风险的定量分析不具有较高的成本效益、数据无法可靠取得或数据的质量不高等情形,也可以应用于更深入的分析之前对风险的初步评价。用定性方法分析风险带有较强的主观性,往往要凭借分析者的经验和直觉,或者利用业界的标准和惯例。应用定性方法时也可以加上定量的有关信息,以使定性分析尽量准确。

常用的风险定性分析方法包括风险坐标图法、头脑风暴法、德尔菲法、问卷调查法、标杆分析法等。为了采用定性分析方法获得有关可能性和影响的一致意见,企业可以采用与风险识别相同的方法,例如头脑风暴法、德尔菲法等。本书重点介绍风险坐标图法和标杆分析法。

1. 风险坐标图法

风险坐标图是把风险发生的可能性作为一个坐标轴、风险潜在后果的严重性作为另一个坐标轴,绘制成直角坐标系,然后根据对一项风险经识别与分析得到的发生可能性大小和影响程度,将该风险在直角坐标系中描绘出来。绘制风险坐标图的目的在于对多项风险进行直观的比较,从而确定对各项风险进行管理的优先顺序和策略。制作风险坐标图的基本程序如下:

(1) 建立一个由上而下的构架,对企业面临的所有风险进行分类;

(2) 基于历史数据、同业比较和自我评估,按业务和职能部门设立一个自下而上的特定风险列表;

(3) 基于管理层的判断或风险模型,在一致的时间跨度内,定性分析或定量估计每项风险发生可能性的大小、风险对企业及其目标的影响程度,制作如图3-6所示的风险坐标图(图中数字代表风险编号)。

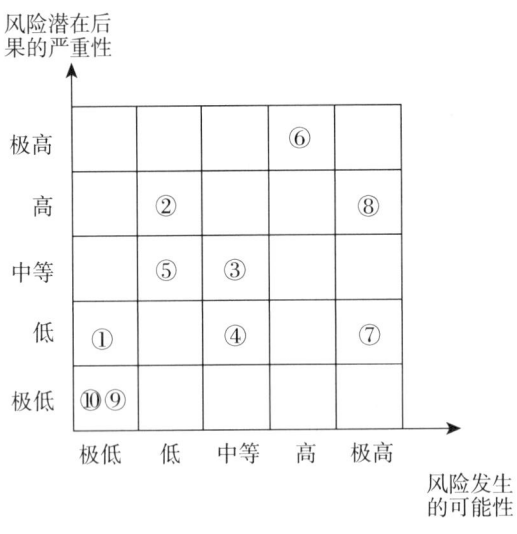

图3-6 风险坐标图

2. 标杆分析法

标杆分析法是将企业各项活动、各方面状况和环节与竞争对手或行业最佳实践者进行比较,识别并确认差距,并提出改进方案的方法。在运用标杆分析法时,可以用来作为对比的最佳实践者通常有三类:内部标杆、竞争对手标杆和通用标杆。

(二) 半定量方法

在风险分析的过程中,如果既使用定类尺度或定序尺度又部分地使用定距尺度或定比尺度来描述风险,则被认为是半定量方法。运用半定量方法一般是将用文字描述的结果数字化,以便得到更好的顺序等级。常见的半定量方法有影响计分卡和频率计分卡法、情景分析法、故障模式及影响和危害性分析法、事件树分析法等。

1. 影响计分卡和频率计分卡法

计分卡是企业操作风险自我评估的一种方法。对于每项已被识别的操作风险,可以按事先设定的指标,由包括风险管理人员在内的专家进行打分,从而对有关操作风险进行排序比较。对于重大操作风险,可将其分离出来并进行更深入的分析和评估,确定适当的管理方法。计分卡主要包括影响计分卡和频率计分卡两种。影响计分卡(score-card of effects)是对风险的潜在影响进行自我评估打分,频率计分卡(score-card of frequency)是对风险发生的可能性(频率)进行自我评估打分。

(1) 影响计分卡。对于每项已被识别的操作风险,企业可以利用问卷调查、现场观察和头脑风暴等方法进行深入分析,找出该操作风险可能产生的各种影响;然后,由包括风险管理人员在内的专家各自综合各种影响的程度,对风险可能产生的总体影响程度进行打分,估计可能造成的损失。如表3-9所示,评分专家可以在"备注"栏填写打分标准及其他备忘录,在"影响评估及建议"栏填写影响评估总结。

表3-9 ABC公司的影响计分卡示例

已识别风险	公司业务存在可能会被归类为欺诈的合规性风险				影响打分值		损失估计(万元)
影响1	影响2	影响3	影响4	影响5	专家1	3	3 000
声誉	员工	组织	监管	法律	专家2	2	2 500
媒体的负面报道及声誉损失	重要员工流失	良好的企业文化受损	正常业务活动受审查	面临司法诉讼	专家3	4	5 000
					专家4	4	4 000
					专家5	4	3 500
					专家6	4	3 500
历史记录:历史上平均损失3 000万元					均值	3.5	3 583
影响计分范围 1. 很小(没有影响的) 2. 小(可忽略的) 3. 中(可容忍的) 4. 大(严重的) 5. 很大(灾难性的)	备注:				影响评估及建议 1. 影响计分值:3.5(较严重) 2. 可能损失:3 583万元 3. 建议:立即采取内部控制措施,加强审计,调离相关人员		

(2) 频率计分卡。频率计分卡的制作过程与影响计分卡类似,对于每项已被识别的操作风险,可以利用各种方法进行深入分析,探讨该操作风险发生的可能性(频率),分析

时要注意历史数据和同行业经验数据;然后,由包括风险管理人员在内的专家进行打分;最后,进行汇总和小结,如表3-10所示。

表3-10　ABC公司的频率计分卡示例

已识别风险	监视设备故障				频率打分值		描述
同行1	同行2	同行3	同行4	同行5	专家1	3	10年1次
10年2次	10年3次	10年0次	10年1次	10年0次	专家2	3.5	10年2次
					专家3	2.5	10年0.5次
					专家4	3	10年1次
					专家5	3	10年1次
同行均值:10年1.2次					专家6	2	10年0.3次
历史记录:10年1.1次					均值	2.83	10年0.97次
频率计分范围 1. 很低(罕见;100年1次) 2. 低(不可能;50年1次) 3. 中(一般;10年1次) 4. 高(有可能;2~5年1次) 5. 很高(几乎确定;1年多次)			备注:		影响评估及建议 1. 频率计分值:2.83 2. 频率:10年0.97次 3. 建议:常规管理		

2. 情景分析法

情景分析法(scenario analysis method)是在假定某种现象或趋势持续到未来的前提下对可能的未来情景加以描述,对预测对象可能出现的情况及其后果作出评估的方法。运用这种方法,以情景的发生概率为权重,对各种情景的后果进行加权平均,从而计算出项目风险的潜在损失或收益。运用情景分析法时,企业还可以结合敏感性测试和压力测试等进行综合分析。运用情景分析法的基本步骤如下:

(1) 分析目前与未来的经济环境,确认经济环境可能存在的状态范围——情景;

(2) 分析在各种情景下项目可能的损失或收益;

(3) 确定各种情景发生的概率;

(4) 以各种情景可能发生的概率为权重,加权平均估计项目的综合损失或收益。

在情景分析法中,对情景的构建可以根据历史情景、假设情景或两者综合进行。分析情景所处的环境可以运用多种技术和工具。例如PEST分析,即政治(political)、经济(economical)、社会(social)、技术(technological)。政治因素包括政治环境、法律环境、政府管制、产业政策等;经济因素包括要素市场与供给水平、劳动力市场、价格水平、财政与税收政策、利率、汇率、融资等;社会因素包括社会态度、信念与价值观、人口年龄结构与受教育程度等;技术因素包括技术变革、技术替代、信息技术等。再如,还可以基于SWOT矩阵对环境进行分析。

某公司对一个投资项目进行风险评估时所进行的情景分析如表 3-11 所示。

表 3-11 某投资项目的未来情景分析

		最佳情景	一般情景	最差情景
影响因素	市场需求	持续上升	保持不变	持续下降
	经济增长	增长 5%~10%	增长小于 5%	负增长
发生概率		20%	45%	35%
潜在后果		投资项目可在 5 年内实现盈亏平衡	投资项目可在 10~15 年内实现盈亏平衡	高度不确定

3. 故障模式及影响和危害性分析法

故障模式及影响和危害性分析是针对系统所有可能的故障,根据对故障模式的分析,确定每种故障模式对系统工作的影响,找出单点故障,并按故障影响的严重性及其发生概率确定其危害性。单点故障是指引起系统故障,且没有冗余或替代的工作程序作为补救的局部故障。故障影响是指该故障模式会对安全性、系统功能造成影响,一般可分为局部、高一层次及最终影响三个等级。例如,分析飞机液压系统中的一个液压泵,如果它出现了轻微漏油的故障模式,则局部(即对泵本身)影响可能是降低效率,高一层次(即对液压系统)影响可能是压力有所降低,最终影响(即对飞机)可能是没有影响。故障模式发生的概率及影响的严重性结合起来则为危害性。危害性分析是将每一种故障模式按其影响的严重性及发生概率的综合影响加以分析,确定故障等级,以便全面地评价和应对各种可能出现的故障模式及其影响。

4. 事件树分析法

事件树分析法(event tree analysis)起源于决策树分析,是一种按事件发生的时间顺序、由初始事件开始推导可能的后果,从而进行风险源辨识的方法。一起事件的发生,是许多事件相继发生的结果。其中,一些事件的发生是以另一些事件的首发为条件的,而一起事件的发生又会引发另一些事件。在事件发生的顺序上,存在因果逻辑关系。事件树分析法是一种时序逻辑的事件分析方法,它以初始事件为起点,按事件发生的顺序分成各阶段,一步一步地展开分析;每一起事件可能的后续事件按照只能取完全对立的两种状态(成功或失败,正常或故障,安全或危险,等等)之一的原则,逐步向结果方面发展,直到发生系统故障或事故。因分析的情况用树枝状图表示,故称事件树。从事件树中,企业既可以定性地了解整个事件的动态变化过程,又可以定量地计算出各阶段的概率,最终了解事件发展过程中各种状态的发生概率。事件树分析法的应用示例如图 3-7 所示。

(三) 定量方法

在风险分析的过程中,如果仅使用定距尺度或定比尺度,那么这种方法就是定量方法。如果风险发生的可能性和潜在影响能够被较好地量化,就可以运用定量方法进行风险分析。例如,风险发生可能性的大小用频数或概率表示;风险对目标影响的大小用货币

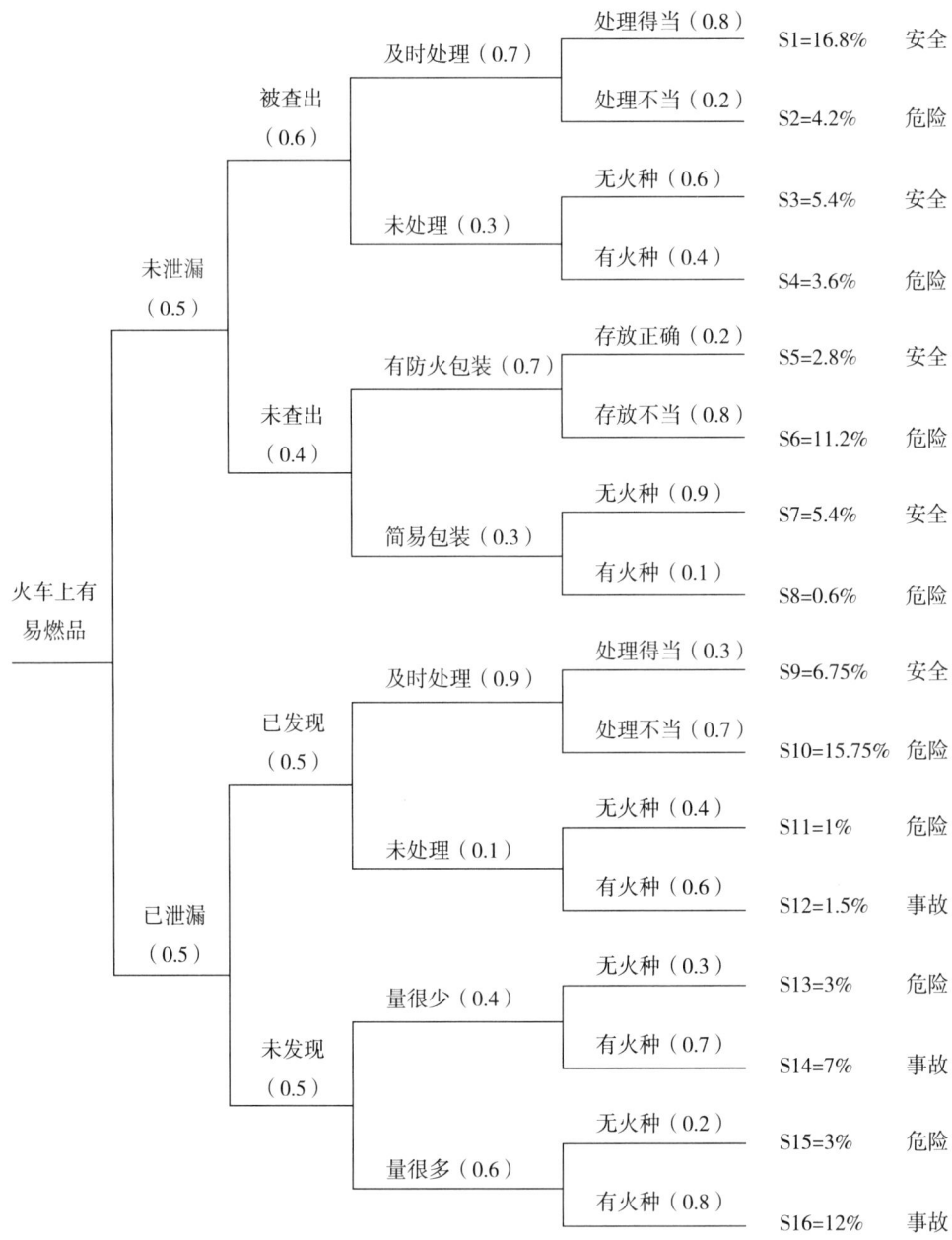

图 3-7 事件树分析法的应用示例

金额表示;等等。准确地度量风险可以提高风险管理的效率,定量技术能带来更高的精确度,通常应用在更加复杂和深奥的活动中,是对定性技术的补充。定量技术高度依赖于支持性数据和假设的质量,一般需要更高程度的努力和严密性,有时还要采用数学模型。当一项风险被认定是关键风险或风险水平被认定很高、需要进一步分析研究时,通常使用定量方法。在使用定量方法之前,企业要考察所用数据的真实性和可靠性,数据质量是进行风险分析的前提。在利用模型进行风险分析之前,企业要注意模型的假设条件和拟合度,评估模型对具体问题的适用性,切不可乱套模型。

常用的风险定量分析方法有概率技术和非概率技术两大类。

概率技术是根据特定的假设将一系列事件及其造成的影响与这些事件发生的可能性联系起来,参照历史数据或对未来行为的假设,建立模型来模拟结果(例如,贝叶斯决策模型在风险分析中具有广泛的用途),对事件发生的可能性和影响进行评估。概率模型是用来描述不同随机变量之间关系的数学模型,刻画一个或多个随机变量之间的相互非确定性的概率关系。例如,风险价值等的计算过程都涉及概率模型的运用。概率模型还可以用来计算均值、期望值、极值、全距、方差、标准差、变异系数、β 系数、相关系数等风险分析中常用的变量。非概率技术是在无法估计未来事件发生的可能性及其影响时,根据历史资料或模拟数据以及对未来的主观假设等,对事件影响进行评估的方法。非概率模型的例子包括敏感性测试、压力测试及情景分析等。大多数统计检验都可以被理解为一种概率模型。

风险与概率密切相关,风险事件发生的概率和概率分布是风险评估的基础。概率是度量某一事件发生可能性大小的量,它是随机事件的函数。必然事件的概率为1,不可能事件的概率为0,一般随机事件的概率为0~1。概率分布是显示各种结果发生概率的函数,风险评估中常用的有离散分布、等概率分布、泊松分布、二项分布和正态分布等。在风险评估中,概率分布常用来描述风险事件所致各种潜在后果发生的可能性大小的分布状况。研究概率分布时,应注意充分利用已获得的各种信息进行估测和计算;在所获信息不够充分的条件下,应根据主观判断和近似方法来确定概率分布。确定风险事件的概率分布一般有三种方法:一是根据历史资料确定;二是利用理论概率分布法;三是利用主观概率分布法。一般来讲,应当根据历史资料确定风险事件的概率分布,但相关人员没有足够的资料时,也可以利用理论概率分布和主观概率分布进行风险评估。

下面介绍几种常见的风险定量分析方法。

1. 风险值

风险值(value at risk,VaR)是指在一定置信水平下,某一金融资产或投资组合价值在未来特定时期内的最大可能损失。如图 3-8 所示,在正常市场条件下,给定置信水平 $1-\alpha$ 和持有期 T,某种投资组合可能发生的最大损失为 M,则 VaR 可表述为:

$$P\{损失额 > M\} < \alpha$$

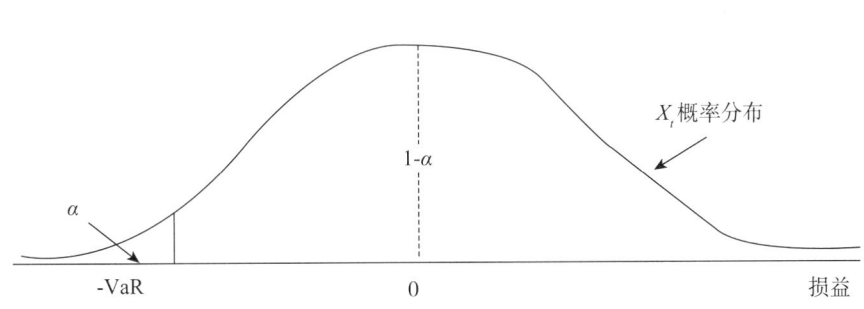

图 3-8 VaR 概念示意图

例如,某投资组合在置信水平 99%、持有期 1 天时的 VaR 为 65 万元,表示有 99%的把握相信持有 1 天该投资组合的最大损失为 65 万元,或者说持有 1 天该投资组合的损失超过 65 万元的可能性只有 1%,也可以说持有该投资组合损失超过 65 万元的可能性是百天一遇。

计算 VaR 需要时间跨度、置信水平、投资组合的市场价格及未来价值变动的分布特征等信息。

2. 贝叶斯决策模型

贝叶斯决策模型(Bayes decision model)是由英国数学家托马斯·贝叶斯(Thomas Bayes)创立的,是在不完全信息下对部分未知的状态用主观概率进行估计,然后用贝叶斯公式对发生概率进行修正,最后利用期望值和修正概率作出最优决策。该决策模型要用到先验概率(prior probability)——在试验或实验之前得到的概率;条件概率(conditional probability)——在 B 事件已经发生的条件下,A 事件发生的概率;后验概率(posterior probability)——在试验或实验之后得到的概率。

例如,我们在某一期间用 10 000 元进行投资,可以投资于股票或年利率为 10% 的无风险政府债券。我们定义 a_1 为购买股票,a_2 为购买债券。购买股票将承担风险,在下一期间的投资净收益是不确定的。假设有三种事件类型:

θ_1:股价下跌 10%　　　　　$P(\theta_1) = 0.05$
θ_2:股价平稳　　　　　　　$P(\theta_2) = 0.70$
θ_3:股价上涨 80%　　　　　$P(\theta_3) = 0.25$

这里 $P(\theta_1)$、$P(\theta_2)$、$P(\theta_3)$ 都是先验概率。预期投资回报状况如表 3-12 所示。

表 3-12　预期投资回报　　　　　　　　　　　　　　　　单位:元

行为	θ_1	θ_2	θ_3
a_1	-1 000	0	8 000
a_2	1 000	1 000	1 000

如图 3-9 所示,如果仅根据先验概率决策,将选择期望值(EMV)最大的方案,即选择 a_1(购买股票)。

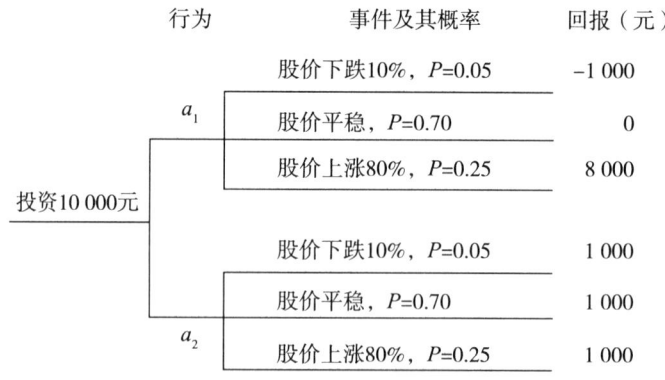

图 3-9　根据先验概率进行决策的投资回报

$EMV(a_1) = 0.05 \times (-1\ 000) + 0.70 \times 0 + 0.25 \times 8\ 000 = 1\ 950(元)$
$EMV(a_2) = 0.05 \times 1\ 000 + 0.70 \times 1\ 000 + 0.25 \times 1\ 000 = 1\ 000(元)$

如果在决策前获得额外的信息,m_1代表财务报表显示公司实际净收益低,m_2代表财务报表显示公司实际净收益一般,m_3代表财务报表显示公司实际净收益高。贝叶斯定理告诉我们,额外的信息能够改变决策者对事件发生概率的先验看法。额外信息对先验概率的修正状况如表 3-13 所示。

表 3-13 额外信息对先验概率的修正

事件	$P(\theta)$	$P(m_1|\theta)$	$P(m_2|\theta)$	$P(m_3|\theta)$
θ_1	0.05	0.75	0.20	0.05
θ_2	0.70	0.50	0.30	0.20
θ_3	0.25	0.10	0.20	0.70

现在,决策者可以用贝叶斯定理修正之前的先验概率。

(1) 假设财务报表显示的是公司实际净收益低(m_1):

$$P(\theta_1|m_1) = \frac{P(\theta_1)P(m_1|\theta_1)}{\sum_\theta P(m_1|\theta)P(\theta)} = \frac{0.05 \times 0.75}{0.4125} = 0.09$$

$$P(\theta_2|m_1) = \frac{P(\theta_2)P(m_1|\theta_2)}{\sum_\theta P(m_1|\theta)P(\theta)} = \frac{0.70 \times 0.50}{0.4125} = 0.85$$

$$P(\theta_3|m_1) = \frac{P(\theta_3)P(m_1|\theta_3)}{\sum_\theta P(m_1|\theta)P(\theta)} = \frac{0.25 \times 0.10}{0.4125} = 0.06$$

EMV(a_1) = 0.09×(-1 000)+0.85×0+0.06×8 000 = 390(元)

EMV(a_2) = 0.09×1 000+0.85×1 000+0.06×1 000 = 1 000(元)

所以,如果财务报表显示的是公司实际净收益低,决策者就会选择 a_2,即购买债券。

(2) 假设财务报表显示的是公司实际净收益一般(m_2):

$$P(\theta_1|m_2) = \frac{P(\theta_1)P(m_2|\theta_1)}{\sum_\theta P(m_2|\theta)P(\theta)} = \frac{0.05 \times 0.20}{0.27} = 0.0370$$

$$P(\theta_2|m_2) = \frac{P(\theta_2)P(m_2|\theta_2)}{\sum_\theta P(m_2|\theta)P(\theta)} = \frac{0.70 \times 0.30}{0.27} = 0.7778$$

$$P(\theta_3|m_2) = \frac{P(\theta_3)P(m_2|\theta_3)}{\sum_\theta P(m_2|\theta)P(\theta)} = \frac{0.25 \times 0.20}{0.27} = 0.1852$$

EMV(a_1) = 0.0370×(-1 000)+0.7778×0+0.1852×8 000 = 1 444.6(元)

EMV(a_2) = 0.0370×1 000+0.7778×1 000+0.1852×1 000 = 1 000(元)

所以,如果财务报表显示的是公司实际净收益一般,决策者就会选择 a_1,即购买股票。

(3) 假设财务报表显示的是公司实际净收益高(m_3):

$$P(\theta_1|m_3) = \frac{P(\theta_1)P(m_3|\theta_1)}{\sum_\theta P(m_3|\theta)P(\theta)} = \frac{0.05 \times 0.05}{0.3175} = 0.0079$$

$$P(\theta_2|m_3) = \frac{P(\theta_2)P(m_3|\theta_2)}{\sum_\theta P(m_3|\theta)P(\theta)} = \frac{0.70 \times 0.20}{0.3175} = 0.4409$$

$$P(\theta_3|m_3) = \frac{P(\theta_3)P(m_3|\theta_3)}{\sum_\theta P(m_3|\theta)P(\theta)} = \frac{0.25 \times 0.70}{0.3175} = 0.5512$$

$EMV(a_1) = 0.0079 \times (-1\,000) + 0.4409 \times 0 + 0.5512 \times 8\,000 = 4\,401.7(元)$

$EMV(a_2) = 0.0079 \times 1\,000 + 0.4409 \times 1\,000 + 0.5512 \times 1\,000 = 1\,000(元)$

所以,如果财务报表显示的是公司实际净收益高,决策者就会选择 a_1,即购买股票。

3. 敏感性测试

敏感性测试(sensitivity testing)是在其他条件不变的前提下,研究单个风险因素(如利率、汇率、股票价格或商品价格等)的变化对金融资产或投资组合的收益或者企业价值可能产生的影响。例如,某商业银行对利率和汇率变动的敏感性测试如表3-14所示。

表 3-14 某商业银行对利率和汇率变动的敏感性测试

币种	汇率变动	对税前利润的影响(万元)		对所有者权益的影响(万元)	
		2018年度	2019年度	2018年12月31日	2019年12月31日
美元	-1%	580	-125	65	-87
港币	-1%	890	1100	108	578
利率	利率变动	2018年度	2019年度	2018年12月31日	2019年12月31日
人民币利率	上升100个基点	-5 108	-8 212	-4 321	-5 612
	下降100个基点	5 108	8 212	4 321	5 612
美元利率	上升100个基点	-81	-126	-45	-55
	下降100个基点	81	126	45	55
港币利率	上升100个基点	-1 020	-1 231	-560	-658
	下降100个基点	1 020	1 231	560	658

4. 压力测试

压力测试(stress testing)是系统性能测试的一种,通常是持续不断地给被测系统增加压力,直到将被测系统压垮,用来测试系统所能承受的最大压力。压力测试在风险评估中**通常被用于衡量潜在最大损失,测算在遇到假定的小概率事件等极端不利情形下可能发生的最大损失**,分析这些极端不利情形(如经济增长骤减、失业率快速上升到极端水平、房地产价格暴跌)下的负面影响,进而对脆弱性作出评估和判断,并采取相应的控制措施。压力测试是与风险价值模型 $VaR(99\%, X)$ 对应的概念,是对置信度99%以外突发事件的测试。

压力测试的质量取决于构造合理、清晰、全面的情景,可以采用敏感性测试和情景分析法进行模拟与估计。应用压力测试首先要确定风险因素,设计压力情景,选择假设条件,确定测试程序;然后定期进行测试,分析测试结果,通过压力测试确定潜在风险点和脆弱环节,采取应急手段和其他相关改进措施。例如,某商业银行针对个人住房类贷款(含个人住房贷款和个人商用房贷款)违约率进行压力测试:采用自上而下的压力传导方法,选取影响个人住房类贷款违约率的两个关键指标——未偿还贷款与房价比率和客户收入偿付比率,建立计量模型,分析房价、利率变动对个人住房类贷款违约率的影响。构造的压力情景是基于房价、利率、收入变动的分析和组合分析。房价变动情景是下降15%（轻度）、下降20%（中度）、下降25%（重度），利率变动情景是加息3次（轻度，上升0.81个百分点）、6次（中度，上升1.62个百分点）、8次（重度，上升2.16个百分点），城镇居民收入增长假设预计达到13%。压力测试结果如表3-15所示，可以看出利率变动对个人住房类贷款违约率的影响比较大。

表3-15 某商业银行的个人住房类贷款违约率压力测试

利率	房价							
	基准		下降15%（轻度）		下降20%（中度）		下降25%（重度）	
	违约率	上升	违约率	上升	违约率	上升	违约率	上升
基准	1.1	—	1.3	0.5	1.7	0.9	2.4	1.7
上升0.81个百分点	1.1	0.3	1.4	0.6	1.8	1.0	2.5	1.7
上升1.62个百分点	1.5	0.7	1.8	1.0	2.4	1.6	2.6	2.7
上升2.16个百分点	2.0	1.2	2.5	1.7	3.3	2.5	2.8	4.1

第五节 风险应对

风险应对是在风险评估的基础上，依据企业风险管理策略，根据自身条件和内外部环境，选择风险应对策略和具体控制措施的过程。在对识别出来的风险进行评估后，企业应根据评估结果，针对不同风险选择不同的应对策略，为进一步采取具体的控制措施提供依据。风险应对策略包括风险规避、风险降低、风险共担、风险分散和风险承受。不论采用哪一类或组合的风险应对策略，主要目的都是把剩余风险降到与期望的风险可接受水平相协调的范围之内。

一、风险应对策略

风险应对策略可以分为以下五种类型：

1. 风险规避

风险规避是指企业为了免除风险威胁，采取使损失发生概率近于零的风险应对策略，也就是退出会给企业带来风险的活动。例如，终止与不诚信的供应商合作，放弃一条产品生产线，拒绝向一个新的地区拓展市场，卖掉一个持续亏损的分部，等等。

风险规避策略是一种比较消极的风险应对策略，比较适合危害性风险的控制。风险规避策略意味着所有应对方案都不能把风险发生的可能性和影响降到可接受水平，**对于超出整体风险承受能力或具体业务层次上的不可接受风险，企业应采取风险规避策略**。实施风险规避策略主要有**彻底避免、改变条件、中途放弃**三种情形。一般来说，企业**最好是在选择决策方案或方案实施的早期阶段就考虑是否选用风险规避策略**，不要等到深陷其中、骑虎难下时，才想到放弃。

风险是互相关联的,在消除某种风险后可能会对其他风险造成不利影响。当选择风险规避策略时,另一种新的风险可能由此而衍生出来,或者使现有的风险扩大。

风险规避策略不是指企业盲目地避开风险,而是在恰当的时机实施一种策略性的回避。作为一种风险应对策略,它可以完全消除某种风险,但是选择放弃某项高风险的经营活动的同时,也会部分或全部丧失伴随风险而来的盈利机会。企业应将风险规避策略与其他策略进行比较,然后决定是否实施,并且明确策略实施的目标、实施步骤的保证条件、避免风险发生所需要的费用等,规划好要避免的财产、人身风险及有关活动的范围。

2. 风险降低

风险降低是在权衡成本效益之后,采取措施降低风险发生的可能性或影响,或者同时降低两者的风险应对策略,是一种主动应对风险的策略。它几乎涉及各种日常的经营决策。例如,购置消防设施防范火灾的发生,定期为职工体检降低职业病风险,增加安保支出防范资产损失,等等。再如,一家股票交割公司识别和评估出它的系统超过三个小时不能使用的风险,并得出它不能承受这种情形产生的影响的结论。进而,这家公司投资于增进故障自测和系统备份的技术,以降低系统不能使用的可能性。

风险降低的分类方法通常有三种:按控制目的,可分为损失预防和损失抑制;按措施的执行程序,可分为事前、事中和事后控制;按采取措施的性质不同,可分为工程控制、教育培训和管理控制。风险降低策略适用于企业不愿放弃也不愿转移,且在企业风险承受能力或风险容忍度之内的风险。

3. 风险共担

风险共担是通过转移来降低风险发生的可能性或影响,或者分担一部分风险。例如,购买保险产品、经营性租赁、从事套期保值交易、分包或外包一项业务活动等。再如,一所大学识别和评估与学生宿舍管理相关的风险,并得出它不具备有效管理这些大型居住物业所必备的服务能力的结论。这所大学把学生宿舍管理外包给了一家物业管理公司,从而很好地降低了与物业相关风险发生的可能性及其影响。

一般来说,如果风险发生时的影响是重大的,但在当时情形下风险发生的可能性不大,企业就可以将它转移到别处。进一步来说,当风险不能通过风险降低策略降低其发生的可能性、发生频率、损失额,或者采用风险降低策略后企业仍然受到威胁时,企业就要考虑风险转移策略。

4. 风险分散

风险分散是企业采取多种经营、多方投资、多方筹资、外汇资产多元化、吸引多方供应商、争取多方客户以分散风险的策略。例如,不同的筹资渠道和方式有着不同的风险,企业可以进行多方筹资以分散筹资风险,外汇资产多元化可以分散外汇风险。**风险分散的目的是降低企业对特定事物或人的依赖或影响程度。**"不要把所有的鸡蛋放在一个篮子里",这句话形象地说明了进行多元化投资与经营对风险分散的作用。进行多元化投资与经营,通常适用于财力雄厚、技术和管理水平较高的大型企业。但是它也不是万能的,如果不切实际地盲目搞多元化投资与经营,涉及过多的产品或项目,主业不突出,则不仅不能分散风险,还可能使企业遭受灭顶之灾。

5. 风险承受

风险承受是不采取任何措施去干预风险发生的可能性或影响。也就是说,对于在整体风险承受能力和具体业务层次上**可接受风险水平之内的风险**,企业在权衡成本效益之后无意采取进一步的控制措施,而是接受可能发生的风险及其影响。例如,一家政府机构识别和评估它在不同地理区域的基础设施发生火灾的风险,并评估以保险分担风险影响的成本,发现保险费加上相关扣除所增加的成本超过重置成本,于是决定承受这一风险。

风险承受不是一种无为的风险应对策略,只是在权衡成本效益之后无意采取进一步的控制措施而已。即使风险真的发生了,企业也是能够应对的。风险承受有时是无意的,或者属于无奈、被动的选择。企业能够接受该项风险,就不必作出其他反应,也就是容忍风险的存在。

选择风险承受策略,企业应具备足够的资源和财力以承担风险后果,即使风险发生也不会使生产经营活动受到很大影响。风险承受的财务补偿方式包括从当年净利润中直接补偿、设立专用基金、借入资金以及建立专业自保公司等。

案例 3-2

XY 公司风险坐标图的应用

绘制风险坐标图的目的在于对多项风险进行直观的比较,从而确定对各项风险进行管理的优先顺序和策略。XY 公司绘制了如图 3-10 所示的风险坐标图,并将该图划分为 A、B、C、D 四个区域。公司决定:对于落入 A 区域的风险,实施优先控制,通过战略风险管理与决策实施风险规避、风险分散或风险降低策略,确保有效防范此类风险;对于落入 B 区域的风险,主要依靠流程控制和日常控制活动,必要时增加补充控制措施,确保剩余风险降到可接受水平;对于落入 C 区域的风险,实施危机管理策略并购买相关保险产品,制订并定期演练灾备计划和应急方案,确保此类事件发生时不影响公司的持续经营;对于落入 D 区域的风险,一般实施风险承受策略,不再增加额外的控制措施,但应确保日常控制和持续监督有效。

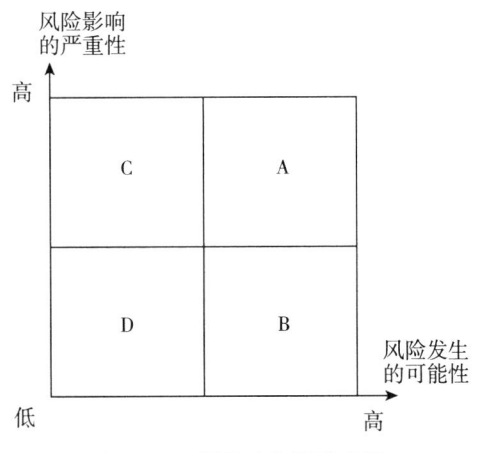

图 3-10 风险坐标图的应用

第三章 风险评估

二、企业选择风险应对策略应注意的问题

1. 注意权衡风险应对的成本和效益

资源总是有约束的,企业应注意评估风险应对方案的相关成本与效益。一方面,风险应对的目标并不是一味地降低或消除风险,事实上绝大多数风险是无法消除的,一味地增加控制、追求风险的无限降低可能并不符合成本效益原则,只要使控制后的剩余风险降到可接受水平就可以了。另一方面,内部控制存在固有局限性,再好的控制也不可能杜绝错弊。企业应充分利用并优化相关制度,强化制度的执行和监督,实现制度化和规范化管理以降低风险应对成本。

2. 注意风险应对的效率和效果

企业应综合考虑风险应对的效率和效果及经济效益,采取与企业风险管理战略和风险容忍度相协调的风险应对策略与控制措施,确保总体剩余风险在企业的风险可接受水平之内。企业应根据不同业务的特点确定相应的风险偏好和风险容忍度,明确可以承担的风险及最大损失额,并据此确定风险预警线及应对策略。对于不可控的风险点,企业应建立风险应对方案或危机与应急预案,落实资源、明确责任、定期演练,确保方案有效。当现有风险应对方案已达到其有效性的极限、进一步的改进只能微弱地影响风险的潜在后果或可能性时,可能需要创新风险应对方案。例如,交通事故在一个道路交叉口频繁地发生,一家大型汽车保险公司因此决定投资增加交通信号灯,这一措施显著地减少了事故报案数量,提高了利润。在评价应对方案的过程中,企业应注意到方案对风险发生的可能性和影响的应对效果可能不同。例如,一家公司有一个位于强暴风雨地区的计算机中心,它制订了一项应对方案,能够减轻建筑物损坏和人员不能上班的影响,但该方案无助于降低暴风雨发生的可能性。另一个方案是把计算机中心迁移到外地,这样能够显著地降低暴风雨发生的可能性。

3. 注意均衡风险和机会

风险的发生会给企业带来负面影响或正面影响,或者两者兼有。在现实生活中,人们习惯于将具有负面影响的事项称为风险,将具有正面影响或抵消风险负面影响的事项称为机会。风险应对的目标是减轻负面影响,增大正面影响。企业要正确地认识和把控风险与机会的平衡,既要重视风险的应对,又要善于抓住机会;既要防止和纠正忽视风险、片面追求收益,认为风险越大收益越大的观念和做法,又要防止单纯为风险规避而放弃发展机会的保守主义。

4. 注意风险之间的关联性

在评价应对方案时,企业应注意风险之间的关联性,这有助于企业从整体上综合选择最具有成本效益的应对方案。例如,在通过保险分担风险时,把风险组合到一个险种之下可能是有利的,这有助于降低保险定价。再如,在很多情形下,一项方案能够应对多重风险,那么企业就可以不再采取其他措施来应对某种特定的风险。

5. 注意风险组合观念

实际工作中,各风险责任归属单位通常都是从本业务单元、本部门或本岗位的角度去分析和应对风险,高层管理者应考虑采取风险组合观来确定总体应对方案,并评估总体剩余风险是否处于可接受水平之内。不同业务单元的风险可能处于该业务单元的可接受水平之内,但汇总后的风险可能超过整体的可接受水平,这时就需要附加的或另外的风险应对,以便使企业整体风险处于可接受水平之内。如果企业整体范围内的风险能够自然地相互抵消(例如,一些业务单元的风险较高,而其他业务单元的风险较低,这样整体风险可能会在可接受水平之内),则不需要另外的风险应对。再如,ABC公司对其经营性盈利目标采取风险组合观,管理当局在评估各业务单元的风险后,按风险类别和业务单元编制图表,并用一定时间范围内的频率表示风险发生的可能性及其对盈利的相对影响,以便自身和董事会综合考虑风险的性质、发生的可能性和大小,以及它们对公司盈利产生的影响。

三、企业实施风险应对的工作程序

1. 建立并细化风险应对目标

企业应根据自身状况,建立并细化风险应对目标体系。

2. 明确风险责任归属,落实风险应对责任主体

企业应**通过书面授权文件清晰地定义风险责任归属**,合理划分决策机构、执行机构和监督机构的职责权限,明确治理层(董事会、监事会、总经理等)和内部机构层面(业务单元和职能部门)各单位的风险管理职责,使每一项风险都有责任主体。各部门、各岗位不仅要对自身的绩效负责,还要对自身应承担的风险负责。每个员工都要认识到风险管理是日常工作的一部分,风险管理职责要与绩效评价和薪酬决定联系起来。

董事会对风险管理机制的建立健全和有效实施负有总体责任,对战略风险和重大风险负责,通常涉及目标设定与管理,经营、投资和财务活动中的重大风险的管理,以及重要的人事任免等。董事会还要对总经理、副总经理、子公司等其他重要风险管理主体进行督导。监事会主要对董事、经理和其他高级管理人员的业务胜任能力、道德操守、履行职责的合规性、重大活动的合规性等进行监督;审计委员会是董事会下设的专业委员会,协助董事会履行其内部控制、风险管理和财务报告方面的职能,监督复核与财务报告相关的风险和重要判断、内部审计制度及其实施情况、反舞弊机制的建立和实施情况、重大财务活动的风险管理等;内部审计部门在内部控制体系中主要执行持续监督和内部控制评价职能,可以实行多重报告,协助董事会、监事会、经理层和业务单元持续改进风险管理机制,对日常监督风险负责。相关职能部门在风险管理职责中发挥着重要作用,如合规部门对相关活动的合法合规性负责,内部审计部门应协助业务部门加强和改进风险管理机制。对普通员工而言,应实施岗位责任制管理,员工对岗位操作风险负责。

3. 制订风险应对工作计划

企业风险管理部门应根据评估出来的风险清单,组织相关部门和成员**制订风险应对工作计划**,包括风险应对的目标、意义、工作原则、实施步骤、应对措施和时间安排等。风

险应对工作计划须经董事会或其下属的风险管理委员会审核批准。

4. 制订风险应对具体方案

企业各责任单位和人员应根据审核通过的风险应对工作计划，在明确风险管理策略的基础上，根据风险管理目标及自身面临的特定风险和特定条件，采取适宜方法，**制订可操作的风险应对方案**，落实相关人员，实施相应的控制活动，以确保风险应对工作计划得以实施。

5. 开展剩余风险评估

企业应认识到剩余风险在一定程度上总是存在的，这不仅因为企业资源总是有限的，风险应对受限于成本效益原则，还因为所有的活动都有未来的不确定性和固有的局限性，风险应对的目标是将控制后的剩余风险降到可接受水平之内。企业各责任单位应根据风险管理策略和具体应对方案，在假设被实施的前提下，**对剩余风险进行再次评估，确保风险事件的剩余风险降到可接受水平之内**。

6. 整理和汇总风险应对整体方案

在各责任单位制订风险应对具体方案后，企业风险管理部门应收集、整理和汇总各责任单位制订的风险应对具体方案和剩余风险评估报告，**编制企业的风险应对整体方案，明确风险应对工作计划**；针对风险应对工作计划，开展定性和定量相结合的分析，评估风险应对工作计划预期的实施效果；在各责任单位开展剩余风险评估的基础上，**编制剩余风险汇总表，重新审视风险应对整体方案实施后的风险敞口**。

7. 审核和批准风险应对整体方案

风险应对整体方案编制完成后，企业风险管理部门应向风险管理委员会汇报并听取其意见和建议，进一步完善方案，由风险管理委员会提请董事会审议批准后颁布实施。

8. 实施风险应对方案

"三分计划，七分执行。"风险应对方案经董事会审议批准之后，能否实现预期目标，关键还在于执行情况。企业在实施风险应对方案的过程中，应注意以下事项：强化组织领导，落实工作责任；制定或完善管控制度和工作流程，确保按制度和流程办事；建立关键风险预警指标监控体系，并匹配到企业各层面和责任单位，与企业的业务活动、管理流程相衔接，动态监控关键风险预警指标；定期开展风险应对方案的实施效果评价，对方案的成本和效益、适用性和先进性进行分析、检查、评估与修正；对风险应对方案落实不到位或执行不力的责任单位及个人进行约谈和责任追究。

四、设计关键风险预警指标，建立风险预警体系

风险预警是度量某种状态偏离预警线的强弱程度、发出警戒信号的过程，是企业实施内部控制和风险管理的有效工具。风险预警要在收集大量相关信息的基础上，借助信息技术、概率论和模糊数学等方法，设定风险预警指标体系及其预警警戒线，捕捉和监视各种细微的迹象变动，对不同性质和程度的风险及时发出警报，提醒决策者及时采取防范和化解措施。

企业应对风险及其变化进行实时监控,并将风险度量指标值与风险容忍度值进行比较,当风险度量指标值达到风险容忍度值时就发出预警提示。企业管理者应建立一套预警体系,在面临复杂多变的外部环境和内部风险因素时,尽可能地预先察觉经营中的危机,并采取有效的应对措施化解风险,消除危机。

风险预警指标可分为定量和定性两大类。定量指标包括财务指标、杠杆系数、概率指标、盈亏平衡、敏感性分析等。定性指标是以定性描述说明风险状况。

预警标准是警戒线,明确什么情况下预警很重要,也很难,但必须有,这是一个逐步完善的过程。不可能有一个所有企业都适用的预警标准,更不可能有一个长期不变的预警标准,这是企业实施风险管理最具挑战性的难点之一。

在全面风险管理的实际工作中,风险预警工作的前提是根据不同企业的实际情况和行业特点确定风险预警指标与预警标准。相对而言,财务方面的指标和标准好确定,其他指标则较难确定。

案例 3-3

证券公司的风险预警体系

按照中国证监会颁布的《证券公司风险控制指标管理办法》,证券公司必须计算和监控净资本这个综合性风险指标,并据此制定具体的风险控制指标。净资本是根据证券公司的业务范围和公司资产、负债的流动性特点,在净资产的基础上对资产、负债等项目和有关业务进行风险调整后得出的综合性风险控制指标。证券公司在计算净资本时,应按规定对有关项目充分计提资产减值准备。净资本的基本计算公式为:

净资本=净资产-金融资产的风险调整-其他资产的风险调整-
或有负债的风险调整-(+)中国证监会认定或核准的其他调整项目

证券公司应结合自身实际情况,在不低于①中国证监会规定标准的基础上,以净资本为核心确定相应的风险控制指标预警标准。证券公司应根据自身资产、负债和业务发展状况,建立动态的风险控制指标监控和补足机制,确保净资本等各项风险控制指标在任一时点都符合规定的标准。

以下是中国证监会对证券公司各项风险控制指标设置的预警标准:

(1) 证券公司经营证券经纪业务的,其净资本不得低于人民币 2 000 万元;经营证券承销与保荐、证券自营、证券资产管理、其他证券业务等业务之一的,其净资本不得低于人民币 5 000 万元;经营证券经纪业务,同时经营证券承销与保荐、证券自营、证券资产管理、其他证券业务等业务之一的,其净资本不得低于人民币 1 亿元;经营证券承销与保荐、证券自营、证券资产管理、其他证券业务中两项及两项以上的,其净资本不得低于人民币 2 亿元。

(2) 证券公司净资本与各项风险资本准备之和的比例不得低于100%,净资本与净资

---

① 中国证监会对各项风险控制指标设置预警标准,对于规定"不得低于"一定标准的风险控制指标,其预警标准是规定标准的120%;对于规定"不得超过"一定标准的风险控制指标,其预警标准是规定标准的80%。

产的比例不得低于40%,净资本与负债的比例不得低于8%,净资产与负债的比例不得低于20%。

(3) 证券公司经营证券自营业务的,自营权益类证券及证券衍生品的合计额不得超过净资本的100%,自营固定收益类证券的合计额不得超过净资本的500%,持有一种权益类证券的成本不得超过净资本的30%,持有一种权益类证券的市值与其总市值的比例不得超过5%(但因包销导致的情形除外)。计算自营规模时,证券公司应根据自营投资的类别按成本价与公允价值孰高原则计算。

(4) 证券公司为客户买卖证券提供融资融券服务的,对单一客户融资业务规模不得超过净资本的5%,对单一客户融券业务规模不得超过净资本的5%,接受单只担保股票的市值不得超过该股票总市值的20%。融资业务规模,是对客户融出资金的本金合计;融券业务规模,是对客户融出证券在融出日的市值合计。

证券公司应在开展各项业务及分配利润前对风险控制指标进行敏感性分析,合理确定有关业务及分配利润的最大规模。证券公司还应建立健全压力测试机制,及时根据市场变化情况对公司风险控制指标进行压力测试。

证券公司应从各类业务中提取风险资本准备金,用于弥补证券交易及其他业务发生的损失,赔偿因证券公司失误而对客户造成的损失,补偿自营买卖中的损失等。表3-16是证券公司风险资本准备计算标准。证券公司经营证券经纪业务的,应按托管的客户交易结算资金总额计算经纪业务风险资本准备;经营证券自营、证券承销、证券资产管理、融资融券业务的,应按有关业务规模计算各项业务风险资本准备;设立分公司、证券营业部等分支机构的,应计算分支机构风险资本准备;营运风险资本准备应按上一年度营业费用总额计算。

表3-16 证券公司风险资本准备计算表

编制单位:　　　　　　　　　　　年　月　日

公司分类级别:

项目	行次	期初余额	期末余额	分类计算标准					风险资本准备(元)	
				连续3年为A	A	B	C	D	期初余额	期末余额
1. 经纪业务风险资本准备	1									
托管客户交易资金总额	2			0.8%	1.2%	1.6%	2%	4%		
2. 自营业务风险资本准备(注1)	3									
证券衍生品投资规模	4									
权证	5			12%	18%	24%	30%	60%		
买入股指期货(注2)	6			12%	18%	24%	30%	60%		
卖出股指期货(注2)	7			12%	18%	24%	30%	60%		

(续表)

项目	行次	期初余额	期末余额	分类计算标准					风险资本准备（元）	
				连续3年为A	A	B	C	D	期初余额	期末余额
利率互换（注2）	8			12%	18%	24%	30%	60%		
权益类证券投资规模	9									
股票	10			6%	9%	12%	15%	30%		
股票基金	11			6%	9%	12%	15%	30%		
混合基金	12			6%	9%	12%	15%	30%		
集合理财产品	13			6%	9%	12%	15%	30%		
信托产品	14			6%	9%	12%	15%	30%		
其他	15			6%	9%	12%	15%	30%		
固定收益类证券投资规模	16									
政府债券	17			3.2%	4.8%	6.4%	8%	16%		
公司债券	18			3.2%	4.8%	6.4%	8%	16%		
债券基金	19			3.2%	4.8%	6.4%	8%	16%		
其他	20			3.2%	4.8%	6.4%	8%	16%		
已对冲风险的权益类证券及其衍生品投资规模（注3）	21									
权益类证券	22			2%	3%	4%	5%	10%		
卖出股指期货（注2）	23			2%	3%	4%	5%	10%		
已对冲风险的固定收益类证券及其衍生品投资规模（注3）	24									
固定收益类证券	25			2%	3%	4%	5%	10%		
利率互换（注2）	26			2%	3%	4%	5%	10%		
3. 承销业务风险资本准备	27									
再融资项目股票承销业务规模	28			12%	18%	24%	30%	60%		
IPO项目股票承销业务规模	29			6%	9%	12%	15%	30%		
公司债券承销业务规模（注4）	30			3.2%	4.8%	6.4%	8%	16%		

（续表）

项目	行次	期初余额	期末余额	分类计算标准					风险资本准备（元）	
				连续3年为A	A	B	C	D	期初余额	期末余额
政府债券承销业务规模（注5）	31			1.6%	2.4%	3.2%	4%	8%		
4.资产管理业务风险资本准备	32									
集合理财业务规模	33			1.2%	1.8%	2.4%	3%	6%		
限额特定理财业务规模	34			0.8%	1.2%	1.6%	2%	4%		
定向理财业务规模	35			0.8%	1.2%	1.6%	2%	4%		
专项理财业务规模	36			1.6%	2.4%	3.2%	4%	8%		
5.融资融券业务风险资本准备	37									
融资业务规模	38			4%	6%	8%	10%	20%		
融券业务规模（注6）	39			4%	6%	8%	10%	20%		
6.分支机构风险资本准备	40									
分公司家数（注7）	41			0.2	0.2	0.2	0.2	0.2		
营业部家数（注7）	42			0.03	0.03	0.03	0.03	0.03		
7.营运风险资本准备	43									
上一年度营业费用（注8）	44			10%	10%	10%	10%	10%		
8.其他风险资本准备	45									
	46									
各项风险资本准备之和	47									

注：1.证券衍生品包括权证、股指期货、利率互换；权益类证券具体包括股票、股票基金、混合基金、集合理财产品、信托产品及证券公司委托基金公司和其他证券公司进行的证券投资；固定收益类证券具体包括债券、债券基金、央行票据、货币市场基金、资产证券化产品。

2.股指期货、利率互换投资规模分别按照股指期货合约价值总额的100%、利率互换合约名义本金总额的5%计算。

3.股指期货、利率互换套期保值满足《企业会计准则第24号——套期保值》有关套期保值高度有效要求的，可认为已对冲风险。

4.公司债券是指以公司为发行人的公司债、企业债、可转债、短期融资券、中期票据等。

5.政府债券是指以政府为发行人的债券。

6.融券业务规模按照融出时证券的市值计算。

7.每家分公司、营业部分别按0.2亿元、0.03亿元计算风险资本准备，风险资本准备期初、期末余额应以元为单位填列。

8.营业费用为业务及管理费、资产减值损失、其他业务成本之和。

五、培育风险管理文化,强化风险应对的环境保障

风险评估和风险应对不仅要有科学的管理制度和流程、实用的管理技术、先进的风险衡量工具,还要重视企业文化和人力资源等软环境的培育,这是现代风险管理区别于传统风险管理的重要特征。

内部控制的逻辑起点是自我管理,其最高境界是无为而治,而道德和文化建设则是达到这种境界的必由之路。石子、沙子、水泥等物质,加入水之后就成为坚硬的混凝土。如果把企业的材料、厂房、设备、资金、技术等比作"物质",制度和流程就好比制作"混凝土"的模板,而道德和文化则是制作"混凝土"的"精神之水"。企业将人力资源、物质资源、管理制度和道德文化有机地结合在一起,就可组成坚不可摧的核心竞争力。因此,**制度、流程、道德及文化的互动耦合能够有力地促进企业内部控制达到无为而治的最高境界**。

企业应注重建立具有风险意识的企业文化,促进企业风险管理水平、员工风险管理素质的提升,保障企业风险管理目标的实现。风险管理文化建设应融入企业文化建设的全过程,并与企业文化、核心价值观等相互配合,使企业上下形成统一的思想认识。企业应大力培育和塑造良好的风险管理文化,树立正确的风险管理理念,增强员工风险管理意识,将风险管理意识转化为员工的共同认识和自觉行动,促进企业建立系统、规范、高效的风险管理机制。风险管理应与薪酬制度和人事制度相结合,这有利于增强各级管理人员特别是高级管理人员的风险意识,防止盲目扩张、片面追求业绩、忽视风险等行为的发生。

企业应将风险管理策略全面地融入企业目标、战略规划和经营计划,并配置相应的资源。企业应在发展战略和资源配置层面考量风险。企业在战略管理中应嵌入风险(包括战略规划风险和战略实施风险)评估,特别是要关注重大风险的控制。企业应对关键决策进行风险评估,善于从风险管理中寻求发展机会和价值创造空间。在资源配置方面,企业应定期或不定期地评估风险,根据评估结果合理配置风险管理资源(包括资金、人力、技术、外包等),对于重大风险应配置充足的管理资源。

企业应在内部各个层面营造风险管理文化氛围。董事会应高度重视风险管理文化的培育,总经理负责培育风险管理文化的日常工作。董事、监事和高级管理人员应强调风险管理的重要性,并在培育风险管理文化中起表率作用。重要管理及业务流程与关键控制点的管理人员和业务操作人员应成为培育风险管理文化的骨干。全体员工尤其是各级管理人员和业务操作人员应通过多种形式,努力传播企业风险管理文化,牢固树立风险无处不在、风险无时不在、严格防控纯粹风险、审慎处置机会风险和岗位风险管理责任重大等意识与理念。

企业应建立重要管理及业务流程与关键控制点的管理人员和业务操作人员岗前风险管理培训制度。采取多种途径和形式,加强对风险管理理念、知识、流程、管控要求的培训,培养风险管理人才,培育风险管理文化。企业应大力加强员工的法律素质教育,形成合法合规经营的风险管理文化。对于不遵守国家法律法规和企业规章制度、弄虚作假、徇私舞弊等违法及违反道德诚信准则的行为,企业应严肃查处。

企业应注重风险管理水平的持续改进,不断采取措施以提高风险管理的效率和效果,这一过程包括评估与改进(识别、认定、报告和改进内部控制缺陷或薄弱环节)、协调(确保企业内部使用共同的风险管理语言)、同步化(在整个企业内部采取协调一致的行动)及合理化(消除无效或重复性的作业)等。

本章小结

风险是未来的不确定性对实现目标的影响。不确定性主要体现在风险事件发生的可能性及其对目标的影响两个方面。风险事件发生的可能性可以用概率来描述;风险可能给企业带来损失,也可能使企业获得收益。风险具有不确定性、动态性、偶然性、可知性、客观性、相对性、普遍性和规律性等多种特征。其中,不确定性是风险的本质特征。

风险评估要素主要涉及目标设定、风险识别、风险分析和风险应对等内容。风险识别过程可能包含多种技术及支持性工具,如流程图法、德尔菲法、头脑风暴法、检查表法、现场调查法、报表分析法、SWOT分析法、风险坐标图法等。风险分析通常采用定性和定量相结合的方法,是在风险识别的基础上对风险事件发生的可能性和条件及其对目标实现的影响程度等进行描述、分析与判断,并确定风险重要性水平的过程。

企业需要根据风险评估结果,针对不同风险选择不同的风险应对策略,为企业进一步采取具体的控制措施提供依据。风险应对策略包括风险规避、风险降低、风险共担、风险分散和风险承受五种策略。风险评估既要考虑固有风险,又要考虑剩余风险。固有风险是控制前的风险,剩余风险是采取风险应对策略之后所残余的风险,即未被控制的风险,企业要确保剩余风险在可接受水平之内。

风险评估和风险应对不仅要有科学的管理制度和流程、实用的管理技术、先进的风险衡量工具,还要重视企业文化和人力资源等软环境的培育,这是现代风险管理区别于传统风险管理的重要特征。

思考题

1. 如何理解风险的内涵和特征?
2. 如何设定和落实内部控制的运营目标?
3. 在设定内部控制的合规目标时应注意哪些关键点?
4. 如何设定内部控制的报告目标?
5. 为什么说目标设定的适当性是保证内部控制有效性的前提?
6. 风险的组成要素及其作用原理是怎样的?
7. 风险识别和风险分析的常用方法及技术有哪些?
8. 什么是固有风险?什么是剩余风险?两者有什么关系?
9. 常用的风险应对策略有哪些?具体应用每种策略时应注意哪些问题?
10. 企业实施风险应对的思路和程序是怎样的?

案例讨论

甲公司是一家以生产和销售智能家用电器为主业的非国有上市公司。2022年年初,围绕国家提出的构建国内国际双循环相互促进的新发展格局,甲公司管理层组织相关职能部门研究起草了《公司战略风险管理与内部控制管理建议书》,内容如下:

(1) 应对风险挑战,优化国际市场外循环。受海外突发公共卫生事件影响,公司面临部分海外工厂开工不足和外贸订单回款困难的双重风险,建议采取下列措施加以应对:① 关停或出售开工率不足30%且预计在未来一年内无法恢复正常生产的海外公司工厂。② 为大额外贸应收账款购买出口信用保险,有效控制信用损失。③ 按照外贸销售额的一定比例,提取突发公共卫生事件特别风险准备金,作为应对海外突发公共卫生事件可能继续恶化的应急资金。

(2) 坚持问题导向,拓宽国内市场"内循环"。针对出口产品外需不足、库存商品积压的问题,公司应积极开拓国内市场,发挥内需潜力,建议采取下列管理和控制措施:① 调整公司出口导向发展战略,转型为内销和出口并重的发展战略,战略规划部门据此起草发展战略调整方案,经管理层审议通过后报董事会批准实施。② 根据国家产品标准和国内市场偏好,稳步开发新产品,选择不同类型国内消费者试用新产品,在充分验证其性能并获得国内市场认可后进行批量生产。

要求:
(1) 逐项指出资料(1)中各项建议措施所体现的风险应对策略类型。
(2) 逐项判断资料(2)中各项建议是否存在不当之处,并说明理由。

第四章 控制活动

学习目标 >>>

1. 掌握并能熟练应用企业常用的控制措施,认识方法和工具的重要性。
2. 熟悉信息系统控制的概念和主要内容,明确信息系统及数据安全对企业发展、社会稳定和国家安全的重要意义。
3. 了解信息系统开发、运行、维护、终结等环节的主要风险及其控制,树立风险意识,识别潜在威胁。
4. 熟悉信息系统控制中数据输入、处理和输出环节的主要风险及其控制,注意信息安全和隐私保护。
5. 熟悉全面预算控制的组织体系、主要风险及其控制,培育系统思维和全局意识。
6. 熟悉预算编制、执行、调整、分析及考核等环节的主要风险及其控制,培育职业素养和专业知识,树立闭环管理思维。

引导案例 >>>

D公司是一家大型民营股份有限公司,2024年在生产经营过程中发生以下事项:

(1) 3月,D公司销售部门业务员刘某销售的一批货物到期无法收回货款,经查该客户企业成立仅仅一年、当年无收入、注册资本仅20万元、负债50万元。该客户企业的产品由于滞销,资金链已经断裂,在短期内无法恢复偿债能力。进一步追查,发现刘某有收取回扣的行为。

(2) 4月,D公司发现一批货物的发出数量与合同规定的销售数量不一致,经查实属于销售通知单开具人员失误导致。

(3) 5月,D公司有一新客户到公司购买货物,采取付款提货的交易方式,两天后票据被银行退回,并明确此票据系伪造。

(4) 6月,D公司经过研究决定建造一栋新厂房,该厂房采取招标方式委托建筑公司建造。工程快完工时,D公司组织专家到现场查验,发现工程质量很差,很多建筑材料不合格。进一步追查,发现承包方不具有建筑资质,承包方与公司某领导的关系密切。

(5) 7月,D公司董事会认为,编制预算浪费人力、物力,对公司没有实质性作用,决定不再编制预算。

(6) 9月,D公司为了利用专业化分工的优势,将部分加工业务委托给外部专业机构完成。D公司对外包完成工作进行验收,结果发现成本高、质量差。

要求:请你逐项识别D公司上述事项中面临的主要风险,同时针对识别出的主要风险,逐项设计相应的控制措施。

控制活动是为了应对风险,帮助管理者实现控制目标,确保其指令得以贯彻实施的政策、程序和方法。政策确定应做什么,程序用来贯彻政策,方法是落实政策和执行程序的手段与措施。企业应在风险评估的基础上,结合风险应对策略,确定控制措施,实施控制活动。随着现代信息技术的快速发展,企业的运营和管理越来越依赖信息系统。企业应充分利用信息技术去控制、提高企业现代化管理水平,减少人为操纵因素;同时,加强对信息系统自身的风险控制,增强信息系统的安全性和可靠性。全面预算管理具有计划、协调、控制、激励、评价等综合管理功能,是整合和优化企业资源配置,提升企业运行效率,促进企业实现发展战略的重要抓手。全面预算是企业防范和化解风险的有效工具,其工作自身也面临诸多风险。因此,企业应做好全面预算管理的风险控制工作。

第一节 常用的控制措施

控制活动要求企业根据风险评估结果,结合风险应对策略,通过人工控制与自动控制、预防性控制与发现性控制相结合的方法,采取相应的控制措施,将风险控制在可接受水平之内,以促进内部控制目标得以实现。

一、控制活动的类型

(一) 按控制手段分类

按控制手段分类,控制活动可分为人工控制和自动控制。企业的生产经营过程总是会受到各种不确定性因素的影响,会发生各种各样的变化,管理当局总是希望生产经营过程受到影响之后还能按预期的那样运行。为了抵抗干扰,人们就要对过程进行干预和控制。以人工方式执行的控制称为人工控制。如果由检测装置检测生产经营过程的变化状况,当出现偏离预期的状态时,按预先设计好的控制策略和干预措施,由某些装置进行自动矫正,使得生产经营过程回到预期状态,那么这种控制方式就称为自动控制。自动控制是在没有人工直接参与的情景下,利用外加的设备或装置,使机器、设备或生产过程的某个工作状态或参数自动地按照预定的规律运行。

现代企业的生产经营和管理活动广泛使用信息技术,借助信息技术实施自动控制,但在不同企业采用的控制系统中,人工控制和自动控制的比例是不同的。在一些小型的、生产经营不太复杂的企业,可能以人工控制为主;而在另一些企业,则可能以自动控制为主。内部控制采用人工系统还是自动系统,将影响交易生成、记录、处理和报告的方式。在以人工为主的系统中,内部控制一般包括审批和复核业务活动、编制调节表并对调节项目进行跟踪。当采用信息系统生成、记录、处理和报告交易时,交易的记录形式(如订购单、发票、装运单及相关的会计记录)可能是电子文档而不是纸质文件。信息系统控制可能既有自动控制(如嵌入计算机程序的控制),又有人工控制。人工控制可能独立于信息系统,利用信息系统生成的信息开展分析,也可能用于监督自动控制的有效运行或处理例外事项。

1. 人工控制的适用范围及相关风险

人工控制通常在处理需要主观判断或酌情处理的情形时更为适当,主要包括:存在大额、异常或偶发的交易;存在难以界定、预计或测算的错误;针对变化的情况,需要对现有的自动控制进行人工干预;监督自动控制的有效性;等等。

相较于自动控制,人工控制的可靠性较低,不适宜人工控制的情形包括:存在大量或重复发生的交易;事先可预计或预测的错误能够通过自动控制参数得以防止或发现并纠正;用特定方法实施控制的控制活动可得到适当设计和自动化处理;等等。

由于人工控制由人执行,受人为因素的影响,因此也会产生特定风险。这些风险包括:人工控制可能更容易被规避、忽视或凌驾;人工控制可能不具有一贯性;人工控制可能更容易产生简单错误或失误;等等。

2. 信息技术的优势及相关风险

在很多情形下,运用信息技术具有显著的优势,能够提高内部控制的效率和效果,具体包括:在处理大量的交易或数据时,一贯运用事先确定的业务规则,并进行复杂的运算;提高信息的及时性、可获得性及准确性;促进对信息的深入分析;提高对经营业绩及其政策和程序执行情况进行监督的能力;降低控制被规避的风险;通过对应用程序系统、数据库系统和操作系统实施安全控制,提高不相容岗位分离的有效性;等等。

信息技术在内部控制方面具有明显的优势,但也可能产生特定风险,主要包括:所依赖的系统或程序不能正确地处理数据,或者处理了不正确的数据,或者两种情况并存;未经授权访问数据,可能导致数据的损毁或对数据进行了不恰当的修改,包括记录未经授权或不存在的交易,或者不正确地记录了交易;多个用户同时访问同一数据库可能造成特定风险;信息技术人员可能获得超越其职责范围的数据访问权限,从而破坏了系统应有的职责分工;未经授权改变主文档的数据;未经授权改变系统或程序;未能对系统或程序作出必要的修改;不恰当的人为干预;可能丢失数据或不能访问所需要的数据;等等。

(二) 按功能和作用分类

按功能和作用分类,控制活动可分为预防性控制和发现性控制。

1. 预防性控制

预防性控制是为了防止错误和非法行为的发生,或者尽量降低其发生的可能性所进行的一种控制。 预防性控制有利于预先防止资金或其他资源被损耗。采取这种控制措施,要求对整个活动运行的关键点有比较深刻的理解,能够预见问题。一般来说,**制定规章制度、规范工作程序、增加防护设施、实施人员训练和培养计划等,在管理活动中起着重要的预防控制作用。** 表 4-1 是预防性控制的描述及其示例。

表 4-1　预防性控制的描述及其示例

对控制的描述	防止的错报
生成收货报告的计算机程序,同时也更新采购档案	防止出现购货漏记账的情况
在更新采购档案之前必须有收货报告	防止记录了未收到所购货物的情况
销售发票上的价格根据价格清单上的信息确定	防止销货计价错误
计算机将各凭证上的账户号码与会计科目表对比,然后进行一系列逻辑测试	防止出现分类错误

2. 发现性控制

发现性控制也称检查性控制,是为了及时查明已发生的错误和非法行为,或者增强发现错误和非法行为的能力所进行的各项控制。发现性控制一般通过监督检查业务流程和相应的预防性控制能否有效地发挥作用来实现其目标。发现性控制可以由人工实施,也可以由信息系统自动实施。发现性控制既可能是正式的程序,如编制银行存款余额调节表,并追查调节项目或异常项目;又可能是非正式的程序,如财务总监复核月度毛利率的合理性,或者实施特定的分析程序以确定某些费用与销售的关系是否与经验数据相符,若不符则调查原因并采取纠正措施等。表 4-2 是发现性控制的描述及其示例。

表 4-2　发现性控制的描述及其示例

对控制的描述	防止的错报
定期编制银行存款余额调节表,跟踪调查挂账的项目	在对其他项目进行审核的同时,查找存入银行但没有记入日记账的存款收入、未记录的现金支付或者虚构入账的不真实银行存款收入或支付、未及时入账或未正确汇总分类的银行存款收入或支付
将预算与实际费用间的差异列入计算机编制的报告中并由部门经理复核;记录所有超过预算 2% 的差异情况和解决措施	在对其他项目进行审核的同时,查找本月发生的重大分类错报或没有记录及没有发生的大笔收入、支出及相关联的资产和负债项目
计算机每天比较出库货物的数量和开票数量,如果发现差异就产生报告,由开票主管复核和追查	查找没有开票和记录的出库货物,以及与真实发货无关的发票
每季度复核应收账款贷方余额并找出原因	查找没有记录的发票和销售收入中的分类错误

(三) 按实施控制活动的具体措施分类

按实施控制活动的具体措施分类,控制活动可分为**不相容岗位分离控制、授权审批控制、会计系统控制、财产保护控制、运营分析控制、绩效考评控制、文件记录控制、信息技术控制和预算控制等**。在选择控制措施的过程中,企业应充分考虑各项控制活动的相互关联性。有时一项控制措施可以实现多项风险应对,有时一项风险应对需要多项控制活动。另外,还要考虑控制措施与相关目标的相关性和适当性,综合考虑风险应对和相关控制活动之后的剩余风险,确保实施控制活动后的剩余风险在可接受水平之内。

二、不相容岗位分离控制

不相容岗位是指那些如果由一个人担任,既可能发生错误和舞弊行为,又可能掩盖其错误和舞弊行为的岗位。不相容岗位应分离,由不同的人担任。不相容岗位分离的核心是内部牵制思想,**其基本原理是两个或两个以上的人或部门无意识地犯同样错误的可能性是很小的,两个或两个以上的人或部门有意识地合伙舞弊的可能性远远小于单独一个人或部门舞弊的可能性**。

不相容岗位分离控制要求根据企业目标和职能任务,合理地设置职能部门和工作岗位,全面系统地分析、梳理业务流程和交易活动所涉及的不相容岗位,实施相应的分离措施,形成各司其职、各负其责、相互制约的工作机制。不相容岗位通常包括**业务申请、授权批准、业务经办、会计记录、财产保管、稽核检查等**。以采购业务为例,常见的不相容岗位有采购申请与请购审批、询价与确定供应商、采购合同的拟订与审批、采购与验收、采购与相关会计记录、验收与相关会计记录、付款申请与审批、付款审批与执行等。

如果任职不相容岗位的员工相互串通勾结,则不相容岗位分离控制就会失效。但如果企业没有适当的岗位分离,发生错误和舞弊的可能性就更大。因此,有条件的企业可借助现代信息技术,通过权限设定等方式,自动实现不相容岗位相互分离。另外,企业应结合岗位特点和重要性程度,明确财会等关键岗位员工轮岗的期限和有关要求,建立规范的岗位轮换制度,对关键岗位的员工可实行强制休假制度,并确保在最长不超过五年的时间内进行岗位轮换,防范并及时发现岗位职责履行过程中可能存在的重要风险。

三、授权审批控制

授权审批控制是在职务分工和不相容岗位分离的基础上,由企业权力机构或上级管理者明确规定有关人员或岗位的职责范围和业务处理权限与责任,使每项经济业务在办理前都得到适当授权,经办人员在授权范围内办理有关业务并承担相应的经济责任和法律责任。授权审批控制实际上由**授权、审核和批准**三个环节构成,后两个环节通常统称为审批。

(一)授权管理

授权是企业为了达成既定目标,赋予特定单位、部门或岗位在其职责范围内合理支配企业资源的权力。授权管理要求企业**建立分级授权体系,以书面文件明确授权管理职责分工、授权原则、授权内容及权限授予和变更等**管理程序,以确保各单位、各部门和各岗位权责明晰、执行有序。

1. 授权管理的原则

授权管理应遵循以下原则:

（1）分级授权原则。授权应由上至下,逐级分解下达,原则上不应越级授权。

（2）有限授权原则。授权单位、部门或岗位（以下简称"授权人"）应在权限范围内进行授权,严禁超权限授权。

（3）权责对等原则。被授权单位、部门或岗位（以下简称"被授权人"）在授权范围、额度及授权期限内行使权力,并承担相应责任。

（4）全过程监督原则。授权人应监督授权的履行情况,做到事前筹划、事中监督、事后评价。

2. 授权类别

企业授权管理包括**常规授权**和**特别授权**。常规授权是指企业在日常经营管理活动中按既定的职责和程序进行的授权。常见的常规授权包括财务管理权限、投资管理权限、生产经营权限、销售与收款管理权限、采购与付款管理权限、薪酬与人事管理权限、资产管理权限、法律事务管理权限,等等。**特别授权是指针对常规授权未规定的事项进行的特殊性、临时性授权,是企业在特殊情形、特定条件下进行的应急性授权**。例如,发展新项目业务权限,洽谈投资、收购兼并、对外担保、关联交易及关联方资金往来等重要经济业务权限,超过常规授权限制的交易权限和其他经营管理权限,等等。企业应规范特别授权的范围、权限、程序和责任,严格控制特别授权,有条件的企业可采用远程办公等方式逐步减少特别授权。

3. 授权方式

企业应编制常规授权的权限指引,并以适当形式予以公布,提高权限的透明度,加强对权限行使的监督和管理。**常规授权可以通过规章制度的形式明确被授权人的职责范围和权限,制度授权在发生变更时,应履行制度修订程序。特别授权和部分常规授权可以采用书面授权方式授予**,即通过书面申请批复和签发授权书对被授权人进行授权。书面授权书应载明授权书编号、授权机构名称、授权机构法定代表人或主要负责人姓名、被授权机构名称或人员姓名及身份证号码、授权类型（常规授权和特别授权）、授权范围、授权事项、授权期限、授权限制性要求等。书面授权形式下的授权变更,应撰写授权变更通知书,经原授权人审批后生效。

4. 授权变更

如果存在下列情形,企业授权应及时变更:

（1）与常规授权相关的规章制度修订导致原授权需要变更的;

（2）企业内外部情况发生变化导致原授权需要变更的;

（3）授权人认为有必要对已签发的授权书进行变更的;

（4）授权事项相关的业务流程发生变更的;

（5）与授权有关的人员岗位设置或职能发生变更的;

（6）其他需要变更的情形。

5. 授权撤销

如果发生下列情形,企业原授权人应及时撤销授权:

(1) 被授权人发生重大越权行为或超权限行为、限期未整改的;
(2) 被授权人的行为失当造成重大经营风险或法律责任的;
(3) 外部经营环境、内部机构和管理体制发生重大变化造成原授权不适用的;
(4) 其他需要撤销的情形。

6. 授权终止

如果发生下列情形,企业授权应自然终止:

(1) 特别授权书中规定期限届满,如果原授权人未发出授权展期通知,则授权终止;
(2) 采用制度授权形式的授权,在规章制度废止时自动终止;
(3) 在特别授权相关事项处理结束后,授权即告终止;
(4) 被授权人存在机构撤销、职务变动或丧失民事行为能力的;
(5) 在授权期限内,自重新签发的授权书生效之日起,原授权书终止;
(6) 其他应予终止授权的情形。

(二) 审批控制

审批控制要求企业**各级管理人员应在授权范围内行使职权和承担责任。未经授权的部门和人员,不得办理企业各类交易与事项,发现超越授权或未经授权办理业务的,应及时制止并督促有关单位和个人限期整改。**被授权人在行使授权权限时,必须遵守各项规章制度,在授权范围内行使职权并承担责任,不得损害企业的利益。被授权人在授权范围内发生滥用权力、不正当行使权力的行为,影响企业信誉或造成经济损失的,要追究被授权人及其直接责任人的责任。

被授权人在履行审批程序时,应对相关交易和事项的真实性、合规性、合理性及有关资料的完整性进行复核与审查,通过签署意见并签字或签章,作出批准、不予批准或其他处理的决定,及时报告并有效制止可能损害企业利益的行为。

对于**重大问题决策、重要人事任免、重大项目投资决策、大额资金使用等事项,企业应实行集体决策审批或联签制度,任何个人不得单独进行决策或擅自改变集体决策。**

(三) 授权审批控制应关注的关键问题

在授权审批控制的过程中,为了得到较好的控制效果,企业应关注以下关键问题:

(1) 有关交易或事项的办理,必须经过授权审批;
(2) 经过授权审批后的交易或事项,必须得到严格执行;
(3) 授权审批控制必须有明确的权力和责任划分;
(4) 授权和对授权的执行过程,必须有书面文件和书面的执行痕迹;
(5) 对越权审批行为和拒绝执行经审批交易或事项的行为,必须进行相应的惩处。

四、会计系统控制

会计系统是企业为记录、分析、分类、汇总和报告单位经济活动而建立的制度、方法与程序。企业应从以下五个方面做好会计系统的控制工作:

1. 控制会计系统的合规性风险

各项会计工作必须依法、依规进行。例如,依法设置会计机构并配备合格人员,合格人员应具备良好的职业道德操守和业务胜任能力。会计人员工作调动或因故离职,必须依法办理工作交接;没有办完交接手续的,不得调动或离职。接替人员应认真接管移交工作,并继续办理移交的未了事项。

企业应严格执行国家统一的会计准则,制定适合本企业的会计制度,加强会计基础工作,明确会计凭证、会计账簿和财务报告的处理程序,规范会计政策的选用标准和审批程序,依据会计准则进行会计确认、计量、记录和报告,确保会计职业判断符合会计准则,保证会计核算合法合规。因此,会计系统控制首先要做好自身工作的合规性风险控制。

2. 控制会计系统的报告风险

会计作为一个信息系统,其主要功能是,遵循会计准则和相关法规将会计数据加工成会计信息。会计信息要满足信息使用者的需求,必须具备相关性、及时性和如实反映等质量要求。因此,会计系统控制要做好报告风险的控制工作,确保企业会计资料和财务报告真实、可靠、完整。如果单位领导授意、强令或指使会计人员编报虚假会计信息,则会计人员有权拒绝并阐明这样做的后果和责任,必要时应依法向有关部门报告。

3. 依法开展会计监督

会计人员应依法开展会计监督,确保各项经济活动和财务收支合法合规。例如,当业务人员提供虚假的会计凭证时,会计人员可以拒绝受理,并要求当事人按规定更正、补充或由出具单位重开,必要时报告相关领导。再如,当采购或销售价格明显不公允时,会计人员应质疑其合理性,并进一步审核交易是否得到恰当的审批;如果交易未得到恰当的审批或相关手续不全,则会计人员应暂缓办理。

4. 为其他控制活动提供信息支持

会计系统是一个单位开展管理活动和实施内部控制的基础,会计信息是最重要的经济信息,被广泛地应用在企业内部控制和风险管理的方方面面。因此,会计系统控制要求充分利用会计系统的信息优势,为企业各项日常活动和风险管理提供信息支持。例如,企业开展运营分析和绩效考评所需要的数据主要来自会计信息系统;再如,企业可以利用财务报表数据建立财务风险控制指标,并设定警戒线进行财务风险预警。

5. 建立和完善以会计档案为核心的档案保管控制

文件记录和档案保管是记载、汇集、追溯和验证交易与事项的媒介,具有重要的信息传递、案件查证、决策支持、真相还原和风险控制功能。会计档案是记录与反映单位经济业务的重要史料和证据。企业应建立和完善以会计档案为核心的保管控制,加强对档案管理工作的领导,建立档案的立卷、归档、保管、查阅和销毁等管理制度,保证档案资料得到妥善保管、有序存放,方便查阅,严防毁损、散失和泄密。

五、财产保护控制

资产作为企业重要的经济资源,是企业从事生产经营活动并实现发展战略的物质基础。资产管理贯穿于企业生产经营的全过程。现代企业的资产管理不仅要关注如何防范资金被挪用、非法占用以及实物资产被盗等财产保护问题,还要关注资产的使用效能,提高资产的使用效率。为了保障资产安全、提升资产管理效能,企业应全面梳理资产流程,及时识别和认定资产管理中的薄弱环节,采取有效的措施及时加以改进、完善。从财产保护的角度来说,企业可综合采取以下六项措施保护资产的安全完整:

1. 建立健全资产记录

会计部门应全面反映企业所有的资产,**登记总账和资产明细账**;对于已经领用下账的低值易耗品应建立备查账;定期备份相关文件资料,避免记录受损、被盗或被毁。仓储部门或**资产使用部门应建立健全资产管理台账,并定期与会计部门对账**。

2. 限制未经授权人员直接接触资产

现金和银行存款只有出纳人员可以接触,各项财产物资除保管部门或其他授权人员外,其他部门或人员不可直接接触。对外投资、债权债务通常由会计部门配合相关业务部门实施管理,存货通常由仓储部门负责管理,固定资产和无形资产通常由使用单位或专设资产管理部门负责管理。

3. 加强实物资产保管

存货流动性强,实物保管难度大。以存货管理为例,企业可从以下五个方面加强实物资产的保管控制:

(1) 严格执行存货入库管理规定。仓储部门应根据入库单的内容对存货的数量、质量、品种等进行检查,符合要求的予以入库;不符合要求的,应协助办理退换货等相关手续。入库记录要真实、完整,定期与会计等相关部门核对,不得擅自修改。

(2) 存货仓储期间应按照仓储物资所要求的储存条件妥善储存,做好防火、防洪、防盗、防潮、防病虫害、防变质等保管工作,不同批次、型号和用途的产品要分类存放。生产现场的在加工原料、周转材料、半成品等应按照有助于提高生产效率的方式摆放,同时防止浪费、被盗和流失。

(3) 对代管、代销、暂存、受托加工的存货,应单独存放和记录,避免与本单位存货混淆。

(4) 仓储部门应对库存物料和产品进行每日巡查与定期抽检,详细记录库存状况;发现毁损、存在减值迹象的,应及时与生产、采购、会计等相关部门沟通。进出仓库的人员应办理进出登记手续,未经授权人员不得接触存货。

(5) 制定严格的存货准出制度,明确存货发出和领用的审批权限,健全存货出库手续,加强存货领用记录。存货在不同仓库之间流动时,应办理出入库手续。

4. 定期进行财产清查

企业应重视财产的账面管理,在确保账账相符的前提下,明确财产清查规程,**定期和不定期进行财产清查,账实对照,确保账实相符**。财产清查过程中,既要核对实物数量,关注相关记录是否相符、账实是否相符,又要关注实物质量,查明是否有毁损、过时等情况。要根据财产清查结果及时编制盘点表,形成书面报告;对盘点清查中发现的问题,应及时查明原因,落实责任,按规定权限报经批准后处理,包括对责任人的奖惩等。

5. 为重要财产购买保险

企业应重视和加强财产的投保工作,**为重要财产购买保险**(如火灾险、盗窃险、责任险等),降低企业经营风险,确保重要财产的安全和保值。企业应通盘考虑财产状况,根据其性质和特点,确定投保范围、投保金额等。对于重大财产项目的投保,企业应考虑采取招标方式确定保险人,防范财产投保舞弊。已投保财产发生损失的,企业应及时调查原因及确定受损金额,向保险公司办理相关的索赔手续。

6. 规范资产处置

资产处置主要有调拨、出售、投资转出、对外捐赠、非货币性资产交换、报废,以及将非经营性资产转为经营性资产(或经营性资产转为非经营性资产)等。企业的**资产处置应按规定权限审批,对于重大的资产处置,应委托具有资质的中介机构进行资产评估,并经领导班子集体审议或联签后执行**。对于非正常的资产毁损、报废或流失,要分析原因、落实责任、及时处理,必要时组织有关部门进行技术鉴定。对于投资转出及用于非货币性资产交换的资产,应由有关部门或人员提出处置申请,对资产价值进行评估并出具资产评估报告,报经审批后执行。涉及产权变更的,应及时办理产权变更手续。

六、运营分析控制

运营分析控制是企业管理者综合应用生产、购销、投资、筹资、财务等方面的信息,通过比较分析、比率分析、因素分析、趋势分析等方法,定期分析评价企业的运营状况,发现问题及时查明原因并加以改进的过程。企业应按管理要求**建立运营分析制度,通常每季度至少分析一次**。

运营分析旨在了解企业经营的真实状况,发现和解决经营过程中存在的问题,并按照客观规律指导和控制企业的经营活动,从而提高企业的经营管理水平,提高相关人员的操作水平,促进企业目标的实现。运营分析按不同的标准有不同的分类:按分析频率,有日分析、周分析、月分析、季度分析、半年度分析、年度分析等;按分析内容,有安全生产分析、产品质量分析、生产效能分析、环境危害分析、预算执行分析、资产质量分析、盈利能力分析、财务状况分析等。

企业开展运营分析控制应注意以下四点:

1. 运营分析要具有针对性

运营分析首先要明确分析要求和分析目标,确定要分析什么,怎样进行分析;然后紧紧围绕分析主题,有的放矢地从错综复杂的经营管理现象中抓住主要问题进行分析,不要眉毛胡子一把抓,抓不住要害就会偏离分析主题、迷失分析目标。

2. 运营分析要考虑时效性

时效性是确保运营分析活动信息价值的关键所在。在一定时期循环结束或一定分析对象活动完结后,就应及时进行分析,以便对下一循环或一定分析对象的再次活动过程进行及时、有效的调整、改进和控制。

3. 运营分析要保证准确性和可靠性

准确性和可靠性是确保运营分析活动信息价值的决定性因素。运营分析活动必须准确而客观地揭示经济现象的变化过程及规律,总结经验,找出问题,提出建议。企业进行运营分析时,要从事物的相互依存、相互制约中观察问题,从事物的发展变化中分析问题,透过现象看本质,从经验中找不足,准确、全面、深刻地认识问题,使感性认识上升到理性认识,最终得出科学、客观的分析结果。

4. 运营分析要讲究科学实效

运营分析要以统计报表、会计核算、管理现象、市场参数、计划指标和相关资料为依据,综合运用比较分析法、比率分析法、因素分析法、趋势分析法等科学方法,以动态发展的眼光揭示经济运行的规律,把握经营运行的趋势,逐步建立符合本单位特点的运营分析模式。

七、绩效考评控制

绩效考评控制是通过设置考评指标体系,对企业内部各责任单位和全体员工的绩效进行定期考核与客观评价的过程。**绩效考评控制要求企业建立和实施绩效考评制度,并将考评结果作为确定员工薪酬及职务晋升、评优、降级、调岗、辞退等的依据**。绩效考评控制主要通过考核与评价来规范企业各级管理者及员工的目标和行为,强调的是控制目标而不是控制过程,只有各级管理目标顺利实现,企业的战略目标和运营目标才可能实现。良好的绩效考评控制能够促进目标实现、协调利益分配、实施人员激励、挖掘潜在问题、引领企业和员工共同成长等。

绩效考评从考评对象来分,有经营者绩效考评和部门及员工绩效考评两大类。经营者绩效考评包括企业绩效考评和经营者个人绩效考评,考评主体是股东或股东会和董事会,考评客体是经营者。经营者是指企业的经理层,一般包括董事长或总经理和副总经理。经营者特殊的工作性质决定了企业本身的绩效是其工作绩效的重要反映,因此经营者绩效考评有两个评价内容——企业绩效和经营者个人绩效。部门及员工绩效考评是由各级管理者按照一定的标准和方法对其下属部门及员工的工作完成情况进行考评。

绩效考评控制主要包括制定考评指标和考评程序、选择考评方法、管理考评过程、分析考评结果、落实奖励与处罚等关键环节。

1. 制定考评指标和考评程序

绩效考评指标是进行绩效考评的基本要素,制定合理且有效的绩效考评指标是绩效考评取得成功的前提。绩效考评前,企业应制定合理且具可操作性的考评指标和考评程序并予以公开,这样有助于员工确定目标并明确工作方向。实务工作中,企业应尽量避免设计过于复杂的考评指标和考评程序。

2. 选择考评方法

绩效考评有多种方法可供选择,如评级量表法、图尺度考评法、关键事件法、行为锚定等级评价法、直接排序法、目标考评法、书面叙述法和360度考评法等,企业应选择公平、公正的考评方法。

3. 管理考评过程

企业应严格管理考评过程,避免使考评流于形式、形同虚设。在考评过程中,企业应尽可能地做到公平、合理,充分发扬民主,建立畅通的沟通渠道,使最关键的问题能够得到及时的反馈,避免出现"一言堂",单凭个人的印象评定结果,影响考评的公正性。

4. 分析考评结果

企业绩效考评结果应予以公示,以保证考评结果的公平与合理。绩效考评结果要对照预算指标、盈利水平、投资回报率、安全生产目标等方面的绩效指标,对各部门和员工的当期绩效进行考核与评价,并对考评结果进行客观分析,及时纠正考评不合理、不公正的现象,确保考评结果客观公允。

5. 落实奖励与处罚

企业应结合绩效考评结果,按照工作绩效的高低有奖有罚、有升有降,而且这种奖罚、升降不仅要与精神激励相关联,还要通过工资、奖金等方式与物质利益相关联,这样才能真正达到绩效考评控制的目的。

八、文件记录控制

文件记录控制是以文件和记录的形式记载、传递与保持企业的组织架构、管理制度、交易或事项、各种报告等的过程。**文件记录控制是企业内部控制的基础性控制,健全有效的文件记录既是企业开展其他控制活动的重要依据和条件保证,又是企业有效获取、追溯和验证信息的重要手段。**企业常见的文件包括组织架构图、权责配置文件、岗位说明书、业务程序手册、经济合同、会计凭证、会计账簿、会计报表、会议记录等。

文件记录是记载、汇集、追溯和验证交易与事项的媒介,具有重要的信息传递功能,同时也为企业反映生产经营和管理活动提供了依据。企业应以书面或其他适当的形式记录交易和事项,确保交易和事项的可验证性。文件记录可采用纸质、磁盘、光盘等多种形式。文件记录在填写的过程中要简明易懂、字迹清晰、完整真实,不得用铅笔填写。出现错误需要修改时,应留下更正痕迹,圈掉错误的、写上正确的,并签名(章)、标注日期。文件记录应统一编号,妥善保存与管理,并建立借阅和销毁制度,重要数据要及时备份。

九、信息技术控制

信息技术是用于处理数据和传递信息的各种技术的总称。信息技术控制是应用管理学、计算机科学和通信技术而建立与实施的一种控制。信息技术控制要求企业结合实际情况和信息技术应用程度,建立与本企业经营管理业务相适应的信息技术控制流程,提高业务处理效率,减少和消除人为操纵因素。同时,企业应加强对信息系统的开发与维护、访问与变更、数据输入与输出、文件储存与保管、网络安全等方面风险的控制,保证信息系统得到安全、有效的运用。

十、预算控制

预算控制通过预算编制来指导企业的经营活动,并根据预算执行差异进行业绩评价,从而实现企业经营管理的事前计划、事中控制和事后分析。预算控制按企业确立的发展战略目标,逐层分解、下达于企业内部各单位,涉及预算编制、控制执行、过程分析、预算考核等环节。预算控制是一种面向未来的计划,它确定了企业的目标及为实现这些目标应采取的行动。预算控制是计划的量化,这种量化有助于管理者协调、贯彻计划,是一种不可或缺的内部控制手段。

第二节 全面预算管理

全面预算是指企业对一定时期的经营活动、投资活动、筹资活动等作出的预算安排。全面预算作为一种全方位、全过程、全员参与编制与实施的预算管理模式,凭借其计划、协调、控制、激励、评价等综合管理功能,整合和优化配置企业资源,提升企业运行效率,成为促进企业实现发展战略的重要抓手。全面预算管理不仅是一种有效的内部控制工具,还是一种很好的风险管理手段。同时,全面预算管理自身各环节也面临种种风险和不确定性,需要进行风险管理。企业实施全面预算管理,应突出风险管理的导向性,从识别和分析全面预算管理各环节的主要风险入手,采取有针对性的控制措施,切实提升全面预算管理实施的效率和效果。

一、企业实施全面预算管理的总体风险

从内部控制角度来看,全面预算的编制和实施过程是企业不断用量化工具,使自身所处的经营环境及资源利用与企业的发展目标保持动态平衡的过程,也是企业对预算管理各环节面临的种种风险进行识别、分析与控制的过程。企业实施全面预算管理,至少应关注以下总体风险:

(1) 全面预算管理组织体系设计不科学,或者权责配置不清晰;
(2) 不编制预算或预算不健全,可能导致企业经营缺乏约束或盲目经营;
(3) 预算目标不合理、编制不科学,可能导致资源浪费或发展战略难以实现;
(4) 预算缺乏刚性、执行不力、考核不严或奖罚不到位,可能导致预算管理流于形式。

二、全面预算管理组织体系设计的主要风险及其控制

全面预算管理组织体系设计是做好全面预算管理工作的前提和基础,其内容主要包括全面预算管理组织架构及其权责配置。全面预算管理组织的领导与运行体制健全,是

防止预算管理松散、随意,预算编制、执行、考核等各环节流于形式的关键。全面预算管理组织体系设计的主要风险有:其一,机构设置不科学,或者由财务部门全权负责预算管理的全部事务;其二,预算编制、执行和考核的权责配置不清晰,存在职能缺失或重叠。

为了控制全面预算管理组织体系设计的主要风险,企业应加强全面预算管理工作的组织领导,明确预算管理体制及各预算责任单位的职责权限、授权审批程序和工作协调机制等。**全面预算管理组织架构一般包括全面预算管理决策机构、全面预算管理工作机构和全面预算执行机构三个层次。**例如,××地铁集团公司全面预算管理组织架构如图4-1所示。

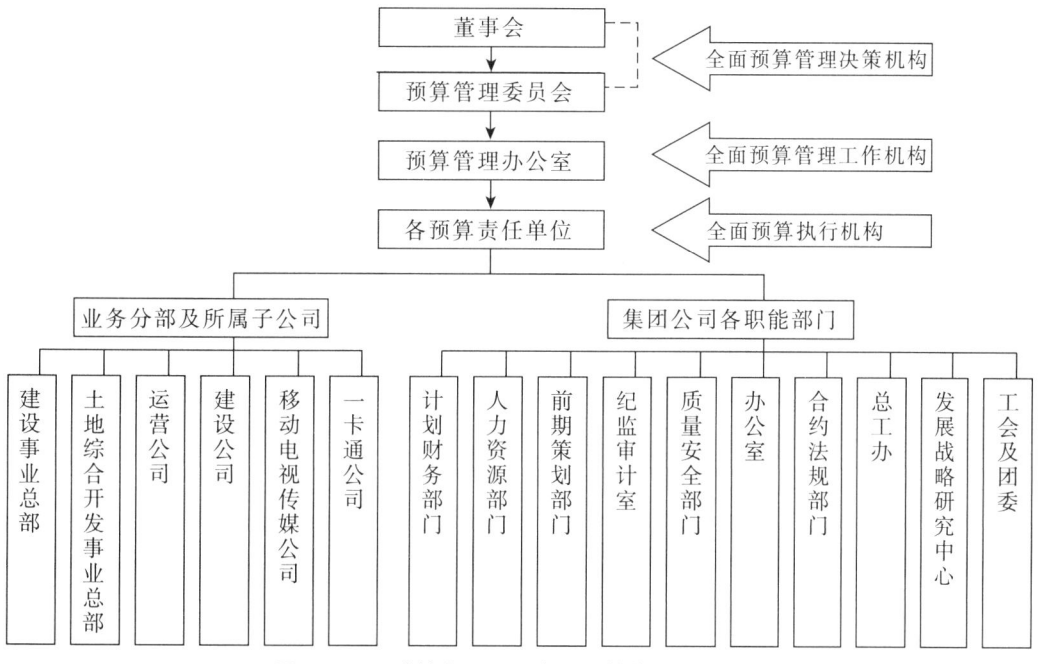

图 4-1 ××地铁集团公司全面预算管理组织架构

(一)全面预算管理决策机构——预算管理委员会

为了提高预算的权威性,企业应在高层设立全面预算管理决策机构。例如,将企业全面预算管理的**决策机构设在董事会**,董事会下设专业委员会——预算管理委员会,辅助董事会做好预算决策工作。预算管理委员会以预算会议的形式开展工作,主任一般由董事长或总经理兼任,总会计师或财务总监或分管财会工作的副总经理任副主任,委员由独立核算部门和各职能部门负责人兼任。预算管理委员会的主要职责如下:

(1)制定、颁布企业全面预算管理制度,包括预算管理的政策、措施、办法、要求等。

(2)根据企业战略规划和年度运营目标,拟定预算目标,并确定预算目标分解方案、预算编制方法和程序。

(3)指导各预算责任单位编制业务计划、预算草案、综合平衡预算草案,提供相关定员、定额、费用开支标准等基础信息。

(4)下达经批准的年度全面预算方案。

（5）协调解决预算编制和执行中的重大问题,仲裁与预算有关的冲突。

（6）审议预算调整方案,依据授权进行审批。

（7）审议预算考核和奖惩方案。

（8）对企业全面预算的总体执行情况进行分析、评价与考核。

（9）负责超预算或预算外支出的审批。

（10）其他与全面预算管理有关的事项。

（二）全面预算管理工作机构——预算管理办公室

预算管理委员会一般为非常设机构,企业应在该委员会下设立全面预算管理工作机构——预算管理办公室,由其履行预算管理委员会的日常管理职责。**预算管理办公室一般设在财会部门**,其主任一般由总会计师或财务总监或分管财会工作的副总经理兼任,工作人员除财会部门人员外,还应有计划、人力资源、投资、生产、销售、研发等部门人员参加。预算管理办公室的主要职责如下:

（1）拟定企业各项全面预算管理制度,并负责检查预算管理制度的执行情况。

（2）拟订年度预算总目标分解方案及有关预算编制程序、方法的草案,报预算管理委员会审定。

（3）组织和指导各预算责任单位开展预算编制工作。

（4）预审各预算责任单位的预算初稿,进行综合平衡,并提出修改意见和建议。

（5）汇总编制全面预算草案,提交预算管理委员会审查。

（6）跟踪、监控预算执行情况。

（7）定期汇总、分析各预算责任单位的预算执行情况,并向预算管理委员会提交预算执行分析报告,为委员会进一步采取行动拟订建议方案。

（8）接受各预算责任单位的预算调整申请,根据企业预算管理制度进行审查,集中制订年度预算调整方案,报预算管理委员会审议。

（9）协调解决预算编制和执行中的有关问题。

（10）提出预算考核和奖惩方案,报预算管理委员会审议。

（11）组织开展对企业二级预算责任单位(内部各职能部门、所属分公司、子公司等)预算执行情况的考核,提出考核结果和奖惩建议,报预算管理委员会审议。

（12）预算管理委员会授权的其他工作。

（三）全面预算执行机构——预算责任单位

全面预算执行机构是指根据其在企业预算总目标实现过程中的作用和职责划分的、承担一定经济责任并享有相应权力和利益的企业内部单位,包括企业内部**各职能部门、所属分(子)公司**等。企业内部预算责任单位的划分应遵循分级分层、责权利相结合、责任可控、目标一致的原则,并与企业内部机构的设置相适应。根据权责范围,企业内部预算责任单位可分为投资中心、利润中心、成本中心、费用中心和收入中心。

预算责任单位在预算管理部门(预算管理委员会、预算管理办公室)的指导下,组织开展本部门或本企业全面预算的编制工作,并严格执行批准下达的预算。各预算责任单

位负责人应对本单位预算的执行结果负责。各预算责任单位的主要职责如下:

(1) 提供编制预算的各项基础资料。

(2) 负责本单位全面预算的编制和上报工作,将本单位预算指标层层分解,落实到各部门、各环节和各岗位。

(3) 严格执行经批准的预算,监督检查本单位预算执行情况,及时分析、报告本单位的预算执行情况,解决预算执行中的问题。

(4) 根据内外部环境变化及企业预算管理制度,提出预算调整申请。

(5) 组织实施本单位内部的预算考核和奖惩工作,配合预算管理部门做好企业总预算的综合平衡、执行监控、考核奖惩等工作。

(6) 执行预算管理部门下达的其他预算管理任务。

(四) 全面预算管理体制和工作协调机制

企业应在建立健全全面预算管理体制的基础上,进一步梳理、制定预算管理工作流程,按照不相容岗位相分离的原则细化各部门、各岗位在预算管理体系中的职责、分工与权限,明确预算编制、执行、分析、调整、考核各环节的授权批准制度与程序。预算管理各环节的不相容岗位包括预算编制与预算审批、预算审批与预算执行、预算执行与预算考核等。

在全面预算管理各环节中,预算管理部门主要起决策、组织、领导、协调、平衡的作用。企业可以根据自身的组织结构、业务特点和管理需要,责成内部生产、市场、投资、技术、人力资源等各预算归口管理部门负责所归口管理预算的编制、执行、分析等工作,并配合预算管理部门做好企业总预算的综合平衡、执行监控、考核奖惩等工作。

三、全面预算编制环节的主要风险及其控制

预算编制是企业实施全面预算管理的起点,是确定并分解预算目标,结合各部门、各单位的业务计划分配预算指标、配置预算资源的过程。预算编制的合理性、准确性及可行性直接关系到后续执行和考核的成败。

(一) 预算目标的确立与分解

企业的经营总目标设定以后,必须按层次对目标进行逐级分解落实,将总目标自上而下层层展开,从纵向、横向或时序上分解到各级、各部门直至每个人,形成自下而上层层保证的目标体系。

预算目标是全面预算管理的起点,是企业发展战略和经营计划的具体体现。预算目标可分为总目标和具体目标两个层次。预算总目标具有总括性、全局性和方向性等特征,通常表现在企业的一些关键指标上,如销售目标、费用目标、利润目标等。预算总目标必须分解为具体目标,才能方便执行。

预算目标分解是把预算总目标分解成各个具体目标的过程。企业进行预算目标分解的形式主要有两种:一是按时间顺序分解,如把预算目标分成季度预算目标、月度预算目

标等,这样可以监控预算执行的进度;二是按空间关系分解,将预算目标逐层分解落实到每个部门、每个岗位和每个人。预算目标的分解应坚持"纵向到底、横向到边"的原则。所谓"纵向到底",是指从预算总目标开始,自上而下逐级分解,从预算总目标到次级预算目标,再到更次一级的预算目标,最后到个人目标。所谓"横向到边",是指在预算目标的横向分解过程中,每个相关的业务单元和职能部门都要有自己的预算目标,不能出现"盲区"和"失控点"。因此,预算总目标的实现必须有分解后的部门目标(横向的)和层级目标(纵向的)作为支持。

（二）预算编制环节的主要风险

预算编制环节的主要风险有:

（1）预算编制以财会部门为主,业务部门参与度较低,可能导致预算编制不合理,预算管理的责、权、利不匹配。

（2）预算编制范围和项目不全面,各预算之间缺乏整合,可能导致全面预算难以形成。

（3）预算编制所依据的相关信息不足,可能导致预算目标与战略规划、经营计划、市场环境、企业实际等相脱离;预算编制基础数据不足,可能导致预算编制的准确率降低。

（4）预算编制程序不规范,横向、纵向信息沟通不畅,可能导致预算目标缺乏准确性、合理性和可行性。

（5）预算编制方法选择不当或强调单一的方法,可能导致预算目标缺乏科学性和可行性。

（6）预算目标及指标体系设计不完整、不合理、不科学,可能导致预算管理在实现发展战略和运营目标、促进绩效考评等方面的功能难以得到有效发挥。

（7）编制预算的时间太早或太晚,可能导致预算准确性不高,或者影响预算的执行。

（三）预算编制环节的控制措施

针对上述主要风险,企业在预算编制环节应采取以下控制措施:

（1）全面性控制。一是明确企业各部门、各单位的预算编制责任,将企业各部门、各单位的业务活动全部纳入预算管理;二是将企业经营、投资、筹资、财务收支、项目建设等各项经济活动的各个方面、各个环节都纳入预算编制范围,形成由经营预算、投资预算、筹资预算、财务预算、建设预算等一系列预算组成的相互衔接和钩稽的综合预算体系。

（2）编制依据和基础控制。一是制定明确的战略规划,并依据战略规划制订年度经营计划,作为制定预算目标的首要依据,确保预算编制真正成为战略规划和年度经营计划的具体行动方案;二是深入开展外部环境的调研和预测,确保预算编制以科学预测为依据,与市场、社会环境相适应;三是深入分析企业上一期的预算执行情况,充分评估预算期内企业的资源状况、生产能力、技术水平等自身环境的变化,确保预算编制符合企业生产经营活动的客观实际;四是重视和加强预算编制的基础管理工作,包括历史资料记录、定额制定与管理、标准化工作、会计核算等,确保预算编制以可靠、翔实、完整的基础数据为依据。

（3）预算目标及指标体系设计控制。一是按"**财务指标为主体、非财务指标为补充**"的原则设计预算指标体系；二是将企业战略规划、运营目标体现在预算指标体系中；三是将企业各项经济活动的各个环节、各项业务都纳入预算指标体系；四是将预算指标体系与绩效考评指标协调一致；五是按各预算责任单位在工作性质、权责范围、业务活动特点等方面的不同，设计不同或各有侧重的预算指标体系；六是各预算项目的编制应说明计算依据和潜在的影响因素。

（4）编制程序及时间控制。企业应按照**上下结合、分级编制、逐级汇总**的程序编制年度总预算。

（5）编制方法控制。企业应本着遵循经济活动规律，充分考虑符合自身经济业务特点、数据管理水平、生产经营周期和管理需要的原则，选择或综合运用**零基预算、固定预算、增量预算、弹性预算、滚动预算**等方法编制预算。

四、预算审批与下达环节的主要风险及其控制

（一）预算审批与下达环节的主要风险

预算审批与下达环节的主要风险有：

（1）全面预算未经适当审批或超越授权审批，可能导致预算权威性不够、执行不力，或者可能因重大差错、舞弊而导致损失。

（2）全面预算下达不力，可能导致预算执行或考核无据可查。

（3）预算指标分解不够详细、具体，可能导致企业的某些岗位与环节缺乏预算执行和控制依据。

（4）预算指标分解与绩效考评体系不匹配，可能导致预算执行不力。

（5）预算责任体系缺失或不健全，可能导致预算责任无法落实，预算缺乏强制性与严肃性。

（6）预算责任与执行单位或个人的控制能力不匹配，可能导致预算目标难以实现。

（二）预算审批与下达环节的控制措施

针对上述风险，企业在预算审批与下达环节应采取以下控制措施：

（1）全面预算草案完成后，由预算管理委员会提交董事会审批。企业董事会在审核全面预算草案时，应重点关注预算的科学性和可行性，以确保全面预算与企业发展战略、经营计划相协调。

（2）全面预算草案经企业董事会审议批准后形成全面预算方案，并及时以文件形式下达。

（3）全面预算方案一经批准下达，预算管理办公室即应组织培训学习，并以全面预算方案为依据，制订详细可行的预算指标分解计划，将预算指标层层分解，从横向和纵向两个层面落实到内部各部门、各单位和各岗位，形成全方位的预算执行责任体系。

(4)预算管理办公室在时间上将年度预算指标分解细化为季度、月度预算,通过实施分期预算控制,实现年度预算目标。

(5)建立预算执行责任制度,对照已确定的责任指标,定期或不定期地对相关部门及人员责任指标的完成情况进行检查,实施考评。

(6)分解预算指标应遵循定量化、全局性、可控性原则,建立预算执行责任制度。

例如,××地铁集团公司全面预算编制及控制流程如图4-2所示,××地铁集团公司全面预算编制步骤及时间控制如表4-3所示。

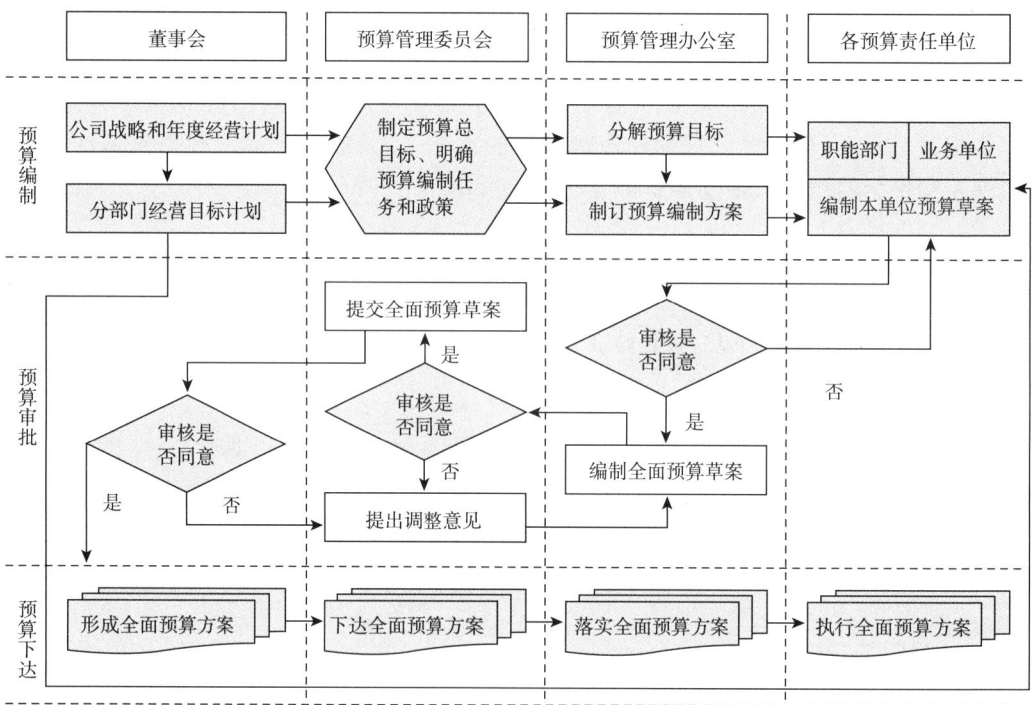

图4-2 ××地铁集团公司全面预算编制及控制流程

表4-3 ××地铁集团公司全面预算编制步骤及时间控制

步骤	主要工作	完成时间	涉及部门	流入文件	流出文件
1	①制定或调整发展战略 ②制订公司年度经营计划 ③分解分部门的经营目标	11月初	董事会	外部环境分析报告、公司内部资源分析报告、公司能力分析报告、经营预测报告等	公司发展战略、年度经营计划、分部门经营计划和目标
2	①制定预算总目标 ②明确预算编制任务 ③制定预算编制政策	11月上旬	预算管理委员会	公司发展战略、公司年度经营计划、分部门经营计划和目标	预算总目标、预算编制任务、预算编制政策

132 内部控制与风险管理(第三版)

(续表)

步骤	主要工作	完成时间	涉及部门	流入文件	流出文件
3	①分解预算目标 ②制订预算编制方案 ③下达预算编制任务	11月中旬	预算管理办公室	预算总目标、预算编制任务、预算编制政策、年度经营计划	预算编制方案、预算编制通知
4	预算责任单位初步填报业务计划表、部门预算草案	11月下旬	各预算责任单位	预算编制方案、预算编制通知、分部门经营计划	预算责任单位业务计划表和费用预算草案
5	①审核业务计划表和费用预算草案 ②协调各预算责任单位预算草案的调整 ③汇总编制全面预算草案	11月底	预算管理办公室	各预算责任单位的业务计划表和费用预算草案	全面预算草案
6	审核全面预算草案,如果认为有必要则提出调整意见	12月初	预算管理委员会	全面预算草案	全面预算草案审核意见
7	沟通、协调、平衡、调整全面预算草案	12月上旬	预算管理办公室 各预算责任单位	全面预算草案审核意见	调整之后的全面预算草案
8	审核全面预算草案,如果认为有必要则提出调整意见	12月中旬	董事会	调整之后的全面预算草案	董事会的全面预算草案审核意见
9	沟通、协调、平衡、调整全面预算草案	12月上旬	预算管理委员会 预算管理办公室 预算责任单位	董事会的全面预算草案审核意见	按董事会意见调整之后的全面预算草案
10	审核、批准全面预算草案	12月中旬	董事会	按照董事会意见调整之后的全面预算草案	经董事会批准的全面预算方案
11	下达、讲解、学习、分解全面预算方案	12月下旬	预算管理委员会 预算管理办公室 预算责任单位	经董事会批准的全面预算方案	将全面预算指标分解至各预算责任单位

五、预算执行环节的主要风险及其控制

全面预算要从"文件"走向"实用",关键在于执行环节。"三分制度,七分执行",再好的制度得不到有效落实,也只能是"纸上谈兵"。预算执行是将经批准的全面预算方案付诸实施的过程,是全面预算管理的核心。全面预算执行的程序包括预算分解、预算下达、

讲解和培训、预算沟通和预算实施。预算分析是通过比较预算的实际执行结果与预算标准之间的差异,分析差异产生的原因,以便采取适当措施予以矫正的行为。

(一) 预算执行环节的主要风险

预算执行环节的主要风险有:
(1) 缺乏严格的预算执行授权审批制度,可能导致预算执行随意。
(2) 预算审批权限及程序混乱,可能导致越权审批、重复审批,降低预算执行效率和严肃性。
(3) 预算执行过程中缺乏有效监控,可能导致预算执行不力、预算目标难以实现。
(4) 缺乏健全、有效的预算反馈和报告体系,可能导致预算执行情况不能及时反馈和沟通,预算差异得不到及时分析,预算监控难以发挥作用。

(二) 预算执行环节的控制措施

针对上述风险,企业在预算执行环节应采取以下控制措施:
(1) 根据全面预算管理的要求,组织各项生产经营活动和投融资活动,严格预算执行和控制。财会部门对预算内各项支出按审批权限、经有关领导审核签字后方可办理借款、报销手续。
(2) 财会部门应加强资金收付业务的预算控制,及时组织资金收入,严格控制资金支付,调节资金收付平衡,防范支付风险;对于超预算或预算外的资金支付,应实行严格的审批制度。同时,建立预算执行实时监控制度,及时发现和纠正预算执行中的偏差。办理各类业务和事项均应符合预算要求,及时制止不符合预算目标的经济行为,确保各项业务和活动都在授权的范围内运行。涉及成本费用的,还应执行相关计划以及定额、定率标准。
(3) 建立严格的授权审批制度,确保各项业务和活动合法合规,与预算目标一致。企业应就涉及资金支付的预算内事项、超预算事项、预算外事项建立规范的授权审批制度和程序,避免越权审批、违规审批、重复审批现象的发生;对于预算内非常规或金额重大的事项,应经总经理审批;对于超预算或预算外事项,应实行严格、特殊的层层审批程序,最后报经总经理审批;金额重大的,还应报经预算管理委员会或董事会审批。预算责任单位提出超预算或预算外的资金支付申请,应提供有关发生超预算或预算外支付的原因、依据、金额测算等资料。
(4) 建立重大预算项目特别关注制度。对于工程项目、对外投融资等重大预算项目,预算管理办公室应密切跟踪其实施进度和完成情况,实行严格监控;借助信息化管理平台,建立预算执行情况预警机制,科学选择预警指标,合理确定预警范围,及时发出预警信号,积极采取应对措施;通过信息技术手段监控预算执行情况,提高预警与应对水平。
(5) 建立健全预算执行情况的内部反馈和报告制度,确保预算执行信息传输及时、畅通、有效。预算管理办公室应加强与各预算责任单位的沟通,运用财务信息和其他相关资料监控预算执行情况,采用恰当的方式及时地向决策机构和各预算责任单位报告、反馈预算执行进度、执行差异及其对预算目标的影响,促进企业全面预算目标的实现。

例如,××地铁集团公司预算执行差异分析如表4-4所示。

表 4-4　××地铁集团公司预算执行差异分析

编号：　　　　　　　　　　预算科目：管理费用　　　　　　　　　单位：元

项目名称	本季度差异数			累计差异数			原因分析	拟采取控制措施
	预算数	实际数	差异额	预算数	实际数	差异额		
职工薪酬								
办公费用								
物料消耗								
周转材料摊销								
车辆维修费用								
折旧费								
差旅费								
招待费								
会务费用								
培训费用								
聘请中介机构费用								
咨询费用(含顾问费)								
诉讼费用								
相关税费								
研究费用								
职工活动经费								
董事会费								
合计								

六、预算分析与调整环节的主要风险及其控制

在预算执行过程中,企业要建立预算执行情况分析制度,定期召开预算执行分析会议,通报预算执行情况,研究、解决预算执行中存在的问题,提出改进措施。另外,企业批准下达的全面预算方案应保持稳定,不得随意调整。市场环境、国家政策或不可抗力等客观因素导致预算执行发生重大差异确需调整预算的,应履行严格的审批程序。预算调整是指经过批准的预算方案在执行中因特殊情况而需要变更现行预算方案的行为。

（一）预算分析与调整环节的主要风险

预算分析与调整环节的主要风险有：

（1）预算分析不正确、不科学、不及时,可能削弱预算执行控制的效果,或者可能导致预算考核不客观、不公平。

（2）对预算差异的解决措施不得力,可能导致预算分析形同虚设。

（3）预算调整依据不充分、方案不合理、审批程序不严格，可能导致预算调整随意、频繁，预算失去严肃性和"硬约束"。

（二）预算分析环节的控制措施

针对预算分析环节存在的风险，企业在预算分析环节应采取以下控制措施：

（1）预算管理办公室和各预算责任单位应建立按季度或月度分析预算执行情况的制度，定期召开预算执行分析会议，通报预算执行情况，研究、解决预算执行中存在的问题，提出改进措施。

（2）定期编制预算执行情况分析报告。各预算责任单位应按规定的格式和内容编制预算执行分析报告，预算管理办公室汇总各预算责任单位的预算执行分析报告，最终形成企业的全面预算执行分析报告。

（3）运用科学的预算分析流程和方法，确保预算分析结果准确、合理。预算分析流程一般包括确定分析对象、收集资料、确定差异及分析原因、提出措施及反馈报告等环节。分析预算执行情况，应充分收集有关财务、业务、市场、技术、政策、法律等方面的信息资料，根据不同情况分别采用比率分析、比较分析、因素分析等方法，从定量与定性两个层面充分反映预算责任单位的现状、发展趋势及其潜力。

（4）及时采取措施恰当地处理预算执行差异。企业应根据造成预算差异的不同原因采取不同的处理措施：因内部执行而导致的预算差异，应分清责任归属，与预算考核和奖惩挂钩，并将责任单位或责任人的改进措施的实际执行效果纳入绩效考评；因外部环境变化而导致的预算差异，应分析该变化是否长期影响企业发展战略的实施，并作为下期预算编制的影响因素。

（5）对预算差异的分析，包括预算不利差异产生的原因、责任归属、改进措施，以及预算有利差异产生的原因和贡献归属。以管理费用中的办公用品消耗为例，预算执行差异可能由消耗数量或采购成本或两者共同引起，消耗数量原因应由使用部门负责，采购成本原因应由采购部门负责。

（6）预算管理办公室应每季度或每月向预算管理委员会提交预算执行分析报告和说明。预算管理办公室应在年度结束后的一段时间内，向预算管理委员会提交上年度企业全面预算完成情况综合分析报告，并由预算管理委员会审议后提交董事会。

（三）预算调整环节的控制措施

为了保证预算的严肃性，强化预算的约束力，全面预算方案一经确定，原则上不予调整。若遇企业体制改革、国家宏观政策大幅调整、自然灾害、并购重组等特殊事项，对经营活动和财务收支产生重大影响，使既定预算确实难以实现，则允许对预算方案进行调整。

预算调整应遵循以下原则和程序进行：

（1）预算调整应符合企业发展战略、年度经营目标和现实状况，重点放在预算执行中出现的重要的、非正常的、不符合常规的关键性差异。

（2）预算调整方案应客观、合理、可行，在经济上能够实现最优化。

（3）预算调整应遵循严格的审批程序：①预算调整申请。调整预算一般由预算责任单位逐级向预算管理委员会提出书面申请,详细说明预算调整理由、调整建议方案、调整前后预算指标的比较、调整后预算指标可能对企业预算总目标的影响等内容。②预算调整审议。预算管理办公室对预算责任单位提交的预算调整报告进行审核分析,集中编制企业年度预算调整方案,提交预算管理委员会审核。③预算调整批准。预算管理委员会对年度预算调整方案进行审议,依据预算调整事项性质或预算调整金额的不同,根据授权进行审批,或者提交董事会审议批准。④预算管理委员会或董事会审批预算调整方案时,应依据预算调整条件并考虑预算调整原则严格把关。对于不符合预算调整条件的,坚决予以否决;对于预算调整方案欠妥的,应协调有关部门和单位研究改进方案,并责成预算责任单位修改后再履行审批程序。⑤审批后的预算调整方案应以文件的形式下达。

例如,××地铁集团公司预算调整申请及审批表如表4-5所示。

表4-5 ××地铁集团公司预算调整申请及审批表

申请部门: 年 月 日

预算项目	
原预算数	
预算增减额	
预算增减幅度	
调整原因	
申请部门负责人审核	签名: 年 月 日
预算管理办公室审核	签名: 年 月 日
预算管理委员会审核	签名: 年 月 日
董事会审核	签名: 年 月 日

七、预算考核与奖惩环节的主要风险及其控制

预算考核是对企业内部各级责任部门、岗位或责任中心的预算执行结果进行考核和评价的过程,是管理者对预算执行者实行的一种激励和约束。在全面预算管理体系中,预算考核与奖惩是承上启下的关键环节。只有把各责任单位的预算执行情况与其经济利益挂钩,做到奖惩分明,才能使各责任单位真正成为集责权利于一体的经济单位,才能最大限度地调动各责任单位及员工的积极性和创造性。全面预算管理也是企业实施绩效管理

的基础,是对部门、岗位和员工进行绩效考评的重要依据。企业将预算考核与绩效管理相结合,可保持全面预算管理的严肃性,起到真正的约束与激励效果。

(一) 预算考核与奖惩环节的主要风险

预算考核与奖惩环节的主要风险有:
(1) 考核主体和考核对象的界定不合理,可能导致预算考核受阻。
(2) 考核指标设计不科学,可能使考核结果不客观、不公正,导致预算考核的权威性受到质疑。
(3) 考核过程不公开、不透明,可能影响考核结果的客观性、公正性。
(4) 奖惩措施不公平、不合理,不能奖罚并举,或者在奖惩实施中添加人情因素,可能导致奖惩结果缺少约束性和公信力。

(二) 预算考核与奖惩环节的控制措施

针对上述风险,企业在预算考核与奖惩环节应采取以下控制措施:
(1) 建立健全并有效实施严格的预算考核制度,按年度对各预算责任单位和个人进行考核,将预算目标执行情况纳入考核和奖惩范围,切实做到有奖有惩、奖惩分明。
(2) 合理界定预算考核主体和考核对象。预算考核主体有预算管理委员会、预算管理办公室和各预算责任单位三个层次。预算考核对象为内部各预算责任单位和相关个人。
(3) 明确预算考核原则,具体如下:①上级考核下级,由上级预算责任单位对下级预算责任单位实施考核。②逐级考核,由预算责任单位的直接上级对其进行考核,间接上级不隔级考核间接下级。③预算执行与预算考核相互分离,预算责任单位的预算考核应由其直接上级进行,不能自己考核。
(4) 科学地设计预算考核指标体系,具体如下:①预算考核指标要以各预算责任单位承担的预算指标为主,同时本着相关性原则,增加一些全局性的预算指标和与其关系密切的相关责任单位的预算指标。②预算考核指标应以定量指标为主,同时根据实际情况辅以适当的定性指标。③预算考核指标应具有可控性、可达到性和明晰性。
(5) 预算考核按年度进行。各预算责任单位应在每年年初向预算管理办公室上报上年度预算执行分析报告。预算管理办公室根据各责任单位的预算执行情况提出初步考核意见,并报预算管理委员会。预算考核表经预算管理委员会审核评议后,如果没有异议则批准公布,并上报董事会备案。
(6) 预算考核过程要公开、公平、公正,具体如下:①将全面预算考核程序、考核标准、奖惩办法、考核结果等及时公开。②预算考核以客观事实为依据。预算责任单位上报的预算执行分析报告是预算考核的基本依据,应经本单位负责人签章确认。预算考核主体应核对各预算责任单位负责人签字上报的预算执行分析报告和已掌握的动态监控信息,确认各责任单位预算的完成情况,必要时进行预算执行情况内部审计。
(7) 奖惩措施要公平合理并及时落实。预算考核结果应与各预算责任单位及其员工薪酬、职位等挂钩,实施预算奖惩。预算奖惩方案应公平合理、奖罚并举,不能只奖不罚或只罚不奖;同时,要注意各部门利益分配的合理性,根据各部门承担工作的难易程度和技术含量合理地确定奖惩差距,还要防止奖惩实施中的人情因素。

例如,××地铁集团公司预算考核指标体系如表 4-6 所示,××地铁集团公司独立核算部门预算考核表如表 4-7 所示。

表 4-6 ××地铁集团公司预算考核指标体系

编号：　　　　　　　　　　　预算年度：　　　　　　　　　　　考核时间：

指标类别	考核指标	预算责任单位	备注
收入类	营业收入	运营公司、土地综合开发事业总部	
	营业收入增长率		
	营业收入毛利率		
	营业收入回款率		
	营业收入坏账率		
成本类	可控成本总额	运营公司、土地综合开发事业总部、建设事业总部	
	可控成本增长率		
费用类	可控费用总额	运营公司、建设事业总部、土地综合开发事业总部、办公室、前期策划部门、纪监审计室、计划财务部门、人力资源部门、合约法规部门、质量安全部门、总工办、发展战略研究中心	
	可控费用增长率		
利润类	息税前利润总额	运营公司、土地综合开发事业总部	
	营业利润		
	资产利润率		
	净资产利润率		
筹资类	新增负债筹资额	计划财务部门	
	新增权益筹资额		
	资产利润率		
	净资产利润率		

注：1. 成本、费用的考核指标体系设计应以可控性为原则。

2. 对运营公司、土地综合开发事业总部的预算考核涉及收入、成本、费用、利润四类指标体系,权重分别为 30%、30%、30%、10%；对建设事业总部的预算考核涉及成本、费用两大类指标体系,权重分别为 80%、20%；对计划财务部门的预算考核涉及筹资、费用两大类指标体系,权重分别为 80%、20%；对其他各职能部门的预算考核仅涉及费用类指标体系。

表 4-7 ××地铁集团公司独立核算部门预算考核表
(适用于运营公司和土地综合开发事业总部)

编号：　　　预算责任单位：　　　预算年度：　　　考核时间：

指标类别	指标	实际数	预算数	差异额	差异率	指标权重	原因分析	备注
收入类	营业收入							
	营业收入增长率							

(续表)

指标类别	指标	实际数	预算数	差异额	差异率	指标权重	原因分析	备注
	营业收入毛利率							
	营业收入回款率							
	营业收入坏账率							
成本类	可控成本总额							
	可控成本增长率							
费用类	可控费用总额							
	可控费用增长率							
利润类	息税前利润总额							
	营业利润							
	资产利润率							
	净资产利润率							
综合考核结果								

注：1. 差异额＝实际数－预算数；差异率＝差异额/预算数。

2. 收入类、利润类预算指标，差异额为正数表示有利差异，差异额为负数表示不利差异；成本类、费用类预算指标，差异额为正数表示不利差异，差异额为负数表示有利差异。

3. 综合考核结果中的差异额(率)＝不利差异额(率)×对应指标的权重－有利差异额(率)×对应指标的权重。

4. 预算考核结果分为优秀、良好、合格、不合格四个等级。不利差异率达到10%(含)以上的，为不合格；不利差异率达到5%以上(含)、10%以下(不含)的，为合格；不利差异率在5%以下(不含)的，为良好；出现有利差异的，为优秀。

5. 预算考核结果为优秀的部门，部门全体员工的年终奖金按120%发放；预算考核结果为良好的部门，部门全体员工的年终奖金按110%发放；预算考核结果为合格的部门，部门全体员工的年终奖金按100%发放；预算考核结果为不合格的部门，部门全体员工的年终奖金按90%发放。

本章小结

控制活动是为了应对风险，帮助管理层实现控制目标，确保其指令得以贯彻实施的政策、程序和方法。控制活动要求企业根据风险评估结果，结合风险应对策略，通过人工控制与自动控制、预防性控制与发现性控制相结合的方法，采用相应的控制措施，将风险控制在可接受水平之内，以促进内部控制目标得以实现。常用的控制措施一般包括不相容岗位分离控制、授权审批控制、会计系统控制、财产保护控制、运营分析控制、绩效考评控制、文件记录控制、信息技术控制和预算控制等。

全面预算是指企业对一定期间的经营活动、投资活动、筹资活动等作出的预算安排。全面预算管理不仅是一种有效的内部控制工具，还是一种很好的风险控制手段。同时，全面预算管理自身各环节也面临种种风险和不确定性，需要进行风险控制。企业实施全面预算管理,必须突出风险控制的导向性,从识别和分析全面预算管理各环节的主要风险入手,采取有针对性的控制措施,切实提升全面预算管理实施的效率和效果。

思考题 >>>

1. 什么是预防性控制?什么是发现性控制?两者有何区别?
2. 在不相容岗位分离控制中,以采购业务为例,常见的不相容岗位有哪些?
3. 在授权审批控制中,授权类别一般包括哪些?
4. 在财产保护控制中,常见的财产保护控制方法有哪些?
5. 会计系统控制作为基础性的控制活动,应从哪些方面做好相关风险的控制工作?
6. 全面预算管理与企业发展战略及企业年度经营计划有什么关系?
7. 企业在实施全面预算管理过程中面临的主要风险有哪些?
8. 大型企业应如何设置全面预算管理的组织体系?
9. 在全面预算管理过程中,预算编制环节的主要风险有哪些?如何控制这些风险?

案例讨论 >>>

柳江公司是一家上市公司,生产的系列产品每年都有所增加,由于销路较好,基本上保持着产销平衡。公司董事会在审核批准年度财务报告时发现,公司业务招待费超过税法规定的税前扣除标准很多,导致公司以税后利润支付了部分业务招待费;以税后利润支付的还有税法规定不允许在税前扣除的两笔赞助费支出,董事会对此也提出了质疑。当进一步与公司管理费用分析表及营业外支出明细表核对时发现,业务招待费不但没有超过预算,还比全年预算数少支出了 20 余万元;营业外支出中的赞助费支出没有列入预算,年初没有预算数。为此,董事会授权公司内部审计部门对公司的费用预算控制进行调查,并提出改进公司预算管理的建议。内部审计部门经调查了解到下列情况:

(1) 鉴于业务招待费的预算数高于税前扣除标准,内部审计人员向会计部门了解了预算的编制情况。会计部门称,编制预算时没有考虑税前扣除标准,也没有进行总体平衡,业务招待费的预算数是将各职能科室和业务部门的业务招待费预算相加得来的。

(2) 各职能科室的业务招待费预算是在上年度预算的基础上加 5% 确定的;业务部门的业务招待费预算是根据业务水平分别确定了相应的预算数,但在汇总时是按最高的预算数进行合并计算的。

(3) 各职能科室都知道业务招待费预算的编制方法。个别部门年底前费用预算没有用完,由于担心预算结余会影响下一年的预算,就在年底前慷慨地请客、送礼、大吃大喝,直到接近或达到预算,因为只要没有超过预算数会计部门就允许报销。因此,12 月发生的业务招待费支出是全年最多的。

(4) 业务部门的业务招待费预算虽然有多个控制标准,但会计部门并没有根据这些部门的业务量进行控制。当业务部门的业务招待费支出超过预算上限时就申请调整预算,会计部门一般情况下都会同意调整。

(5) 内部审计人员查阅了预算批准文件,发现当年的年度费用预算没有按规定经过经理会议讨论批准,而是会计部门将编制完成的预算交由总经理批准的。内部审计人员还了解到,两笔赞助费支出没有按规定提交公司董事会批准,由总经理签署了同意支付的批准文件。由于是总经理的决定,因此没有人对这两起事件提出异议。

要求:

（1）常用的预算编制方法有哪些？柳江公司的业务招待费预算编制采用了其中的哪些预算编制方法？

（2）根据上述资料,请你指出柳江公司在费用预算控制方面存在的问题。

（3）从预算组织情况来看,你认为柳江公司的预算管理是否合理？

（4）针对柳江公司的情况,你认为应怎样加强费用预算控制？

第五章　信息与沟通

学习目标

1. 了解信息与沟通的重要性，提高媒体素养与意识形态安全观念。
2. 理解信息与沟通的概念及特征，坚持诚实守信、公开透明，努力传递正能量。
3. 熟悉和掌握信息与沟通的过程及方式，积极承担社会责任，增强公民意识，传播正面信息，抵制不良内容，维护新媒体时代的网络清朗。
4. 了解信息与沟通过程中的主要障碍及其应对措施，提升语言表达和沟通协调能力。
5. 熟悉信息收集与传递的总体风险和管控要求，遵守信息安全和隐私保护规定。
6. 熟悉内部信息传递各环节的主要风险及其控制，加强不同层级和部门间的沟通，培养团队协作精神。

引导案例

贾明是公司销售部门的一名员工，为人比较随和，和同事的关系较好。但是，前一段时间，不知道为什么，同一部门的李楠总是处处和他过不去，有时还故意在别人面前指桑骂槐，与他合作的工作任务也有意让贾明做得多，甚至还抢了贾明的好几个老客户。

起初，贾明觉得都是同事，没什么大不了的，忍一忍就算了。但是，后来发现李楠越来越过分，贾明一赌气就告到经理那了。经理把李楠批评了一通。从此，贾明和李楠就成了冤家对头。

贾明遇到的这种事在工作中很常见。在一段时间里，李楠对贾明的态度大变，贾明应有所警觉，留心是不是哪里出了问题，但他却选择一味地忍让。忍让不是解决问题的好办法，更重要的是要多沟通。贾明应考虑是不是两人之间有一些误会，可以和李楠聊聊是不是自己有什么地方做得不对，让他难堪了。小矛盾和一些误会在初期通过及时沟通很容易消除；不要到了忍不下去的时候，才选择告状。此外，向主管说明情况，不能说方法不对，关键是怎么处理。在这个案例中，贾明、李楠、经理三人都没有坚持"对事不对人"的沟通原则。经理对李楠的批评过于草率，没有起到调解作用，反而加剧了两人之间的矛盾；经理应通过耐心细致的思想工作，帮助两人解开产生误会、矛盾的疙瘩。

企业活动需要协同,协同需要信息与沟通,管理和控制也随时需要信息与沟通。美国著名学者约翰·奈斯比特指出:未来竞争是管理的竞争,竞争的焦点在于每个社会组织内部成员之间及其与外部组织之间的有效沟通。沟通不畅、信息受阻是多数企业存在的通病。企业结构越复杂,沟通就越困难。例如,基层的许多建设性意见不能及时反馈至高层决策者,有些意见在反馈的过程中甚至被层层扼杀;而决策层的政策在传达的过程中,常常无法以原貌展现给基层员工。

第一节 信息与沟通概述

21世纪是社交化的社会,我们在工作和生活中每一天都会与别人交流。沟通是我们工作、生活的润滑油,随时随地与我们相伴。**沟通是消除隔阂、达成共同愿景、朝着共同目标前进的桥梁和纽带。**企业规模越大,组织结构越复杂,管理和控制的难度越大,信息与沟通就越重要。

一、信息与沟通的概念、特征及重要性

信息同粮食、能源一起被列为人类赖以生存的三大资源。信息是客观世界中事物特征、状态及发展变化的直接或间接反映,是影响信息使用者分析和决策的证据。我们的生活和工作中充满着各种信息:新闻、消息、情报、数据、资料、现象、事物、主题、声音、图像、文字、信号、指令、符号……

信息(information)和数据(data)是有区别的。数据是对某种情况或经济活动的记录,包括数值数据(如各种统计资料数据等)和非数值数据(如图像、表格、文字和特殊符号等);而信息则是数据经加工处理后对决策有参考价值的证据,是与信息使用者相关的一种资源。

信息的类别非常多,按来源可分为内部信息和外部信息。内部信息如财务会计资料、经营数据、管理资料、人员报告、调研报告、专项信息等;外部信息如经济形势、社会文化、科技进步、监管要求、金融政策、市场动态、行业资讯、客户投诉、供应商信用等。信息的其他分类如下:按规范性,可分为格式化信息与非格式化信息;按描述性,可分为定量信息和定性信息;按描述字符,可分为文字信息与数字信息;按重要性,可分为重要信息与次要信息;等等。

沟通是将某一信息传递给接收对象,期望它作出预期反应的过程,是传递信息、交换思想、说明观点、表达需求、阐明意愿、增进理解、达成共识的过程。

在企业内部控制中,信息与沟通的对象主要是各种管理信息。管理信息是人们在整个管理过程中收集、加工、输入、输出的各类信息的总称。管理信息可以从不同角度进行分类,如自然信息和社会信息、内部信息和外部信息、固定信息和变动信息、预知信息和突发信息,等等。

要准确地理解信息与沟通的含义,应注意以下五点:

(1)信息与使用者的决策需求相关。正确的决策依赖于充分的、高质量的信息,信息

又是通过决策来体现其自身价值的。

（2）沟通首先是信息的传递,如果信息没有被传递,沟通就不会发生。

（3）成功的沟通不仅需要信息被传递,还需要信息被理解。

（4）沟通的主体是人,即信息与沟通主要发生在人与人之间。

（5）信息与沟通具有时效性,延迟的信息与沟通会降低其功效,甚至可能起到截然相反的作用。

信息与沟通作为内部控制的要素,对于企业上下准确地理解企业决策、有效地执行企业决策、激励员工履职敬业、积极地化解管理矛盾等具有重要意义,能够显著提高内部控制的效率和效果。正如沃尔玛创始人山姆·沃尔顿所说:"如果一定要将沃尔玛的管理体系浓缩成一种思想,那可能就是沟通。因为它是我们成功的真正关键因素之一。"通用公司前CEO应飞曾说:"根据四十多年的管理工作经验,我发现所有的问题归结到最后都是沟通问题。"英国著名学者帕金森也说:"未能有效地沟通而造成的真空,将很快充满谣言、误解和废话。"有研究表明,人们除睡眠外,70%的时间用在沟通上,余下的30%用在分析和处理相关事务上;普林斯顿大学的一个研究小组对1万份人事档案进行分析,发现"智慧""专业技术""经验"只占成功因素的25%,其余75%取决于良好的人际沟通;哈佛大学的一项调查结果显示,在500名被解雇的劳动者中,因人际沟通不畅而导致工作不称职者占82%。由此可见,信息与沟通在企业内部控制和风险管理中的重要性。

二、信息与沟通的过程及方式

如图5-1所示,信息与沟通的过程大致分为传递和反馈两个阶段,包括信息源（需要向对方传达的内容）、信息发送者编码（采用某种形式来传递信息的内容,如符号、文字、言语、眼神、动作、声音、视频等）、传递通道（如快递、电波、电视、广播、报纸、QQ平台、微信平台等）、信息接收者解码（接收者分析和理解所收到信息的内容与内涵）、信息接收者反馈（如按照指令采取某种行动、向信息发送者发送友好的祝福以表达感谢等）。信息与沟通的效率和效果受到各种噪声的干扰,如信息发送者的表达能力、信息接收者的理解能力等。

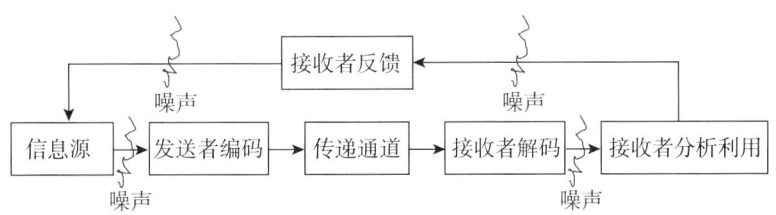

图5-1 信息与沟通的过程

借助大数据和现代信息技术,沟通的方式多种多样,可以从多个角度进行划分。

（1）按沟通的对象,可分为内部沟通和外部沟通。内部沟通是存在于组织内部各管理层级、责任单位、业务环节之间的沟通,如开会学习董事会决策精神,培训新员工学习企业文化,等等;外部沟通是组织与外部单位或人员之间的沟通,如企业与投资者、债权人、客户、供应商、监管机构、审计师、律师等的沟通。

（2）按沟通的方向，可分为横向沟通和纵向沟通。横向沟通又称平行沟通，是指处于同一层级的组织、单位或个人之间的信息传递和交流；纵向沟通又称垂直沟通，是指上下级之间的信息传递与交流，又可细分为上行沟通（如向上级汇报工作）和下行沟通（如向下逐级传达文件）。

（3）按是否存在互动，可分为单向沟通和双向沟通。单向沟通是接收者没有反馈的信息沟通，如通过广播、电视、报纸发布公告；双向沟通是存在互动过程的沟通，如谈话沟通、互动课堂、电话交流等。

（4）按沟通手段，可分为语言沟通和非语言沟通。语言沟通又可细分为口头沟通和书面沟通；非语言沟通，如表情、手势、眼神等。

（5）按是否正式，可分为正式沟通和非正式沟通。正式沟通，如采用文件、书信、快报、会议、报告、手册、公告等方式进行的沟通；非正式沟通，如采用微信和 QQ 等聊天平台、电话、短信等方式进行的沟通。

三、信息与沟通的主要障碍及其应对措施

如图 5-1 所示，信息与沟通的过程充满着各种噪声，直接影响着沟通的效率和效果。

（一）信息与沟通的主要障碍

从信息与沟通的过程来看，影响沟通效率和效果的主要因素有以下五个方面：

（1）**信息的长度和复杂程度。信息越复杂、越难以被传递，传递过程中丢失和扭曲的信息就会越多；信息过载，一次试图传递太多的信息，信息传递的效率和效果就会降低。**例如，有个故事叫"上校的命令"。一个上校向他的执行官发布命令："晚上 8 点左右我们会在这个地区看见哈雷彗星，这种现象大约 75 年才出现一次。让所有人身着军装在原地解散，我将向他们解释这种罕见的现象。如果下雨，我们什么也看不见，那就让大家在礼堂集合，我给他们放映有关的影片。"执行官对连长说："上校命令，明天晚上 8 点哈雷彗星将在营地上空出现。如果下雨，全体着装原地解散，然后列队去大礼堂，在那里这种 75 年才发生一次的罕见现象将出现。"连长对少尉说："按上校的命令，明天晚上 8 点着装，哈雷彗星将在礼堂出现，如果下雨，上校将发布另一个命令，75 年才会发生一次。"少尉对上士说："明天晚上 8 点上校将同 75 年才出现一次的哈雷彗星一起在礼堂出现，如果下雨，上校将命令哈雷彗星进入营地。"上士对士兵说："明天晚上 8 点下雨时，少见的哈雷将军将由上校陪同，驾驶他的彗星着装穿过礼堂营地。"这个故事说明，信息越复杂、越难以被传递，传递层级越多，信息损失就越多。

（2）**信息发送者的个人特质。信息发送者的个人特质直接影响信息传递的质量。信息发送者的表达能力越强、人品越好、专业性越强、职务层级越高、名气越大，信息传递的效率和效果越好。**例如，产品代言人的名气越大，效果越好；权威专家对专业标准的解读要比普通工作人员强很多；正直、诚信和品德高尚的人发布的消息比较有说服力；等等。信息发送者的表达能力也是直接影响信息传递质量的关键因素。信息发送者用词不当、词不达意、断章取义、口齿不清、语速过快、字体难辨、观点含糊、逻辑混乱等都可能降低信

息传递的效率和效果。

（3）**信息接收者的个人特质**。信息接收者的受教育水平、知识结构、接受能力、理解能力、专业经验、年龄背景等个人特质都直接影响信息接收的完整性和信息理解的准确性。专业经验不足、理解能力差等都可能降低信息接收的效率和效果。例如，知识结构和工作经验不足直接影响对专业标准的理解；年纪较大的人对新技术、新事物的敏感性会降低，接受过程较慢；等等。

（4）**信息传递的方式和渠道**。信息传递渠道和沟通方式选择不当也会引起沟通障碍。例如，涉及商业秘密的信息，不宜采用电子邮件、QQ、微信等保密性差的方式传递；投诉和举报电话、信箱应尽可能广泛地传播，不应仅停留在纸质文件上；对出席公司年会的重要嘉宾，应以请柬等书面形式正式邀请；讨论复杂问题的解决方案时，可选择召开研讨会进行沟通；在小范围内沟通简单问题时，可采用电子邮件、短信等比较经济的方式；等等。

（5）**其他干扰因素**。例如，沟通涉及层级的多少、组织架构、环境噪声、企业文化、外部压力等都可能影响信息与沟通的效率和效果。

（二）提升信息与沟通的效率和效果的对策

提升信息与沟通的效率和效果的对策主要有以下四个方面：

（1）**学会倾听**。多数情况下的沟通是互动过程，学会有效地倾听既是技能，又是修养。有效地倾听，应认真地听、用心感受、大脑思考、适当记录、眼神交流、积极互动、概括复述重要内容，并与自己的经历体会进行比较。沟通过程应避免不付出任何努力地被动听、假装倾听或只听自己感兴趣的内容。

（2）**提升表达能力**。表达能力是人工作和生活的关键技能，一句话既可以架起友谊的桥梁，又可能成为隔阂的藩篱。语言表达有很多技巧和艺术。例如，大事一定要清楚地说，小事可以幽默地说，没把握的事谨慎地说，没发生的事不要胡说，做不到的事别乱说，伤害人的话不要说，讨厌的事对事不对人地说，开心的事看场合说，伤心的事不要见人就说，别人的事小心地说。再如，说话时将"但是"换成"也"，沟通的效果可以显著提升。"你说得很有道理，但是……"，实际上是指你说得没道理。若把"但是"换成"也"，沟通的效果就不一样了："您说得有道理，我这里也有一个蛮好的主意，我们不妨再议一议，如何？"

（3）**多用积极的肢体语言**。积极的肢体语言有精力集中、神情专注、恰当的表情和目光接触、思考性地点点头、身体正面朝向对方、身体适度前倾、表示理解的附和等；消极的肢体语言有身体远离对方、捂着鼻子、目光游离、手捂嘴巴、握紧拳头、烦躁地走动、玩弄手机、频繁看表、不停眨眼、乱写乱画等。

（4）**营造良好的沟通环境**。沟通前营造良好的沟通环境十分重要。例如，认真准备、尊重对方、面带微笑、相互信任、理解宽容、换位思考、建立感情、关闭手机、自我克制、不轻易打断对方、选择友好轻松的场所等。

四、企业应建立健全信息与沟通机制

信息与沟通机制是企业及时、准确地收集、传递与内部控制相关的信息,确保信息在企业内部、企业与外部之间进行有效沟通的基础,是实施内部控制的重要条件。

企业内部各部门及管理层级之间应建立良好的沟通机制。不同部门之间、员工之间应处理好沟通协作问题。企业内部的合理竞争有助于企业发展,但各部门之间、各岗位之间的沟通障碍也会影响企业发展,给企业带来损害。

站在企业内部控制的角度来说,**信息与沟通要素的建设一般包括信息收集、内部沟通、外部沟通、媒体宣传、反舞弊机制、信息系统等**。

(一)信息收集

信息收集是指企业通过各种方式获取所需要的信息。信息收集是信息得以有效利用的前提,信息收集工作的好坏直接关系到整个信息管理工作的质量。信息可以分为原始信息和加工信息两大类。原始信息是指在经济活动中直接产生或获取的数据、概念、知识、经验及其总结,是未经加工的信息。加工信息是指对原始信息进行加工、分析、改编和重组而形成的具有新形式、新内容的信息。企业在日常生产经营和管理控制中应收集各种内部信息和外部信息,并对这些信息进行合理筛选、核对、整合,以提高信息的有用性。企业可以通过财务会计资料、经营管理资料、调研报告、专项信息、内部刊物、办公网络等渠道获取内部信息,还可以通过行业协会组织、社会中介机构、业务往来单位、市场调查、来信来访、网络媒体及有关监管部门等渠道获取外部信息。

企业收集信息时,应注意信息的质量,坚持准确性、全面性、时效性、适当性等原则,收集高质量的内部信息和外部信息。

(二)内部沟通

信息的价值只有通过传递和使用才能体现。企业应将内部控制相关信息在内部各管理层级、责任单位、业务环节之间进行沟通和反馈。企业可以采取互联网、电子邮件、电话传真、信息快报、例行会议、专项报告、调查研究、员工手册、教育培训、内部刊物、内部网络等多种方式,使所需的内部信息、外部信息在企业内部准确、及时地传递和共享,确保董事会、经理层和企业员工之间进行有效的沟通。企业的重要信息必须及时传递给董事会、监事会和经理层。

企业沟通的效率和效果直接影响内部控制的有效性。畅通而有效的内部沟通有利于信息在企业内部充分地流动和共享,有利于提高工作效率,有利于增强民主管理,改善员工关系,增强员工参与度、归属感、荣誉感和责任心,有利于企业上下统一思想和行动,对于促进企业目标的实现能够起到事半功倍的作用。企业可以利用会议、报告、培训、调查、访谈、信件、内刊、手册、展板等正式渠道进行沟通,也可以利用旅游、晚会、节庆、微信、QQ等非正式渠道进行沟通。沟通过程中发现的问题,相关人员应及时报告并加以解决。

企业应建立有效的内部沟通制度,培育良好的沟通规则,约束沟通中的不良行为,促

进员工行为的一致性,提高企业沟通的效率和效果。在现代企业管理中,企业文化和价值理念等软约束对员工的引领作用已经超越权力、等级、制度等硬约束的规范作用。企业领导、部门主管要与时俱进地树立以人为本的理念,对下属的管理应主要体现在工作方向和企业目标上,采取的手段应体现在文化引导和人格魅力感染上,要合理运用手中的职权,学会当教练而不是当家长,信任下属并放权给他们,让他们在企业统一价值理念和整体目标的指引下自主地开展工作,以激励他们的主动性和创造性,充分发掘自身潜能;同时,应扩大下属的知情权和参与权,提高决策的透明度。

（三）外部沟通

企业有责任建立良好的外部沟通渠道,对外部有关方面的订单、建议、投诉和其他信息进行记录,并及时处理和反馈。外部沟通应重点关注以下八个方面:

(1) 与投资者沟通。企业应按《中华人民共和国公司法》《中华人民共和国证券法》等法律法规、公司章程的规定,通过股东会、投资者会议、定向信息报告等方式,及时向投资者报告企业的战略规划、经营方针、投资计划、融资计划、年度预算、经营成果、财务状况、利润分配方案,以及重大担保、合并分立、资产重组等方面的信息,听取投资者的意见和要求,妥善处理企业与投资者的关系。

(2) 与债权人沟通。企业可通过信函、会谈、电话、传真等方式,与债权人就账目核对、信用额度、贷款安排、债务清偿等进行定期或不定期的沟通,妥善处理企业与债权人的关系,维持或提升企业的信用和形象。

(3) 与客户沟通。企业可通过座谈、走访、专题调研等形式,定期听取与收集客户对消费偏好、销售政策、产品质量、售后服务、货款结算等方面的意见和建议,妥善解决可能存在的控制不当的问题。

(4) 与供应商沟通。企业可通过供需见面会、订货会、业务洽谈会等形式与供应商就供货渠道、产品质量、技术性能、交易价格、信用政策、结算方式等问题进行沟通,及时发现并妥善解决可能存在的控制不当的问题。

(5) 与监管机构沟通。企业应及时向监管机构了解监管政策、监管要求及其变化情况,并相应地完善自身的管理制度;同时,应认真了解自身存在的问题,积极地反映诉求和建议,努力加强与监管机构的协调。

(6) 与外部审计师沟通。企业应定期与外部审计师进行会晤,听取外部审计师有关财务报表审计、内部控制等方面的建议,以保证内部控制的有效运行及双方工作的协调。

(7) 与律师沟通。企业可根据法定要求和实际需要,聘请律师参与重大业务、项目和法律纠纷的处理,并保持与律师的有效沟通。

(8) 公共关系协调。企业应关注与当地社区及社会公众的沟通,特别是当企业面临征地拆迁补偿、环境责任事件纠纷等问题时,应妥善处理好公共关系。

（四）媒体宣传

随着社交网络、搜索引擎、网络杂志、QQ、微信等信息传播方式的迅速发展,信息传播已从纸质媒介进入传播速度更快、覆盖范围更广、内容更丰富、受众更广泛的新媒体时代。

在新媒体时代,企业要更加重视对外宣传和与媒体的沟通,与媒体保持适度的联络关系,避免出现媒体关系不融洽。企业对外宣传不当、应对媒体准备不充分、与媒体沟通不畅,可能导致媒体误解,从而带来不实报道,损害企业声誉。

根据对外宣传工作的需要,企业可以分别按日常信息、突发事件相关信息及专项信息的管理要求,及时收集和沟通与本单位有关的信息。日常信息包括日常生产经营情况、财务状况、价格政策、安全环保、科技进步、工程进展、重大合同、重大合资合作、公益事业、涉及本单位及同类单位的媒体报道和舆情等;突发事件相关信息是指在不可预见情形下发生的、经预判可能产生大规模社会负面影响、对企业形象造成损害或影响正常生产经营活动的事件所涉及的信息,如生产事故、金融财务、公共卫生、群体事件、涉外事件、媒体事件、竞争合作和自然灾害等;专项信息是根据企业对外宣传工作的需要,相关单位按要求向企业宣传部门呈报的信息。

如果发生可能带来重大负面影响的事件,则企业应加强舆情管理,重视与媒体的沟通,及时向利益相关者和主流媒体澄清事实真相,积极采取措施降低负面影响,安抚公众情绪,挽回企业声誉和损失。

在重大危机面前,为引导企业转"危"为"机",可遵循以下处理原则:

(1) TTT(tell the truth)原则,即告诉公众真相,不要试图谎报和瞒报。要想让谣言无处可藏,就让真相大白于天下。在拥有新媒体的今天,事件是透明的,没有什么秘密可以一直隐瞒下去。

(2) OOO(only one out)原则,即唯一而权威的新闻出口。危机发生后,要迅速抢占舆论的桥头堡,由权威人士通过官方主流媒体对外发布新闻,并确保信息的权威可靠,其他人员未经审核和批准不得对外散布消息。

(3) FFF(first person, first time and first place)原则,即第一负责人在第一时间到达现场。事件发生后,相关单位或部门主要负责人反应要快,负责人和领导要迅速到达现场指挥应对。

(4) PPP(people, people and people)原则,即救人优先,人的生命安全和身体健康高于一切。

(5) SAS(see and seen)原则,即让公众看到希望,人们正在努力,事情正在向好的方向转变。

(五) 反舞弊机制

如果信息沟通机制不畅通,就会产生信息不对称问题,舞弊发生的机会就会增大。舞弊是企业董事、监事、经理、其他高级管理人员、员工或第三方使用欺骗手段获取不当或非法利益的故意行为,是企业应重点控制的领域之一。建立反舞弊机制对于企业防范、发现和处理舞弊行为具有重要意义。

企业应建立反舞弊机制,坚持惩防并举、重在预防的原则,明确反舞弊工作的重点领域、关键环节及有关机构在反舞弊工作中的职责权限,规范舞弊案件的举报、调查、处理、报告和补救程序。企业应明确举报、投诉的处理程序、办理时限和办理要求,确保举报、投诉成为企业有效掌握信息的重要途径。为了确保反舞弊工作落到实处，企业应建立举报投诉制度和举报人保护制度，设置举报信箱和投诉热线，鼓励员工及其他利益相关者举报与投诉企业内部的违法违规、舞弊和其他有损企业形象的行为。落实举报人保护制度是举报投诉制度有效运行的关键，举报投诉制度和举报人保护制度应及时传达至全体员工。企业应定期召开反舞弊情况通报会，由审计部门通报反舞弊工作情况，分析反舞弊形势，评价现有的反舞弊控制措施和程序。

反舞弊工作的重点包括以下四项：

（1）未经授权或者采取其他不法方式侵占、挪用企业资产，牟取不当利益。例如，管理人员利用职务之便，把企业资产贱卖给他人从中套取好处；企业员工经常私用公车；员工使用企业的钱炒房或炒股；等等。企业应关注和监督重大不寻常交易及各管理层级的审批、授权、认证等，防止企业资产被侵占、资金被挪用等情况发生。

（2）在财务报告和信息披露等方面存在虚假记载、误导性陈述或重大遗漏等。例如，企业编制虚假财务报告以获得银行贷款；上市公司发布虚假财务报告以操纵股价，从股价波动中获利；等等。审计委员会应复查内部审计收集的信息，监督管理层对财务报告施加不当影响的行为，审核企业的重大会计政策变更和异常会计事项，防止虚假财务报告的出现。

（3）董事、监事、经理及其他高级管理人员滥用职权。因为信息不对称，董事、监事、经理及其他高级管理人员可能发生道德风险和逆向选择，滥用职权是其中的表现之一，是内部控制较难控制的行为。企业应健全公司治理机制，做好高管团队的激励和约束工作。

（4）相关机构或人员串通舞弊。如果忽视对员工正直、诚信及道德价值观的培育，或者内部监督、监察不到位，就很可能发生相关机构或人员串通舞弊的情况，不相容岗位分离控制就会失效。

（六）信息系统

为了提高沟通的效率和效果，企业应利用信息系统促进信息的集成与共享，充分发挥信息技术在信息沟通中的作用，建立与经营管理相适应的信息集成与共享平台，以提高沟通的便利性和有效性。

第二节　内部信息传递

内部信息传递是企业内部各管理层级、各部门、各岗位之间传递生产经营和管理信息的过程。内部控制离不开信息的传递和沟通，信息在企业内部有目的地传递，对贯彻落实企业的发展战略和经营计划、执行企业的全面预算、识别企业生产经营活动中的内外部风险具有重要的作用。

一、信息收集与传递的总体风险和控制要求

为了更好地服务于企业的生产经营和管理决策，企业应做好各项内部报告工作，从各

种渠道获取相应的信息。企业内部信息有来自一线业务人员根据市场或业务工作整理的信息,也有来自管理人员根据相关内部信息而对所负责部门形成的指示或情况通报等。尽管有关信息的来源、内容、提供者、传递方式和渠道等各不相同,但收集和传递相关信息至少应关注以下总体风险:

(1) 内部报告系统缺失、功能不健全、内容不完整,可能影响生产经营有序地运行。

(2) 内部信息传递不通畅、存在"信息孤岛",可能导致决策失误、相关政策措施难以落实。

(3) 信息收集和处理不及时、不准确、不适用,导致信息无效。

(4) 内部信息传递中泄露了商业秘密,可能削弱企业的核心竞争力,也可能遭受监管处罚(例如,上市公司高管泄露内幕消息等)。

为了应对信息收集与传递的总体风险,企业应采取以下控制措施:

(1) 明确内部信息传递的控制目标。"目标—现状—差异—行动"是任何管理行为的基本逻辑,面对信息收集与传递风险,企业首先应明确内部信息收集与传递的控制目标。这些控制目标一般包括:建立合理规范的内部信息报告流程,确保信息沟通及时、准确,确保内部信息得到及时处理,确保内部信息报告机制能有效地发现舞弊行为,确保内部资料不被泄露,等等。

(2) 核实信息的真实性和准确性。虚假或不准确的信息将严重误导信息使用者,甚至导致决策失误,造成损失。信息收集者和传递者应加强对信息源的核实与查验,确保信息与所要表达的现象和状况一致,若不能真实地反映所描述的经济事项,就不具有可靠性。

(3) 注意信息的及时性和有效性。如果信息未能及时提供,或者信息不具有相关性,或者相关信息未被有效利用,则都可能导致企业决策延误,经营风险增加,甚至可能使企业较高层次的管理陷入困境。信息收集者和传递者应关注信息的及时性与相关性,以便管理者对实际情况进行及时、有效的控制和矫正,从而提高信息支持决策的有效性。只有那些切合具体任务和实际工作、符合使用者需求的信息,才是具有使用价值的。

(4) 做好涉密信息的保密工作。企业内部的运营情况、技术水平、财务状况和有关重大事项等通常涉及商业秘密,内幕信息知情者(包括董事、监事、高级管理人员及其他涉及信息披露有关部门的涉密人员)都负有保密义务。这些内部信息一旦泄露,就可能使企业的商业秘密被竞争对手获知,导致企业处于被动境地,甚至造成重大损失。

二、内部信息传递流程

内部信息通常以内部报告的形式传递,企业内部报告可分为定期报告和即时报告。定期报告是提供企业在某一时段内业务运转、生产经营和管理情况的周期性信息报告,通过周报、月报、季报等形式报告。常见的内部定期报告有生产经营统计报告、经济运行分析报告、财务相关报告、生产情况报告、研发情况报告、材料采购报告、设备运行报告、人力资源报告、应收账款报告等。即时报告是对企业在生产经营和管理过程中遇到的可能对企业运营产生重大影响的突发情况的说明等内部资料,例如采购价格调整报告、安全事故报告、质量事故说明等。

企业应加强内部报告管理,全面梳理内部信息传递过程中的薄弱环节,建立科学的内部信息传递机制,明确内部信息传递的具体要求,关注内部报告的有效性、及时性和安全性,促进内部报告的有效利用,充分发挥内部报告的作用。企业内部信息传递的一般流程如图5-2所示。

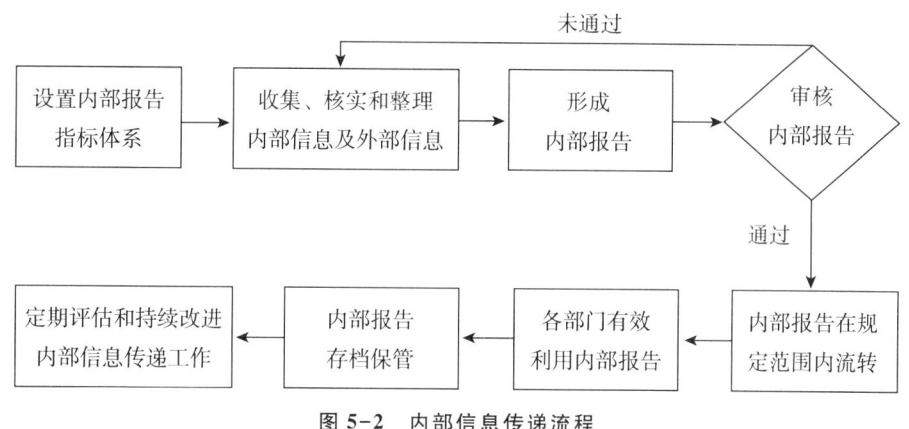

图 5-2 内部信息传递流程

三、内部报告指标体系设计环节的主要风险及其控制

内部报告指标体系是否科学直接关系到内部报告反映的信息是否有价值,这就要求企业根据自身发展战略、风险控制和绩效考核特点,科学地制定不同级次内部报告的指标体系,合理设置关键信息指标和辅助信息指标,并与全面预算管理等相结合,采用经营快报等多种形式,全面反映与企业生产经营和管理活动相关的各种内部信息及外部信息。在设计内部报告指标体系时,企业应根据内部各"信息用户"的需求选择信息指标,以满足其经营决策、绩效考核、企业价值与风险评估的需要,并随着环境和业务的变化而不断地修订与完善。

内部报告指标体系设计环节的主要风险有:指标体系的设计未能结合企业的发展战略,指标体系级次混乱,与全面预算管理要求相脱节,未能根据环境和业务变化进行适当调整,等等。

内部报告指标体系设计环节的控制措施主要有:

(1)企业应认真研究自身的发展战略、风险控制要求和绩效考评标准,根据各管理层级对信息的需求和详略程度,建立一套级次分明的内部报告指标体系。

(2)内部报告指标体系确定后,企业应进行细化,层层分解,使各责任单位、相关职能部门和岗位都有自己明确的目标,以利于控制风险并进行绩效考核。

(3)内部报告应依据全面预算管理的标准进行信息反馈,将预算控制的过程和结果向管理层报告,以有效控制预算执行情况、明确责任、考核业绩。

(4)企业应根据新环境和新业务的发展需要,适当地调整决策部署,适时优化内部报告指标体系,以实现资源有效配置和管理协同效应。

四、内外部信息收集环节的主要风险及其控制

收集和整理各种内外部信息是形成内部报告的信息基础,企业应广泛收集、分析、整理内外部信息,并通过内部报告传递到企业内部各相关管理层级,以便及时采取应对措施。

内外部信息收集环节的主要风险有:收集的内外部信息过于散乱,重点不突出;信息收集范围界定不清,缺乏针对性;信息收集时效性差,内容准确性低,据此进行决策容易误导经营活动;获取内外部信息的成本过高,经济上不划算;等等。

内外部信息收集环节的控制措施主要有:

(1) 考虑信息用户的需求,信息收集过程中重点关注用户需要的信息类型和内容,按相应的标准对信息进行分类汇总。

(2) 对收集到的信息进行筛选、审核和鉴别,确定其真实性和合理性。

(3) 在收集信息的过程中考虑信息获取的便利性及成本。如果需要付出较大代价获取信息,则应权衡其成本与使用价值,确保所获取的信息符合成本效益原则。

五、内部报告形成环节的主要风险及其控制

企业各责任中心和职能部门应对收集到的有关信息按相应标准进行筛选与整理,根据各管理层级的信息需求和设计的指标体系,对有效数据进行分析和汇总,必要时可借助各种分析模型,以提高数据分析的科学性;在此基础上编制和审核内部报告,形成总结性结论,并提出相应的建议,从而为发展趋势、策略规划、前景预测等提供分析性支持,为企业决策提供有力保障。尽管企业内部报告的种类众多、格式不尽一致,但通常都应包括报告名称、文件号、执行范围、内容、起草或制定部门、报送和抄送部门以及时效要求等。

内部报告形成环节的主要风险有:内部报告未能根据内部使用单位的需求进行编制,内容不完整,编制不及时,未经审核即向有关部门传递,等等。

内部报告形成环节的控制措施主要有:

(1) 内部报告编制者应紧紧围绕使用者的信息需求,以内部报告指标体系为基础,编制内容全面、简洁明了、通俗易懂的内部报告。

(2) 合理设计内部报告编制程序,提高编制效率,以保证信息的及时性,对于重大突发事件应以速度优先,尽快向董事会和相关人员报告。

(3) 建立内部报告审核制度,设定审核权限,确保内部报告信息质量。企业必须对岗位与职责分工进行控制,内部报告的起草应与审核岗位分离,内部报告在传递前须经签发部门负责人审核。

六、内部报告传递环节的主要风险及其控制

内部报告传递必须及时、准确,重要信息要及时传递给董事会、监事会和经理层。在正常情况下,内部报告应按职责分工和权限指引所规定的报告关系进行传递;对于重要的紧急信息,可越级向董事会、监事会或经理层直接报告,便于相关负责人迅速作出决策。

内部报告传递环节的主要风险有：缺乏内部报告传递流程，内部报告未按传递流程准确传递，内部报告传递不及时，内部报告传递过程缺乏记录和签字确认，不能追溯内部报告传递过程，等等。

内部报告传递环节的控制措施主要有：

（1）制定内部报告传递制度。企业可根据信息的重要性、内容等特征，确定不同的传递环节。

（2）严格按设定的传递流程进行传递，并做好传递记录。对未按传递流程操作的事件，应调查原因，并作出相应处理。

（3）对于重要信息，企业应委派专门人员对其传递过程进行复核，确保信息正确地传递给使用者。

（4）充分利用信息技术，强化内部报告信息的集成和共享，将内部报告纳入企业的统一信息平台，构建科学的内部报告网络体系。

（5）及时更新信息系统，确保内部报告有效、安全地传递。

七、内部报告利用环节的主要风险及其控制

企业应有效利用内部报告进行风险评估，准确识别、及时分析和有效应对企业生产经营与管理活动中的内外部风险。各级管理人员应充分利用内部报告进行有效决策，管理和指导日常生产经营活动，及时反映全面预算执行情况，协调企业内部相关部门和各单位的运营进度，对于内部报告反映出来的问题应及时解决，严格遵守绩效考评和责任追究制度，促进企业实现发展战略和经营目标。

内部报告利用环节的主要风险有：企业未建立有效的决策支持系统，使得信息不能辅助管理决策；管理人员在决策时未利用内部报告信息，内部报告未被用于风险识别和控制，降低了内部报告的有效性；商业秘密通过内部报告被泄露；等等。

内部报告利用环节的控制措施主要有：

（1）在经营分析和管理决策中充分利用内部报告提供的信息，要求各级管理人员有效利用内部报告信息对生产、采购、销售、投资、筹资等业务进行分析，发现问题及时查明原因并加以改进。

（2）在预算控制中充分利用内部报告提供的信息，将预算控制和内部报告接轨，通过内部报告及时反映全面预算的执行情况。

（3）将绩效考评和责任追究制度与内部报告联系起来，依据及时、准确、按规范流程提供的信息进行透明、客观的定期业绩考核，并对相关责任人进行追究惩罚。

（4）在风险评估中充分利用内部报告提供的信息，准确识别和系统分析企业生产经营活动中的内外部风险，涉及突出问题和重大风险的应启动应急预案。

（5）从内部报告传递的时间、空间、节点、流程等方面建立控制，通过职权分离、授权接触、监督和检查等手段防止商业秘密被泄露。

八、内部报告后续管理环节的主要风险及其控制

持续生成的内部报告会产生大量的数据信息，企业应管理好这些资料，重要数据应备

份并永久保存,以便为后续的数据查寻、事件还原、责任追究等提供档案依据。

内部报告后续管理环节的主要风险有:缺少内部报告保管制度,内部报告保管杂乱无序,重要资料的保管期限过短,保密措施不严,等等。

内部报告后续管理环节的控制措施主要有:

(1) 建立内部报告保管制度,指定专人负责保管。

(2) 按类别保管内部报告,以便于查阅。

(3) 对影响大、金额高的内部报告要严格保管,企业重大重组方案、公司章程及相应的修改、企业债券发行方案等应永久保管。

(4) 有条件的企业应建立电子内部报告保管库,按性质、类别、时间、保管年限、影响程序及保密要求等分门别类地储存电子内部报告。

(5) 制定严格的内部报告保密制度,明确保密内容、保密措施、保密级别和传递范围,防止泄露商业秘密。有关企业商业秘密的重要文件要由企业较高级别的管理人员负责管理,且至少由两人共同管理,放置在专用保险柜中。查阅保密文件,必须经这两位高级管理人员同意,由两人分别开启相应的锁具方可打开。

为了持续改进内部报告传递和利用的有效性与安全性,企业应建立内部报告评价制度,定期对内部报告是否全面、完整,内部报告传递是否及时、安全,内部报告利用是否有效等进行分析和评价,掌握内部报告收集、传递和利用的真实状况。企业对内部报告的评价工作应定期进行,一般至少每年度对内部报告进行一次评价。经过评价发现内部报告存在缺陷的,应及时改进,并对产生缺陷的单位或个人进行教育和处罚。

本章小结

管理和控制随时需要信息,需要沟通。在企业内部控制中,沟通的对象主要是各种管理信息,包括内部信息和外部信息;相应地,沟通也包括内部沟通和外部沟通。信息与沟通的过程大致分为传递和反馈两个阶段,包括信息源、信息发送者编码、传递通道、信息接收者解码及其反馈等内容。信息与沟通的效率和效果受到各种噪声的干扰,如信息发送者的表达能力、信息接收者的理解能力等。企业应采取有力措施,切实提升信息与沟通的效率和效果,确保高质量信息在企业内部及企业外部得到有效传递和沟通。

内部信息传递是企业内部各管理层级、各部门、各岗位之间传递管理信息的过程。企业应全面梳理内部信息传递过程的风险点和薄弱环节,建立科学的内部信息传递机制,明确内部信息传递的具体要求,关注信息的有效性、及时性和安全性。

思考题

1. 什么是信息?信息和数据有什么区别?
2. 沟通的基本过程是怎样的?
3. 沟通过程中的主要障碍有哪些?如何应对?
4. 如何提升信息与沟通的效率和效果?
5. 在重大危机面前,为引导企业转"危"为"机",应遵循哪些处理原则?

6. 内部报告传递过程中的主要风险有哪些？如何控制这些风险？
7. 内部报告利用过程中的主要风险有哪些？如何控制这些风险？
8. 企业应从哪些方面建立反舞弊机制？反舞弊关注的重点在哪里？

案例讨论 >>>

王鹏是一所名牌大学的管理学硕士毕业生，工作不到一年便出任某大型企业的制造部门经理。王鹏一上任就对制造部门进行了改革。王鹏发现生产现场的数据很难及时反馈上来，于是决定从生产报表开始改革。借鉴某跨国公司先进的生产报表，王鹏设计了一份非常完美的生产报表，从报表中可以看出生产过程的每个细节。

每天早上，所有的生产数据会及时地放在王鹏的桌子上，王鹏很高兴，认为他拿到了生产的第一手数据。没过几天，发生了一次较大的安全生产责任事故，但生产报表根本未反映出任何迹象。王鹏这才知道，报表的数据都是相关人员随意填写上去的。

为了这件事情，王鹏多次开会，强调认真填写生产报表的重要性。但每次开会后，最初的几天可以看到一定的效果，之后又恢复到原来的状态。王鹏怎么也想不通问题到底出在哪里。

要求：王鹏该怎么做才能改变这种状况？请你帮他出谋划策。

第六章 内部监督和内部控制评价

学习目标

1. 理解和掌握内部监督实施流程,领悟 PDCA 闭环管理思想,培育精益求精的工匠精神。
2. 理解和掌握风险导向的内部监督模式,培养提出问题、分析问题和解决问题的思辨能力。
3. 理解和掌握内部控制有效性的标准,领悟其与企业高质量发展的关系。
4. 理解和掌握内部控制缺陷认定标准,明白批评与自我批评是不断进步和持续提升的动力。
5. 熟悉内部控制评价报告的内容,并与上市公司案例相结合,提升专业素养和实践能力。

引导案例

哈尔滨秋林集团是一个历史悠久、驰名中外的老字号企业。1867 年,俄国商人伊万·秋林在俄罗斯伊尔库斯克创建秋林公司。1900 年,秋林公司在哈尔滨设立分公司"秋林洋行",成为中国第一家百货公司。1917 年,秋林总公司迁至哈尔滨。1937 年至 1945 年,秋林公司先后由英国汇丰银行、日本及苏联政府接管。1953 年 10 月,苏联政府正式将其有偿移交中国政府,中国国营秋林公司成立。1984 年,秋林集团成立,公司股票 1996 年在上海证券交易所挂牌交易(股票代码:600891)。

然而秋林集团 2018 年、2019 年连续两年期末净资产为负值,会计师事务所出具无法表示意见的审计报告。2018 年,秋林集团黄金事业部与新客户签订一系列大额长期合同,但审计师在应收款项函证和存货实地盘查后发现,存货和应收账款都是假的。为掩盖账款不实、存货"丢失"等问题,秋林集团计提 36 亿元坏账损失,相当于 10 吨黄金不翼而飞。秋林这一百年老店一夜坍塌,股价暴跌 90%,"黄金大劫案"举世震惊。公司股票 *ST 秋林 2020 年 3 月 18 日被暂停上市,2021 年 3 月 11 日被终止上市。秋林集团的失败与其内部控制的整体失效密切相关。

(一)内部环境混乱

(1)治理结构失衡。前几大股东奔马投资、嘉颐实业、颐和黄金为一致行动人关系,三者持股 49.68%,"一股"独大,股权制衡度低,容易导致大股东掏空。

(2) 高管层年年变动,组织架构不稳定,影响内部环境稳定。

(3) 高管层不重视企业文化建设,加上信息披露违规、违规担保、债务逾期等层出不穷,对集团声誉造成了严重的负面影响,昔日创造与积累的"百年秋林,诚信永远"的良好口碑早已不在。

(4) 员工素质低下,集团仅有 16.4%的员工受过高等教育,专业技术人员仅占 3.5%。

(二)风险评估流于形式

(1) 2015 年之后资产负债率居高不下,退市前超过 300%,负债高达 32.8 亿元,集团不仅没有采取措施应对流动性风险,反而不断地为子公司申请银行贷款并提供担保,不断增大担保负担和财务风险。

(2) 2016 年,未经风险评估,购买有多起违约事件、信用不良的新华信托 12 亿元信托产品,事后收到上海证券交易所两封问询函。

(3) 2019 年 3 月,违规为滨奥航空的 5 亿元借款提供连带责任保证。

(4) 高管层风险意识薄弱,缺乏风险预警和应对机制,没有专业的风险管理团队。

(三)控制活动失效

(1) 缺乏子公司管控机制,子公司秋林金汇失控,对其购买 P2P(个人对个人)金融产品、进行第三方资金托管等业务毫不知情。

(2) 高管凌驾于内部控制之上。2018 年,秋林集团成立黄金事业部,董事长和副董事长未经董事会讨论与授权,两人直接参与子公司黄金经营业务,最终导致"10 吨黄金不翼而飞",留下 37 亿元巨额亏损,董事长、副董事长双双失联。

(3) 会计活动失控,存在定期报告财务数据披露不准确、募集资金管理和使用不合规、财务报告内部控制缺陷等问题。

(四)内部信息传递与沟通不畅

信息披露多次违法违规,关联方交易多次隐瞒不报;虚构交易,财务造假,违法披露;内部沟通不畅,信息不对称、信息孤岛十分普遍;内部缺乏有效的沟通机制,董事长失联,说明集团与高管层的沟通存在问题;集团对子公司失控,集团各部门间缺少沟通,相互独立运营;关联交易区分不清,集团与银行间也缺乏沟通。

(五)监督机制形同虚设

集团内部审计名存实亡,监督机制形同虚设。集团董事长和副董事长越权经营,未经董事会授权参与子公司经营,使子公司合同签订、存货收发、款项收回等职责分工和制衡机制失效。集团用非公开发行债券"18 秋林 01"募集资金 3 亿元,在未经董事会及股东会审议决策的情况下,对外提供质押担保。这都是集团监督与制衡机制不健全的体现。

内部监督是企业对内部控制的设计和运行情况进行监督检查,对其健全性和有效性进行评估,发现和认定内部控制缺陷,并及时加以改进和完善的过程。内部控制评价是企业董事会或类似权力机构对内部控制的有效性进行全面评价、形成评价结论、出具评价报告的过程。两者都以识别和认定内部控制缺陷、评价内部控制的有效性为核心。不同的是,内部监督有不同层次和多种监督主体,有日常监督和专项监督两种方式,监督结果不必对外公告;而内部控制评价则是由企业董事会或类似权力机构实施的一种定期评价,是对内部控制有效性的一种定期确认,可以利用日常监督与专项监督的结果进行评价,评价结果须根据监管要求对外公告。内部控制评价从属于内部监督,是监督结果的总体体现。

第一节　内部监督

内部监督是内部控制的构成要素之一,同时又对内部控制的其他要素进行监控,是保障内部控制有效性的关键。**有效的内部监督应该以风险导向为核心理念,实施风险导向的内部监督必须在明确风险归属的前提下,将风险评估与内部监督相联系,根据风险评估结果确定监督的侧重点;同时,全面、系统地识别和分析内部监督流程各环节的主要风险,针对风险点设置关键控制点,实施相应的风险控制措施。**

一、内部监督流程

内部监督是持续演进的动态过程,企业可通过**持续监督、单独评估或两者并用**来实现这个过程。依据 COSO 2009 年 1 月发布的《内部控制体系监督指南》,内部监督流程主要包括建立监督基础、设计和执行监督程序、评估和报告监督结果、形成内部控制有效性结论四个环节,如图 6-1 所示。

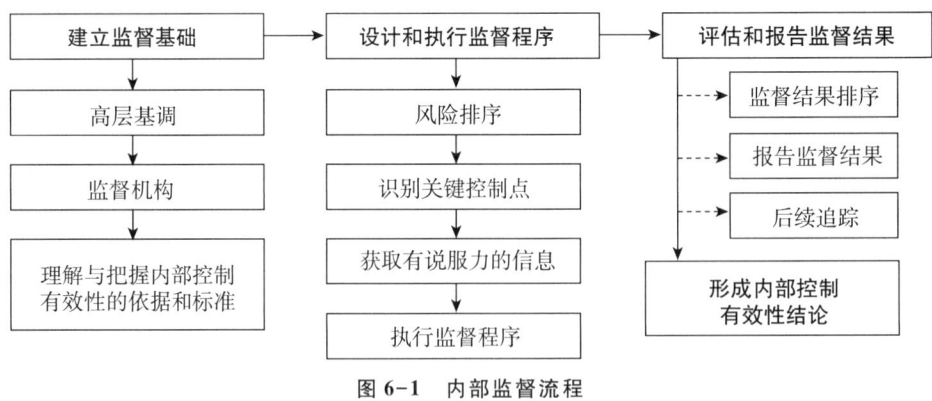

图 6-1　内部监督流程

（一）建立监督基础

1. 高层基调

董事、监事和高级管理人员对内部监督要素应保持正确的论调,表达企业高层对内部控制及监督要素重要性的认识,强调监督机构及其人员的独立性,恰当表述高层对内部监督的期望。**高层基调对于内部控制的有效性具有直接影响,董事、监事的言论基调会影响管理层执行监督以及对监督的反应方式,管理层的言行举止同样也会影响员工的行为。**企业高层应以身作则、诚实守信、恪尽职守,依据规程和制度实施管理,尊重和支持内部监督机构的工作,积极沟通和反馈监督结果。同时,企业高层应建立良好的沟通机制,确保沟通渠道畅通,使监督结果能够得到及时反馈。

2. 监督机构

监督职能依赖监督机构和监督人员来实施,因此**监督机构设置和监督人员配备是影响内部监督有效性的重要因素。监督机构的独立性、监督人员的专业胜任能力及职业操守、监督机构及监督人员被适当授权是形成有效监督的重要基础。**企业内部监督机构的设置一般包括董事会、监事会、审计委员会和内部审计部门等。

3. 理解与把握内部控制有效性的依据和标准

有效性是指内部控制对控制目标实现的合理保证程度。有效性应从内部控制的设计和运行两个方面进行评价,评价的内容应涉及内部控制的整体框架,企业应结合内部控制目标进行综合评价,存在一个或多个重大缺陷的内部控制应被认定为无效。内部监督的内容应涵盖内部环境、风险评估、控制活动及信息与沟通等要素,重点关注:①内部控制各要素是否存在并有效运行;②是否系统地梳理了各业务、各环节的主要风险;③是否针对风险设置了合理的细化控制目标;④是否针对细化的控制目标及风险实施了具体的控制活动;⑤相关控制活动是如何运行的,运行是否持续、一致;⑥实施控制活动的人员是否具备必需的权限和能力;⑦是否存在随意超越授权或不按制度及流程执行的情况。

企业应通过宣传、培训等手段明确内部控制有效性的判断标准,这是进行有效监督的方向和基准。

(二) 设计和执行监督程序

1. 风险排序

风险是影响目标实现的不确定性,是不确定事件发生的概率及其影响结果的组合。企业应从整体层面、业务单元、分支机构及子公司四个方面系统地梳理各业务、各活动、各环节的风险点,进行风险识别、分析和排序,这是风险评估的重要内容。风险评估活动的结果将影响监督活动的类型、时间、范围和监督资源配置等决策。**内部监督应与风险评估的结果关联起来,把焦点放在主要风险点的控制活动上。**

2. 识别关键控制点

企业应按照"目标—风险—控制"的逻辑关系,针对风险在控制点上开展控制活动。**控制点是在流程运行过程中能抑制风险发生或减少风险损失、协助业务控制目标实现,以及保证前一步骤正确性的操作环节、步骤或过程。**例如,企业针对员工道德风险、员工胜任能力风险等可以设置招聘、培训、考核等控制点。**主要风险必须在关键控制点上加以预防和控制；关键控制点应设置在最佳、最有效的控制点上。**关键控制点应能够规避高风险，与该控制点相关的风险如果发生，就将对企业的生产经营、报告质量、合规责任等产生重大影响，并且该控制点对应的风险无其他控制点能够规避和防范。控制活动是针对风险点在控制点采取的控制措施，如制定员工行为守则、不相容岗位分离、绩效考评等。风险点是企业设置控制点、实施控制活动的依据。企业应依据风险评估结果确定关键控制点，这是建立控制活动的重点，内部监督应围绕主要风险点和关键控制点进行。

3. 获取有说服力的信息

针对关键控制点，监督者应努力获取有说服力的信息，以支持自己的监督结论。正如审计要获取足够多的高质量审计证据来支撑审计结论一样，内部监督者也要从"量"和"质"两个方面获取有说服力的信息以支撑监督结论。有说服力的信息是适当且充分的，适当要求信息具有相关性、可靠性和及时性。同时，获取有说服力的信息能够有助于确定使用哪些监督程序及监督频率。

4. 执行监督程序

监督程序包括日常监督和专项监督。日常监督是对日常生产经营和管理活动进行常规的、持续的监督检查，以提供关于控制有效性的日常信息。**日常监督程序必须植入企业的日常经营活动中**，以尽早识别和纠正内部控制缺陷。专项监督是指在企业发展战略、组织结构、经营活动、业务流程、关键岗位员工等发生较大调整或变化的情况下，对内部控制的某一或某些方面进行有针对性的监督检查。专项监督的范围和频率主要取决于对风险的评价和日常监督执行的效率，日常监督的有效性越高，对专项监督的需要程度就越低。在进行专项监督时，企业应充分利用在日常监督中所获得的信息。

(三) 评估和报告监督结果

1. 监督结果排序

按缺陷的严重程度，**内部控制缺陷可分为重大缺陷、重要缺陷和一般缺陷。企业应根据自身的实际情况，制定缺陷的定量和定性确认标准。**定量方面可依据缺陷导致的可能损失占资产、收入或利润等的比率确定，定性方面可依据缺陷潜在负面影响的性质、范围等因素确定。按监督目的和缺陷严重程度进行排序，有助于确定所要报告的层级。

2. 报告监督结果

监督人员发现内部控制缺陷应及时将其报告给执行该流程和实施相关控制的人员，并向更高级别的管理层报告，以便及时采取纠正措施。监督人员应**编制内部控制缺陷认定汇总表**，对内部控制缺陷及其成因、表现形式和整改方案等进行综合分析与全面复核，并**以书面形式向有关方面报告**。内部控制缺陷应按严重程度的不同确定报告层级，**重大缺陷应与审计委员会、最高管理层和董事会沟通，涉及董事和高级管理人员的缺陷应与监事会沟通**。

3. 后续追踪

针对监督中发现的问题,监督人员应根据监督结果,针对缺陷和薄弱环节给出整改建议,并汇总须进行后续整改的问题,编制后续整改工作通知书。董事会、管理层及相关人员应分析缺陷原因,及时采取措施予以纠正,并明确整改措施、整改时限、整改状态、整改责任人等。内部监督人员应对整改的落实情况进行后续追踪,以确保发现的问题都得到整改。

(四)形成内部控制有效性结论

无论是专项监督还是日常监督,都要对监督结果给出结论。在实施并完成以上三个步骤后,企业应根据监督结果排序、报告和纠正情况,对内部控制设计和执行的有效性进行全面评价,形成内部控制有效性结论,并出具监督评价报告。

二、建立风险导向的内部监督模式

内部控制是对影响目标实现的各种风险进行控制,从而帮助企业实现目标的过程。内部监督的目标是评价并提高内部控制的有效性,而内部控制的对象是风险,实施内部监督必须以风险为导向。**以风险为导向,可帮助企业将监督重点放在能为内部控制有效性结论提供足够支持的领域。**关于风险导向的内部监督,COSO 认为,内部监督应与风险评估结果相联系,根据风险水平采用监督检查程序和分配监督检查资源。我们认为,以风险为导向实施内部监督十分重要,但其内涵和要领并不仅仅是将风险评估结果与内部监督相联系,从而确定监督的侧重点;基于风险导向实施内部监督至少应关注以下三个方面:

(一)明确风险归属

风险可能形成实际结果与预期目标的差异,企业实施内部控制和风险管理首先要明确风险归属。**企业应通过书面授权文件清晰地定义风险归属,合理划分决策机构、执行机构和监督机构的职责权限,明确治理层(董事会、监事会、总经理等)和内部机构层面(业务单元和职能部门)的风险管理职责。**治理层通常要对战略风险(包括战略决策风险和战略实施风险)负责,对经营、投资和筹资活动中的重大风险负责,对重要的人事任免风险负责。董事会负责设计、实施并维护有效的风险管理机制,COSO 强调董事会在风险管理方面扮演重要角色,负有总体责任;监事会主要对董事、经理和其他高级管理人员履行职责的合法性、合规性进行监督;管理层与职能部门主要对经营和管理风险负责,并协助业务单元控制业务层面的风险;业务单元主要对业务层面的风险负责,重点关注业务流程风险;普通员工应结合岗位职责,对岗位操作风险负责。

(二)将风险评估结果与内部监督相关联

内部监督应与风险评估结果关联起来,及时获取风险评估形成的风险清单,进行风

排序，根据风险排序结果确定监督侧重点，并据此分配监督资源，把监督侧重点放在重大风险点的控制活动上。风险会随着时间的推移而发生变化，监督人员对风险重要性水平的判断应是一个持续的动态过程；相应地，内部监督的侧重点也可能随着时间的推移而有所不同。风险重要性水平的持续判断对于增强内部监督的效果具有重要意义。

（三）控制内部监督流程各环节的自身风险

如前所述，内部监督有特定的流程，每一个环节的实施都有很大的不确定性，因此实施内部监督本身也面临诸多风险，例如监督机构的独立性风险、监督人员的业务胜任能力风险和职业操守风险、监督结果的报告风险等。为了提高内部监督的效率和效果，企业应**加强内部监督各环节的风险控制和管理**，全面、系统地梳理和识别内部监督各环节的主要风险点，分析风险形成的原因，评估其发生的概率以及会产生哪些不利影响；针对内部监督流程各环节的主要风险点分别设置相应的关键控制点，采取风险控制措施，建立内部监督制度，这实际上是对内部监督流程的一种再控制、再监督。

我国企业的内部监督机构一般包括监事会、审计委员会和内部审计部门三部分。部分研究表明：监事会是我国公司治理中最为薄弱的环节，其监督权的行使很差；没有证据表明监事会在公司治理中发挥了预期作用，我国上市公司监事会大多难以发挥应有的监督作用。

案例 6-1

BJNY 集团风险导向内部控制的建设经验

2012年下半年，BJNY集团根据《企业内部控制基本规范》等文件精神，全面升级和改造了该集团的内部控制体系，转向风险导向的企业内部控制建设之路。其实施要点如下：

第一，制定统一的《权限指引》，根据不同层次、不同级别的职责范围和管理要求，清晰地配置权限和责任；对授权进行系统管理，明确风险责任归属。

第二，全面、系统地整理企业生产经营和管理活动的各类风险，汇总形成集团的风险清单，建立风险数据库。集团按照内部控制的五大目标，将风险分为战略风险、运营风险、报告风险、合规风险和资产安全风险五类一级风险，并向下延伸细化，形成了70多个二级风险、500多个三级风险和5 000多个具体的风险点。

第三，统一风险评估模板，采用问卷调查、访谈、专项会议、专家打分、统计分析等定性和定量相结合的方法，对已识别风险进行分析和评估，按风险发生的可能性及其影响确定风险等级，并与风险容忍度相对应。

第四，根据风险评估结果设置控制点，细化控制目标，有针对性地采取控制措施，实施控制活动。

第五，重视内部监督，依据COSO发布的《内部控制体系监督指南》建立内部监督程序，明确内部监督机构的职责权限和报告关系，统一内部控制有效性的标准。

第六，将监督资源的配置（包括人员、权限、时间和经费等）与风险评估结果相关联，依据风险等级排序确定监督侧重点。

第七,对内部监督流程各环节自身的风险进行评估和控制。

经过两年多的实践,BJNY集团内部控制的升级和改造工作取得了显著成效,集团内部控制的效率和效果明显提升,获得国有资产监督管理委员会等相关部门的认可和肯定。下面仅以内部监督要素为例,介绍BJNY集团风险导向内部控制建设的成功经验。

(一)通过书面文件定义风险管理职责和授权,明确风险归属

科学合理地划分风险归属是企业内部控制建设的重要环节。实施风险导向的内部控制建设首先要在内部控制体系中明确风险归属,使每一项风险都有人承担、有人负责管理。BJNY集团通过书面文件清晰地定义了有关风险管理的重要角色、职责和授权,各部门、各岗位不仅要对自身的绩效负责,还要对自身应负担的风险负责。每个员工都要认识到风险管控是日常工作的一部分以及员工的职责和义务,风险管控职责应与绩效评价和薪酬决定联系起来。

表6-1汇总了BJNY集团风险管理框架中的责任分配和风险归属。集团董事会不但负责集团目标的设定与管理,对风险管理机制的建立及其有效性总体负责,而且对战略风险和集团经营、筹资和投资活动的重大风险负责。如图6-2所示,在BJNY集团的内部监督机构中,董事会、监事会、审计委员会和内部审计是最主要的监督主体。

表6-1　BJNY集团风险管理框架中的责任分配和风险归属

机构/部门	风险管理责任
董事会	①负责集团目标的设定与管理 ②对风险管理总体负责,有责任设计、实施并维护有效的风险管理机制 ③对战略风险负责 ④对集团经营、筹资和投资活动的重大风险负责 ⑤对总经理、副总经理等其他重要风险管理主体进行有效的督导 ⑥对子公司风险管理的有效性进行督导
监事会	①对董事、经理和其他高级管理人员的业务胜任能力与道德操守进行监督 ②对董事、经理和其他高级管理人员履行职责的合法性、合规性进行监督 ③对集团重大的经营、投资和财务活动进行监督 ④对相关控制活动的有效性进行专项监督
管理层	①负责实施和执行集团风险管理机制,并促进风险管理机制持续改进 ②各级管理人员对职责范围内的相关风险负责,并确保相关控制活动有效 ③部门负责人对本部门的风险承担第一责任,并对下属部门或人员的风险管理职责的履行情况实施督导 ④每项活动或流程都有人负责,并承担相应的风险

(续表)

机构/部门	风险管理责任
审计委员会	①协助董事会履行其内部控制、风险管理和财务报告方面的职能 ②监督复核与财务报告相关的风险和重要判断 ③监督复核内部审计制度及其实施情况 ④审议内部审计计划,确保审计计划包括集团所有的重大和高风险活动 ⑤监督管理层对内部审计结果和审计师建议的反应 ⑥监督复核集团反舞弊机制的建立和实施情况 ⑦对重大财务活动风险实施监督
内部审计	①持续监督和评价内部控制的有效性 ②协助监事会、董事会、管理层和业务单元持续地改进风险管理机制 ③对与监督活动相关的风险负责
相关职能部门	①合规部门:对相关活动的合法性、合规性负责 ②财务部门:协助业务单元加强和改进财务风险管理机制 ③纪检委员会:对员工操守和行为进行监督
普通员工	实行岗位责任制,对岗位操作风险负责

针对监事会设置及权责配置方面的主要风险,在现有法律框架和制度背景下,BJNY集团构筑了如图6-2所示的内部监督机构,以内部审计为核心,强化监事会功能,明确权责配置。BJNY集团将内部审计置于监事会的领导之下,以提升其权威性和独立性,实行多重报告。内部审计履行监督职能时,对于发现的违规和舞弊行为,应视层级和严重程度确定报告对象。涉及集团董事、经理和其他高级管理人员的,应直接向董事会和监事会同时报告;涉及财务报告、会计核算和财务收支的,应通过审计委员会报告给董事会;涉及业务层面的违规和舞弊行为,应向分管副总经理或总经理报告。

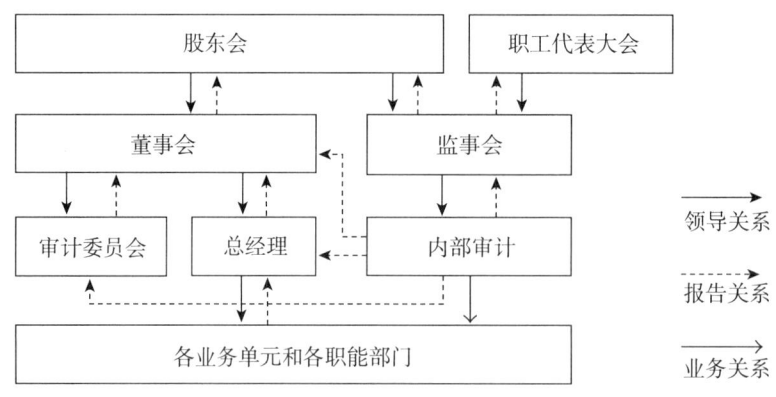

图6-2 BJNY集团内部监督机构

董事会对总经理、副总经理、子公司等其他重要风险管理主体进行督导。监事会主要对董事、经理和其他高级管理人员的业务胜任能力、道德操守、履行职责的合规性、重大活动的合规性等进行监督;审计委员会是董事会下设的专业委员会,协助董事会履行其内部控制、风险管理和财务报告方面的职能,监督复核与财务报告相关的风险和重要判断、内部审计制度及其实施情况、反舞弊机制的建立和实施情况、重大财务活动的风险控制等;内部审计在内部控制体系中主要执行持续监督和内部控制评价职能,实行多重报告,协助监事会、董事会、管理层和业务单元持续地改进风险管理机制,对日常监督风险负责。相关职能部门在风险管理职责中发挥着重要作用,如合规部门对相关活动的合法性、合规性负责,财务部门应协助业务单元与职能部门加强和改进风险管理机制,同时对财务活动的相关风险负责。对普通员工而言,实施岗位责任制管理,员工对岗位操作风险负责。

(二) 根据风险评估结果设计和执行监督流程,配置监督资源

风险评估的结果直接影响内部监督活动的类型、时间、范围及监督资源的配置等。在设计和执行监督流程时,BJNY 集团重视将内部监督流程与风险评估结果相关联,董事会、监事会、审计委员会和内部审计等监督机构积极参与风险评估活动,获取风险评估清单,进行风险排序,确定监督活动的侧重点,重点关注重大风险点和关键控制点。

(三) 系统梳理监督流程各环节的主要风险,有针对性地采取控制措施

内部监督是一个动态过程,这一过程充满着各种不确定性,因此监督过程自身也面临诸多风险。为了加强对监督过程的管理和控制,企业应系统地梳理内部监督流程各环节的主要风险、关键控制点、控制目标,并有针对性地采取相应的控制措施。内部监督流程有建立监督基础、设计和执行监督程序、评估和报告监督结果、形成内部控制有效性结论四个环节。下面仅以"建立内部监督基础"环节的主要风险及应对措施为例,介绍 BJNY 集团内部监督流程的风险评估模板。正如内部环境构成整个内部控制系统的基础一样,有效的内部监督需要良好的监督基础,BJNY 集团系统地梳理了这一环节的控制目标、主要风险、关键控制点及控制措施,如表 6-2 所示。

表 6-2　BJNY 集团建立内部监督基础环节的主要风险及其控制

业务环节	控制目标	主要风险	关键控制点	控制措施
高层基调	①高层保持恰当论调 ②高层对内部控制及其监督要素足够重视 ③高层支持监督人员的工作 ④高层恪尽职守,以身作则,树立模范效应	①高层传达了不正确的价值观 ②高层对内部监督重要性的认识不够 ③高层对监督机构工作的重视、支持不足 ④高层凌驾于内部控制之上,或者违反规定,可能导致员工效仿	①高层培训 ②高层行为 ③高层操守 ④企业文化建设等	①举办会议,对董事、监事和高级管理人员进行相关培训 ②制定并公开高层行为和道德操守准则 ③加强企业文化建设,积极培育良好的价值观 ④建立良好的沟通机制,确保监督结果得到及时反馈 ⑤建立举报制度和反舞弊机制,以发现和阻止不当或违规行为

(续表)

业务环节	控制目标	主要风险	关键控制点	控制措施
监督机构设置及其权责配置	①监督机构设置合理 ②监督机构工作独立 ③监督机构权责配置清晰 ④监督机构配备的人员业务能力胜任且具备良好的职业操守 ⑤监督工作或监督资源不受限制	①监督机构设置缺少独立性 ②监督机构权责配置不清晰 ③监督人员业务能力不胜任 ④监督人员道德操守缺失 ⑤监督范围或资源受限	①监督机构设置及权责配置 ②监督人员配备 ③监督独立性评价 ④监督人员能力及操守评价 ⑤监督资源或工作范围评价	①完善公司治理结构,确保股东会、董事会、监事会和经理层规范运作,明确决策、执行、监督等方面的职责权限 ②制定并公开权责配置文件,明确董事会、监事会、审计委员会和内部审计的权责关系及议事规则 ③为监督机构配备业务能力胜任和道德操守良好的人员 ④定期评估监督人员的业务能力和道德操守 ⑤为监督机构和监督人员配置相应的资源,并使其工作不受限制
理解和把握内部控制有效性认定标准	确保正确理解和把握内部控制有效性认定标准	①缺少内部控制有效性认定的统一标准 ②相关人员对内部控制有效性的理解不同	①制定内部控制有效性认定标准 ②解读并培训有效性评价标准	①结合内部控制目标,从内部控制的设计和执行两方面,制定内部控制有效性的评价标准,评价内容应涵盖内部控制各要素 ②举办会议,解读和培训有效性的控制基准 ③通过宣传和考试等手段在集团上下统一内部控制有效性的基准

三、明确内部控制有效性的标准

理解与把握内部控制有效性的评价依据和认定标准是进行有效监督的方向及基准。内部控制有效性是指企业建立和实施内部控制对实现控制目标提供合理保证的程度,包括设计有效性和执行有效性。内部控制为目标实现提供的保证程度越高,内部控制就越有效;反之,则越无效。内部控制有效性评价应从设计有效性和执行有效性两个方面进行。内部控制有效性评价应聚焦内部控制五大目标,围绕内部环境、风险评估、控制活动、信息与沟通、内部监督五要素进行综合评价。

内部控制设计有效性是指为实现控制目标所必需的内部控制要素都存在且设计恰当。如果某项控制由拥有必要授权和专业胜任能力的人员按照规定的程序与要求执行,能够实现控制目标,则表明该项控制的设计是有效的。评价设计有效性,应充分考虑是否为防止、发现并纠正财务报告重大错报及漏报而设计了相应的控制,是否为合理保障资产安全而设计了相应的控制,相关控制的设计是否能够保证企业遵循适用的法律法规,相关控制的设计是否有助于企业提高经营的效率和效果,促进发展战略的实现。

内部控制执行有效性是指内部控制能够按照设计要求严格、正确地执行。如果某项控制正在按照设计要求执行,执行人员拥有必要的授权和专业胜任能力,能够实现控制目标,则表明该项控制的执行是有效的。评价执行有效性,应充分考虑相关控制在评价期内是如何执行的、是否得到了持续一致的执行,实施控制的人员是否具备必要的授权和专业胜任能力,相关控制采取什么执行方式,是人工控制还是自动控制,是预防性控制还是发现性控制。

内部控制缺陷是描述内部控制有效性的一个负向维度,指企业内部控制的设计或执行无法合理保证内部控制目标的实现。企业应制定内部控制缺陷认定标准,针对监督过程中发现的内部控制缺陷,分析其性质和产生的原因,从定性、定量或定性与定量相结合等方面界定内部控制缺陷等级。内部控制缺陷按严重程度分为重大缺陷、重要缺陷和一般缺陷三个等级。重大缺陷是指一个或多个内部控制缺陷的组合,可能导致企业严重偏离内部控制目标;重要缺陷是指一个或多个内部控制缺陷的组合,其严重程度和经济后果不如重大缺陷,但仍有可能导致企业偏离内部控制目标;一般缺陷是指除重大缺陷、重要缺陷之外的其他缺陷。

如果企业存在的内部控制缺陷达到了重大缺陷的程度,则一般不能说该企业内部控制整体有效。

内部控制缺陷包括设计缺陷和执行缺陷。设计缺陷是指缺少为实现内部控制目标所必需的内部控制,或现有内部控制设计不适当,即使正常执行也不能实现预期的内部控制目标。执行缺陷是指设计合理且适当的内部控制没有按设计要求执行、执行的时间或频率不当、没有得到一贯的有效执行、执行人因缺乏必要授权或专业胜任能力从而无法有效实施内部控制等原因形成的内部控制缺陷。

四、监督机构设置及权责配置

监督职能依赖监督机构和监督人员来实施,监督机构设置及权责配置是影响内部监督有效性的重要因素。企业组织架构的设计应覆盖决策、执行、监督等企业活动的全过程,企业一般应设置相应的权力机构、决策机构、执行机构和监督机构,这些机构通过协作与制衡共同促进企业的运行和发展。设计合理的责任授权体系要解决三个问题:所有的事都有人做,做事者得到充分的授权,所有行为都有人承担责任。企业应建立良好的责任分配和授权体系,以确保分工合理、职责明确、相互制衡、报告关系清晰。

组织架构设计应清晰地定义董事会和管理层的职责权限,明确董事会和管理层在监督中的角色,将监督机构摆在恰当的位置,明确董事会(审计委员会)、监事会和内部审计部门的职责与权限。董事会(审计委员会)及监事会应发挥主导作用,重点关注公司治理和机构运行的有效性、高管操守及其胜任能力、授权的规范与执行、人力资源政策、防舞弊机制的构建与运行、信息系统及沟通机制等;内部审计部门应重点关注职能部门和业务单元岗位职责的履行情况、内部机构的运行情况等。

五、优化内部监督机制的运行效果

内部监督机制运行的效率和效果不仅有赖于设计良好的监督流程、设置合理的监督机构、配置清晰的权责关系,还有赖于配备合格的监督人员、建立畅通的内部信息传递与沟通渠道、建立健全公开透明的议事规则、建立反舞弊机制等。

(一)配备合格的监督人员

从治理结构层面来看,企业应关注董事、监事和高级管理人员的任职资格与履职情况。就任职资格而言,重点关注行为能力、道德诚信、经营管理素质、任职程序等方面;就履职情况而言,重点关注合规、业绩、诚实守信、勤勉尽责等方面,是否合理地聘任或解聘经理及其他高级管理人员等。董事会中应设立独立董事。独立董事是指独立于公司股东且不在公司内部任职,与公司或公司经营管理者没有重要的业务联系或专业联系,并有能力对公司事务作出独立判断的董事。独立董事的责任是对控股股东和高级管理层进行监督与审查,对决策控制和决策执行进行监督,以及对公司信息披露进行监督。为了更好地行使监督职权,审计委员会中独立董事应占大多数并担任负责人,且其中至少应有一名独立董事是会计专业人士。在监事会的人员配备和组成方面,监事应具有法律、会计等方面的专业知识或工作经验,监事会的成员和结构应确保监事会能够独立、有效地行使对董事、经理和其他高级管理人员及公司财务的监督与检查。企业应设有股东监事、债权人监事、职工监事及政府监事,分别接受股东、债权人、职工和政府的委托,为维护企业的利益行使监督权。

(二)建立畅通的内部信息传递与沟通渠道

信息与沟通是企业内部控制的重要构成要素,企业应建立完整的机制,系统地收集与企业商务活动有关的各种内外部信息,并将这些信息以适当方式在企业内部以及企业与外部之间进行及时传递、有效沟通和正确应用。监督活动需要协同,协同需要信息与沟通。在内部监督的过程中,监督人员应积极获取有说服力的信息,以支持自己的监督结论。有说服力的信息是适当且充分的,适当要求信息具有相关性、可靠性及及时性。获取有说服力的信息能够帮助监督人员确定使用哪些监督程序及其频率。有效的内部监督需要畅通的信息传递与沟通机制,以合理保证相关信息传递及时、沟通顺畅。企业应定期评估信息沟通效率,包括信息在内部机构间的流通是否通畅,是否存在信息阻塞;信息在现有组织结构下的流通是否及时,是否存在信息时滞;信息在组织中的流通是否有助于提高效率,是否存在沟通舍近求远等问题。

(三)建立健全公开透明的议事规则

企业应按相关法规、股东会决议和公司章程,结合企业实际情况,以文件化的方式明确股东会、董事会、监事会、经理层和内部审计的职责权限、工作程序、议事规则、人员编制与工作要求等,并给予人力、物力、财力等相应的监督资源。议事规则应公开透明,企业应重点关注董事会定期或不定期召开股东会并向股东会报告的情况,董事会执行股东会决议的情况,监事会按规定对董事、高级管理人员的行为进行监督的情况,制止、纠正违反相关法律法规或损害企业利益的行为等。企业应定期对监督机构设计和运行的效率与效果进行综合评价,发现可能存在缺陷的,及时优化调整,以确保企业内部监督有效地实施和运行。

(四)建立反舞弊机制

企业应建立反舞弊机制,坚持做到惩防并举、重在预防,明确反舞弊工作的重要领域、关键环节以及有关机构和人员在反舞弊工作中的权责配置,对舞弊行为的举报、投诉、调查、报告和处理等程序作出规范。企业应建立健全投诉举报制度,开通投诉举报专线,规范投诉举报的办理程序、处理方法和办结要求。企业应建立健全举报人保护制度,对举报人的人身、家庭和财产进行有效的保护,使得投诉举报成为企业有效获取员工贪腐、错弊等信息的重要途径。投诉举报制度和举报人保护制度应在企业内部公开,并及时广泛地传达至所有员工。在反舞弊机制建立和实施的过程中,企业应重点关注未经授权或采取其他方式侵占或挪用企业资产、高级管理人员滥用职权、员工串通舞弊、财务报告舞弊等情况。

第二节 内部控制评价

内部控制评价是指企业董事会或类似权力机构对内部控制的有效性进行全面评价、形成评价结论、出具评价报告的过程。评价主要针对企业在内部控制设计与实施中存在的问题,通过评价—反馈—改进—再评价的动态循环,实现内部控制的持续改进和自我完善。我国《企业内部控制基本规范》明确要求:"企业应当结合内部监督情况,定期对内部控制的有效性进行自我评价,出具内部控制自我评价报告。"内部控制评价是优化内部控制自我监督机制的一项重要安排,对促进内部控制有效性的持续提升、提高企业运营的透明度、实现企业管理与政府监管的协调互动、满足利益相关者对企业关注的需要等具有重要意义。

一、内部控制评价主体

从内部控制评价的定义可以看出,**董事会是内部控制评价的最终责任主体,对内部控制评价报告的真实性负责。董事会可以通过审计委员会来承担对内部控制评价的组织、领导和监督职责。**董事会(审计委员会)应听取内部控制评价报告,审定重大缺陷和重要缺陷的整改意见,对于缺陷整改中遇到的困难,应积极协调、排除障碍。监事会应审议内部控制评价报告,对董事会建立与实施内部控制进行监督。

管理层具体负责组织实施内部控制评价工作,在实际操作中,可授权内部控制评价机构组织实施,并积极支持和配合内部控制评价。管理层应结合日常掌握的信息,提出内部控制评价应重点关注的业务或事项,审定评价方案和听取评价报告;对于评价中发现的问题或报告的缺陷,应按董事会或审计委员会的整改意见,积极采取有效措施予以整改。

董事会和管理层可授权**内部审计部门或专门机构(以下简称"评价机构")负责内部控制评价的具体工作**。这是由于内部审计部门在企业内部处于相对独立的地位,该机构的工作内容、性质和人员业务专长符合内部控制评价的工作要求。评价机构根据授权承担内部控制评价的具体工作,为了**保证评价的独立性,与负责内部控制设计的部门应适当分离**。评价机构通过复核、汇总、分析内部监督资料,结合管理层的要求,拟订评价方案并认真组织实施;对于评价中发现的重大问题,应及时与董事会、审计委员会或管理层沟通,并认定内部控制缺陷,拟订整改方案,编写内部控制评价报告,及时向董事会、审计委员会或管理层报告;与外部审计师沟通,督促各业务单位和职能部门对内部控制缺陷进行整改;根据评价和整改情况拟订内部控制考核方案。

各业务单位和职能部门应逐级落实内部控制评价责任,负责组织本单位(部门)的内部控制自查、测试和评价工作,对发现的内部控制设计和执行缺陷提出整改方案及具体的整改计划,积极整改并报送内部控制机构复核,配合内部控制评价机构或外部审计师开展评价工作。

企业也可以根据自身的特点,成立内部控制评价的非常设机构,抽调内部审计、内部控制等相关机构的人员组成内部控制评价小组,具体组织实施内部控制评价工作。企业还可以委托会计师事务所等中介机构实施内部控制评价。此时,董事会(审计委员会)应加强对评价工作的监督和指导。从业务性质上讲,**中介机构受托为企业实施内部控制评价是一种非保证服务**,评价报告的责任仍由董事会承担。为了保证审计的独立性,**为企业提供评价服务的会计师事务所不得同时为企业提供内部控制审计服务**。

二、内部控制评价原则

内部控制评价原则是开展内部控制评价工作应遵循的原则,与内部控制的五项基本原则不完全相同。内部控制评价至少应遵循以下原则:

1. 全面性原则

内部控制评价的范围应全面完整,结合内部控制的五大目标,涵盖内部控制的五大要素,覆盖企业及其所属单位的各种业务和管理活动;在业务流程上应包括决策、执行、监督、反馈等各环节。

2. 重要性原则

内部控制评价应在全面性的基础上,突出重点,在制订和实施评价方案、分配评价资源的过程中,着重关注那些重要业务事项、关键控制环节和重要业务单位。

3. 风险导向原则

评价人员应关注影响内部控制目标实现的高风险领域和主要风险,及时获取风险评估形成的风险清单,进行风险排序,将评价重点放在高风险领域和重大风险点控制的效率与效果上。

4. 客观性原则

内部控制评价工作应准确揭示企业经营管理的风险及其控制状况,如实反映内部控制设计和执行的有效性。只有在制订评价方案、实施评价的全过程中始终坚持客观性原则,才能保证评价结果的客观性。

三、内部控制评价程序

1. 制订评价方案

评价机构应根据内部监督情况和管理要求,分析企业经营管理过程中的高风险领域和重要业务事项,确定与检查评价方法,制订科学的评价方案,经董事会批准后实施。评价方案应明确评价范围、工作任务、人员组织、进度安排和费用预算等内容。评价方案既可以全面评价为主,也可根据需要采用重点评价的方式。

2. 组成评价工作组

评价工作组是在内部控制评价机构的领导下,具体承担内部控制评价任务的机构。评价机构根据经批准的评价方案,挑选具备独立性、业务胜任能力和职业道德素养的评价人员组成评价工作组实施评价。评价工作组应吸收企业内部相关机构熟悉情况、参与日常监督的负责人或业务骨干参加。评价工作组成员对本部门的评价应实行回避制度。企业应根据自身条件,尽量建立长效的内部控制评价培训机制。

3. 实施现场评价

现场评价首先要了解被评价单位的基本情况,充分沟通企业文化和发展战略、组织机构设置及职责分工、领导层成员构成及分工等基本情况。根据掌握的情况,进一步确定评价范围、检查重点和抽样数量,并结合评价人员的专业背景进行合理分工。检查重点和分工情况可根据需要适时调整。评价人员应对被评价单位进行现场测试,综合运用个别访谈、调查问卷、专题讨论、穿行测试、实地查验、抽样和比较分析等方法,充分收集被评价单位内部控制设计和执行是否有效的证据,按评价内容如实填写评价工作底稿,研究分析内部控制缺陷。工作底稿应详细记录企业实施评价工作的内容,包括评价要素、主要风险点、采取的控制措施、有关证据资料及认定结果等。工作底稿可以通过一系列评价表格加以实现。

4. 认定控制缺陷,汇总评价结果

评价工作组汇总评价人员的工作底稿,初步认定内部控制缺陷,形成现场评价报告。评价工作底稿应进行交叉复核签字,并由评价工作组负责人审核后签字确认。评价工作组将评价结果及现场评价报告向被评价单位通报,由被评价单位相关责任人签字确认后,提交评价机构。评价机构汇总各评价工作组的评价结果,对评价工作组现场初步认定的内部控制缺陷进行全面复核、分类汇总;对缺陷的成因、表现形式及风险程度进行定量或定性的综合分析,按其对控制目标的影响程度判定缺陷等级。

5. 编报评价报告

评价机构以汇总的评价结果和认定的内部控制缺陷为基础,综合内部控制工作的整体情况,客观、公正、完整地编制内部控制评价报告,并报送企业管理层、董事会和监事会,由董事会最终审定后对外披露。

6. 报告反馈和跟踪

对于认定的内部控制缺陷,评价机构应结合董事会和审计委员会的要求,提出整改建议,要求责任单位及时整改,并跟踪其整改落实情况;已经造成损失或负面影响的,应追究相关人员的责任。

四、内部控制评价内容

内部控制评价的内容应全面、完整,结合内部控制五大目标,涵盖内部控制的五大要素,覆盖企业及其所属单位的各种业务和管理活动的全过程。

(1) 内部环境评价包括组织架构、发展战略、人力资源、社会责任、企业文化等方面。组织架构评价重点从机构设置的整体控制力、权责划分、相互牵制、信息流动路径等方面进行;发展战略评价重点从发展战略的合理制定、有效实施和适当调整三方面进行;人力资源评价重点从企业人力资源引进结构的合理性、开发机制、激励约束机制等方面进行;社会责任评价重点从安全生产、产品质量、环境保护与资源节约、促进就业、员工权益保护等方面进行;企业文化评价重点从建设和运行两方面进行,从而促进正直诚信、道德价值观的提升,为内部控制的完善夯实人文基础。

(2) 风险评估评价应当对日常经营管理过程中的目标设定、风险识别、风险分析、应对策略等进行认定和评价。

(3) 控制活动评价应当对企业各类业务的控制措施与流程的设计有效性及运行有效性进行认定和评价。

(4) 信息与沟通评价应当对信息收集、处理和传递的及时性,反舞弊机制的健全性,财务报告的真实性,信息系统的安全性,以及利用信息系统实施内部控制的有效性进行认定和评价。

(5) 内部监督评价应当对管理层关于内部监督的基调、监督的有效性,以及内部控制缺陷认定的科学、客观、合理进行认定和评价,重点关注监事会、审计委员会、内部审计部门等是否在内部控制设计和执行中有效地发挥了作用。

五、内部控制评价方法

1. 个别访谈法

个别访谈法主要用于了解企业内部控制的现状,在企业层面评价及业务层面评价的了解阶段经常被使用。访谈人员应根据内部控制评价需求形成访谈提纲,撰写访谈纪要,记录访谈内容。

2. 调查问卷法

调查问卷法主要用于企业层面评价。调查问卷应尽量扩大对象范围,包括企业各个层级的员工,应注意事先保密,题目应尽量简单易答(如答案只需为"是""否"与"有""没有"等)。

3. 专题讨论法

专题讨论法是指集合有关专业人员就内部控制的运行情况或控制问题进行分析,它既是内部控制评价的手段,又是形成缺陷整改方案的途径。

4. 穿行测试法

穿行测试法是指在内部控制流程中任意选取一笔交易作为样本,追踪该交易从最初起源直到最终在财务报表或其他经营管理报告中反映出来的过程,即该流程从起点到终点的全过程,以此了解控制措施设计的有效性,并识别出关键控制点。例如,在保险公司的内部控制评价中,选取一笔保险单,追踪其从投保申请到财务入账的全过程。

5. 抽样法

抽样法分为随机抽样和其他抽样。随机抽样是按随机原则从样本库中抽取一定数量的样本。其他抽样是人工任意选取或按某一特定标准从样本库中抽取一定数量的样本。

6. 实地查验法

实地查验法主要针对业务层面的控制,通过使用统一的测试工作表,与实际的业务、财务单证进行核对的方法进行控制测试,如实地盘点某种存货。

7. 比较分析法

比较分析法是指通过数据分析,识别评价关注点的方法。在进行数据分析时既可以与历史数据进行比较,也可以与行业(公司)标准数据或行业最优数据等进行比较。

除以上方法外,还可以使用观察、重新执行、利用信息系统开发检查等方法,或者采用实际工作和检查测试经验等方法。对于企业利用系统进行自动控制、预防性控制的,应在方法上注意与人工控制、发现性控制的区别。

六、内部控制缺陷认定标准

内部控制缺陷是描述内部控制有效性的一个负向维度。开展内部控制评价,主要工作之一就是查找内部控制缺陷并有针对性地整改。

内部控制缺陷认定具有一定的难度,需要运用职业判断。将内部控制缺陷划分为重大缺陷、重要缺陷和一般缺陷,需要借助一套可系统遵循的认定标准。由于企业所处行业、经营规模、发展阶段、风险偏好等存在差异,我国《企业内部控制基本规范》及其配套指引没有对内部控制缺陷认定的具体标准作出统一规定。企业可结合经营规模、行业特征、风险水平等因素,研究确定适合本企业的内部控制重大缺陷、重要缺陷和一般缺陷的具体认定标准。**认定标准应从定性和定量的角度综合考虑,并保持相对稳定。**

在确定内部控制缺陷的认定标准时,企业应充分考虑内部控制缺陷的重要性及其影响程度。重要性和影响程度是相对内部控制目标而言的。按缺陷对财务报告目标和其他内部控制目标实现的影响,内部控制缺陷可分为财务报告内部控制缺陷和非财务报告内部控制缺陷。

(一) 财务报告内部控制缺陷的认定标准

财务报告内部控制是针对财务报告目标设计和实施的控制,主要的政策和程序包括:保存充分、适当的记录,准确、公允地反映企业的交易和事项;合理保证按会计准则的规定编制财务报表;合理保证收入和支出的发生以及资产的取得、使用或处置经过适当授权;合理保证及时防止或发现并纠正未经授权的、对财务报表有重大影响的交易和事项;等等。

由于财务报告内部控制的目标集中体现为财务报告的可靠性,因此财务报告内部控制缺陷主要是指不能合理保证财务报告可靠性的内部控制设计和执行缺陷。也就是说,财务报告内部控制缺陷是不能及时防止或发现并纠正财务报告错报的内部控制缺陷。

将财务报告内部控制缺陷划分为重大缺陷、重要缺陷和一般缺陷,所采用的认定标准直接取决于该缺陷存在可能导致财务报告错报的重要程度。这种重要程度主要取决于两方面:一是该缺陷是否具备合理可能性,导致企业内部控制不能及时防止或发现并纠正财务报告错报。合理可能性是指大于微小可能性(几乎不可能发生)的可能性,确定是否具备合理可能性涉及评价人员的职业判断。二是该缺陷单独或连同其他缺陷可能导致的潜在错报金额的大小。

如果一项内部控制缺陷单独或连同其他缺陷具备合理可能性,导致不能及时防止或发现并纠正财务报告中的重大错报(管理层确定的财务报告重要性水平),就应将该缺陷认定为重大缺陷。一般可采用绝对金额法(例如,规定金额超过100 000元的错报被认定为重大错报)或相对比例法(例如,规定超过资产总额1%的错报被认定为重大错报)来确定重要性水平。

如果一项内部控制缺陷单独或连同其他缺陷具备合理可能性,导致不能及时防止或发现并纠正财务报告中虽然未达到或超过重要性水平,但仍应引起董事会和管理层重视的错报,就应将该缺陷认定为重要缺陷。不构成重大缺陷和重要缺陷的内部控制缺陷,应认定为一般缺陷。

另外,从性质上,企业存在以下情形之一的,通常表明财务报告内部控制可能存在重大缺陷:①董事、监事和高级管理人员舞弊;②企业更正已公布的财务报告;③注册会计师审计发现当期财务报告存在重大错报,而内部控制在执行过程中未能发现该错报;④审计委员会和内部审计机构对内部控制的监督无效。如果财务报告内部控制存在一项或多项重大缺陷,就不能得出该企业财务报告内部控制有效的结论。

(二) 非财务报告内部控制缺陷的认定标准

非财务报告内部控制是针对除财务报告目标之外的其他目标设计和实施的内部控制。这些目标一般包括战略目标、资产目标、运营目标、合规目标等。非财务报告内部控制缺陷认定具有涉及面广、认定难度大的特点。

企业可参照财务报告内部控制缺陷的认定标准,合理确定定性和定量的认定标准,根据其对内部控制目标实现的影响程度认定为重大缺陷、重要缺陷和一般缺陷。其中,定量标准既可以涉及金额大小(例如,造成直接经济损失的金额),又可以根据其直接损失占资产、销售收入及利润等的比率确定;定性标准指涉及业务性质的严重程度,可以根据其直接或潜在负面影响的性质、范围等因素确定。

为了避免企业操纵内部控制评价报告,非财务报告内部控制缺陷认定标准一经确定,就应在不同的评价期间保持一致,不得随意变更。

需要强调的是,在内部控制的非财务报告目标中,战略目标和运营目标的实现往往受到企业不可控的诸多外部因素的影响,企业的内部控制只能合理保证董事会和管理层了解这些目标的实现程度。因此,企业在认定针对这些控制目标的内部控制缺陷时,不能只考虑最终结果,而应考虑企业制定战略、开展经营活动的机制和程序是否符合内部控制的要求,以及不适当的机制和程序对企业战略目标及运营目标实现可能造成的影响等。

企业出现以下情形之一的,通常表明非财务报告内部控制可能存在重大缺陷:①国有企业缺乏民主决策程序,如缺乏"三重一大"决策程序;②企业决策程序不科学、决策失误,导致并购不成功;③违反国家法律法规,如环境污染;④管理人员或技术人员纷纷流失;⑤媒体负面新闻频繁出现;⑥内部控制评价的结果,特别是重大缺陷或重要缺陷未得到整改;⑦重要业务缺乏制度控制或制度系统性失效。

如果非财务报告内部控制存在一项或多项重大缺陷,就不能得出该企业非财务报告内部控制有效的结论。

企业对内部控制缺陷的认定,应以企业在日常监督和专项监督中获取的资料为基础,结合年度内部控制评价,由评价机构进行综合分析后提出认定意见,按规定权限和程序进行审核,由董事会予以最终确定。

案例 6-2

海尔智家(证券代码:600690)的内部控制缺陷认定标准

1. 财务报告内部控制缺陷认定标准

海尔智家确定的财务报告内部控制缺陷认定的定量标准如表 6-3 所示。

表 6-3　海尔智家财务报告内部控制缺陷定量认定标准

指标名称	重大缺陷定量标准	重要缺陷定量标准	一般缺陷定量标准
利润总额潜在错报	潜在错报≥税前利润的5%	税前利润的5%>潜在错报≥税前利润的2%	潜在错报<税前利润的2%
资产总额潜在错报	潜在错报≥资产总额的1%	资产总额的1%>潜在错报≥资产总额的0.5%	潜在错报<资产总额的0.5%
经营收入潜在错报	潜在错报≥经营收入的1%	经营收入的1%>潜在错报≥经营收入的0.5%	潜在错报<经营收入的0.5%
所有者权益潜在错报	潜在错报≥所有者权益的1%	所有者权益的1%>潜在错报≥所有者权益的0.5%	潜在错报<所有者权益的0.5%

资料来源:根据海尔智家 2023 年度内部控制评价报告整理。

海尔智家确定的财务报告内部控制缺陷认定的定性标准如表 6-4 所示。

表 6-4　海尔智家财务报告内部控制缺陷定性认定标准

缺陷性质	定性标准
重大缺陷	（1）控制环境失效，如公司董事、监事和高级管理人员舞弊，已发现的重要缺陷经过合理期间仍未被纠正等 （2）重述前期财务报告以更正重大错报 （3）外部审计发现财务报告存在重大错报而内部控制在执行过程中未能发现该错报 （4）审计委员会对公司的财务报告及其相关的内部控制监督无效
重要缺陷	（1）对公认会计准则的选择和会计政策的应用存在误解且未被及时发现 （2）未建立反舞弊程序和控制措施 （3）对于非常规或特殊交易的账务处理没有建立相应的控制机制或没有实施且没有相应的补偿性控制
一般缺陷	未构成重大缺陷、重要缺陷的其他内部控制缺陷

资料来源：根据海尔智家 2023 年度内部控制评价报告整理。

2. 非财务报告内部控制缺陷认定标准

海尔智家确定的非财务报告内部控制缺陷认定的定量标准如表 6-5 所示。

表 6-5　海尔智家非财务报告内部控制缺陷定量认定标准

指标名称	重大缺陷定量标准	重要缺陷定量标准	一般缺陷定量标准
利润总额潜在错报	潜在错报≥税前利润的 5%	税前利润的 5%＞潜在错报≥税前利润的 2%	潜在错报＜税前利润的 2%
资产总额潜在错报	潜在错报≥资产总额的 1%	资产总额的 1%＞潜在错报≥资产总额的 0.5%	潜在错报＜资产总额的 0.5%
经营收入潜在错报	潜在错报≥经营收入的 1%	经营收入的 1%＞潜在错报≥经营收入的 0.5%	潜在错报＜经营收入的 0.5%
所有者权益潜在错报	潜在错报≥所有者权益的 1%	所有者权益的 1%＞潜在错报≥所有者权益的 0.5%	潜在错报＜所有者权益的 0.5%

资料来源：根据海尔智家 2023 年度内部控制评价报告整理。

海尔智家确定的非财务报告内部控制缺陷认定的定性标准如表 6-6 所示。

表 6-6　海尔智家非财务报告内部控制缺陷定性认定标准

缺陷性质	定性标准
重大缺陷	（1）违反国家法律法规 （2）公司连年亏损，持续经营受到挑战 （3）重要业务缺乏制度控制或制度系统性失效 （4）公司重大决策缺乏决策程序或程序严重不合理导致重大失误 （5）媒体针对公司的重大负面新闻频现，涉及面广且负面影响一直未能消除

(续表)

缺陷性质	定性标准
重要缺陷	(1) 公司一般业务缺乏制度控制或制度系统性失效 (2) 管理层或关键岗位人员流失严重 (3) 非财务报告内部控制重要或一般缺陷经过合理期间仍未被纠正
一般缺陷	未构成重大缺陷、重要缺陷的其他内部控制缺陷

资料来源:根据海尔智家 2023 年度内部控制评价报告整理。

七、内部控制缺陷报告与整改

内部控制评价机构应编制内部控制缺陷认定汇总表,结合日常监督和专项监督发现的内部控制缺陷及其持续改进情况,对内部控制缺陷及其成因、表现形式和影响程度进行综合分析与全面复核,提出认定意见,并以适当的形式向董事会、监事会或经理层报告。针对财务报告内部控制缺陷,一般还应当反映缺陷对财务报告的具体影响。**重大缺陷应由董事会予以最终认定**。对于认定的重大缺陷,企业应及时采取应对策略,切实将风险控制在可接受水平之内,并追究有关部门或人员的责任。

内部控制缺陷报告应采取书面形式,可以单独报告,也可以作为内部控制评价报告的一部分合并报告。一般而言,内部控制的一般缺陷、重要缺陷应定期(至少每年)报告,重大缺陷应立即报告。对于**重大缺陷和重要缺陷及整改方案,评价机构应向董事会(审计委员会)、监事会或经理层报告并审定**。如果出现不适合向经理层报告的情形(例如,存在与经理层舞弊相关的内部控制缺陷,或者存在经理层凌驾于内部控制之上的情形),则应直接向董事会(审计委员会)、监事会报告。对于一般缺陷,可以向经理层报告,并视情况考虑是否需要向董事会(审计委员会)、监事会报告。

对于认定的内部控制缺陷,企业应及时采取整改措施,切实将风险控制在可接受水平之内,并追究有关机构或相关人员的责任。评价机构应就发现的内部控制缺陷提出整改建议,并报董事会(审计委员会)、监事会、经理层批准。获批后,应制订切实可行的整改方案,包括整改目标、内容、步骤、措施、方法和期限。整改期限超过一年的,整改应明确近期目标和远期目标以及相应的整改工作内容。对于设计缺陷,企业应从管理制度入手查找原因,需要更新、调整、废止的制度要及时处理,并同时改进内部控制体系的设计,弥补设计缺陷。对于执行缺陷,企业应分析出现的原因,查清责任人,并有针对性地进行整改。

八、内部控制评价报告

内部控制评价报告是内部控制评价的最终体现,按编制主体、报送对象和时间,分为对内报告和对外报告。对外报告的内容、格式等强调符合披露要求,时间具有强制性;对内报告则主要以符合董事会(审计委员会)、经理层的需要为主,编制主体层级更多,内容更加详尽,格式更加多样,时间可以定期也可以不定期。

企业应根据《企业内部控制基本规范》及其配套指引,设计内部控制评价报告的种类、格式和内容,明确内部控制评价报告的编制程序和要求。**内部控制评价报告应报经董事会或类似权力机构批准后对外披露或报送相关部门。**

内部控制评价报告应当分别按照内部环境、风险评估、控制活动、信息与沟通、内部监督等要素进行设计,对内部控制评价过程、内部控制缺陷认定及整改情况、内部控制有效性结论等相关内容作出披露。通常,内部控制评价报告至少应披露以下内容:

(1) 董事会声明。声明董事会及全体董事对报告内容的真实性、准确性、完整性承担个别及连带责任,保证报告内容不存在任何虚假记载、误导性陈述或重大遗漏。

(2) 内部控制评价的总体情况。明确企业内部控制评价工作的组织、领导体制和进度安排,以及是否聘请会计师事务所对内部控制有效性进行独立审计。

(3) 内部控制评价的依据。说明企业开展内部控制评价工作所依据的法律法规和规章制度。

(4) 内部控制评价的范围。描述内部控制评价所涵盖的被评价单位、纳入评价范围的业务和事项,以及重点关注的高风险领域。评价范围如有所遗漏,则应说明原因及其对内部控制评价报告真实性、完整性产生的重大影响等。

(5) 内部控制评价的程序和方法。描述内部控制评价工作遵循的基本流程,以及评价过程采用的主要方法。

(6) 内部控制缺陷及其认定。描述适用本企业的内部控制缺陷的具体认定标准,并声明与以前年度保持一致或作出调整及相应的原因;根据内部控制缺陷认定标准,确定评价期末存在的重大缺陷、重要缺陷和一般缺陷。

(7) 内部控制缺陷的整改情况。针对评价期间发现、期末已完成整改的重大缺陷,说明企业有足够的测试样本显示与该重大缺陷相关的内部控制已设计且执行有效;针对评价期末存在的内部控制缺陷,说明企业拟采取的整改措施及预期效果。

(8) 内部控制有效性的结论。对于不存在重大缺陷的情形,出具评价期末内部控制有效的结论;对于存在重大缺陷的情形,不得作出内部控制有效的结论,而应描述该重大缺陷的性质及其对实现相关内部控制目标的影响程度,以及可能给企业未来生产经营带来的相关风险。自内部控制评价报告基准日至内部控制评价报告发出日之间发生重大缺陷的,内部控制评价机构应予以核实,并根据核查结果对评价结论进行相应调整,说明董事会拟采取的措施。年度内部控制评价报告应以 12 月 31 日为基准日。

内部控制评价是董事会对本企业内部控制有效性的自我评价,有一定的主观性。即使同时满足设计有效性和执行有效性标准的内部控制,受内部控制固有局限的影响,也只能为目标实现提供合理保证而不能提供绝对保证,不应不切实际地期望内部控制能绝对保证内部控制目标的实现,也不应以内部控制目标的最终实现情况与程度为唯一依据直接判断内部控制设计和执行的有效性。

案例 6-3

甲公司内部控制设计与执行的评价

甲公司是一家以饮品生产和销售为主业的上市公司。2011年,甲公司根据《企业内部控制基本规范》及其配套指引,结合自身经营管理实际,制定了《企业内部控制手册》(以下简称《手册》),自2012年1月1日起实施。为了检验实施效果,甲公司于2013年7月成立内部控制评价工作组,对内部控制设计与执行情况进行检查和评价。内部控制评价工作组由审计委员会直接领导,组长由董事会指定,组员由公司各职能部门业务骨干组成。2013年9月,甲公司审计委员会召集公司内部相关部门对检查情况进行讨论,要点如下:

1. 关于内部环境

内部控制评价工作组在对内部环境要素进行测试时发现,缺乏足够的证据表明企业文化建设和实施取得了较好的实效。人事部门负责人表示,公司领导对企业文化建设的重视是无形的、难以量化的,且人事部门已制定并计划宣传、贯彻《员工行为守则》,这可以说明企业文化建设和实施是有效的。

2. 关于风险评估

甲公司于2013年1月支付2 000万元,成为亚运会的赞助商;于2013年7月支付500万元,捐助西北某受灾地区。内部控制评价工作组在对公司风险评估机制进行评价时,发现上述事项均未履行相应的风险评估程序,建议予以整改。风险管理部门负责人表示,赞助亚运会对提升企业形象有利而无害,不存在风险;财务部门负责人认为,对外捐助属于履行社会责任,不需要评估风险。

3. 关于控制活动

内部控制评价工作组对公司业务层面的控制活动进行了全面测试,发现《手册》中有关资金投放、资金筹集、物资采购、资产管理和商品销售等环节的内部控制设计可能存在缺陷,有关资料如下:

(1) 资金投放环节。为了提高资金使用效率,《手册》规定,投资部门报经总会计师批准可以从事一定额度的投资,但大额期权、期货交易必须报经总经理批准。

(2) 资金筹集环节。为了降低资金链断裂的风险,《手册》规定,总会计师在无法正常履行职责的情形下,应当授予其副职在紧急状况下进行直接筹资的一切权限。

(3) 物资采购环节。《手册》规定,当库存水平较低时,授权采购部门直接购买。

(4) 资产管理环节。为了应对突发事件造成的财产损失风险,《手册》规定,公司采取投保方式对财产进行保全,财产保险业务全权委托外部专业机构开展,公司不再另行制定有关投保业务的控制规定。

(5) 商品销售环节。为了提高经营效率和缩短货款回收周期,《手册》规定,指定商品的销售人员可以直接收取货款,公司审计部门应当定期或不定期派出监督人员对该岗位的运行情况和有关文档记录进行核查。

4. 关于信息与沟通

内部控制评价工作组检查时发现,所有风险信息均由总经理向董事会报告,建议确认为控制缺陷并加以整改。风险管理部门负责人表示,风险管理部门对总经理负责,符合公司组织架构、岗位职责与授权分工的规定,不应认定为控制缺陷。

5. 关于内部监督

内部审计部门负责人表示,年度内部控制评价工作组是由公司各部门抽调人员组成的临时工作团队,缺乏独立性,建议由内部审计部门承担相应的职责。内部控制评价工作组负责人认为,工作组成员均接受过专业培训,接受审计委员会的领导,有足够的专业能力和权威性来承担内部控制评价工作;而审计部门人手少、力量弱,现阶段无法有效地承担年度评价职责。

要求:

1. 针对内部环境、风险评估、信息与沟通、内部监督四要素评价过程的各种意见分歧,假如你是公司审计委员会主席,请逐项说明是否赞同内部控制评价工作组的意见,并说明理由。

2. 根据《企业内部控制基本规范》及其配套指引的要求,逐项判断控制活动要素各项内部控制设计是否有效,并说明理由。

第三节　审计委员会、内部审计与内部控制

在内部控制建设过程中,审计委员会和内部审计发挥着重要作用。审计委员会是董事会下设的专门委员会,独立于管理层,协助董事会履行其内部控制、风险管理和财务报告等方面的职能。内部审计是内部控制的组成部分,是监督与评价内部控制有效性的重要手段。内部审计的监督、评价和服务职能有利于内部控制目标的达成,对改善企业生产经营和管理活动的效率与效果具有重要意义。随着内部审计的不断创新与发展,内部审计的范围不断向内部控制、风险管理和公司治理领域延伸,一般认为内部审计是评价和提升内部控制、风险管理及治理过程有效性的必要手段。

一、审计委员会与内部控制

审计委员会是董事会设立的专门工作机构,成员全部由董事组成,其中独立董事应占多数并担任召集人,审计委员会中至少应有一名独立董事是会计专业人士。审计委员会成员应拥有会计、审计、财务或法律等方面的专业经验,具备相应的独立性、良好的职业操守和专业胜任能力。

根据《上市公司治理准则》,审计委员会的主要职责包括:监督及评估外部审计工作,提议聘请或者更换外部审计机构;监督及评估内部审计工作,负责内部审计与外部审计的协调;审核公司的财务信息及其披露;监督及评估公司的内部控制;负责法律法规、公司章程和董事会授权的其他事项。

从审计委员会治理的最佳实践来看,其职责范围应以书面形式明确规定,主要包括:

(1) 就外部审计机构的任命或罢免,包括外部审计师的聘用条件向董事会提出建议。

(2) 评估和监督外部审计工作的独立性、客观性和有效性。

(3) 为聘请外部审计师提供非审计服务(如管理咨询、报税服务等)而制定并实施政策,避免这些服务可能影响其审计工作的独立性和客观性。

(4) 就外部审计师提供非审计服务的任何违规或不足之处,向董事会报告并提出改进建议。

(5) 监督和评估内部审计的有效性,并确保内部审计部门获得所需的资源和信息,以便其履行职责且符合相关的专业标准。

(6) 负责内部审计与外部审计之间的沟通,应在执行董事不在场的情形下,每年至少与外部和内部的审计人员会晤一次,以便讨论与审计有关的问题。

(7) 审核公司财务信息及其他信息披露的真实性和完整性,审议财务报告编制过程中涉及的重大事项和重要判断。

(8) 审查和评估公司内部控制与风险管理相关制度设计的健全性及运行的有效性,关注公司反舞弊机制建立和实施的有效性。

在内部控制建设方面,审计委员会的主要职责包括:审查内部控制的设计情况;监督内部控制的有效实施;监督和指导内部控制的自我评价;复核所有由内部审计和外部审计提交的内部控制缺陷报告及管理建议书,并追踪了解管理层针对这些缺陷或薄弱环节采取的行动;批准年报中有关内部控制和风险管理的陈述;协调内部控制审计及其他相关事宜;等等。审计委员会应使董事会和管理层关注内部报告与外部报告风险控制的有效性,关注相关法律法规和内部政策的遵守情况,关注高风险领域和重大风险控制的有效性。

为了更好地履行职责,审计委员会每年应至少举行三次会议,并于审计周期的主要日期举行。除正式会议之外,审计委员会成员应有权接触与公司治理有关的重要成员,如董事长、CEO、CFO和内部审计主管等。存在特别风险的,审计委员会还可以考虑是否需要审计人员的指导或借助外部专家的力量。

二、内部审计与内部控制

内部审计是内部控制的重要组成部分,是对内部控制有效性进行监督和评价的重要手段,特别是在内部监督要素的设计和实施、内部控制评价等方面具有重要作用。然而,传统观念认为,内部审计是一个非增值的成本中心,是一个"爱找麻烦"、可有可无的部门。上述观念很具普遍性,核心原因是对内部审计的职能定位不明晰,当然也与内部审计从业人员的能力和素质不匹配有关。传统的内部审计重在"查错纠弊",存在重监督轻服务、重结果轻过程、重财务轻业务、重合规轻效益、重单项轻系统、重当期轻长远、重查处轻建议、重独立轻互动等问题。内部审计早期的目标主要是保护财产安全和发现舞弊行为,以符合性测试为主;内部审计人员将注意力集中在对财务记录的检查和对易被盗用资产的确认上,内部审计的主要功能是震慑做错事的员工。

随着信息技术的发展和应用,曾经由内部审计人员开展的会计记录核对工作转由自动化查验程序完成,内部审计开始拓展审计范围并超出传统的财务审计范畴,努力转向运用各种方法辅助管理层,出现了运营审计的概念。运营审计的目的是判断运营的效率、效果和经济性。1957 年,国际内部审计师协会(Institute of Internal Auditors, IIA)发布《内部审计职责说明书》,将内部审计职责描述为:一是检查和评价会计、财务及运营控制的合理性、适当性与适用性;二是确定对政策、计划和程序的遵循情况;三是确定对组织各类资产的负责程度及免于各类损失的保障程度;四是确定组织内部所产生的会计信息及其数据的可靠性;五是评价履行职责的工作质量。

20 世纪 80 年代以来,随着内部控制的发展进入内部控制结构阶段,内部审计开始关注财务风险和合规性风险的控制,确认相关控制是否存在,并评估相关控制设计和执行的有效性。1993 年,国际内部审计师协会将内部审计定义为:组织内部设立并服务于组织的一种独立的评价活动,它是一种控制,通过检查和评价其他控制的适当性和有效性来发挥作用。内部审计的目的是协助管理层有效地履行其职责,以合理的成本促进有效的控制。为此,内部审计应向管理层提供与所审核活动有关的分析、评价、建议等信息。

随着内部控制向全面风险管理迈进,内部审计被要求能够充分理解企业面临的各类风险,熟悉企业风险的识别、分析和应对,确认相关控制是否存在、是否被有效地执行。1999 年,国际内部审计师协会将内部审计的定义修订为:一种独立、客观的确认和咨询活动,旨在增加组织的价值及改善组织的运营。内部审计通过应用系统化、规范化的方法,评价并改善风险管理、控制和治理过程的效果,帮助组织实现其目标。确认服务是为了对组织的风险管理、控制和治理过程提供独立的评估而客观检查证据的活动,如财务审计、运营审计、绩效审计、合规性审计、系统安全审计和尽职审计;咨询服务是一种咨询顾问及相应的客户服务活动,这种服务的性质和范围通过与客户协商确定,旨在使内部审计在不承担管理责任的同时,促进组织增加价值及改善治理、风险管理和控制过程,如商议、建议、协调和培训等。

中国内部审计协会于 2013 年发布 2023 年修订的《第 1101 号——内部审计基本准则》,也基本沿用国际内部审计师协会的这一定义,认为**内部审计是一种独立、客观的确认和咨询活动,它通过运用系统、规范的方法,审查和评价组织的业务活动、内部控制和风险管理的适当性和有效性,以促进组织完善治理、增加价值和实现目标**。2016 年 4 月,中国银监会发布《商业银行内部审计指引》,认为内部审计是商业银行内部独立、客观的监督、评价和咨询活动,通过运用系统化和规范化的方法,审查评价并督促改善商业银行业务经营、风险管理、内控合规和公司治理效果,促进商业银行稳健运行和价值提升。该指引明确提出商业银行内部审计目标包括:推动国家有关经济、金融法律法规和监管规则的有效落实;促进商业银行建立并持续完善有效的风险管理、内控合规和治理架构;督促相关审计对象有效履职,共同实现本银行战略目标。商业银行内部审计工作应独立于业务经营、风险管理和内控合规,并对上述职能履行的有效性实施评价。商业银行的内部审计事项应包括:公司治理的健全性和有效性;经营管理的合规性和有效性;内部控制的适当性和有效性;风险管理的全面性和有效性;会计记录及财务报告的完整性和准确性;信息系统的持续性、可靠性和安全性;机构运营、绩效考评、薪酬管理和高级管理人员履职情况;监管部门监督检查发现问题的整改情况以及监管部门指定项目的审计工作;其他需要进行审计的事项。

如图 6-3 所示,随着内部审计在内部控制与风险管理中的职能演进,**内部审计已由早期单纯的合规性测试和财务风险控制,转向各类风险的确认和控制评价上,再到通过持续监督和内部控制评价等全面参与企业内部控制与风险管理的建设**。内部审计不是简单的复核和监督检查体系,而是内部控制与风险管理的重要组成部分,内部审计要努力促进企业完善治理、增加价值和实现目标。

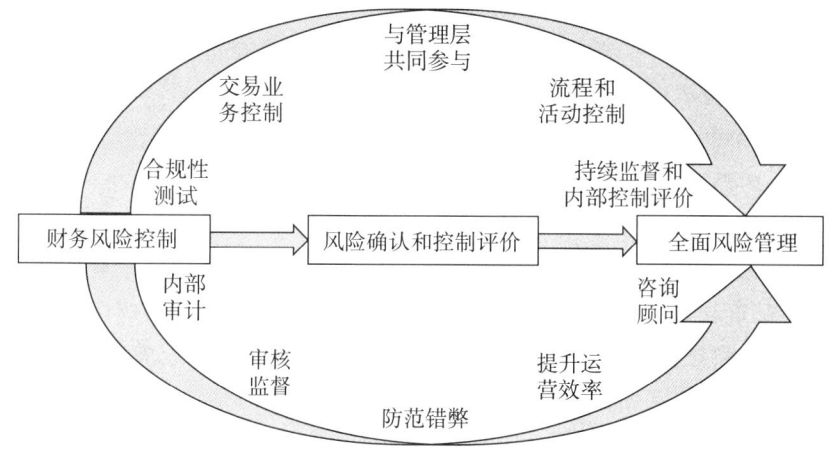

图 6-3　内部审计在内部控制与风险管理中的职能演进和能力要求

内部审计在健全企业治理机制、强化内部控制与风险管理方面具有独特的资源和人才优势。内部审计应充分发挥专业优势,为内部控制与风险管理建设提供管理咨询,但不得直接参与或负责内部控制设计和经营管理的决策与执行。**在内部控制设计和执行的过程中,内部审计主要通过监督和评价,针对内部控制缺陷提出改进意见,促进内部控制的持续改进**。内部审计在开展工作时,应以监督检查和评价内部控制的有效性为主线,以提高企业风险控制能力为目标,坚持风险导向。内部审计应帮助企业识别并评价重要的风险暴露,包括财务与运营信息的可靠性和完整性、运营的效率和效果、资产的安全保障、法规及合同的遵守情况等。

内部审计主要运用系统化、规范化的方法评价并致力于内部控制与风险管理过程的改进。内部审计应胜任其能力要求(技能、资源、信息、沟通等),努力做到以下几个方面:了解企业业务和运营目标;以风险为导向,熟悉应对风险所需的控制活动;非常专业地开展持续监督和内部控制评价工作,持续提供最佳业务范例以提高运营的效率和效果;能够适应不断改变的业务结构,作为专业审计人员开展专项审计业务;有效地与董事会及其审计委员会和管理层沟通;等等。

三、董事会及其审计委员会与内部审计

独立性是内部审计发挥作用的关键,在现代公司治理模式下,内部审计的组织地位和层次级别越高、独立性越强,内部审计发挥的作用就越大、越充分;反之亦然。**一般来说,内部审计汇报的层级越高,其独立性越强。因此,较为理想的治理模式是董事会对内部审计的独立性和有效性承担最终责任**。

董事会应制定内部审计章程,通过章程明确以下内容:内部审计的目标和范围;内部审计的地位、权限和职责;内部审计的报告路径,以及与管理层的沟通机制;内部审计主管的责任和义务;内部审计与风险管理、内部控制的关系;内部审计外包的标准和原则;内部审计与外部审计的关系;对重要业务与高风险领域的审计频次及后续整改要求;内部审计人员职业准入与退出标准、后续教育制度和人员交流机制;等等。

董事会根据业务规模和复杂程度配备充足、稳定的内部审计人员;提供充足的经费并列入财务预算。内部审计主管直接对董事会及其审计委员会负责,定期向董事会及其审计委员会和监事会报告工作,并通报管理层。

审计委员会协助董事会审批内部审计章程、中长期审计规划和年度审计计划等;为独立、客观地开展内部审计工作提供必要保障;对内部审计工作的独立性和有效性进行考核,并对内部审计质量进行评价。

审计委员会应指导和监督内部审计工作,审核并提议对内部审计主管的任命和解聘,监察和评估内部审计在企业内部控制与风险管理系统中的角色及有效性,审查内部审计的工作范围、效率和效果及内部审计实现其目标的能力。具体来说,审计委员会应在以下三方面对内部审计进行督导:

1. 审核内部审计的独立性

企业应保证内部审计机构设置、人员配备和工作的独立性,确保内部审计人员可以直接接触审计委员会并向委员会报告。审计委员会应帮助外部审计师与内部审计人员独立于管理层,并充当审计师与管理层争议的调解人。内部审计主管与审计委员会应建立并保持良好的沟通,直接且定期向董事会报告。有些企业的内部审计主管向高级管理人员而非董事会报告日常事务。在这种情形下,董事会必须采取额外措施,确保这种报告关系不会损害内部审计的独立性或对其独立性产生不当影响。

2. 审核内部审计的人员配备

内部审计人员应具备必要的知识,以便熟练、专业地实施审计工作。内部审计人员应善于口头沟通及书面交流,能够理解会计及审计准则、原则及技术,能够确认现有或潜在的问题,并在适当情形下对程序进行补充。内部审计人员(包括内部审计主管)要参与继续教育和培训,这一点至关重要。

3. 指导和评估内部审计工作

审计委员会应定期审查企业的内部审计章程;监督内部审计人员名单、招聘及解雇情况;审查内部审计机构的预算及职工的安置;审议年度内部审计计划,以确保它包括了企业所有重大和高风险的活动;要求内部审计人员定期作出报告;接收和复核所有内部审计人员签发报告的复印件;监督管理层对内部审计结果和改进建议所作出的反应;监督内部审计与管理层所有重大的意见分歧;协调内部审计和外部审计的沟通与配合;等等。

四、高级管理层与审计委员会、内部审计

内部控制与风险管理是高级管理层的关键职责。高级管理层为了实现其业务目标,

应设计并实施合理的内部控制与风险管理程序,且确保其能发挥作用。**董事会及其审计委员会对内部控制与风险管理的健全性、有效性负有监督和评价责任。**高级管理层应及时向董事会及其审计委员会报告业务发展、产品创新、操作流程、风险管理、内控合规的最新发展和变化。

内部审计通过对内部控制与风险管理的健全性、有效性进行监督、检查、评价、报告和建议,协助董事会、高级管理层改进内部控制与风险管理的健全性和有效性。因此,高级管理层应支持内部审计独立地履行职责,确保内部审计资源充足到位;企业应配备充足的内部审计人员,一般不少于员工总数的1%。内部审计人员应具备履行内部审计职责所需的专业知识、职业技能和实践经验,并通过后续教育和职业实践等途径,掌握相关法律法规、专业知识、技术方法和审计实务的发展变化,保持和提升专业胜任能力。高级管理层应支持内部审计人员的后续教育和职业实践。

高级管理层应根据内部审计发现的问题和审计建议及时采取有效的整改措施。内部审计主管应定期向董事会和高级管理层报告,强调对重要业务的观察和建议,包括可能对企业产生不利影响的情况,例如对违规、违法、低效率、浪费、无效、利益冲突和控制系统的薄弱环节的处理情况。报告还应包括重大的风险暴露及其控制事项、公司治理事项及董事会和高级管理层需要或要求的其他事项。

考虑到成本费用和其他原因,高级管理层可能决定不采取内部审计报告中提出的整改措施,并承担由此产生的风险。如果内部审计主管认为高级管理层接受了企业不能承受的剩余风险,就应该与高级管理层进行进一步的沟通和讨论。此时,内部审计主管应将高级管理层的决定告知董事会。在高级管理层和董事会决定不采取行动纠正报告中指出的重要问题并承担由此产生的风险时,内部审计主管应考虑将原先已报告的对重要业务的观察和建议再向董事会报告是否恰当。这一点在董事会和高级管理层发生变动时尤为必要。如果认为有必要,内部审计主管还可以向监事会甚至股东会报告。

本章小结

内部监督是企业对内部控制设计和执行情况进行监督检查,对其健全性和有效性进行评估,发现和认定内部控制缺陷,并及时加以改进和完善的过程。内部控制评价是企业董事会或类似权力机构对内部控制的有效性进行全面评价、形成评价结论、出具评价报告的过程。两者都以识别和认定内部控制缺陷、评价内部控制有效性为核心。

企业应制定内部控制缺陷认定标准,从定性、定量或定性与定量相结合等方面界定内部控制缺陷等级。内部控制缺陷按严重程度分为重大缺陷、重要缺陷和一般缺陷三个等级。内部控制缺陷包括设计缺陷和执行缺陷。

内部控制有效性是指企业建立与实施内部控制,对实现内部控制目标提供合理保证的程度,包括设计有效性和执行有效性。内部控制为目标实现提供的保证程度越高,内部控制就越有效;反之,则越无效。有效性应从内部控制的设计和执行两个方面进行评价,评价的内容应涉及内部控制的整体框架。评价应结合内部控制目标进行,存在一个或多个重大缺陷的内部控制,应被认定无效。

有效的内部监督和内部控制评价必须以风险导向为核心理念。实施风险导向的内部监督和内部控制评价必须在明确风险归属的前提下，根据风险评估结果确定监督和评价的侧重点；同时，全面、系统地识别和分析监督与评价流程各环节的主要风险，针对风险点设置关键控制点，并采取相应的风险控制措施。

思考题

1. 企业对内部控制的监督检查有哪几种方式？其含义是什么？
2. 依据 COSO 2009 年 1 月发布的《内部控制体系监督指南》，内部监督的基本流程有哪些？
3. 企业如何基于风险导向实施内部监督工作？
4. 以上市公司为例，如何设置内部监督机构？如何分配职责权限？
5. 什么是内部控制重大缺陷？表明企业内部控制可能存在重大缺陷的迹象有哪些？
6. 什么是内部控制设计缺陷？什么是内部控制执行缺陷？
7. 什么是内部控制设计的有效性？什么是内部控制执行的有效性？
8. 内部控制的评价方法主要有哪些？
9. 内部控制评价报告一般应当包括哪些内容？
10. 如何确定内部控制缺陷的认定标准？
11. 在内部控制建设过程中，审计委员会的主要职责有哪些？
12. 在内部控制建设过程中，内部审计的主要职责有哪些？

案例讨论

某汽车生产商的内部审计部门正对该公司旗下生产的渣土运输车进行尾气排放测试。内部审计部门发现，公司针对渣土运输车向外公布的尾气排放信息与内部记录的实际数据存在重大差异。内部审计经理表示，测试样本显示的尾气排放量大于对外公布的排放量，有可能涉及虚假披露和违反环保法律法规。虽然内部审计经理已向涉事部门主管报告，但该部门主管只承认错误并未采取任何纠正措施。

要求：

（1）评价内部审计经理就以上事件进行通报的恰当性。
（2）简要说明该公司在该事件中所暴露出来的主要风险。
（3）针对上述事件，公司在内部控制方面需要进行哪些改进？

第七章　内部控制与风险管理新发展

学习目标

1. 了解信息科技和人工智能对企业风险管理带来的机遇和挑战,增强时代感和使命感。
2. 了解德勤国际会计公司的风险智能管理的理念和框架,感知前沿资讯和先进经验。
3. 熟悉人工智能风险的识别与防控要点,学习数智技术,培养数智素养和创新思维。
4. 理解和掌握"互联网+"环境下的内部控制目标,培养忧患意识和社会责任感。
5. 了解"互联网+"环境对内部控制各要素的影响及应对之策,学好风险管理新技术、新方法,助力国家经济、社会、科技等领域的重大风险防控,维护国家总体安全。

引导案例

2024年7月15日,锡林郭勒盟公安机关接到报案,某煤矿公司的服务器无法正常运行,疑似受到病毒攻击。经现场勘查取证发现,该公司未采取有效防范技术措施,系统存在弱口令等问题隐患,不法分子破解密码并在服务器植入勒索病毒,致使该公司的监测服务器无法正常运行,安全生产数据无法正常回传,公司业务停摆。

分析发现:第一,该公司未建立完善的网络安全管理制度,导致在网络安全防护方面存在漏洞;第二,系统未采取有效的技术防护措施,如防火墙、入侵检测系统等,使得系统容易遭受攻击;第三,弱口令是黑客攻击的常见入口,该公司系统存在弱口令问题,为黑客提供了可乘之机;第四,公司员工和管理层对网络安全的重要性认识不足,未能采取有效措施保护系统安全。

公安机关建议该公司:第一,建立健全的网络安全管理制度,明确安全责任和管理流程,确保网络安全工作有章可循;第二,采用先进的安全技术和设备,如防火墙、入侵检测系统等,提高系统安全防护能力;第三,禁止使用弱口令,定期更换密码,并采用复杂的密码策略提高密码安全性;第四,加强员工培训,提高员工对网络安全的认识和重视程度,确保每位员工都能成为网络安全的守护者;第五,制定完善的网络安全应急预案,确保在发生网络安全事件时能够迅速响应、有效处置,减少损失。

通过本案例分析可以得到以下启示:企业必须高度重视网络安全工作,建立健全网络安全管理制度和技术防护体系,增强员工的安全意识,确保系统安全稳定运行。政府和相关部门也应加强对企业网络安全工作的监管和指导,共同维护网络空间的安全和稳定。

资料来源:根据2024年9月18日澎湃新闻"曝光!多家单位被内蒙古警方通报"(https://www.the-paper.cn/newsDetail_forward_28775442,访问时间:2024年9月22日)整理。

第一节　风险智能管理框架

近年来,经济、社会、技术、环境发生着巨大变化,世界进入百年未有之大变局。组织结构和商业模式日益复杂化,企业运营更加依赖信息科技,金融和商业创新的步伐越来越快。这些变化给组织的风险管理带来巨大挑战,单靠人工管理风险已变得力不从心。借助信息技术和人工智能,风险管理越来越智能化、自动化。近年来,德勤国际会计公司借助现代信息技术,提出风险智能管理的新思路,并尝试在其客户中推广和应用,取得了良好的实践效果。

一、风险智能管理理念

在风险智能管理框架下,人们对风险及风险管理的认识相比传统理念发生了很多变化(见图7-1)。传统的风险管理认为风险是需要控制的不利因素,风险管理是一项独立的职能管理,以财务控制为主,重点是防范差错和舞弊,比较注重风险管理流程和制度建设,由专职的内部职能部门完成。而风险智能管理则从价值保护转向价值创造,将风险管理与企业目标关联起来,认为风险智能管理能够创造价值,是全面风险管理,需要整合融入企业整个管理体系,需要将风险思维融入战略规划和经营管理的全过程,让风险控制助力业务和运营更有效率、更有效果。

传统风险管理理念	风险智能管理理念
• 风险是需要控制的不利因素 • 风险管理是狭义的独立管理职能,各职能部门、各业务环节各自独立,没有与企业目标和价值创造关联起来 • 风险管理主要集中在低层次的业务层面和职务岗位方面,以财务控制为主,重点是防范差错和舞弊 • 风险衡量较为主观,以定性描述为主,缺少实用的管理技术 • 没有系统的风险管理框架,没有清晰的风险管理流程和技术 • 董事会通过审计委员会指导内部审计工作,风险管理主要由内部审计人员实施 • 注重风险管理流程和制度,强调就事论事,主要依靠内部审计实施监控	• 风险既是不利的潜在因素,也是可能的发展机遇,风险管理是能够产生价值回报的 • 风险管理是一项系统的、全面的企业管理职能,需要依靠企业管理系统整体推进 • 风险管理贯穿于企业上下和业务始终,上至公司战略和经营计划,下至业务单元和职务岗位 • 风险管理主体上至董事会,下至全体员工,中间是各阶层管理者,需要全员参与 • 恰当地认识风险,风险描述既有定性的反映,更有先进的量化表达 • 风险管理是一个完整框架,有特定的构成要素、科学的管理流程、先进的管理技术 • 董事会设立风险管理委员会,健全内部监督机制,以确保内部控制健全、有效 • 注重培育人力资源、社会责任、企业文化、核心价值管理等软环境的建设

图7-1　风险智能管理对风险认识理念的转变

风险智能管理广泛借助信息技术和人工智能,风险控制流程从单一线性模式演变为交互、集成模式,风险控制能效得到大幅提升,更紧密地将风险管理融入业务流程,大数据更好地为业务活动和企业运营保驾护航。

二、风险智能管理框架

德勤国际会计公司风险智能管理框架(见图7-2)包含三个层次共九项核心原则。

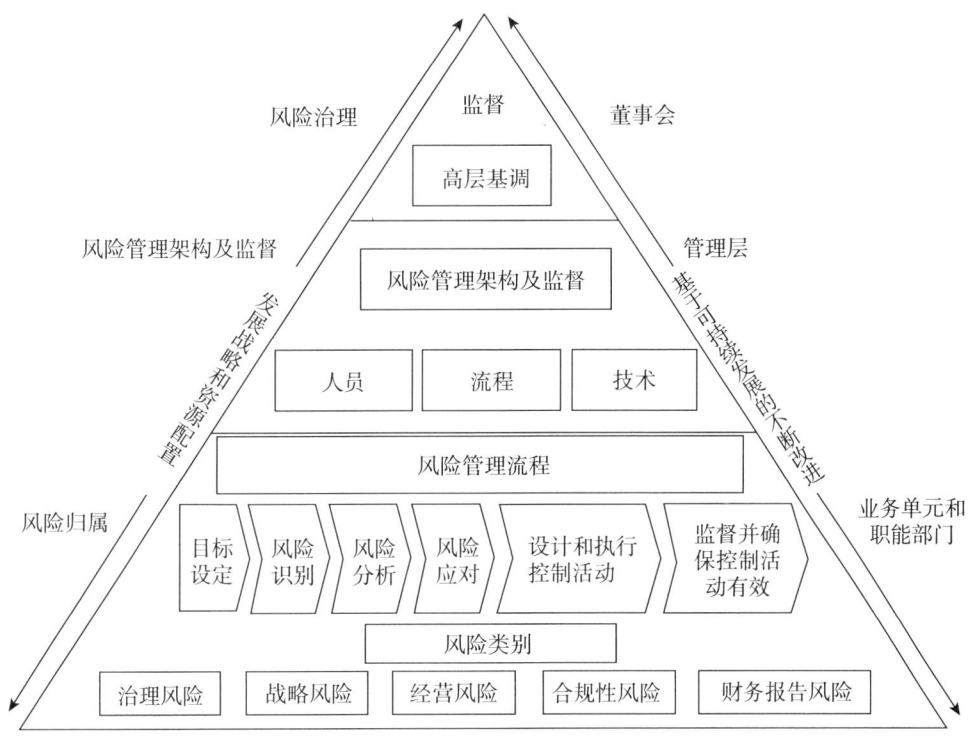

图7-2 德勤国际会计公司风险智能管理框架

(一)风险治理

(1)董事会对风险治理负责,有责任设计、实施并维护有效的风险管理机制。

(2)公司上下对于风险管理有统一的认识,包括价值维护和价值创造。

(3)公司清晰地定义有关风险管理的重要角色、职责和授权。

(4)公司上下应用统一的风险管理框架,该框架符合适当的外部及内部标准。

(5)监督是确保风险管理机制有效运行的关键。公司治理层对风险管理进行适当的监督,高层基调至关重要。

(二)风险管理架构及监督

(1)管理层负责风险管理架构的设计和实施,风险管理架构涉及人员、流程和技术三个方面,统一的风险管理架构应用于公司所有部门和业务单元。

(2)内部审计、合规等职能部门应对公司风险管理的有效性进行监督和报告。

（三）风险归属

（1）风险包括治理风险、战略风险、经营风险、合规性风险和财务报告风险。各部门不仅要对自身的业绩负责,同时也要对风险框架内自身应承担的风险负责。董事会对战略风险和重大风险负责;经理层对日常经营风险负责;普通员工对岗位操作风险负责。

（2）风险管理流程包括目标设定、风险识别、风险分析、风险应对、设计和执行控制活动、监督并确保控制活动有效等。各职能部门（如财务部门、审计部门、合规部门等）应为业务部门的风险管理提供相应的支持。

德勤国际会计公司风险智能管理框架还强调企业在发展战略和资源配置层面要纳入风险考量,并关注风险管控的持续改进。发展战略要求企业在战略管理中嵌入风险因素,包括战略规划风险和战略实施风险,特别要关注重大风险的控制。企业的关键决策应进行风险评估,企业要善于从风险管控中寻求发展机会和价值创造空间。董事、监事和高级管理人员应强调风险管控的重要性,并与企业文化、核心价值观等相互配合,使企业上下形成统一的思想认识。企业应将风险管控策略全面融入企业目标、战略规划和经营计划,并配置相应的资源。资源配置是指企业应定期或不定期地评估风险,根据评估结果合理地配置风险管控资源,包括资金、人力、技术等,对于重大风险应配置充足的管控资源。持续改进要求企业不断采取措施以提高风险管理的效率和效果,其过程包括协调（确保公司内部使用共同的风险管控语言）、同步化（在整个组织内部采取协调一致的行动）及合理化（消除无效或重复性的作业）等。

三、风险智能成熟度模型

德勤国际会计公司按照风险智能管理框架的三个层次九项核心原则,依据企业风险管理水平的不同设计了风险智能成熟度模型,用于评估客户的风险管理水平。如图7-3所示,该模型将企业的风险管理水平由低到高分为五个级别,分别为无意识型、松散型、自上而下型、系统型及风险智能型。

1. 无意识型

该类企业的风险管理水平最低,风险管理具有偶然性和无序性,主要依靠个人的风险意识、知识和能力进行。

2. 松散型

这类企业没有意识到各项风险的内在联系,风险管理很少和公司战略相关联。缺少监督体系,对不利事件缺少系统的应对方案或仅由专家就事论事地作出反应,仅对少数风险建立独立的机制。

3. 自上而下型

这类企业确立了风险管理的相关政策和授权体系,并在内部进行有效的传达;能够定期进行风险评估;关键风险与董事会沟通;风险分析基本是定性的,风险衡量技术落后;成立专门的职能部门管理风险;风险管理多是被动进行的。

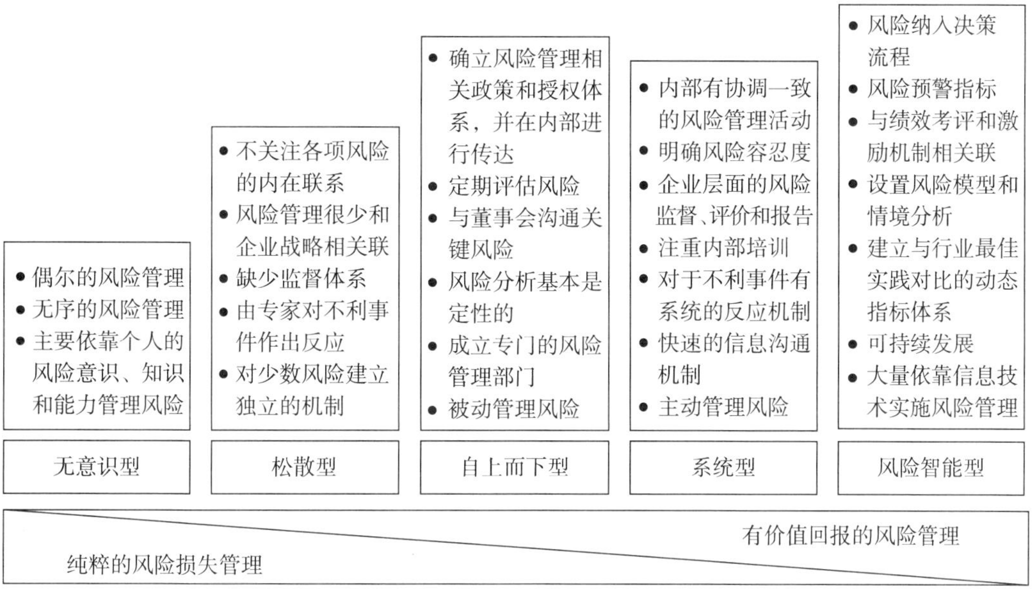

无意识型	松散型	自上而下型	系统型	风险智能型
• 偶尔的风险管理 • 无序的风险管理 • 主要依靠个人的风险意识、知识和能力管理风险	• 不关注各项风险的内在联系 • 风险管理很少和企业战略相关联 • 缺少监督体系 • 由专家对不利事件作出反应 • 对少数风险建立独立的机制	• 确立风险管理相关政策和授权体系,并在内部进行传达 • 定期评估风险 • 与董事会沟通关键风险 • 风险分析基本是定性的 • 成立专门的风险管理部门 • 被动管理风险	• 内部有协调一致的风险管理活动 • 明确风险容忍度 • 企业层面的风险监督、评价和报告 • 注重内部培训 • 对于不利事件有系统的反应机制 • 快速的信息沟通机制 • 主动管理风险	• 风险纳入决策流程 • 风险预警指标 • 与绩效考评和激励机制相关联 • 设置风险模型和情境分析 • 建立与行业最佳实践对比的动态指标体系 • 可持续发展 • 大量依靠信息技术实施风险管理

纯粹的风险损失管理 ——————————————→ 有价值回报的风险管理

图 7-3 德勤国际会计公司的风险智能成熟度模型

4. 系统型

这类企业内部有协调一致的风险管理活动;明确了风险容忍度;能够站在企业整体层面进行风险监督、评价和报告;注重内部岗位培训和风险培训;对于不利事件有系统的反应机制;相关信息能够快速进行内部沟通;能够有意识地主动管理风险。

5. 风险智能型

这类企业能够将风险纳入决策流程;建立了科学的风险预警指标体系;风险管理部门及岗位的绩效考评和激励机制相关联;设置风险模型,经常进行情景分析;建立了与行业最佳实践对比的动态指标体系;基于战略目标和可持续发展进行高度的、全方位的风险管理;大量依靠信息技术实施风险管理;董事会和管理层对整个风险管理流程有全面的了解。

2013年6月,由德勤国际会计公司举办的第三届"风险智能榜2012年度中国优秀企业"评选活动揭晓,五矿集团、大唐国际、中粮集团、神华集团、中国医药集团、中国通用技术、保利地产、人保股份、招商银行等25家公司榜上有名。评选由专家评审委员会按风险智能成熟度模型对参选企业进行统计评分。对照入选企业的评选条件,我们经过梳理,总结了入选企业风险管理的一些共同特征:

(1) 风险治理方面:①董事、监事和高管对风险管理保持正确论调,强调风险意识;高层以身作则,诚实守信,依据规程和制度履行职责。②建立共同的风险术语,建立评价风险管理有效性的统一标准;整合各部门、各业务单元的风险评估,实行统一的风险管理框架。③设立监事会、审计委员会、内部审计等监督机构;保持风险监督人员的独立性;建立公开举报和反舞弊机制。④治理层对战略风险和重大风险负责;经理层对日常经营风险负责;普通员工对岗位操作风险负责。⑤根据监督和评价结果,采取措施提高风险管理效能,并持续改进,包括协调、同步化及合理化。⑥定期或不定期评估风险,根据评估结果合理配置资源,包括资金、人力、技术等,重点关注重大风险的控制。

(2)风险管理架构及监督方面:①建立文件化的岗位责任制并配备合格、胜任的人员;定期进行岗位培训和风险培训;积极培育与风险相关的企业文化;内部审计、合规等职能部门在持续监督中发挥重要作用。②风险管理涵盖所有业务,企业按事先设计好的流程办理各类业务和事项;流程设计符合不相容岗位相分离原则和风险导向原则,将控制目标、风险点、控制措施、权责配置、考评政策等有机联结。③注重依靠信息技术进步提升风险管理水平;借助信息技术建立风险识别、风险评估、风险分析和风险应对手段;风险分析采用定性和定量相结合的方法;建立并适时更新风险数据库。

(3)风险归属方面:①认识到风险管理是日常工作的一部分及员工的职责和义务;注重培育正直诚信、核心价值观等企业文化。②不只追求降低风险损失,还把承担风险当作一种创造价值的必经之路;将风险管控职责与绩效评价和薪酬决定关联起来。③风险管理有明确的目标,有风险识别、风险分析和风险应对程序;根据风险评估结果设计和执行控制活动,监督并确保控制活动有效。

案例 7-1

数智驱动 HB 电力交易中心创新风险管理

2015年以来,国家开始推进电价市场化改革,发电厂和购电方可以直接在电力交易机构进行市场化交易,电网公司收取电力过网费。HB电力交易中心属于平台企业,负责电力市场交易平台的建设、运营和管理,具体职能包括市场主体的注册和管理、组织省域内电力市场交易、管理交易合同、提供结算服务、发布市场信息、管理市场风险等。

HB电力交易中心注重顶层设计,借助数智驱动,按照"目标—原则—思路—流程—框架—保障"的逻辑,积极创新电力市场交易风险管理,构建了如图7-4所示的风险管理架构,显著提升了风险洞察能力和化解能力。主要做法如下:

1. 明确电力市场交易风险管理目标和原则

目标引领行动,原则指引方向。HB电力交易中心根据自身业务特点和平台企业属性,将交易透明、系统可靠和数据安全引入风险管理目标,具体包括"交易透明,合法合规;系统可靠,数据安全;交易规范,有序高效;报告真实,内容完整;消除隐患,健康发展"五大目标。管理交易系统网络风险是平台型企业风险管理的重要目标,HB电力交易中心增加投入,从人员、技术、规程多个维度持续发力,确保了电力交易系统稳定可靠、数据安全,且具有可审计和可维护等功能。HB电力交易中心创新性地提出适应当前形势和行业特色的风险管理五原则,即"党的领导,贯穿融合;全面覆盖,紧盯重点;权责清晰,协同联动;精准监控,预防为主;务实高效,持续改进",为电力交易风险管理提供依据,具有普遍指导性。

2. 融合风险管理、内部控制与合规管理的"三位一体"全面风险管理体系

风险管理、内部控制与合规管理具有同质性,为发挥资源协同效应,HB电力交易中心整合三者的目标、原则、工具和流程等,从公司层面、部门层面和岗位操作三个层面构建融合风险管理、内部控制与合规管理的全面风险管理体系。该体系以风险管控为导向,将电

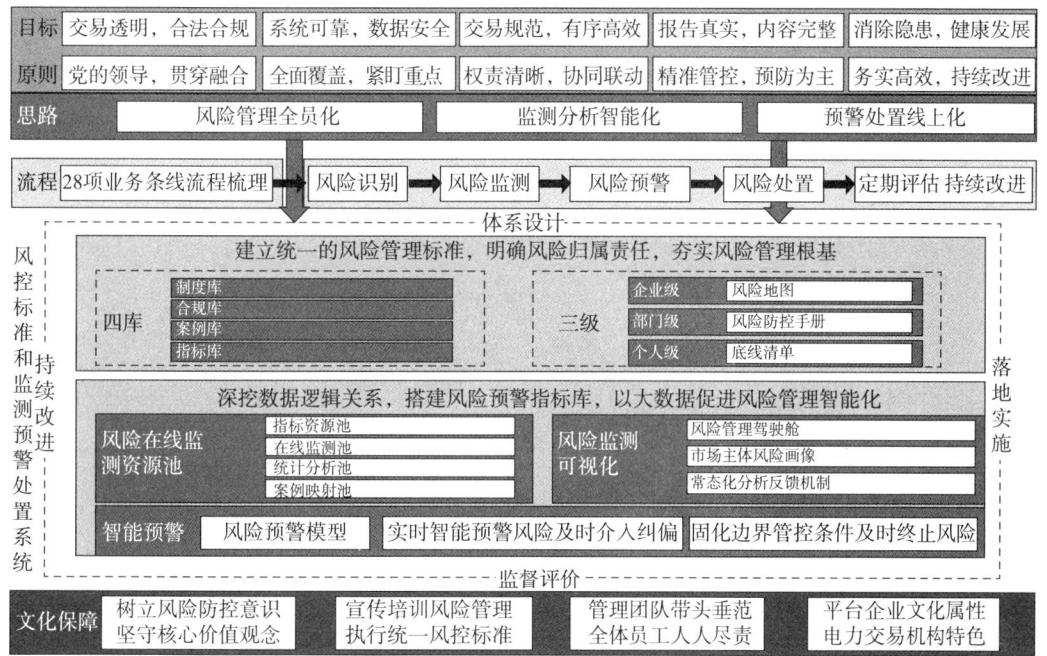

图 7-4 HB 电力交易中心"数智驱动"的电力市场交易风险管理架构

力交易机构的监管规则、管理理念和控制要求全面融入公司治理、企业文化、岗位授权、制度规范和业务流程,积极推动运营管理从制度管理向体系化管理转变、从条块管理向全流程管理转变、从职能管理向全面风险管理转变。

HB 电力交易中心还通过监督评价和责任追究等常态化机制,及时发现风险管理中的问题和缺陷,明确责任、落实整改、完善 PDCA 闭环管理,持续提升风险管理水平。

3. 织密风险屏障,构建三级风险联控体制

在公司层面,公司党委发挥"把方向、管大局、促落实"的领导作用;董事会主要是定战略、做决策、防风险,执行"三重一大"事项的审议和决策;经理层聚焦谋经营、抓落实、强管理,完善风险管理日常运行机制,将风险管理及合规审查嵌入业务流程。考虑电力交易机构的行业属性,结合企业组织架构、授权体系和岗位职责,通过"企业—部门—个人"三级风险分类框架和"业务团队—职能部门—监督部门"三道风险防线,明确风险归属责任,织密风险屏障,压紧压严压实部门和岗位的风险防控职责,筑牢风险防火墙,大力保障公司决策科学、执行坚决、监督有力。

4. 打造坚强的风险管理文化支撑保障体系

风险防控不仅要有科学的制度流程、先进的工具技术,还要重视企业文化和人力资源等软环境的培育。HB 电力交易中心非常重视培育风险管理文化,通过"树立风险防控意识,坚守核心价值观念;宣传培训风险管理,执行统一风控标准;管理团队带头垂范,全体员工人人尽责"等举措,不断提升管理团队和全体员工的风险管理素养,夯实风险防控根基。

第七章 内部控制与风险管理新发展

5. 构建风险控制标准和监测预警处置系统

（1）建立健全"四库"体系，夯实风险管理根基。HB 电力交易中心全面梳理各业务条线的规章制度、业务流程、授权体系、部门和岗位职责，通过制度库、合规库、案例库和指标库"四库"体系，建立统一的风险控制标准。

（2）构建监测指标资源池，实时精准监测风险（见图 7-5）。HB 电力交易中心借助信息技术和智能应用，深挖数据关系，构建指标资源池，搭建预警指标库，从电力交易平台获取交易风险指标实时数据，对电力交易风险进行在线实时监测。

图 7-5　HB 电力交易中心风险在线监测资源

（3）贯通数据链路，多维应用风险在线监测（见图 7-6）。通过关键数据跟踪、历史数据比对、浮动系数评估等工具，建立不同场景风险评估模型和七大主体监测中心，自动评估分析市场主体交易规模、交易价格、结算运营等方面的信息，实时监测、动态预警市场主体异常报价、串谋及操纵市场等潜在风险。

在线监测池						
市场力风险	**交易规模**		**交易价格**		**结算运营**	
HHI指数	售电量与资产规模不匹配风险	售电企业卖空风险	发电企业交易价格偏离均值波动	售电企业交易价格偏离均值波动	合同执行偏差率	
Top-m份额	发电企业售电超限风险	发电企业尖峰平谷电量比	批发用户交易价格偏离均值波动	售电企业零售结算价格偏离均值波动	偏差考核超限风险	
市场化占有率	基础信息一致性	业务操作及时性	度电收益偏离均值波动	发电企业报高价比例	风险合同数量比	
供需平衡 短期总体供需平衡比	电子保险名称一致性	零售用户绑定不及时	发电企业高价中标率	……	承担偏差考核费用零售用户占比	

图 7-6　HB 电力交易中心风险在线监测池指标示例

注：Top-m 份额是 2020 年公布的电力名词，指市场中最大的 m 个供应商所占的市场份额。

（4）汇聚监测结果，形成多维统计分析池（见图 7-7）。整合各类风险在线监测底层数据，按指标类型、监测主体、时间跨度等多维度开展统计分析，直观展示风险在线监测结果及趋势，便于快速定位和捕捉高频次风险。

图 7-7　HB 电力交易中心风险统计分析池应用示例

（5）依托智能预警响应机制，实时管控风险。如图 7-8 所示，根据风险发生的可能性和危害程度，绘制"红黄绿"三级风险分类地图，其中高风险为红色，中风险为黄色，低风险为绿色。当风险指标超出正常水平时对比分析风险阈值，系统预警信号会亮起黄灯或红灯，提示相关人员启动风险排警管理流程，及时介入处置风险，确保风险"看得见、管得住、控得了"。

高	很高	4.5～5.0	中	高	高	高	高	高	高	高
	较高	4.0～4.5	中	中	中	高	高	高	高	高
		3.5～4.0	中	中	中	中	高	高	高	高
中	中	3.0～3.5	中	中	中	中	中	高	高	高
		2.5～3.0	低	中	中	中	中	中	高	高
低	较低	2.0～2.5	低	低	低	中	中	中	中	高
		1.5～2.0	低	低	低	低	中	中	中	中
	很低	1.0～1.5	低	低	低	低	低	中	中	中
影响程度 / 发生可能性			1.0～1.5	1.5～2.0	2.0～2.5	2.5～3.0	3.0～3.5	3.5～4.0	4.0～4.5	4.5～5.0
			很低	较低		中		较高		很高
			低			中			高	

图 7-8　HB 电力交易中心"红黄绿"三级风险地图

（6）打造风险管理驾驶舱，直观展示风险信息（见图 7-9）。围绕用户主体和风险类型，以仪表盘、风控矩阵、风险地图等可视化工具，直观展示风险在线监测结果，实时展示在电力交易大屏上，并支持下钻穿透，形成 HB 电力交易中心风险全景图。风险管理驾驶舱还支持对单个市场主体进行风险画像，能够全方位支持领导决策和日常管理。

第七章　内部控制与风险管理新发展　　197

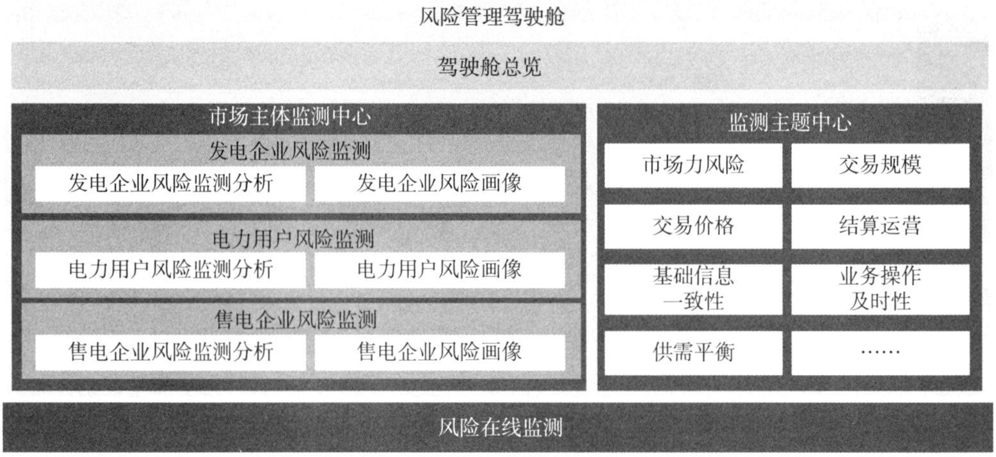

```
                        风险管理驾驶舱
┌─────────────────────────────────────────────────────────────┐
│                      驾驶舱总览                              │
├──────────────────────────────┬──────────────────────────────┤
│      市场主体监测中心         │       监测主题中心           │
│  ┌────────────────────────┐  │  ┌──────────┬──────────┐    │
│  │   发电企业风险监测      │  │  │ 市场力风险│ 交易规模 │    │
│  │┌──────────┬──────────┐│  │  ├──────────┼──────────┤    │
│  ││发电企业风险│发电企业  ││  │  │ 交易价格 │ 结算运营 │    │
│  ││ 监测分析  │ 风险画像 ││  │  ├──────────┼──────────┤    │
│  │└──────────┴──────────┘│  │  │基础信息  │业务操作  │    │
│  │   电力用户风险监测      │  │  │一致性    │及时性    │    │
│  │┌──────────┬──────────┐│  │  ├──────────┼──────────┤    │
│  ││电力用户风险│电力用户  ││  │  │ 供需平衡 │  ……     │    │
│  ││ 监测分析  │ 风险画像 ││  │  └──────────┴──────────┘    │
│  │└──────────┴──────────┘│  │                              │
│  │   售电企业风险监测      │  │                              │
│  │┌──────────┬──────────┐│  │                              │
│  ││售电企业风险│售电企业  ││  │                              │
│  ││ 监测分析  │ 风险画像 ││  │                              │
│  │└──────────┴──────────┘│  │                              │
│  └────────────────────────┘  │                              │
├──────────────────────────────┴──────────────────────────────┤
│                      风险在线监测                            │
└─────────────────────────────────────────────────────────────┘
```

图 7-9 HB 电力交易中心风险管理驾驶舱功能架构

第二节 嵌入人工智能的风险管理

快速发展的人工智能(Artificial Intelligence,AI)技术被日益广泛地运用到人们工作、生活和学习的各个方面。智能硬件技术、机器视觉体验、智能语音服务、虚拟助手、自动驾驶等一系列人工智能技术正携带各种黑科技来到我们的身边,从简化购物到智慧医疗、从智能安防到智能家居、从在线影视到在线教育、从智能金融到财务机器人。可以说,人工智能技术是 21 世纪最具吸引力的新兴技术,被称为人类历史上的第四次工业革命,各国及其科技巨头公司竞相投入资源研发和布局人工智能技术。

应用人工智能创新商业行为、创造经济价值已经十分普遍,但国内企业对人工智能应用相关风险的认识普遍不足,由此造成的声誉影响、经济损失、监管问责等屡见不鲜。例如,有些新媒体基于人工智能算法的信息推送由于导向不正、格调低俗等问题被监管机构问责;多家电子商务平台利用人工智能技术进行大数据"杀熟",引发用户投诉和舆论批评;某证券公司由于系统程序漏洞造成交易乌龙事件,遭受巨大损失。这些事件都对企业人工智能应用相关的风险管理提出了挑战。

一、人工智能应用带来的风险和挑战

人工智能是一把双刃剑,两侧的刃都无比锋利。人工智能应用带来快捷和便利,也带来风险和挑战,主要表现如下:

(一) 技术风险

人工智能应用可能引发技术风险:一是算法逻辑具有不确定性,导致**算法**设计或应用出现**失误**。二是**算法模型在不同场景下除可能因出现"不适应"**而导致失误外,当人工智能应用模块的上下游组件发生变动或进行更新时,人工智能应用同样可能出现"不适

应"；另外，算法训练所需的海量数据可能存在噪声从而对算法产生负面影响，进而引发技术故障。三是技术本身存在脆弱性，人工智能组件可能存在**安全漏洞**，一旦被恶意攻击将**引发系统安全风险**。四是当人工智能系统供应商发生变动或不再提供更新服务时，人工智能系统**可能存在安全风险**，特别是当用户对该系统的依赖度很高时。五是当机器自我学习、自我编程、重组程序时，很多工作的**可审计性和可溯源性**变得十分**困难**。

（二）数据风险

人工智能应用依赖不断发展的数据采集来驱动人工智能决策，因此人工智能应用对数据数量和数据质量有着高度依赖。社交媒体、移动设备、传感器和物联网等每天会产生海量的非结构化数据，大量的垃圾数据随之而来，人工智能摄取、分类、链接和正确使用数据变得越来越困难，**大量垃圾数据摄入会直接影响计算结果的公允性及其决策价值**。

（三）隐性错误风险

与传统的、以规则为导向的程序不同，人工智能模型通过机器自我学习提供答案，人工智能算法可以在暗中"自作主张"，很多人工智能模型的不透明性和快速扩张能力可能将错误隐藏起来。**一方面，人工智能数据处理过程对绝大多数用户来说像个"黑匣子"，这就带来了过程及结果的透明度和可解释性问题**，让用户无法得知是哪些因素以及这些因素是如何作用于运算结果的。例如，某些采用类神经网络的人工智能应用程序就包括很多类似"黑匣子"的隐藏决策层。这种隐藏性可能被别有用心的人滥用，大大增加了输出结果可审计性和可溯源性的难度。**另一方面，管理层很难向监管层证明复杂的人工智能应用是合规的，是符合监管要求的，这可能导致合规风险的发生**。

（四）人机互动风险

人机互动对话是人工智能应用的又一风险领域。例如，有研究表明超七成的自动驾驶交通事故是安全员在紧急情况下不当地切换到手动驾驶模式所致。人工智能应用在很多环节增加了"返回人工操作"界面，**人的不当选择和错误判断很容易损害公平性、安全性和合规性**，特别是带有主观偏向或利益驱动情况的选择和判断，如果没有严格的保护，**别有用心的人可能会恶意破坏算法或修改程序**。

（五）人员风险

人工智能应用面临的人员风险主要来自以下四个方面：

一是**炙手可热的人工智能领域最短缺的不是政策，不是市场，而是专业人才**。无论是研究开发领域，还是应用落地领域，人工智能各个环节对人才的需求有增无减，而人才短缺已成为各国人工智能发展中的最大短板。麦肯锡最新报告显示，到2030年，中国对人工智能专业人才的需求预计将达到600万，而人才缺口可能高达400万。目前，拥有建立复杂、神秘数学算法等人工智能技术所需的教育经验和才能的人才奇缺。

二是**人工智能算法被黑客攻击或别有用心之人操纵，由此滋生的网络诈骗花样百出**。网络攻击者可通过漏洞控制人工智能算法，实现物理硬件操纵、实施舆论引导、制造虚假图像或影响、制造信息噪声等,造成安全隐患。图像、声音合成越来越逼真,由此滋生的网络诈骗已屡见不鲜。

三是**人工智能应用持续扩大会带来结构性失业**。有机构预测:2030年全球将有近4亿工作岗位被人工智能取代,其中1亿发生在中国。

四是带来**文化和伦理冲突**。人工智能合成的图像、声音越来越逼真,甚至能模拟人的情感,而机器一旦被人格化,可能就会给文化和伦理带来巨大挑战。

二、人工智能风险的防控

数字化、网络化和智能化让工作变得更轻松,让生活变得更美好,但风险和挑战无处不在、无时不在。企业要用好人工智能这把双刃剑,趋利避害,可以从以下几个方面加强人工智能风险防控。

(一)在战略上做好人工智能应用的顶层设计

人工智能应用带来的好处是不言而喻的,企业应张开双臂,主动拥抱人工智能时代的到来,**在战略上重视人工智能应用,做好顶层设计,投入资源研发和部署人工智能技术,引进和培育人工智能人才,促进人工智能技术的商业应用**。同时,企业要建立强力而有效的人工智能风险治理机制,完善嵌入人工智能系统的风险管理框架,及时识别和应对每一个人工智能程序在开发和持续使用阶段的风险。**董事会应制定网络安全战略、信息隐私与保护策略、网络预警及网络响应与恢复策略等。管理层需要制定和实施人工智能风险管理方案**。需要注意的是,人工智能模型可能由外部供应商设计和提供,但企业不能据此将人工智能风险防控责任推卸给供应商。企业还应及时向监管机构解释人工智能应用原理,说明它们是如何遵循相关监管要求的。

(二)加强技术研究,建立免疫系统

企业应在技术安全方面加强研究,投入资源。第一,**依据相关法规制定人工智能应用技术标准,降低人工智能应用的合规风险**。第二,**加强人工智能应用安全测试**,对算法模型进行反复检验和专家论证,以**降低算法失误风险**。任何重要的算法都需要反复检测、审计和评估其计算结果的准确性和公允性。例如,在客户信息评价的舆情分析中,对负面舆情识别的漏报比误报要严重得多,在模型校验中,应赋予漏报率相较于误报率更大的权重。第三,**研发人工智能的技术防御和应急处置措施,提升人工智能的安全防护技术和攻击防御能力**,加强"技术攻防战",通过"对抗样本攻击"和"逆向攻击"等手段,检测算法错误和内部数据泄露风险,**提前整改安全漏洞**。

(三)根据数据变化,持续优化人工智能应用模型

数据质量和数据代表性是运用人工智能模型产生算法偏差的重要原因。例如,在银行信贷风险评估中,对客户信用风险的分析不能仅局限于财务指标,客户舆情信息也是人

工智能模型分析的重点。而舆情分析涉及大量的非结构化数据,这些数据来源于众多良莠不齐的新闻网站。随着数据量的不断发掘,舆情监控范围随之扩大,人工智能模型在最初训练时的数据源和后续数据源将有所不同,而数据源变化很可能导致数据特征迁徙,并最终导致初始模型失效。针对此类风险,正确的做法是根据一定时间内的新增数据,定期进行模型全量数据或增量数据优化训练,确保人工智能模型进化到适用于最新的数据源。有些新闻网站会限制第三方通过网络爬虫方式获取信息。此时,企业应严格遵守各网站的机器人协议进行数据爬取,或进行数据方面的合作,否则可能引发声誉和法律风险。本例中存在多种人工智能风险,包括**数据保护和授权、数据特征迁移以及道德风险**。尽管算法偏差、声誉和监管风险都不是什么新名词,但在人工智能应用的具体情景中,它们可能以人们不熟悉的方式出现,从而增加风险识别的难度。

(四)及时重估人工智能风险,不断适应新的应用场景

人工智能应用的复杂性和相对不成熟性意味着相关风险可能会随着时间的推移而发展,某些情况下会非常迅速地变化。因此,企业需要及时对人工智能风险进行重新评估,以确认相关风险是否发生变化,**确认算法模型是否已经学习了新数据并得到进化**。对于人工智能模型的表现,企业可以根据事先定义的成功指标来评估算法。如果发现人工智能运算结果与人工处理有差异,企业应进行人工审查或使用其他模型来分析其结果。企业应清楚地记录人工智能算法的任何变化,应定义什么属于"重大变化",**任何重大变化都应经过严格且有记录的测试、校正和检验**。

(五)加强培训和沟通,控制人机互动风险

人机互动和人类干预是人工智能应用中常见的环节,为控制人机互动风险,企业**应加强对操作人员的培训和督导**。企业可能需要部署业务连续性计划,如设计"紧急开关"或"交还人工"的流程,以便在人工智能系统不可用或出现重大失误的情况下,能够及时终止人工智能进程,回到人工控制界面,或及时启动应急预案和补救措施。企业还应定期对人工智能系统进行压力测试,分析可能遇到的最坏情形及应对措施。

(六)关注利益相关方,控制伦理和道德风险

有效的人工智能风险治理应**包括企业利益相关方的积极参与**。人工智能应用可能会影响到的整个价值链上的利益相关方,包括企业内部的和外部的。例如,**人工智能应用中用户体验尤为重要**,企业应关注人工智能与供应商、承销商、客户、社会公众等的交互体验,正确理解和应对人工智能应用中的每个风险点。

企业应严格遵循相关法规和监管要求设计和使用人工智能技术,不得违规收集和使用个人信息,**不得利用人工智能技术和大数据"杀熟",不得借助人工智能技术夸大宣传,误导消费者和社会公众**。

为了让更广泛的利益相关方参与到人工智能风险治理中,企业需要培育与之匹配的**人工智能文化**,及时疏导相关人员的焦虑情绪,**避免伦理和道德风险**。

第三节 "互联网+"环境下的内部控制

随着"互联网+"时代的来临,以移动互联网、云计算、大数据、物联网为代表的新一代信息技术正与传统产业深度融合,网络驱动已成为商业运营的基本模式。"互联网+"是将互联网的创新成果与经济社会各领域深度融合,推动技术进步、效率提升和组织变革,提升实体经济的创新力和生产力,形成更广泛的、以互联网为基础设施和创新要素的经济社会发展新形态。在互联网快速延伸到各行各业并加速创新发展的同时,一些层出不穷的网络安全事件(如苹果公司 iCloud 安全漏洞,以及我国携程、小米、12306 用户数据泄露事件等)敲响了网络安全的警钟。企业应整合挖掘"互联网+"时代应关注的主要风险,并有针对性地采取防控措施。2015 年 1 月,美国 COSO 发布《网络时代的内部控制》,为企业应用内部控制框架、防范网络风险提供指导。

一、"互联网+"的概念及特征

"互联网+"就是"互联网+传统行业",但两者并不是简单地相加,而是利用信息通信技术及互联网平台,将互联网的创新成果深度融合于经济、社会各领域,提升全社会的创新力和生产力。在"互联网+"时代,互联网不再是传统意义上的信息网络,而是一个巨大的基础设施和先进的实现工具,如同高速公路网络一样,是一个物质、能量、价值和信息互相交融的网络。"+"表示跨界,跨界意味着融合。跨界融合实现了资源共享和时空超越,最大限度地节省了成本、提高了效率。网上聊天、远程教育等极大地方便了人们的生活、工作和学习。

"互联网+"不是"+互联网","+"号位置的变化意味着互联网与传统产业不是简单的工具和利用的关系,而是两者的深度融合。万物互连,连接一切是"互联网+"的目标。让很多人、物、机构、服务、信息等嵌入连接器,带来连接的价值。连接使距离消失,使中介消失,使交易成本降低,使商业模式变革,使实时交互变为现实。在这种环境下,互联网由工具和被利用,上升为矛盾主体,从设计、生产、销售到售后的全流程对传统产业进行着深刻改造。近年来,"互联网+"已经改造影响了多个行业,电子商务、互联网金融、在线旅游、在线影视等行业都是"互联网+"的杰作。

"互联网+"不仅带来硬件和技术创新,更能带来体验创新、营销创新以及盈利模式创新,"互联网+"使群体智能充分发挥。电力属于强电,互联网属于弱电,如果说电力网络解决了人类体力所不能及的问题,那么互联网为人类的智能拓展提供了广阔的空间。

二、"互联网+"环境下的内部控制目标

毫无疑问,在"互联网+"环境下,内部控制的首要目标是管理网络风险。企业要收集信息,了解和应对网络风险对内部控制目标的影响,确保企业信息系统安全可靠,具备可审计性、可维护性和可恢复性。

在"互联网+"环境下,企业越来越多地依靠和利用不断发展的信息技术来实现其目

标。企业与供应商、客户、服务外包商的数据共享情况越来越普遍,信息技术的深度应用提升了业务的复杂性和不稳定性。但是,很多情况却不完全受企业控制。一旦出现问题,企业仍需为这些不在其控制范围内的信息技术承担责任。为了保护业务安全,企业在内部和外部共享信息时应特别谨慎,因为黑客随时会在网络的另一端展开攻击。

至关重要的数据构成企业的数据资产,企业必须投入资源,保护其数据资产的安全。随着技术发展和黑客手段的不断创新,网络风险会变得更加难以管理。从现在开始,企业应在网络风险管理方面投入资源,使其得到优先关注,这对企业具有战略意义。

企业可以参照信息及相关技术的控制目标(Controlled Objectives for Information and Related Technology,COBIT)标准,建立信息系统的控制目标。

三、"互联网+"环境下的控制环境

控制环境是企业设计和实施内部控制的基本氛围,在这个环境下人们进行经营活动并履行控制职责。控制环境一般包括组织架构、发展战略、人力资源、企业文化等。在过去二十多年间,信息技术让商业运营模式发生了翻天覆地的变化。客户订单使用电子数据在互联网中进行交互处理,几乎没有或很少有人工参与;业务处理可以通过内部网络外包给服务供应商;员工可远程工作或在家工作,而不再需要到办公室;库存情况通过使用射频识别(RFID)标签进行跟踪;几乎所有银行都实现了网银服务全覆盖。

互联网去中心化和扁平化的特性,要求企业重构组织架构。大数据和网络技术要求企业减少内部控制层级,压缩管理层级,缩短管理层和操作层之间的距离,促进组织架构扁平化。

企业可以通过大数据和网络技术推动控制环境各相关领域的持续优化及有效性评价。例如,企业文化评估是内部环境建设的重要环节,但企业文化是隐性的。如果能够通过对社交网络、移动终端等大数据的整合,将员工的情绪、偏好、行为等主观因素数据化、可视化,那么企业文化则具备了可测量性。

正直诚信和道德价值观是重要的内部环境。企业对信息的依赖越强,信息不对称越严重,产生"道德风险"和"逆向选择"的可能性越大。在"互联网+"环境下,企业经常处于变革中,这可能会助长员工利用信息系统进行舞弊的行为,由此滋生的各种道德问题会层出不穷。企业可以通过强化人机整合来加强对业务流程、管理决策、岗位操作的控制,通过操作日志确保关键记录可追溯。同时,企业还应加强对员工道德行为的培育。

董事会和高级管理人员应了解并熟悉企业的网络风险总体概况,指导并监督下属机构和人员有效应对不断变化的网络风险。相关人员应熟悉企业最有可能受到攻击的信息系统、潜在的攻击方式和最有可能被攻击的数据。通常,会计信息系统和营销系统易遭到病毒或黑客的侵扰,这种攻击既可能来自外部,也可能来自内部,一旦发生将造成巨大损失。

每个员工在保护信息系统安全中扮演着不同的角色。尽管某些岗位有明确的责任,负责管理和控制网络风险,但每个员工都应对保护信息系统安全保持警惕。企业应制订并实行系统的沟通计划,提升每个员工的网络风险意识和控制能力。人性的差异是内部

控制中最薄弱的环节。例如,出于好奇心或其他原因,当收到貌似同事、顾客、供应商的邮件时,人们一般会打开链接,从而可能遭受网络入侵。好奇心和对他人的信任为网络黑客提供了网络攻击的机会。因此,企业应定期对员工进行培训,提升其网络安全意识,降低黑客从普通员工入手进行网络攻击的可能性。

四、"互联网+"环境下的网络风险评估

在"互联网+"环境下,企业信息系统运行由封闭式转向开放式,风险控制难点增多。复杂的计算机系统也增大了系统控制的风险。

网络攻击往往受经济利益或政治动因的驱动。例如,敌对国家以军事和竞争为目的,搜寻知识产权和商业机密;企业内部人员出售或公开企业敏感信息等。

评估网络风险需正确理解信息系统对于企业的价值,在时间、预算和可利用资源有限的情形下,企业应明确需要重点保护的最重要的信息系统,并设定企业风险的可接受水平。能够造成企业付出高额代价的攻击应是企业最为关注的部分,企业应了解并时刻警惕这些网络威胁,提高自身发现这些网络威胁的能力,并识别在哪些节点实施控制,以保护资产安全。

评估网络风险还应关注企业所在行业的特定风险。网络攻击者对不同行业有不同的攻击目标。例如,在零售业,黑客倾向于窃取能用来获利的信用卡数据或个人身份验证信息;石油天然气行业容易成为敌对势力为窃取勘探数据而攻击的目标;等等。无论出于何种动机,网络攻击者都是技术娴熟的、有耐心的。企业应通过仔细识别网络攻击者的动机、可能的攻击方式以及所用的技术和工具,更好地预测风险并设计有效的控制措施。

网络风险可能暴露在企业内部和外部的多个切入点上。例如,口令授权代替了手工环境下的印章,口令一旦泄露,数据、信息甚至计算机程序就有可能被更改或窃取;作业与管理由信息技术整合及推动,很多越权操作行为不易被发现;人员、流程和技术等都可能发生变化,变化就意味着风险,频繁变动会削弱组织的稳定性,特别是网络技术人员流动会对网络风险控制产生很大影响。

经营模式创新与科技创新会带来新的网络风险。比如,移动设备、云技术和社交媒体的采用会增加网络攻击的风险;业务外包可能使网络生态链条不断延伸,产生超出企业控制范围的网络漏洞,给网络黑客实施攻击提供更大的平台。

来自企业内部管理、业务运营、外部环境等方面的大数据,对于提高风险评估的准确度有明显的帮助。例如,一些银行已经利用大数据分析更加准确地度量客户的信用状况,为授信与放贷服务提供支持;一些保险公司将大数据分析用于精算,以得出更加准确的保险费率;一些公司利用大数据对董事、监事及高管团队的风险偏好、履职能力等进行更加准确的分析和衡量。

五、"互联网+"环境下的控制活动

如前所述,网络风险不可避免,但企业可通过设计和执行控制活动来应对网络风险。当企业**通过风险评估,筛选出网络黑客可能的攻击方式和路径**时,企业可以更有效地采取

措施来应对攻击。例如,可**按层级建立多道防线,防止黑客在攻破第一道防线后继续入侵**。

企业**可以同时实施预防性控制和发现性控制**。有效的预防性控制能够未雨绸缪,使得黑客无法接触到企业的内部信息技术环境,保证信息系统安全。实施预防性控制,对黑客侵入网络环境设置障碍,可以延缓黑客攻击的速度。实施发现性控制,使网络遭到入侵时企业能够及时发现,并尽早采取措施整改修正漏洞;同时,要研究入侵发生的原因和路径,进而完善控制,预防和发现未来可能发生的类似攻击。

企业还应**加强信息技术一般控制**,以帮助预防或发现网络入侵,使得企业面对灾害时具备快速反应及恢复能力。企业应编制联络图,发现网络攻击事件时,确保相关人员得到及时通知,减轻影响。

企业可以参照信息安全和网络风险管理的相关法规与国际标准建立控制活动,并评价其充分性,以确保信息系统的安全性、警惕性和可恢复性。相关国际标准主要包括 ISO 27000,即信息安全管理系列国际标准。ISO 27000 是原理与术语,ISO 27001 是信息安全管理体系要求,ISO 27002 是信息技术—安全技术—信息安全管理实践规范,ISO 27003 是信息安全管理体系实施指南,ISO 27004 是信息安全管理体系指标与测量,ISO 27005 是信息安全风险管理,ISO 27006 是信息安全管理体系认证机构的认可要求,ISO 27007 是信息技术—安全技术—信息安全管理体系审核员指南。

六、"互联网+"环境下的信息与沟通

在"互联网+"环境下,信息系统每天都会产生大量数据,如活动日志、预警数据和预警事件等,从中找出对决策有用的预警信息极其重要,也很有挑战性,很多企业做不到这一点。因此,为了保持有效沟通,大量的复杂数据需要转换成有意义、可理解的信息。

由于网络系统的复杂性,维护网络风险控制的文档是十分重要的。如果企业没有支持网络风险控制的正式文档,有效管理网络风险的能力会急剧降低。

董事需要了解那些可能影响企业目标实现的网络发展趋势。基于已设定的风险容忍度,确保应对网络风险的预防性控制措施和发现性控制措施已实施。董事会和管理层的有效沟通,对董事会履行网络风险的监督职责至关重要。通过提醒、宣传和培训,促进全体员工树立网络安全意识,提高风险应对能力,对防范和应对网络风险同样重要。

就网络风险而言,外部沟通有由外及内和由内及外两个方向。由外及内的沟通能为网络风险评估和内部控制提供有价值的信息,但企业必须确认这些信息的质量;由内及外的沟通能够向外部机构提供有价值的信息,维护利益相关方的权益。这是企业具备可恢复能力的一种体现。

七、"互联网+"环境下的内部监督

企业有责任将信息系统的安全性、警惕性和可恢复性设定为网络风险管理的优先目标。如果以被动的方式管理网络风险,则网络攻击造成的损害可能导致非常严重的后果,

甚至可能导致企业破产或停止运营。

应对复杂的网络风险对于董事会和管理层来说是个巨大的挑战,专业的网络风险管理人员对于企业的监督活动非常重要,负责监督活动的人员必须具备足够的网络风险控制能力。在很多情况下,得到专业的网络风险管理专家的援助至关重要。

为了减少潜在的网络风险暴露,企业应对控制活动设计和执行的有效性开展持续监督和单独评估。企业可以借助现代信息技术使一部分监督过程自动完成,实现实时监督,从而提高监督活动的效率和效果;大数据分析能够避免抽样监督的缺陷,使内部监督更加客观、全面,有助于实现全面监督。

很多企业的信息网络延伸到客户、供应商等利益相关方,因此,监督第三方的网络控制活动也很重要。如果服务商不能提供审计报告或报告不能充分说明网络控制的情况,企业应努力采取措施了解这些控制,以确保延伸的信息技术环境具备安全性及警惕性。

本章小结

在风险智能管理框架下,人们对风险及风险管理的认识相比传统理念发生了很大变化。风险智能管理从价值保护转向价值创造,将风险管理与企业目标联系起来。风险智能管理能够创造价值,是全面风险管理,需要整合融入企业整个管理体系,需要将风险思维融入战略规划和经营管理的全过程,让风险控制助力业务和运营更有效率、更有效果。

德勤国际会计公司借助现代信息技术,从风险治理、风险管理架构及监督、风险归属三个层次,提出九项核心原则,基于人员、流程和技术三个维度实施风险管理,搭建了风险智能管理框架。

人工智能是一把双刃剑。企业要用好这把双刃剑,趋利避害,既要充分利用大数据分析和人工智能技术来提升企业的风险管理水平及能力,又要注重防控由此产生的算法错误、数据质量、人机互动、黑客攻击、文化伦理、人才短缺等特殊风险。

"互联网+"对内部控制目标和要素都产生了深远影响,管理网络风险是"互联网+"时代内部控制的首要目标,企业应依据国际标准来实施网络风险控制,确保信息系统合规合法、数据处理正确无误、系统运行安全可靠,提高系统的安全性、警惕性和可恢复性。

思考题

1. 请简要描述德勤国际会计公司风险智能管理框架的主要内容。
2. 企业在人工智能应用领域应关注哪些特殊风险?
3. "互联网+"环境下的内部控制目标应该如何设定?
4. "互联网+"环境下的网络风险评估应关注哪些方面?
5. "互联网+"环境下的内部监督应关注哪些方面?

案例讨论

华东地区某家纺集团公司属于地方国有企业,该集团拥有纺织品数字化花形图纸设计文件(无形资产)近3万个、各类正版软件8 515套,使用软件员工约2 000人,集中在总部和研发部门。集团数控生产线依赖纺织品数字化花形图纸,拥有1 707台办公终端机和351台服务器等硬件设备。总之,该集团信息技术资产分为三大类,即软件、硬件和设计文件。

由于集团员工众多,计算机数量较多,员工随意安装、使用、处置软件的情况普遍存在,多次出现设计师离职带走价格高昂的设计软件以及员工擅自安装上网聊天工具造成设计图纸数据外流的情况,还存在软件许可证保管混乱等问题。结果导致大量国有无形资产流失。

2024年3月,集团董事会进行了换届,并推选了新任CEO。新一届董事会和新任CEO都决定扭转这种局面,并将此问题列为当前的重点工作。

要求:假如你是新任CEO,你打算从哪些方面解决这些问题?你的工作方案要点包括哪些方面?

第八章　资产业务内部控制

学习目标

1. 理解和掌握业务活动控制的基本思路,培养系统思维能力。
2. 掌握货币资金业务内部控制的目标、主要风险和流程设计,培育廉洁履职意识。
3. 掌握存货业务内部控制的目标、主要风险和控制措施,培养节约资源、减少浪费的习惯。
4. 掌握固定资产业务内部控制的目标、主要风险和控制措施,培养节能减排、安全环保意识。
5. 掌握无形资产业务内部控制的目标、主要风险和控制措施,结合知识产权纠纷案例,感悟公平正义、保护各方合法权益的司法精神,培养法治观念,遵守诚信合作及契约精神。

引导案例

澳华公司是一家股份有限公司,2024 年发生了以下部分事项:

(1) 3 月 20 日,公司从事收入、支出、费用账目登记工作的李某休病假,公司决定由出纳员王某临时顶替其工作,并按规定办理了交接手续。

(2) 5 月 12 日,公司财务部门负责人张某根据工作需要,对部分会计工作岗位进行调整,原从事总账登记工作的陈某被调到稽核岗位协助另一名稽核员进行稽核工作,使该岗位一岗两人。

(3) 9 月 2 日,公司财务部门新来的小张欲向出纳借支 500 元,出纳想着小张是财务"自己人",所以没让小张按流程进行借款审批,而是直接用白纸开出一张 500 元的借支条并让小张签字留存,在发放工资时扣回 500 元并将借支条返还给小张。其间,该笔 500 元借支和还款在现金日记账中均未予以登记。

(4) 10 月 20 日,公司会议室新换一台电脑和一台投影仪,总经理认为旧的电脑和投影仪闲置无用,为使其效用最大化,在未履行任何手续的情况下便擅自将其搬回家中使用。

要求:请对澳华公司在不相容岗位分离、货币资金管理、固定资产管理等方面存在的缺陷进行识别,并提出改进措施。

内部控制是由目标、要素和结构组成的三维度整合框架,结构层面包括企业整体层面的控制、业务层面的控制、对子公司的控制和对分支机构的控制。**企业整体层面的控制是存在于企业整体范围内、对内部控制目标的实现能够产生深远影响、对业务层面的控制及其他控制的有效实施能够产生普遍影响的控制领域。**企业整体层面的控制是与内部控制各要素直接相关的基础性控制,如风险管理理念、风险承受能力、全面预算管理、信息系统及沟通机制、内部监督的有效性、公司治理水平、内部机构设置和运行的有效性、对诚信和道德价值观的遵守、管理理念和经营风格、员工素质及其权责配置等,这些控制在前面的章节中已讲过,此处不再赘述。在业务层面,企业生产经营活动一般包括货币资金、采购、存货、销售、投资、固定资产、无形资产、筹资、担保、工程项目、业务外包、财务报告等业务循环。本章将重点介绍资产业务的内部控制。

第一节 业务控制的基本思路

不同企业在组织形式、行业特点、业务类别、经营范围、规模大小、管理模式等方面各有不同,现实中并不存在一个适用于所有企业的内部控制模式,但在主要控制活动的设计和建设中,一些基本的思路和方法是值得借鉴的。业务层面风险控制的基本思路是:**第一,明确该项业务活动的内部控制目标,将内部控制的五大目标在该业务领域进行细分和具体化**;第二,针对业务控制目标分析该业务活动面临的总体风险;第三,设计业务流程,识别和分析流程各环节的风险点;第四,针对风险点设置控制点,针对主要风险点设置关键控制点;第五,在控制点和关键控制点采取控制措施,实施控制活动;第六,定期评价该业务活动风险控制的有效性,持续提升内部控制和风险管理水平。

一、设定业务控制目标

目标引领行动,任何活动都要有明确的目标。内部控制是对影响企业目标实现的各种风险因素进行分析和应对,从而帮助企业实现目标的过程。**按照"目标—风险—控制"的逻辑思路,明确业务控制目标是确保业务活动风险控制有效性的前提。**业务控制目标是业务控制所要达到的预期,应根据**内部控制与风险管理的五大目标予以细分和具体化。**

内部控制与风险管理的目标包括战略目标、运营目标、合规目标、资产目标、报告目标。以货币资金业务内部控制为例,上述五大目标具体细化为:

(1)有效防范货币资金业务过程的差错和舞弊,促进其会计核算、财务收支等活动合法合规、手续齐备,符合单位内部各项规章制度的规定。

(2)保护资产安全完整,防范资金被盗窃、诈骗和挪用,严防"小金库"。

(3)做好并保持各种原始记录,及时、准确、完整地记录资金活动,按会计准则要求组织会计核算,并确保相关记录、资料和信息真实、完整、可靠,为相关用户提供相关和可靠的高质量信息。

(4)合理调度资金,有效使用资金,加快资金周转,防止或减少资金的闲置与浪费,提高资金效益,提高企业经营的效率和效果。

(5)货币资金业务与企业战略及经营计划紧密联系并与之匹配,有效支持企业战略和经营计划的实施,促进企业战略目标的实现等。

上述五项目标还应进一步细分,以与业务流程的每一步相匹配。

二、分析业务总体风险

总体风险是一项业务活动在总体层面存在的一般性风险。以销售业务为例,总体风险可能包括:销售业务控制制度及程序设计缺失或存在设计缺陷,客户信用调查缺失或流于形式,客户选择不当,业务谈判可能存在舞弊,合同签订存在重大遗漏或不利于企业的条款,产品发货及运输环节问题频发,客户投诉处理不当或反馈不及时,货款回笼不及时或出现舞弊或坏账,等等。再以担保业务为例,企业办理担保业务至少应防范以下总体风险:一是对担保申请人的资信状况调查不深入、审批不严或越权审批,可能导致企业担保决策失误或遭受欺诈;二是对被担保人出现财务困难或经营陷入困境等状况监控不力、应对措施不当,可能导致企业承担法律责任;三是担保过程存在舞弊行为,可能导致调查、审批、经办等相关人员涉案或企业利益受损;等等。

总体风险对业务控制目标的实现有重要影响,是企业制定业务管理制度和设计业务流程的重要依据。

三、设计业务流程

现代企业管理的重要特征是规范化和制度化,而规范化和制度化的关键在于设计与执行先进、适用的业务流程。企业应以流程构建为基础,规范各类活动的办理程序,将控制目标、主要风险点、控制标准、关键控制点、控制措施、部门和岗位职责权限等固化于流程之内。

(一)流程的概念及流程设计

流程可以被理解为一组将输入转化为输出的相互关联或相互作用的活动,是为实现特定目标所采取的一系列动作的集合体。业务流程是为实现特定业务目标而由不同的人共同完成的一系列活动。在业务控制目标的引导下,安排若干人员实施一系列连贯、衔接的活动,每个人实施一个或几个活动,这些活动环环相扣,串接起来就形成了一个活动链,即业务流程。业务流程的各项活动不但有严格的先后顺序,而且各项活动的内容、方式、责任以及活动与活动之间在时间和空间上的转移交接等都有明确的安排及界定。

业务流程设计是建立在合理分工和相互牵制的基础上,为了实现企业目标,有效防范各类风险,利用内部控制的基本原理,将业务控制目标、风险点、控制点、控制手段、控制措施、制度依据、职责分工、基本流程、考评政策等加以规范化、文件化、程序化的过程。

业务流程设计应遵循风险导向、标准化、专业化和协同性等原则。

(1)风险导向原则。企业应围绕发展战略和运营目标,以风险识别和分析为切入点确定关键控制点,制定有效防范风险的控制措施和操作步骤。

(2)标准化原则。企业应站在全局和整体的立场,统一设计跨专业、跨层级的业务流程体系,集中体现标准化和规范化的控制要求,实现流程步骤标准化、控制措施标准化和岗位责任标准化。

(3)专业化原则。业务流程设计应由业务部门主导,结合日常活动,开展专业内部控制流程建设与维护,并对其完整性、准确性负责。

(4)协同性原则。业务流程设计要加强业务协同,促进流程跨专业紧密衔接、跨层级无缝对接,实现横向融合、纵向贯通。

业务流程设计的基本步骤如下:

(1)明确业务活动的控制目标,梳理业务活动的基础信息,明确流程的起点和终点,按风险导向原则,兼顾效率和效果,提炼流程步骤。

(2)系统梳理各专业和各项业务活动的不相容职责或岗位,明确关键职责和岗位。

(3)将流程所涉及的管理层级、部门和岗位按职责匹配到流程各步骤。

(4)明确流程各步骤所涉及的业务活动、流程接口、文档等信息。

(5)沟通协调流程中涉及的各部门,分清主体责任部门、牵头责任部门和配合部门,明确各部门责任和业务的衔接,厘清工作界限,设定流程横向衔接点。

(6)沟通协调流程中涉及的上下各层级,厘清责任界限,明确流程上下对接点。

(7)填写控制目标、风险点、控制点、控制手段、控制措施、涉及岗位、岗位权限、匹配制度等信息,绘制连接线条。

(8)对流程信息的完整性、准确性进行审核,并对流程模拟穿行测试,检查流程能否走通。

(二)流程图的含义和类别

流程图是用来描述操作步骤或演算过程的独特语言,是以图例的形式描述业务流转程序,展示责任部门和岗位,明确审核、审批关系的工具,是揭示和掌握业务操作和风险控制状况的有效方式。好的流程图清晰、直观、简洁,从中能够较好地理解步骤之间的逻辑关系,一般比文字叙述更具有逻辑性和启发性。

流程图主要有框图式流程图和符号式流程图两种。

1. 框图式流程图

框图式流程图是用矩阵框图和直线组成的一种流程图,框图内反映所处理的内容,直线反映信息及其载体的传递;框图亦可反映信息及其载体,而直线反映处理要求。框图式流程图主要用于简单的业务流程或组织架构关系。××高等职业技术学院请购审批流程如图8-1所示。

2. 符号式流程图

符号式流程图是用来描述业务流程或演算逻辑的独特语言,它利用具有一定意义的各种特定图形符号,以图表的方式说明业务流程或演算逻辑的方法及步骤。符号式流程图比框图式流程图表达的内容更全面,不仅能反映业务处理部门、人员,还能反映信息传

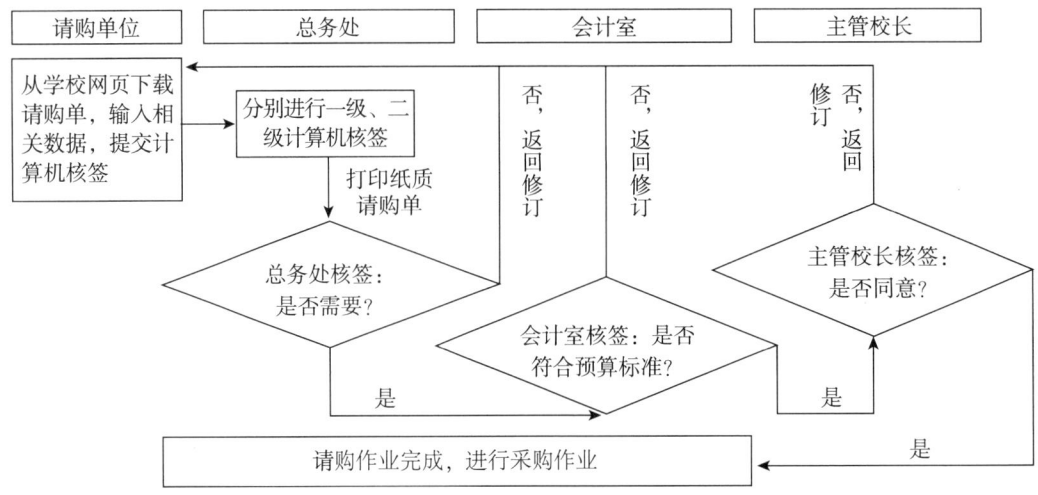

图 8-1　××高等职业技术学院请购审批流程

递、变换的过程,以及信息载体生成、传递、记录、存档的情况,被广泛应用于业务流程的设计中。符号式流程图要事先规定符号及其含义,并规定绘制规则。××有限责任公司流程图常用符号释义如表 8-1 所示,该公司采购费用报销业务流程如图 8-2 所示。

表 8-1　××有限责任公司流程图常用符号释义

符号	释义	符号	释义
	凭证		开始/结束
	副本		处理
	账簿		输入/输出
	报表		保存
	文件		暂存
	连接		注释
	准备		流程线/数据流
	决策		核对
			汇总
	文字型文档		表单型文档
	下一页		上一页

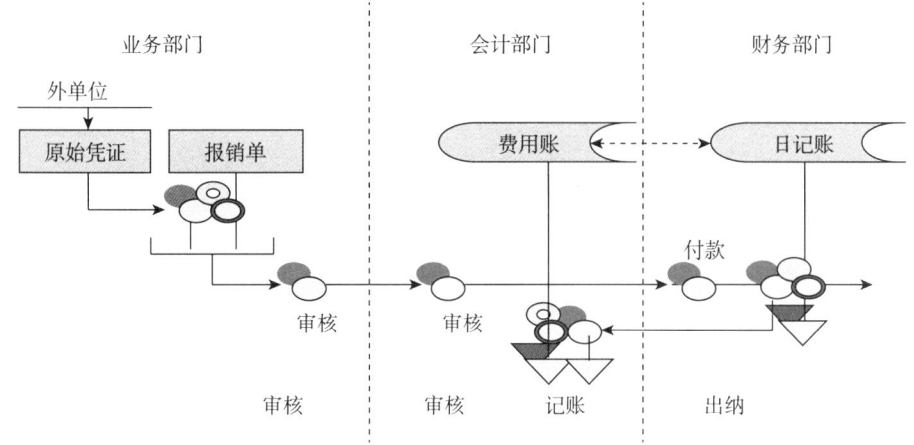

图 8-2　××有限责任公司采购费用报销业务流程

(三) 流程图的绘制要求

流程图的绘制应注意整齐与美观,可以使用 Microsoft Visio 软件绘制,并使用统一、规范的图标。流程图的绘制应符合以下要求:

(1) 画线要求。**每个流程图均有开始和结束(用类似椭圆的形状表示),或者流程转入或转出,禁止出现死循环;流程图通常只能有一个逻辑上的起点,至少有一个逻辑上的终点。**判断和决策用菱形表示,通常有一条流入线,至少有两条流出线:二元选择有两条流出线,多元选择有多条流出线。作业用方框表示,终止符号不可以有流出线,除起始符号外,每个符号必须有一条流入线。

(2) 使用规范的流程图符号。目前,我国还没有统一的流程图符号,世界各国的流程图符号也不一致。企业可以自行设计比较实用的流程图符号,基本原则是简易、形象和具有共识,也可以使用 Microsoft Visio 软件常用的制图符号。

(3) 流程各步骤的衔接要顺畅。**流程图通常以业务流程为主线,自始至终要前后衔接、流程通畅,也就是一种业务的流程从头到尾不能出现不通畅的情况。**以图 8-2 中××有限责任公司采购费用报销业务流程为例,从审核外来原始凭证和报销单开始,到付款再到登记入账,全流程要通畅且有序。

四、针对风险点设置控制点

按照"目标—风险—控制"的逻辑关系,针对风险点开展的控制活动首先需要解决在哪些环节或步骤上设置控制点。**控制点是在流程运行过程中能抑制风险发生或减少风险损失,能协助业务控制目标实现,确认前一步骤正确性的操作环节、步骤或过程。控制点是解决在哪些环节、步骤或过程采取措施和实施控制的问题。主要风险必须在关键控制点上加以预防和控制,关键控制点应设置在最佳、最有效的控制点上。**

目前对于关键控制点的相关研究很少,ISO 22000(食品安全管理体系的国际标准)将关键控制点定义为:能够施加控制,并且该控制对防止、消除某一食品安全危害或将其降到可接受水平是必需的某一步骤,即关键控制点是食品生产过程的某一点、某一个步骤或过程;关键控制点是可以控制的;通过控制,在关键控制点可以消除或降低危害;可接受水平是指免除法律责任和食品安全要求的最大危害限度。

五、在控制点上采取控制措施

对于影响目标实现的风险点,企业必须在控制点上设计和执行具体的控制措施,以防范和化解风险;主要风险必须在关键控制点上加以预防和控制。控制措施应详细描述每个岗位操作内容及执行的程序,包括涉及部门及人员、执行时间、控制频率、涉及表单、具体活动等内容。控制措施可按"5W1H"原则设计。

六、定期评价,持续改进

根据 PDCA 循环理论[①],按"目标—现状—差异—改进"的行动逻辑,管理总是在不断地发现问题、分析问题和解决问题的循环过程中得到改进与提升的。针对业务活动风险控制的效率和效果,企业应定期开展控制有效性评价,分析现状,识别和认定缺陷或薄弱环节,分析各种影响因素及其产生的原因;针对影响因素和主要原因,采取解决问题的措施,并持续追踪措施的执行情况。

第二节　货币资金业务内部控制

货币资金是指企业在生产经营过程中处于货币形态的那部分资金,包括库存现金、银行存款和其他货币资金。库存现金是企业拥有的由出纳保管、用于日常小额支付的零用现钞;银行存款是企业存放在开户银行的货币资金;其他货币资金是除库存现金和银行存款以外的货币资金,包括外埠存款、银行本票存款、银行汇票存款、信用卡存款、信用证存款、在途货币资金等。

一、货币资金业务总体风险

货币资金具有流动性强、控制风险高等特征。很多贪污、诈骗、挪用公款等违法乱纪行为都与货币资金有关。为了保证货币资金的安全,提高资金的使用效益,企业至少应关注以下风险:

(1) **资金管理违反法律法规**,可能遭受外部处罚,造成经济损失和信誉损失。

(2) **资金管理未经适当审批**,或越权审批,可能因重大差错、舞弊、欺诈而导致损失。

(3) **银行账户的开立、审批、使用、核对和清理**不符合有关法律法规的要求,可能遭受

---

① PDCA 循环理论由美国质量管理专家沃特·休哈特首先提出,后来被美国质量管理专家威廉·戴明采纳、宣传和推广,因此又称"戴明环"。PDCA 循环理论认为,工作过程包括计划(plan)—实施(do)—检查(check)—改进(act)四个阶段,工作总是在这种循环过程中得到改进与提升。

外部处罚,造成资金损失。

(4) **资金记录不准确、不完整**,可能造成账实不符或导致财务报表信息失真。

(5) **有关票据遗失和被伪造、盗用及非法使用印章**,可能导致资产损失、法律诉讼或信用损失。

案例 8-1

××公司货币资金管理

××公司会计、出纳分设,出纳兼任总经理秘书,所有发生管理费用的事项均由出纳办理,并由总经理签字报销。出纳为了减少跑银行的麻烦,取得现金收入后通常直接保存在保险柜里,以备需要使用现金时提取,只有时间充裕时才将款项送存银行。有时,出纳也会将存放在保险柜里的现金出借给亲友应急,月末与会计对账时收回。另外,考虑到该出纳任职六年从未出现过问题,领导委以重任,让其保管空白支票和银行预留印鉴。

要求:请分析××公司货币资金管理是否存在问题。如有问题,请指出。

二、货币资金业务内部控制目标

内部控制目标是企业建立内部控制的出发点,货币资金业务的内部控制目标是内部控制五大目标在货币资金业务中的细分和具体化。

(1) **合规目标在货币资金业务中的细化**:有效防范货币资金业务过程中的差错和舞弊,促进其会计核算、财务收支等活动合法合规、手续齐备,符合单位内部各项规章制度的规定。

(2) **资产目标在货币资金业务中的细化**:保护库存现金、银行存款和其他货币资金的安全完整,防范资金被盗窃、诈骗和挪用,严防"小金库"。

(3) **报告目标在货币资金业务中的细化**:做好并保持各种原始记录,及时、准确、完整地记录资金活动,按会计准则要求组织会计核算,并确保相关记录、资料和信息真实、完整、可靠,为相关用户提供相关和可靠的高质量信息。

(4) **运营目标在货币资金业务中的细化**:合理调度资金,有效使用资金,加快资金周转,防止或减少资金的闲置与浪费,提高资金效益,提高企业经营的效率和效果。

(5) **战略目标在货币资金业务中的细化**:货币资金业务与企业战略及年度经营计划紧密联系且与之匹配,有效支持企业战略和经营计划的实施,促进企业战略目标的实现等。

上述五项目标还要进一步细分,匹配到货币资金业务流程的各个环节和各个步骤。

三、货币资金业务流程设计

企业因经营特点、业务性质等的不同,其货币资金业务流程也有所不同。案例 8-2 是某公司的备用金业务流程,涉及设立审批、定额拨付、使用报销、及时撤销等环节。

案例 8-2

××公司备用金业务流程

××公司的备用金业务流程如表 8-2 所示。

表 8-2 ××公司备用金业务流程

步骤	涉及部门及岗位	步骤说明
1	经办人	根据项目需要,起草《项目备用金申请报告》,提交部门主任、会计部主任
2	部门主任	审核《项目备用金申请报告》,检查申请金额和用途是否符合项目需要,由部门主任提交总经理
3	总经理	审批《项目备用金申请报告》
4	经办人	持经总经理审批通过的《项目备用金申请报告》,到会计部办理备用金借款手续,详见《借款管理制度》之"1.借款环节管理"。借款完成后建立定额备用金
5	经办人	使用备用金进行日常、小额支出后,持相关单据到会计部办理费用报销手续,详见《费用报销管理制度》。购买设备、大批量物料采购等业务执行供应管理相关制度,不允许从备用金中开支
6	经办人	项目完成后一个月内,最长不超过三个月,起草《项目备用金撤销申请》,交部门主任
7	部门主任	确认无须继续保留备用金,审批《项目备用金撤销申请》
8	经办人	持《项目备用金撤销申请》,到会计部办理撤销备用金手续,缴回所领取的备用金,详见《现金管理制度》之"1.现金收入管理";如有从备用金中开支尚未报销的费用,撤销备用金的同时办理费用报销手续,详见《费用报销管理制度》

四、货币资金业务的关键控制点

企业在建立与实施货币资金业务内部控制的过程中,应强化以下关键控制点:

(1) 职责分工、权限范围和授权审批程序应明确规范,机构设置和人员配备应科学合理。

(2) 现金、银行存款的管理应合法合规,银行账户的开立、审批、使用、核对、清理等应严格有效,现金盘点和银行对账单的核对应按规定严格执行。

(3) 货币资金的会计记录应真实、准确、完整和及时。

(4) 票据的购买、保管、使用、销毁等应有完整的记录,银行预留印鉴和有关印章的管理应严格有效。

五、货币资金业务的职责分工和授权审批

(一) 货币资金业务的职责分工

企业应建立货币资金业务的岗位责任制,明确相关部门和岗位的职责权限,确保办理

货币资金业务的不相容岗位相互分离、制约和监督,任何个人不得办理货币资金业务的全过程。

货币资金业务的不相容岗位至少应包括:**货币资金支付的审批与执行,货币资金的保管与盘点清查,货币资金的会计记录与审计监督,出纳岗位与稽核,会计档案保管与收入、支出、费用、债权、债务等涉及货币资金收支的明细账登记。**

企业应配备合格人员办理货币资金业务,并结合实际情况,对办理货币资金业务的**关键人员定期(最长不超过五年)进行岗位轮换。如果轮岗措施无法实施,则应有替代的控制措施,如定期实施专项审计等。**出纳工作变动时,必须按有关规定办理业务移交手续。移交人员在办理移交手续时,现金、有价证券必须与账簿记录保持一致,银行存款余额要与银行对账单核对,如不一致,则应编制银行存款余额调节表并说明原因。移交人员在移交经管的票据、印章和其他实物等时,必须填列交接清单。

出纳是货币资金业务中的重要岗位,企业对出纳岗位的职责权限必须进行清晰的界定。

案例 8-3

××电网公司出纳岗位职责说明书

××电网公司出纳岗位职责说明书如表 8-3 所示。

表 8-3 ××电网公司出纳岗位职责说明书

岗位名称	出纳	所属部门	财务部门	岗位编号	02101
职　系	辅助生产	岗　级	9	直接上级	财务部门经理

工作概要:按规定管理现金、银行存款,办理货币资金的收付结算业务,及时登记现金和银行存款日记账,随时掌握银行存款余额,确保公司资金运行安全

在组织中的位置:

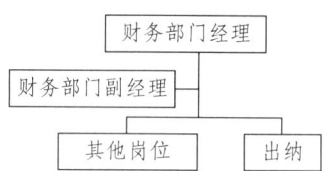

编号	工作内容与职责(按工作重要性依次排列)	权限
1	按国家有关现金管理、银行存款管理和财务管理的规定办理货币资金的收付结算业务	直接责任
2	登记现金和银行存款日记账,根据会计人员编制的银行存款余额调节表,及时查询差错和未达账项	直接责任
3	保管库存现金和各种有价证券,每日核对库存现金	直接责任
4	保管空白收据和空白支票,专设登记簿登记;保管收付和银行结算所需用的部分印章	直接责任
5	掌握银行存款余额的管理及监控工作	直接责任

(续表)

6	完成领导交办的其他工作		
工作关系		联系对象(部门或单位)	联系主要内容
	内部关系	公司各部门、各分公司等	费用报销
	外部关系	相关银行等	业务办理
任职资格	学历及专业	大专及以上学历,专业相关	
	培训要求	接受过电力生产与管理、经济、法律、税务实务等方面的培训	
	所需经验	两年及以上本企业工作经验,其中至少一年及以上相关工作经验	
	所需技能	管理技能 专业技能:熟悉国家财税法律法规,以及财务管理、财务分析等业务 计算机能力:熟练操作办公软件及财务软件 其他技能	
	个性特征	为人正直、责任心强、作风严谨,工作细致认真、谨慎细心、积极主动	
	其他要求	身体健康,无赌博等不良嗜好	
工作条件	工作场所	办公室	
	工作时间	执行标准工时制	
	均衡性	工作有规律性	
	使用工具/设备	一般办公设备	
	职业病与危险性	无危险,无职业病危险	

(二) 货币资金业务的授权审批

企业应建立货币资金分级授权和审批制度,并按规定权限和程序办理货币资金业务,授权审批的方式、权限、程序、责任和相关控制措施应以书面形式公开。**审批人应在授权范围内审批,不得越权审批,大额支付应由董事会或领导班子集体审批。严禁未经授权的机构或人员办理货币资金业务或直接接触货币资金。经办人应在职责范围内,按审批意见办理货币资金业务。对越权审批的情况,经办人有权拒绝办理,并及时向审批人的上级授权部门报告。**

涉及货币资金支付的业务,应按以下流程办理:

(1) 支付申请。企业有关部门或个人用款时,应提前向经授权的审批人提交货币资金支付申请,注明款项的用途、金额、预算、限额、支付方式等内容,并附上有效经济合同、原始单据或相关证明。

(2) 支付审批。审批人根据其职责、权限和相应程序对支付申请进行审批。对不符合规定的货币资金支付申请,审批人应拒绝批准;性质严重或金额巨大的,应及时报告有关部门。

(3) 支付复核。复核人应对审批后的货币资金支付申请进行复核,复核货币资金支付申请的审批范围、权限、程序是否正确,手续及相关单证是否齐备,金额计算是否准确,支付方式、支付对象是否妥当等。复核无误后,交由出纳等相关负责人员办理支付手续。

(4) 办理支付。出纳应根据复核无误的支付申请,按规定办理货币资金支付手续,及时登记现金和银行存款日记账。

案例 8-4

××有限责任公司货币资金业务授权审批实例

××有限责任公司货币资金管理制度规定:对货币资金开支实行严格的控制,在年度预算内的资金支付,5 万元以下的开支由财务处处长审批;5 万~20 万元的开支由总会计师审批;20 万~50 万元的开支由总会计师签署意见,总经理审批;50 万元以上的开支由董事会商讨决定。

某日,公司采购部门送来付款申请及相关凭证,要求按采购合同的约定用转账支票支付上月采购某种货物的货款 6 万元。碰巧当日总会计师在外出差,负责预算内资金支付的出纳小李也因病请假,小李的个人名章和票据经财务处处长同意由小王保管,但小王平时只负责日常零星开支和与银行对账,不经手支票开具事务。因此,财务处处长答复采购部门,暂时无法支付货款。但是采购部门说按采购合同,当日若无法付款,则须支付给供货方一定比例的违约金。在此情况下,财务处处长启动了特别授权程序:①立即与总会计师取得联系,说明具体情况,总会计师同意先由财务处处长代签,出差回来后再办理补签手续。财务处处长将总会计师的特别授权意见及时告知了相关复核人员。②授权小王暂行小李的职责,待小李病假回来后仍各归其位、各负其责。③向管理公司法定代表人名章的小张说明情况,取得其支持。至此,特别授权程序完成,采购货款得以顺利支付。

六、票据及印章管理

票据及印章管理是货币资金业务风险管理的一个关键控制点。企业应加强与货币资金相关票据的管理,明确各种票据的购买、保管、领用、背书转让、注销等环节的职责权限和处理程序,并专设登记簿进行记录,防止空白票据遗失和被盗用。对收取的重要票据,企业应留有复印件并妥善保管;不得跳号开具票据,不得随意开具印章齐全的空白支票。企业出于填写、开具失误或其他原因导致作废的票据,应按规定保存,不得随意处置或销毁。对超过法定保管期限、可销毁的票据,企业应在履行审批手续后销毁,但应建立销毁清册并由授权人员监销。

企业应加强银行预留印鉴的管理。财务专用章应由专人保管,个人名章应由本人或其授权人员保管,不得由一个人保管支付款项所需的全部印章。按规定应由有关负责人签字或盖章的经济业务与事项,必须严格履行签字或盖章手续。

七、库存现金业务的主要风险及其控制

(一) 库存现金业务的主要风险

库存现金业务的主要风险有以下三方面:

(1) 贪污库存现金。贪污库存现金的常用手法有:①少列现金收入总额或多列现金支出总额,多余现金占为己有;②涂改凭证金额,将支出金额改大或收入金额改小,多余现金占为己有;③使用空白发票或收据向客户开票,这种作案手法较为隐蔽;④撕毁票据或在收入现金时不开票,也不报账或记账,从而隐瞒收入;⑤经办人员在复写纸的下面放置废纸,利用假(复)写的方法,开具头尾不一致的票据,使现金存根的金额与实际支出或收入的金额不一致,从而少计收入或多计支出;⑥会计人员与其他业务人员利用承办借款事项的工作便利条件和内部控制制度上的漏洞,对借入款项不入账并销毁借据存根,从而侵吞现金。

(2) 挪用库存现金。挪用库存现金的常用手法有:①以职工预借差旅费、采购员预借采购款等为借口滥用借款;②收入现金不及时入账,如果收入现金未制证或虽已制证但未及时登账,就给出纳提供了挪用现金的机会;③循环入账,如会计或出纳在应收账款收现后暂不入账,而将现金挪作他用,待下一笔应收账款收现后再抵补上一笔应收账款,并继续挪用第二笔应收账款的收现,如此循环入账;④白条抵库,用不符合规定的字条或单据抵充库存现金。

(3) 账实不符,出现现金短款或现金长款等。

(二) 库存现金业务的风险控制

针对库存现金业务的主要风险,企业应采取以下控制措施:

(1) 企业应**加强库存现金限额管理,建立上下限额标准,超过上限额时应及时存入开户银行,低于下限额时应及时提现补充库存**。库存现金的限额一般按企业3~5天的日常零星开支需要确定,边远地区和交通不便地区企业的库存现金限额可多于5天,但最长不得超过15天的日常零星开支需要。

(2) 企业应**根据相关规定,结合企业的实际情况,确定现金收支的范围和限额**。不属于现金收支范围或超过现金收支限额的业务,应通过银行办理转账结算。

可用现金支付的情况有:①职工工资、津贴;②个人劳务报酬;③根据国家规定颁发给个人的科学技术、文化艺术、体育等各种奖金;④各种劳保、福利费用,以及国家规定的对个人的其他支出;⑤向个人收购农副产品和其他物资的款项;⑥出差人员必须随身携带的差旅费;⑦结算起点(1 000元)以下的零星支出;⑧中国人民银行确定需要支付现金的其他支出。

可进行现金收入的情况通常有:①单位或职工交回差旅费剩余款、赔偿款、备用金退回款;②收取不能转账的单位或个人的销售收入;③不足转账起点的小额收入等。

(3) 企业现金收入应及时存入银行,支付现金可从库存现金中支出或从银行提取,不得自行坐支现金。借出款项必须执行严格的审批程序,严禁擅自挪用、借出货币资金。不

得用不符合财务制度的凭证顶替库存现金,即不得"白条抵库"。

（4）企业取得的货币资金收入必须及时入账,不得账外设账,严禁收款不入账。有条件的企业,可实行收支两条线和集中收付制度,加强对货币资金的集中、统一管理。

（5）企业应定期和不定期地进行现金盘点,确保现金账面余额与实际库存相符。发现不符,应及时查明原因并作出处理。

（6）对经常使用现金的单位或个人可建立备用金制度。备用金是拨付给非独立核算的内部单位或个人备作差旅费、零星采购、零星开支等使用的款项。备用金一般按估计需用数额拨付,支用后一次报销,多退少补,前账未清时不得继续预支。对备用金的管理,应建立严格的设置审批、定额管理、明确责任、清查盘点、报账审查等控制程序。

（7）现金收付必须依法取得或填制原始凭证,并经严格审核;收付后应在收付款凭证上加盖"现金收讫"或"现金付讫"章及出纳名章;随时根据有关凭证逐日、逐笔顺序登记现金日记账,做到日清月结、账实相符。

八、银行存款业务的主要风险及其控制

（一）银行存款业务的主要风险

银行存款业务的主要风险包括以下几方面:

（1）利用工作便利,私自签发支票,擅自提现,不留存根,不记账。此类现象容易发生在支票管理制度混乱、内部控制松懈的单位。

（2）公款私存,侵吞利息或挪用单位资金。

（3）利用工作便利,非法将转账支票借给他人用于私人营利性业务的结算,或者将空白转账支票为他人做抵押。

（4）将银行对账单和银行存款日记账上的同一发生额一并涂改,保持账面上的平衡。为了使账证相符,有的还涂改相应的记账凭证,掩饰从银行存款日记账中套取现金的事实。

（5）利用工作便利,用支票提取现金时,只登记银行存款日记账,不登记现金日记账,从而将现金占为己有。

（6）转账套现,即通过外单位的银行账户套取现金。

（7）利用业务漏洞,故意漏记银行存款收入账,伺机转出、转存占为己有。

（8）重支存款,利用实际支付款项时取得的银行结算凭证和有关的付款原始凭证,分别登记银行存款日记账,使得一笔业务两次报账;再利用账户余额平衡原理,采取提现不入账的手法,将款项占为己有。

（9）涂改银行存款进账单日期,利用工作便利,将以前年度会计档案中的现金送存银行的进账单日期涂改为本年度的日期,采取重复记账的手法侵吞现金。作弊人员为了防止被发现,通常也会相应地在银行对账单上填列借方余额,或者采用收款不入账的手法掩盖真相,使银行存款日记账与银行对账单自动平衡。

（10）将以前年度已入账转账支票的收账通知日期涂改为报账年度日期后重复记账,再擅自开具现金支票提现占为己有。

（11）套取利息，利用账户余额平衡原理，采取支取存款利息不记账手法将其占为己有。这种手法在银行对账单和银行存款余额调节表由出纳一人经管的单位很难被发现。

（二）银行存款业务的风险控制

针对银行存款业务的主要风险，企业应采取以下控制措施：

（1）严格按有关规定，加强对银行账户的管理，**严格按规定开立账户，办理存款、取款和结算业务**。银行账户的开立应符合企业经营管理的实际需要，不得随意开立多个账户，禁止企业内设管理部门自行开立银行账户。企业应定期检查、清理银行账户的开立及使用情况，发现未经审批擅自开立银行账户或不按规定及时清理、撤销银行账户等问题，应及时处理并追究有关责任人的责任。企业还应加强对银行结算凭证的填制、传递及保管等环节的管理与控制。

（2）**严格遵守银行结算纪律**，不得签发没有资金保证的票据或远期支票来套取银行信用；不得签发、取得和转让没有真实交易与债权、债务的票据；不得无理拒绝付款，任意占用他人资金。

（3）指定专人定期核对银行账户，每月至少核对一次；编制银行存款余额调节表，并指派对账人员以外的其他人员进行审核，确定银行存款账面余额与银行对账单余额是否调节相符。若调节不符，则应查明原因、及时处理。企业应加强对银行对账单的稽核和管理。**出纳不得同时从事银行对账单的获取、银行存款余额调节表的编制等工作**。

（4）采用网上交易、电子支付等方式办理货币资金支付业务时，应与承办银行签订网上银行操作协议，明确双方在资金安全方面的责任与义务、交易范围等。**操作人员应根据操作授权和密码进行规范操作**。使用网上交易、电子支付等方式的企业办理货币资金支付业务时，不应因支付方式的改变而随意简化、变更支付货币资金所需的授权审批程序。企业在**严格实行网上交易、电子支付等不相容岗位相分离**的同时，应配备专人加强对交易和支付行为的审核。

九、其他货币资金业务的主要风险及其控制

其他货币资金往往不在企业本部，资金收付须经一段时间才能反映到资金控制中心，管理起来较为困难，是货币资金管理的薄弱环节，如果疏于管理，就可能出现资金流失、费用失控等问题。下面以外埠存款为例，介绍其他货币资金业务的内部控制重点。

1. 加强外埠存款账户设立时的审查

企业因经营活动需要在外埠开户时，财会部门应加强对开户的审查，重点审查外埠存款账户设立的必要性、规范性、可控性和唯一性。只有资金收付业务频繁、持续时间较长的经营单位，才有必要开设外埠存款账户。财会部门应对外埠存款收支业务的可控性和规范性进行测试。经审查同意开设外埠存款账户的单位或业务，只能开设一个外埠存款账户，以便财会部门随时了解资金的流向。

2. 明确外埠存款管理责任人，建立岗位责任制

企业应以规章制度或合约的形式明确外埠存款的管理责任人，明确规定管理责任人的权责关系、授权额度、开支范围及用途等。财会部门应同时设置监控外埠存款的岗位，规范资金使用程序，及时反馈外埠存款使用的准确性、合理性和合法性。

3. 规范会计核算，实施必要的监控管理

外埠存款应在"银行存款"或"其他货币资金"账户中反映，不得在往来账款中核算和归类。外埠存款使用者应建立规范的收支记录，确保交易和支出的可追溯性与可核实性；外埠存款使用者必须通过可靠途径，及时向财会部门传递外埠存款收支单据，确保账、款一致。出现账、款不一致时，应采取资金保全措施，冻结外埠存款账户，待查明原因、明确责任后方予以解冻。

4. 保留企业对外埠存款的统一调度权

外埠存款是企业货币资金的重要组成部分，财会部门可通过预留银行印鉴等方式，保留对外埠存款的统一调度权。外埠存款管理责任人虽在授权额度内有一定的管理权限，但当企业认为必要时，财会部门有权将外埠存款调回，以满足企业对资金的需求和对管理责任人进行监督的需要。外派职工以个人名义设立的银行账户或信用卡为个人所有，应与企业外埠存款严格区分开来。

5. 坚持收支两条线

外埠存款账户不能作为收入账户，不能赋予外埠存款使用者以收款权，避免发生坐支、事后记账等情况。

6. 及时注销外埠存款

当设立外埠存款账户的理由不复存在或已转移时，财会部门应及时清理外埠存款，收回余款，注销账户。

十、货币资金业务的内部监督

企业应建立货币资金业务的内部监督制度，明确内部监督机构或人员的职责权限，定期和不定期地进行检查。货币资金业务内部监督的重点有以下几方面：

（1）**相关岗位及人员的设置情况**。重点检查是否存在不相容职务混岗的现象。

（2）**授权审批制度的执行情况**。重点检查货币资金支出的授权审批手续是否健全，是否存在越权审批行为。

（3）**支付款项印章的保管情况**。重点检查是否存在办理付款业务所需全部印章交由一人保管的现象。

（4）**票据保管情况**。重点检查票据的购买、领用、保管手续是否健全，票据保管是否存在漏洞。

对内部监督过程中发现的薄弱环节或缺陷，企业应及时采取措施加以纠正和完善。

第三节　存货业务内部控制

存货是企业在日常活动中持有以备出售的产成品或商品、处在生产过程中的在产品、在生产过程或提供服务过程中耗用的材料和物料，主要包括各类原材料、在产品、半成品、产成品、商品、周转材料等。对存放于企业但不属于企业的存货（如受托代销、代管存货，接受委托加工、代修存货等），也应加强管理和控制。

一、存货业务总体风险

存货是企业为出售或耗用而持有的流动资产，具有流动性强、品种繁杂、存放地点分散、多种计价、易短缺或被盗等特点。存货业务主要包括验收入库、存储保管和领用发出等环节，涉及采购、仓储、生产、销售、财会等多个部门。在存货业务的内部控制中，企业至少应关注以下风险：

（1）存货业务违反国家法律法规，可能遭受外部处罚，造成经济损失和信誉损失。

（2）存货业务未经适当审批或越权审批，可能因重大差错、舞弊、欺诈而导致资产损失。

（3）存货验收程序不规范，可能导致资产账实不符和资产损失。

（4）存货保管不善，可能导致存货损坏、变质、浪费、被盗和流失等。

（5）发出存货管理不善，可能因计量、计价、记录等差错而导致账实不符。

（6）存货盘点不规范，未能及时查清资产状况并作出处理，可能导致信息不实、资产和利润虚增等。

二、存货业务内部控制目标

针对上述总体风险，存货业务的内部控制应实现以下目标：

（1）保证存货业务合法合规，符合企业内部规章制度的规定。

（2）保证各项存货（包括存放于企业但不属于企业的存货）安全、完整。

（3）提高存货管理与利用的效率和效果，加速存货周转，提高资金使用效益。

（4）保持完整的存货记录，相关会计处理符合会计准则的规定，提供各种有用信息。

（5）与企业战略和经营计划紧密联系，使存货业务能有效地支持企业战略和经营计划。

三、存货业务流程设计

存货业务涉及验收入库、存储保管、领用发出、盘点和处置等环节，主要作业有：组织存货验收入库，填制收料单、退料单、自制材料交库单、产品入库单等；汇总存货入库情况，编制收料汇总表、产品入库汇总表；填制领料单、材料销售单、产品出库单等并报经审批；

编制发料汇总表、产品出库汇总表;进行存货盘点,登记盘盈、盘亏报告表;稽核检查,定期进行账证、账账、账实核对。

企业因经营特点、行业性质等的不同,其存货业务处理流程也有所不同,制造业企业发料业务的一般流程如图8-3所示。

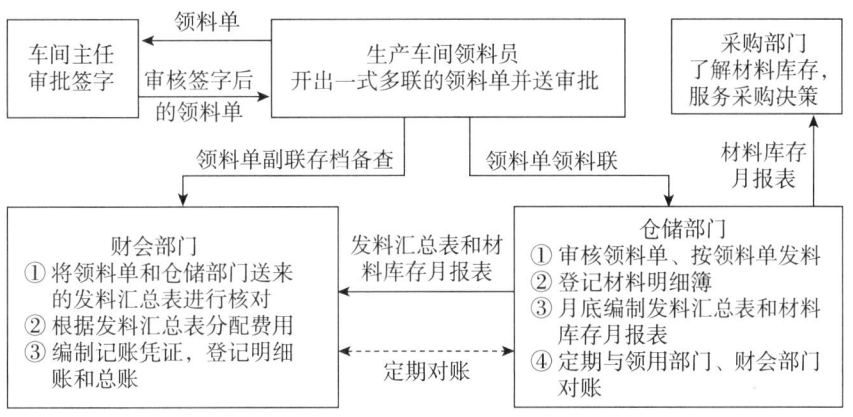

图8-3 制造业企业发料业务的一般流程

四、存货业务的职责分工和授权审批

企业应建立健全存货业务岗位责任制,明确相关部门和岗位的职责、权限,确保不相容岗位相互分离、制约和监督。存货业务的不相容岗位主要包括:**存货采购、验收与付款,存货保管与记录,存货领用的申请、审批与记录,存货处置的申请、审批与记录,**等等。

企业应建立存货业务授权审批制度,明确授权审批方式、权限、程序、责任和相关控制措施。**审批人应在授权范围内审批,不得越权审批。经办人应在职责范围内,按审批人的批准意见办理存货业务。**企业应配备合格人员办理存货业务,合格人员应具备良好的业务技能和职业道德。

有条件的企业可根据业务特点及成本效益原则选用计算机系统和网络技术进行存货管理,但应注意计算机系统的有效性、可靠性和安全性,并制定防范意外事件的有效措施。

五、存货验收入库环节的主要风险及其控制

存货验收入库环节的主要风险有:验收程序不规范、标准不明确,可能导致数量克扣、以次充好、账实不符等。

企业应制定存货验收入库管理制度,保持完整的验收入库记录。与验收入库有关的单证包括收料单、退料单、自制材料交库单、产品入库单、收料汇总表等。

(一) 外购存货的验收入库

企业应根据存货验收入库管理制度和经审批的订单、合同等采购文件,对外购货物或服务进行验收。验收小组的构成应包括专门验收部门或人员、采购部门、仓储部门、请购

部门及供应商等有关方面的代表。验收小组应对所购货物或服务的品种、规格、数量、质量和技术标准等进行验收,出具检验报告、计量报告和验收证明;对验收过程中发现的异常情况,应立即向有关部门报告;有关部门应查明原因,及时处理。

验收小组一般应实施下列验收程序:

(1) 检查订货合同、入库通知单、供应商提供的材质证明、合格证、运单、提货通知单等原始单据与待检验货物是否相符。

(2) 对拟入库货物的交货期进行检验,确定外购货物的实际交货期与订单交货期是否一致。

(3) 对待检验货物进行数量复核和质量检验,必要时可聘请外部专家协助进行。

(4) 对数量相符、质量合格的货物办理入库手续;对经验收不符合要求的货物,应及时办理退货、换货或索赔手续。

(5) 对不经仓储直接投入生产或使用的货物,应采取适当方法进行检验。

(二) 自制存货的验收入库

拟入库的自制存货,一般由生产部门组织专人检验,只有检验合格的产成品才可作为存货办理入库手续。由生产车间发出至客户、实物不入库的产成品,应采取适当方法办理出入库手续。

对已售商品退货的入库,仓储部门应根据销售部门填写的退货凭证办理入库手续,经批准后,对拟入库商品进行验收。因产品质量发生的退货,应分清责任,妥善处理。对劣质产品,可选择修复、报废等措施。

(三) 存货验收入库记录

仓储保管人员根据验收单点收所购货物的数量、检测其质量,并填写入库单,注明供应商名称,收货日期,货物名称、数量、质量等内容。入库单一式三联,一联留存,登记仓库台账;一联交财会部门,办理结算;一联退回采购部门,与购销合同、请购单核对后归档备案。

六、存货存储保管环节的主要风险及其控制

存货存储保管环节的主要风险有:存货存储保管方法不适当、监管不严密,可能导致损坏变质、价值贬损、资源浪费等。

企业应建立存货保管制度,综合运用限制未经授权人员对财产的直接接触、财产记录、定期盘点、账实核对等措施,确保存货安全、完整。

(1) 存放和管理应指定专人负责并进行分类编目,严格限制其他无关人员接触存货,入库存货应及时登记并详细标明存放地点。

(2) 应按存储物资所要求的条件储存,并建立健全防火、防潮、防鼠、防盗和防变质等措施。

（3）贵重物品、生产用关键备件、精密仪器和危险品的存储，应实行严格的审批制度。

（4）重视生产现场的材料、低值易耗品、半成品等物资的管理控制，防止浪费、被盗和流失。

（5）对于因业务需要而分设仓库的情形，应对不同仓库间的存货流动办理出入库手续。

（6）仓储部门应建立存货台账，详细登记存货类别、编号、名称、规格型号、数量、计量单位等，并定期与财会部门就存货品种、数量、金额等进行核对。存货台账的登记依据包括入库单、退库单、领料单、发货单、出库单、销售凭证等单证。台账记录不得随意修改，如确需修改入库记录，则应经有效授权审批。

（7）企业应定期对存货保管情况进行检查。

七、存货领用发出环节的主要风险及其控制

存货领用发出环节的主要风险有：存货领用发出审核不严格、手续不完备，可能导致存货流失等。

企业应建立严格的存货发出流程和制度，保持完整的发货记录。与发货有关的表单包括领料单、销售材料发料单、委托加工发料单、发料汇总表、产品出库单、盘盈盘亏报告表等。

企业发出存货须经授权审批，大批商品、贵重商品或危险品的发出应得到特别授权。为保证存货发出准确无误，仓库保管人员要审核领料单，确认手续齐全，检查存货品名、规格、型号、数量和质量，并签字或盖章。

生产用原材料可采用定额制，由相关部门核定消耗定额。生产部门根据定额填制限额领料单，向仓储部门领料。材料发出后，仓库保管人员要按计划或实际价格在领料单上标明金额，登记材料台账，并转材料明细账记账员记账后，随发料汇总表定期送往财会部门。

为保证存货安全、记录正确，企业应建立内部稽核制度。**财会部门应加强对仓储部门的经常性审核工作，**定期进行账证、账账、账实核对。

案例 8-5

××生物制药有限责任公司领料业务流程

××生物制药有限责任公司领料业务流程如表 8-4 所示。

表 8-4　××生物制药有限责任公司领料业务流程

步骤	完成时间	涉及部门及岗位	操作说明
1	开始	生产部门领料员/车间主任	生产部门领料员填写领料单，并提交车间主任审批，将车间主任审批签字的"请领单"交仓库发料员
2	收到领料单后	仓库发料员	仓库发料员根据"请领单"，按先进先出原则，将合格的物料办理出库

(续表)

步骤	完成时间	涉及部门及岗位	操作说明
3	收到领料单后	仓库发料员/生产部门领料员	仓库发料员和生产部门领料员共同核对数量,验收无误
4	验收交接后	仓库发料员/生产部门领料员	双方分别在"请领单"和"出库单"上签字,"请领单"一式三联,第一、三联交生产部门留存,第二联交仓库发料员
5	每日仓库下班前	仓库发料员/仓库统计员/总统计员	仓库发料员汇总当日"出库单"。"出库单"一式四联,第一联存根联由仓库发料员留存;第二联财务联和第四联记账联交仓库统计员,仓库统计员将第四联记账联作为仓库三级明细账的记账凭证,将第二联传递给总统计员并作为仓库二级明细账的记账凭证;第三联车间联由生产部门领料员带回交生产部门统计员

八、存货盘点和处置环节的主要风险及其控制

存货盘点和处置环节的主要风险有:存货盘点清查制度不完善、计划不可行,可能导致工作流于形式、无法查清存货真实状况;存货报废处置责任不明确、审批不到位,可能导致企业利益受损;等等。

企业应制定适当的存货盘点制度,明确盘点范围、方法、人员、频率、时间等,确保及时发现存货丢失、损坏、变质等情况。企业应制订详细的盘点计划,合理安排人员,有序摆放存货,保持盘点记录的完整,及时处理存货盘盈、盘亏。**对于特殊存货,企业可聘请专家采用特定方法进行盘点。**

企业盘点存货时应及时编制盘点表,盘盈、盘亏情况要分析原因,提出处理意见,经相关部门审批后,在期末结账前处理完毕。

仓储部门应通过盘点、清查等方式全面掌握存货状况,及时发现存货的残、次、冷、背等情况;对残、次、冷、背存货,应选择合理的处置方式,经相关部门审批后及时处置。

仓储部门与财会部门应**结合盘点结果对存货进行库龄分析,确定是否需要计提存货跌价准备。**经相关部门审批后,方可进行会计处理,并附上有关书面材料。

企业应定期对存货进行检查,及时、充分了解存货的存储状态,对于存货变质、毁损、报废或流失的情况要分清责任、分析原因、及时处理。

案例 8-6

ABC 股份有限公司存货业务内部控制的情况

ABC 股份有限公司(化名)是生产经营电子产品的大型工业企业,为了加强内部控制制度的建设,公司聘请甲会计师事务所对其内部控制设计与执行的有效性进行审计。甲

会计师事务所在对存货相关控制进行审计时发现以下情况：

（1）在发出原材料的过程中，仓库部门根据生产部门开出的领料单发出原材料。领料单必须列明所需原材料的数量和种类以及领料部门的名称。领料单可以一料一单，也可以多料一单，通常为一式两联。仓库部门发出原材料后，其中一联连同原材料交给领料部门，另一联留存于仓库部门据以登记仓库原材料明细账。

（2）会计部门的成本会计 K 根据收到的生产通知单、领料单、工时记录和产成品入库单等资料，在月末编制材料费用、人工费用和制造费用分配表，以及完工产品与在产品成本分配表，经本部门的复核人员复核后，据以核算成本和登记相关账簿。

（3）由于公司存货中存在单位价值较高的生产用关键备件，因此特别规定，对于该备件的保管由仓库保管人员 W 专门负责，调用审批由公司生产部门经理负责，转移由备件使用车间的组长 P 负责。

（4）公司每三个月定期对全部存货盘点一次，编制盘点表。会计部门与仓库部门在核对结存数量后，向管理层报告差异情况及形成原因，经批准后进行相应处理。

要求：请分析和判断以上情况是否存在薄弱环节，并说明理由。

第四节　固定资产业务内部控制

固定资产是企业为生产商品、提供服务、出租或经营管理而持有的，使用寿命超过一个会计年度的有形资产，主要包括房屋、建筑物、机器、机械、运输工具，以及其他与生产经营活动有关的设备、器具、工具等。固定资产是企业生产经营的主要劳动资料，直接影响企业的可持续发展能力。企业应制定固定资产业务流程，明确固定资产投资预算编制、取得与验收、使用与维护、处置等环节的控制要求，并设置相应的记录或凭证，如实记载各环节业务的开展情况，及时传递相关信息，确保固定资产业务全过程得到有效控制，保证固定资产安全、完整和高效运行。

一、固定资产业务总体风险

固定资产业务通常涉及取得、验收移交、日常维护、更新改造和淘汰处置等环节，在固定资产业务的内部控制中，企业至少应关注以下总体风险：

（1）固定资产业务违反国家法律法规，可能遭受外部处罚，造成经济损失和信誉损失。

（2）固定资产业务未经适当审批或越权审批，可能因重大差错、舞弊、欺诈而导致资产损失。

（3）固定资产购买、建造决策失误，可能造成企业资产损失或资源浪费。

（4）固定资产使用、维护不当或管理不善，可能造成企业资产使用效率低下或资产损失。

（5）固定资产处置不当，可能造成资产损失。

（6）固定资产会计处理和相关信息不真实、不完整，可能导致企业资产账实不符或资产损失。

二、固定资产业务内部控制目标

针对上述总体风险，固定资产业务的内部控制应实现以下目标：

（1）保证固定资产业务合法合规，符合企业内部规章制度的规定。

（2）保证各项固定资产（包括租入和租出的固定资产）安全、完整。

（3）提高固定资产管理与利用的效率和效果，提高固定资产的价值创造能力。

（4）保持完整的固定资产记录，相关会计处理符合会计准则的规定，提供各种有用信息。

（5）与企业战略和经营计划紧密联系，使固定资产业务能有效地支持企业战略和经营计划。

三、固定资产业务的职责分工和授权审批

企业应建立固定资产业务岗位责任制，明确相关部门和岗位的职责、权限，确保不相容岗位相互分离、制约和监督。同一部门或个人不得办理固定资产业务的全过程。固定资产业务不相容岗位至少包括：**固定资产投资预算的编制与审批、审批与执行，固定资产采购、验收与款项支付，固定资产投保的申请与审批，固定资产处置的申请与审批、审批与执行，固定资产取得和处置业务的执行与相关会计记录。**

企业应配备合格人员办理固定资产业务，合格人员应具备良好的业务素质和职业道德。

企业应对固定资产业务建立严格的授权审批制度，明确授权审批的方式、权限、程序、责任和相关控制措施，规定经办人的职责范围和工作要求，严禁未经授权的机构或人员办理固定资产业务。审批人应在授权范围内审批，不得越权审批。经办人应在职责范围内，按审批人的批准意见办理固定资产业务。对审批人越权审批的情况，经办人有权拒绝办理，并及时向上级部门报告。

四、固定资产取得与记录环节的主要风险及其控制

固定资产取得与记录环节的主要风险有：固定资产投资不科学，可能造成资产闲置或浪费；新增固定资产验收程序不规范，可能导致资产质量不符合要求，进而影响资产的运行；固定资产登记内容不完整，可能导致资产流失、资产信息失真、账实不符；等等。××公司固定资产取得流程如图8-4所示。

针对固定资产取得与记录环节的主要风险，企业应采取的相应控制措施如下：

（1）**建立并严格执行固定资产投资预算管理制度**。对于预算内的固定资产投资，应严格按预算执行进度，办理相关手续；对于超预算或预算外的固定资产投资，应由相关部

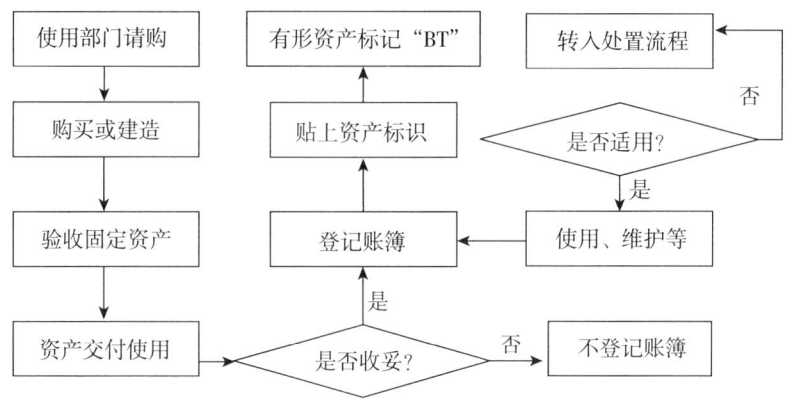

图 8-4 ××公司固定资产取得流程

门提出申请,经严格审批后办理相关手续。

（2）**根据使用情况、生产经营、发展战略等因素拟定固定资产投资项目建议书,进行可行性研究,并按规定程序审批,确保固定资产投资决策科学、合理。** 对于重大固定资产投资项目,可组织独立第三方进行可行性研究与评价,并由企业集体决策和审批,防止因决策失误而造成严重损失。

（3）建立外购固定资产请购与审批制度,明确请购部门和审批人员职责权限及请购与审批程序。固定资产采购过程应规范、透明。对于一般固定资产的采购,应由采购部门充分了解和掌握供应商情况,采取比质比价的办法确定供应商;**对于重大固定资产的采购,应采取招投标方式进行。**

（4）建立严格的固定资产交付验收制度,确保数量、质量等符合使用要求。验收工作由固定资产管理部门、使用部门及相关部门共同实施。对于外购的固定资产,应根据合同、供应商发货单等对所购固定资产的品种、规格、数量、质量、技术要求等进行验收,出具验收单或验收报告,验收合格后方可投入使用。对于自行建造的固定资产,应由制造部门、管理部门、使用部门共同填制固定资产移交使用验收单,移交使用部门使用。对于尚未及时办理竣工验收手续但已达到预定可使用状态的固定资产,应按暂估价及时将在建工程转为固定资产核算。对于以投资者投入、接受捐赠、债务重组、政府补助、企业合并、非货币性资产交换等方式取得的固定资产,均应办理验收手续。对于已验收合格的固定资产,应及时办理入库、编号、建卡、调配等手续。对于需要办理产权登记手续的固定资产,应及时到相关部门办理。对于经营租赁、借用、代管的固定资产,应设立登记簿记录备查,避免与本企业财产混淆。

（5）编制固定资产目录,列明固定资产编号、名称、种类、所在地点、使用部门、责任人、数量、账面价值、使用年限、损耗等内容,以便了解固定资产使用情况的全貌。

（6）按单项资产建立固定资产卡片,并在编号上与固定资产目录保持对应关系,详细记录各项固定资产的来源、验收、使用地点、责任单位和责任人、运转、维修、改造、折旧、盘点等相关内容,便于有效识别固定资产。固定资产目录和卡片均应定期或不定期地复核,以保证信息的真实和完整。

五、固定资产使用与维护环节的主要风险及其控制

固定资产使用与维护环节的主要风险有：固定资产操作不当、失修或维护过剩，可能造成资产使用效率低下、产品残次率高或资源浪费，甚至发生生产事故；固定资产更新改造不够，可能造成固定资产老化、缺乏市场竞争力；固定资产投保制度不健全，可能导致应投保资产未投保、索赔不力，不能有效防范资产损失风险；等等。

针对固定资产使用与维护环节的主要风险，企业应采取的相应控制措施如下：

（1）使用部门会同管理部门负责固定资产的日常维修、保养工作，将固定资产日常维护流程体制化、程序化、标准化，定期检查，及时消除风险，提高固定资产的使用效率，切实消除安全隐患。

（2）使用部门及管理部门应建立固定资产运行管理档案，据以制定合理的日常维修和大修理计划，并经主管领导审批。

（3）管理部门审核施工单位的资质和资信，并建立管理档案；修理项目应分类，明确需要招投标的项目。修理完成，由施工单位出具交工验收报告，经使用部门和管理部门核对工程量并审批。重大项目应专项审计。

（4）关键设备操作人员上岗前应由具有资质的技术人员对其进行充分的岗前培训，特殊设备实行岗位许可制度，须持证上岗；对资产运转进行实时监控，保证资产使用流程与既定操作流程相符，确保资产安全运行，提高资产使用效率。

（5）定期评估固定资产的技术先进性，结合盈利能力和企业发展的可持续性，使用部门根据需要提出技改方案，与财会部门一起进行预算可行性分析，并经管理部门审核批准。固定资产更新有部分更新与整体更新两种情形：部分更新通常包括局部技术改造、更换高性能部件、增加新功能等，须权衡更新活动的成本与效益综合决策；整体更新主要指对陈旧设备的淘汰与全面升级，更侧重于固定资产的技术先进性、是否符合企业的整体发展战略。

（6）管理部门应对技改方案的实施过程适时监控、加强管理，有条件的企业应设立技改专项资金并定期或不定期进行审计。

（7）依据会计准则，结合企业实际，确定计提折旧的固定资产范围、方法、年限、净残值率等。折旧政策一经确定，除不符合会计准则规定的情况外，未经审批，不得随意变更。

（8）确定固定资产投保的范围和政策，由管理部门提出投保申请，按规定程序审批后办理投保手续。必要时，可采取招标方式确定保险公司。已投保固定资产因增减、转移及处置等而发生变动的，管理部门应提出变更申请，经授权人员审批后办理投保、转移、解除等保险手续。

六、固定资产清查与处置环节的主要风险及其控制

企业应定期对固定资产进行清查，发现账实不符的情况应及时处理。固定资产清查与处置环节的主要风险有：固定资产丢失、毁损等，造成账实不符或资产贬值严重；固定资

产抵押制度不完善,可能导致抵押资产价值被低估和资产流失;固定资产处置方式不合理,可能造成企业经济损失;等等。

针对固定资产清查与处置环节的主要风险,企业应采取的相应控制措施如下:

(1)财会部门组织使用部门和管理部门定期清查固定资产。清查前,管理部门、使用部门和财会部门应进行固定资产账簿记录的核对,保证账账相符。财会部门应依据盘点结果填写固定资产盘点表,并与账簿记录核对;如有账实不符,则应编制固定资产盘盈、盘亏表。

(2)清查结束后,清查人员应编制清查报告,管理部门应就清查报告进行审核,确保其真实性、可靠性。清查过程中发现的盘盈、盘亏,应分析原因,追究责任,妥善处理;报告审核通过后,财会部门应及时调整固定资产账面价值,确保账实相符,并上报备案。

(3)管理部门和使用部门对未使用、不需用或使用不当的固定资产应及时提出处理方案,报授权人员审批后实施。对于封存的固定资产,企业应指定专人负责日常管理,定期检查,确保资产完整。

(4)如有固定资产抵押、质押,则企业应加强管理、明晰程序和审批权限等,确保固定资产抵押、质押经过授权审批及适当程序;同时,应做好相应的记录,保障企业资产安全。财会部门办理固定资产抵押时,如需委托专业中介机构鉴定、评估固定资产的实际价值,则应会同金融机构有关人员、管理部门、使用部门现场勘验抵押固定资产,对抵押固定资产的价值进行评估。对于抵押的固定资产,财会部门应编制专门的抵押固定资产目录。

(5)管理部门和财会部门应至少在每年年末对固定资产进行检查、分析。固定资产存在减值迹象的,应进行减值测试;可收回金额低于账面价值的,应计提减值准备,确认减值损失。

(6)建立固定资产处置制度,确定处置范围、标准、程序和审批权限等,确保固定资产得到合理利用。企业应区分固定资产不同的处置方式,采取相应的控制措施。对于使用期满、正常报废的固定资产,应由使用部门或管理部门填制固定资产报废单,经授权部门或人员审批后进行报废清理。对于使用期限未满、非正常报废的固定资产,应由使用部门提出报废申请,注明报废理由、估计清理费用和可回收残值、预计出售价值等,组织有关部门进行技术鉴定,按规定程序审批后进行报废清理。对于拟出售或投资转出的固定资产,应由有关部门或人员提出处置申请,列明原价、已提折旧、预计使用年限、已使用年限、预计出售价格或转让价格等,报经授权部门或人员审批后出售或转让。对固定资产的内部调拨,应填制内部调拨单,明确调拨时间、调拨地点、编号、名称、规格、型号等,经有关负责人审批通过后,及时办理调拨手续。固定资产调拨的价值应由财会部门审批。

(7)固定资产处置应由独立于使用部门和管理部门的其他部门或人员办理。**处置价格应选择合理的方式,经授权人员审批后确定;如有必要,可委托中介机构进行资产评估。重大固定资产应由董事会或领导班子集体审批。**

(8)固定资产处置涉及产权变更的,应及时办理产权变更手续。出租、出借固定资产,应由管理部门会同财会部门按规定报经审批后办理并签订合同,对于固定资产出租、出借期间的维护保养、税赋责任、租金、归还期限等进行约定。对固定资产处置及出租、出借收入和发生的相关费用,应及时入账,保持完整的记录。

××公司固定资产处置业务流程如图 8-5 所示。

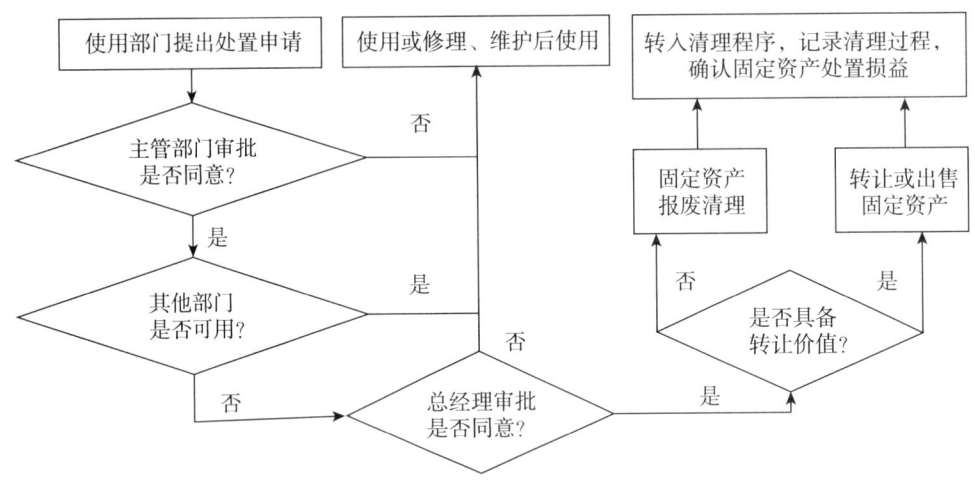

图 8-5　××公司固定资产处置业务流程

第五节　无形资产业务内部控制

无形资产是企业拥有或控制的、没有实物形态的可辨认非货币性资产,包括专利权、非专利技术、商标权、著作权、特许权、土地使用权等。无形资产对提升企业的创新能力和核心竞争力具有重要作用。企业应加强对无形资产的管理,对无形资产取得、验收、使用、保全、评估、技术升级、处置等环节的主要风险进行全面梳理,采取有效措施,确保无形资产业务全过程得到有效控制,以保护资产安全、提高使用效率。

一、无形资产业务总体风险

无形资产业务的总体风险至少包括以下五个方面:

(1) **取得的无形资产不具有先进性或权属不清**,可能导致企业资源浪费或引发法律诉讼。

(2) 无形资产使用效率低下,导致效能发挥不到位;缺乏严格的保密制度,致使体现在无形资产中的商业机密被泄露;疏于管理商标等无形资产,导致其他企业侵权,严重损害企业利益。

(3) 无形资产内含的技术未能及时升级换代,导致技术落后或存在重大技术安全隐患。

(4) 无形资产长期闲置或低效使用,导致其使用价值降低;无形资产处置不当,往往造成企业资产流失。

(5) 无形资产会计处理和相关信息不真实、不完整,可能导致企业资产账实不符或资产损失。

二、无形资产业务内部控制目标

针对上述总体风险,无形资产业务的内部控制应实现如下目标:

(1) 保证无形资产业务合法合规,符合企业内部规章制度的规定,特别是符合保密性规定。

(2) 保证各项无形资产(包括租入和租出的)安全、完整,权属清晰。

(3) 保证无形资产的先进性,提高无形资产利用的效率和效果,提高无形资产的价值创造能力。

(4) 保持完整的无形资产记录,相关会计处理符合会计准则的规定,提供各种有用的信息。

(5) 与企业战略和经营计划紧密联系,使无形资产业务能有效地支持企业战略和经营计划。

三、无形资产业务流程设计

无形资产业务流程包括无形资产的取得,验收并确定权属,自用或授权其他单位使用,安全防范,技术升级与更新换代,处置与转移等环节,主要作业有编制无形资产投资预算、拟订研发方案、进行可行性论证、确定权属关系、进行所有权登记、签订技术保密协议、评估技术适用性、技术升级、无形资产处置等。无形资产业务的一般流程如图 8-6 所示。

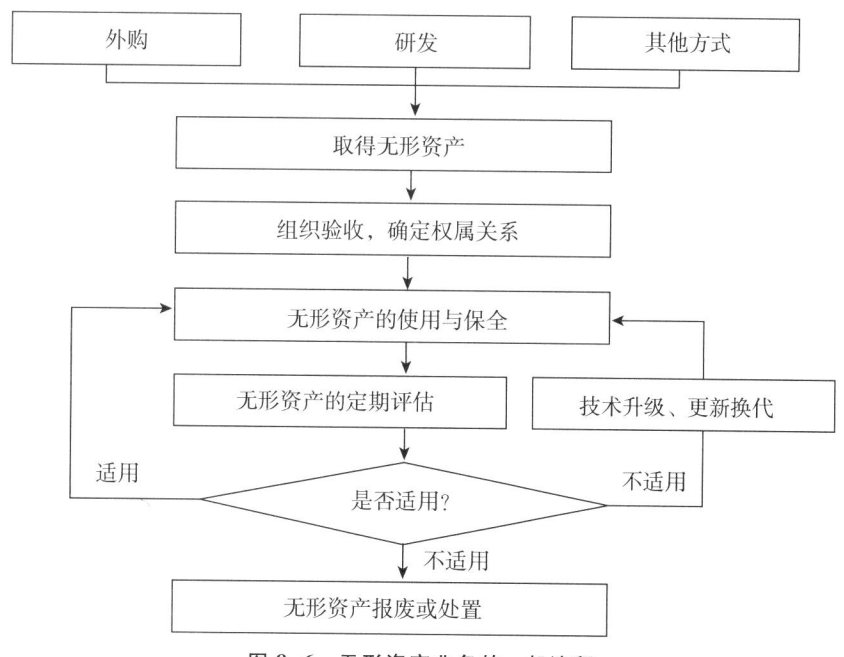

图 8-6 无形资产业务的一般流程

四、无形资产业务的职责分工和授权审批

企业应建立无形资产业务岗位责任制,明确相关部门和岗位的职责、权限,确保不相容岗位相互分离、制约和监督。同一部门或个人不得办理无形资产业务的全过程。无形资产业务不相容岗位至少包括:**无形资产投资预算的编制与审批、审批与执行,无形资产取得、验收与款项支付,无形资产处置的审批与执行,无形资产取得和处置业务的执行与相关会计记录,无形资产的使用、保管与会计处理。**

企业应配备合格人员办理无形资产业务,合格人员应具备良好的业务素质和职业道德。

企业应建立无形资产业务授权审批制度,明确授权审批的方式、权限、程序、责任和相关控制措施,规定经办人的职责范围和工作要求,严禁未经授权的机构或人员办理无形资产业务。**审批人应在授权范围内进行审批,不得越权审批。重大无形资产的购置、升级或处置决策,应由董事会或领导班子集体审批。**经办人应在职责范围内,按审批人的批准意见办理无形资产业务。对审批人越权审批的情况,经办人有权拒绝办理,并及时向上级部门报告。

五、无形资产取得与验收环节的主要风险及其控制

无形资产取得与验收环节的主要风险有:**无形资产投资不科学,可能造成资产闲置或浪费;取得的无形资产不具有先进性或权属不清,可能导致企业资源浪费或者引发法律诉讼。**

针对无形资产取得与验收环节的主要风险,企业应采取的相应控制措施如下:

(1) 建立无形资产投资预算管理制度。根据使用情况、生产经营、发展战略等因素拟定无形资产投资项目建议书,进行可行性研究,编制无形资产投资预算,并按规定程序审批,确保相关决策科学、合理。对于重大无形资产投资项目,可考虑聘请独立第三方进行可行性研究与评价,并由董事会或领导班子集体审批,防止因决策失误而造成严重损失。严格执行无形资产投资预算,对于预算内的无形资产投资项目,有关部门应严格按预算执行进度办理相关手续;对于超预算或预算外的无形资产投资项目,应由相关部门提出申请,经审批后办理相关手续。

(2) 建立无形资产请购与审批制度,明确请购部门和审批人员的职责权限,以及相应的请购与审批程序。无形资产采购过程应规范、透明。对于一般无形资产的采购,应由采购部门充分了解和掌握供应商情况,采取比质、比价的办法确定供应商;对于重大无形资产的采购,应采取招投标方式进行;对于非专有技术等非公开性无形资产的采购,还应注意采购过程的**保密保全措施**。

(3) 建立严格的无形资产交付验收制度,**明确无形资产的权属关系,及时办理产权登记手续**。验收工作由管理部门、使用部门及相关部门共同实施。对于外购的无形资产,必须仔细审核有关合同协议等法律文件,及时取得无形资产所有权的有效证明文件,必要时应听取专业人员或法律顾问的意见,同时还要特别关注外购无形资产的技术先进性;对于

自行开发的无形资产,应由研发部门、管理部门、使用部门共同填制无形资产移交使用验收单,移交使用部门使用;对于购入或以支付土地出让金方式取得的土地使用权,必须取得土地使用权的有效证明文件。除已被确认为投资性房地产外,土地在尚未开发或建造自用项目前,应根据合同、土地使用权证办理无形资产验收手续。对于以投资者投入、接受捐赠、债务重组、政府补助、企业合并、非货币性资产交换等方式取得的无形资产,均应办理验收手续。对于已验收合格的无形资产,应及时办理编号、建卡、调配等手续。对于需要办理产权登记手续的无形资产,应及时到相关部门办理。

根据国家及行业的有关要求和经营管理的需要,确定无形资产的分类标准和管理要求,并建立无形资产目录。当无形资产的权属关系发生变动时,应按规定及时办理权证转移手续。

六、无形资产使用与保全环节的主要风险及其控制

无形资产使用与保全环节的主要风险有:无形资产使用效率低下,导致效能发挥不到位;缺乏严格的保密制度,致使体现在无形资产中的商业机密被泄露;疏于管理商标等无形资产,导致其他企业侵权,严重损害企业利益。

针对无形资产使用与保全环节的主要风险,企业应采取的相应控制措施如下:

(1)强化无形资产使用过程的风险管理,充分发挥无形资产对提升企业产品质量和市场影响力的重要作用。

(2)**建立健全无形资产核心技术保密制度**,严格限制未经授权人员直接接触技术资料;对技术资料等无形资产的保管及接触应保有记录,实行责任追究,保证无形资产的安全与完整。

(3)对侵害本企业无形资产的,应积极取证并形成书面调查记录,提出维权对策,按规定程序审核并上报。

(4)依据会计准则,结合企业实际,确定无形资产摊销范围、摊销年限、摊销方法、残值等。摊销方法一经确定,不得随意变更;确需变更的,应遵循会计准则,按规定程序审批。

(5)定期或至少在每年年末,管理部门和财会部门应对无形资产进行检查、分析。存在减值迹象的,应计算可收回金额;可收回金额低于账面价值的,应计提减值准备,确认减值损失。

七、无形资产升级或处置环节的主要风险及其控制

无形资产升级环节的主要风险有:无形资产内含的技术未能及时升级换代,导致技术落后或存在重大技术安全隐患。相应的控制措施有:定期对专利、专有技术等无形资产的**先进性进行评估**。发现某项无形资产给企业带来经济利益的能力受到重大不利影响时,应考虑淘汰落后技术;同时,加大研发投入,不断推动企业进行自主创新与技术升级,确保企业在市场竞争中始终处于优势地位。

无形资产处置环节的主要风险有:**无形资产长期闲置或低效使用,逐渐失去其使用价**

值;无形资产处置不当,往往造成企业资产流失。相应的控制措施有:建立无形资产处置制度,明确无形资产处置的范围、标准、程序和审批权限等要求。无形资产的处置应由独立于管理部门和使用部门的其他部门或人员按规定权限与程序办理;应选择合理的方式确定处置价格,并报经企业授权的部门或人员审批;**重大无形资产的处置,应当委托具有资质的中介机构进行资产评估,并经董事会或领导班子集体审批。**

无形资产处置应区分不同情况采取相应的控制措施:

(1) 对于使用期满、正常报废的无形资产,应由使用部门或管理部门填制无形资产报废单,经授权部门或人员审批后进行报废清理。

(2) 对于使用期限未满、非正常报废的无形资产,应由使用部门提出报废申请,注明报废理由、估计清理费用和可回收残值、预计出售价格等,组织有关部门进行技术鉴定,按规定程序审批后进行报废清理。

(3) 对于拟出售或投资转出的无形资产,应由有关部门或人员提出处置申请,列明原价、已提摊销、预计使用年限、已使用年限、预计出售价格或转让价格等,报经授权部门或人员审批后出售或转让。

(4) 企业出租、出借无形资产,应由管理部门会同财会部门按规定报经批准后办理,并签订合同,对出租、出借期间发生的维护保全、税赋责任、租金、归还期限等进行约定。对于无形资产处置及出租、出借收入和发生的相关费用,应及时入账,保持完整的记录。

本章小结 》》

企业在业务层面实施风险控制的基本思路是:第一,明确该项业务活动的内部控制目标,根据内部控制的五大目标,在该领域进行细分和具体化;第二,针对业务控制目标分析该业务活动面临的总体风险;第三,设计业务流程,识别和分析流程各环节的风险点;第四,针对风险点设置控制点,针对主要风险点设置关键控制点;第五,在控制点和关键控制点采取控制措施,实施控制活动;第六,定期评价该业务活动风险控制的有效性,持续提升内部控制和风险管理水平。

货币资金具有流动性强、控制风险高等特征。很多贪污、诈骗、挪用公款等违法乱纪行为都与货币资金有关。企业应根据经营特点和业务性质等,设计不同货币资金业务的处理流程,系统梳理各流程环节的主要风险,并有针对性地采取相应的风险控制措施。

存货具有流动性强、品种繁杂、存放地点分散、计价方式多样、易短缺或被盗等特点。企业应系统地梳理存货验收入库、存储保管和领用发出等环节的主要风险,采取有效措施控制相关风险。

固定资产是企业生产经营的主要劳动资料,直接影响企业的可持续发展能力。企业应设计并执行固定资产业务流程,明确固定资产投资预算编制、取得、验收、使用、维护、处置等环节的主要风险和控制要求,确保固定资产业务全过程得到有效控制,保证固定资产安全、完整和高效运行。

无形资产对提升企业的创新能力和核心竞争力具有重要作用。企业应加强对无形资产的管理,对无形资产取得、验收、使用、保全、评估、升级、处置等环节的主要风险进行全面梳理,采取有效措施,确保无形资产业务全过程得到有效控制,以保证资产安全、提高资产使用效率。

思考题

1. 在业务层面,企业实施控制活动的基本思路是怎样的?
2. 设计业务流程应遵循哪些基本原则?应注意哪些事项?
3. 设计业务流程的基本步骤有哪些?
4. 什么是风险点?什么是控制点?什么是关键控制点?
5. 控制点和控制措施有什么区别?
6. 如何设定货币资金业务的控制目标?
7. 库存现金业务的主要风险点有哪些?如何控制?
8. 银行存款业务的主要风险点有哪些?如何控制?
9. 存货验收入库环节的主要风险点有哪些?如何控制?
10. 存货盘点环节的主要风险点有哪些?如何控制?
11. 固定资产业务中,应予以分离的不相容岗位有哪些?
12. 相较于固定资产,无形资产的内部控制有哪些特殊要求?

案例讨论

A公司系广东一家化妆品制造公司,长期与韩国有业务往来。为方便出口,该公司于2023年1月在深圳租了200多平方米的房子用作中转仓库。A公司在公司内部聘请了从业多年、品行端正的两名仓管员作为深圳中转仓库的保管员,并通过网络招聘方式聘请了1名保安负责该仓库的安保工作。自深圳中转仓库启用以来,公司不定期派人到仓库巡查,但基本是走马观花,监督巡查流于形式,从未对深圳中转仓库的库存产品进行实地盘点及账实核对。公司会计小张建议不定期对深圳中转仓库进行盘点,但被公司财务经理拒绝。2024年9月20日,公司收到深圳中转仓库的一名仓管员打来的求助电话,称他和另一名仓管员均受伤住院,他们的家人也受到威胁。原来,公司深圳中转仓库的新进保安跟黑社会素有勾结,他原本只想倒卖一点"废品",谁料多次遭到两名仓管员的反对,矛盾激化下就发生了冲突。

要求:请分析A公司在存货风险管控方面存在哪些设计或执行缺陷,应如何改进。

第九章　购销及投筹资业务内部控制

学习目标

1. 掌握采购业务内部控制的目标、主要风险及控制措施,结合采购舞弊案例分析,增强廉洁自律意识。
2. 掌握销售业务内部控制的目标、主要风险及控制措施,感悟诚信经营、公平公正、提升客户价值等商业伦理。
3. 掌握投资业务内部控制的目标、主要风险及控制措施,结合案例分析,感悟投资决策为什么要综合考虑经济、社会及环境影响,如何平衡短期利益与长远发展,如何取舍个人利益、团队利益和整体利益。
4. 掌握融资业务内部控制的目标、主要风险及控制措施,培养诚实守信、遵纪守法的品德和理念,提升专业素养和综合能力。

引导案例

2024年2月2日,中原公司准备采购一批原材料,采购部门接到一个不熟悉的供应商的电话,表示可以送货上门并分两批送货。采购经理认为与该供应商的采购交易风险较小且价格优惠,所以双方签订了采购合同,合同金额为3 000万元。由于是首次交易,根据公司内部控制制度的规定,验货合格后付款。第一批货物到达后经检验合格,中原公司按合同支付了1 500万元的合同款。在第二批货物到达前,对方来电说明资金紧张,让中原公司先付款。由于第一批货物经检验证明质量很好,因此采购经理要求财务人员先行付款。财务人员当即付款1 500万元,但后来对方并未及时送货。经过调查得知,此供应商系空壳公司,公司负责人已潜逃。

要求:在这起事件中,中原公司采购业务的内部控制是否存在缺陷?请说明理由。

采购、销售、投资及筹资等业务是企业的核心业务,也是差错和舞弊频发的高风险领域,企业应高度重视对相关风险的控制。在业务层面,企业应围绕控制目标、业务流程、风险点、控制点、控制措施、持续监督等关键词开展控制活动。

第一节　采购业务内部控制

采购业务是企业取得外购材料、商品或接受服务并支付价款的过程，是生产经营的重要环节。采购质量和价格在一定程度上影响着企业的生存与发展。采购业务和存货管理、生产活动及销售活动等紧密相关，业务发生频繁，交易金额大，运行环节多，容易产生管理漏洞，企业必须加强对采购业务的管理和控制。

一、采购业务总体风险

采购业务的类别多种多样，按采购对象可划分为货物采购和服务采购；按采购地区可划分为国内采购和国外采购；按采购方式可划分为直接采购、委托采购和招标采购；按约定方式可划分为订单采购、口头或电话采购；按定价方式可划分为招标采购、询价采购、比价采购、议价采购、定价采购和市场采购；按采购数量可划分为大宗采购和零星采购；等等。

在采购过程中，企业至少应关注以下总体风险：

（1）采购行为违反国家法律法规或部门规章，可能遭受外部处罚，造成经济损失或信誉损失。

（2）采购未经适当审批或越权审批，可能因重大差错、舞弊、欺诈而导致损失。

（3）请购依据不充分、不合理，审批程序不规范、不正确，可能导致企业资产损失、资源浪费或发生舞弊。

（4）询价与采购不规范，可能因业务经办人舞弊、腐败、渎职等行为而导致企业资金损失、信用受损，或者采购物品质量达不到合同的要求。

（5）付款方式不恰当、执行有偏差，可能导致企业资金损失或信用受损。

二、采购业务内部控制目标

针对上述风险，为了确保采购业务合法合规、有序高效，采购业务的内部控制应实现以下目标：

（1）**保证采购业务合法合规**。采购业务必须符合国家法律法规和企业内部各项规章制度的要求，有效地预防差错和舞弊行为的发生。

（2）**保证采购过程相关资产的安全完整**。企业的内部控制既要保证企业所购货物安全完整、保质保量地运达企业，又要保证应付账款的真实性和货款支付的严密性。

（3）**提高采购业务的效率和效益**。采购必须适应企业生产、销售和管理的需要，既要避免重复采购、盲目采购，又要避免因采购不及时而影响生产经营的正常运行。应在满足需求的前提下，合理决策，努力降低采购成本，减少采购资金占用和采购环节损失，提高采购业务的经济效益。

（4）**保证采购业务的报告目标**。按会计准则及相关规章制度的规定，及时、准确、完整地记录采购和付款过程，保证信息质量，为信息使用者提供真实、准确和完整的相关信息。

（5）与企业战略和经营计划紧密联系，使采购业务能有效地支持企业战略和经营计划。

三、采购业务流程设计

采购是企业生产经营的起点，是"实物流"和"资金流"交织的经营活动。不同的企业有不同的采购方式，其业务流程也不尽相同。**采购业务一般涉及请购与审批、供应商选择与维护、询价与采购、验收与付款等环节**，主要作业有编制请购单并报经审批、编制采购计划、进行采购询价、确定供应商、签订采购合同、预付货款、组织送货、结算货款、记录应付账款、与供应商对账等环节。采购业务流程应能较好地保证物资和服务供应顺畅，并与生产和销售等环节紧密衔接。

采购业务环节虽不复杂，但蕴藏着大量风险。**在设计采购业务流程的过程中，企业应对采购业务管理现状进行全面的分析与评价**，系统地梳理采购业务各环节的控制目标、风险点、控制点、控制手段、控制措施、部门职责、涉及岗位、岗位权限、匹配制度等信息，将这些信息固化于流程之内。

采购业务的一般流程如图 9-1 所示，××高等学校的采购业务流程如表 9-1 所示。

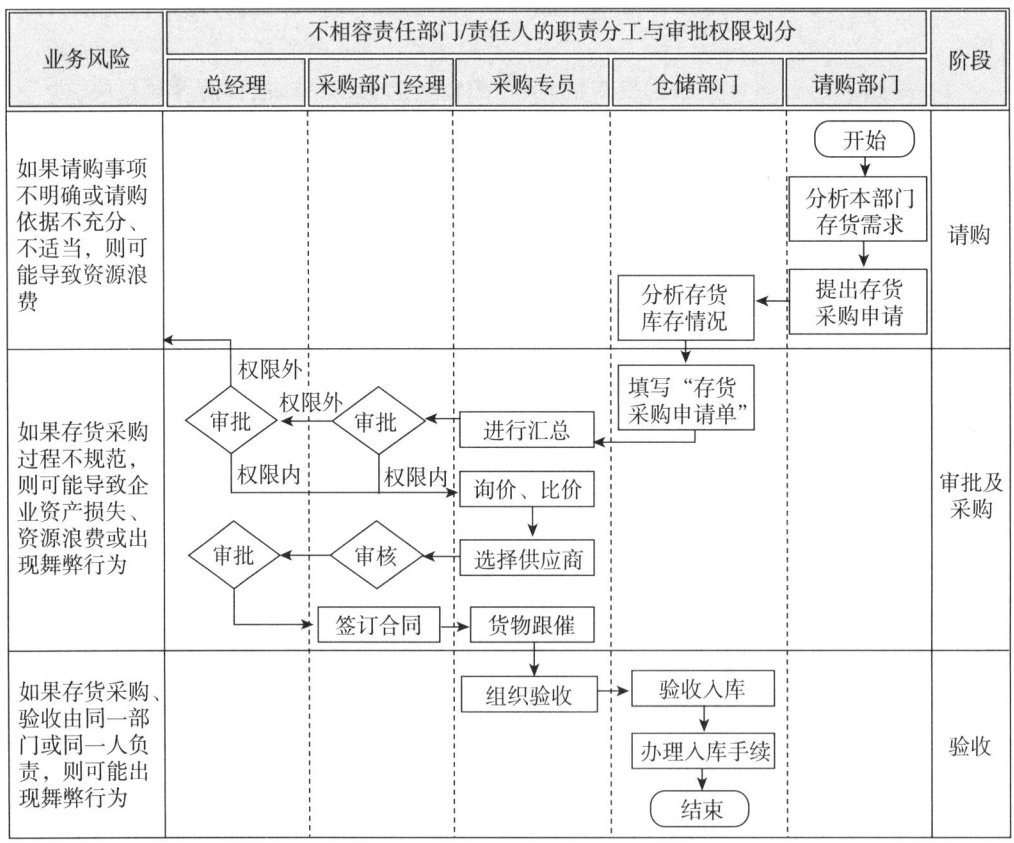

图 9-1 采购业务的一般流程

表 9-1 ××高等学校的采购业务流程

流程		小额采购 （未达 1 万元）	大额采购 （1 万元以上,含 1 万元）	备注
请购	请购单	需求单位填制请购单,列明需购物品的品名、规格、质量及数量等	需求单位填制请购单,列明需购物品的品名、规格、质量及数量等（一般不得指定品牌,通常不得为独家厂商商品）	
	询价人	总务处		
	审查人	财务处		
	核定人	校　长		
采购	办理方式	直接采购	公开招标	
		请购单应附参考报价单;采购人员需提供三家以上的估价单,并进行比质比价程序;确定供应商应经总务处处长同意	公告招标,明确招标范围、标准、实施程序和评选规则等;参与招标的人员应保守商业秘密,不得接受投标人的吃请、礼品、礼金等	
	招标人	无	总务处处长	
签约		无	合同	
验收		总务处召集请购单位、使用单位、财务处等相关单位的人员参与会验,清点采购物品的规格、质量、数量等是否符合合同约定,并填制验收报告单		
结算付款		依据验收报告单、请购单、采购合同等办理货款结算、支付或拒付货款。结算和付款办理应注意供应商可能给予的商业折扣、现金折扣、销售折让等		

四、采购业务职责分工和授权审批

企业应建立采购业务岗位责任制,明确相关部门和岗位的职责权限,确保不相容岗位相互分离、制约和监督。同一部门或个人不得办理采购业务的全过程。采购业务不相容岗位至少应包括:**请购与审批,询价与确定供应商,采购合同的订立与审查,采购与验收,采购、验收与相关会计记录,付款申请、审批与执行。**

企业应配备合格人员办理采购业务,办理采购业务的人员应具备良好的业务素质和职业道德。企业应根据具体情况对办理采购业务的人员进行岗位轮换。

企业应建立采购业务授权审批制度,对采购申请、采购计划、询价谈判、合同签订、结算付款等进行授权审批,明确授权审批的方式、权限、程序、责任和相关控制措施,规定经办人办理业务的职责范围和工作要求。审批人应根据授权审批制度,在授权范围内审批,不得越权审批。

经办人应在职责权限内,按审批人的批准意见办理采购业务;对审批人越权审批的事项,经办人有权拒绝办理,并及时向审批人的上级授权部门报告。严禁未经授权的机构或人员办理采购业务。

对于**重要的和技术性较强的采购业务,企业应组织专家论证,实行集体决策和审批,防止决策失误**。信息化技术较为先进的企业,采购职责权限可相对集中,以提高采购效率、填补管理漏洞、降低成本和费用。

企业应加强对购买、验收、付款业务的会计系统控制,详细记录供应商、采购申请、采购合同、采购通知、验收证明、入库凭证、退货、商业票据、款项支付等情况,确保会计记录、采购记录与仓储记录核对一致。企业应指定专人定期与供应商对账,对供应商的异议应及时查明原因,报经批准后作出相应调整。

五、请购与审批环节的主要风险及其控制

请购与审批环节的主要风险有:**缺乏采购申请制度,请购未经适当审批或越权审批,可能导致采购物资过量或短缺;需求或采购申请不合理,不按实际需求安排采购或随意超计划采购,甚至与企业生产经营计划不协调**;等等。

针对请购与审批环节的主要风险,企业可以相应地采取以下控制措施:

(1)生产、经营、项目建设等部门,应当根据实际需求及时、准确地编制需求计划。需求部门提出需求计划时,不能指定或变相地指定供应商。对独家代理、专有、专利等特殊产品,应提供相应资料,经专业技术部门研讨后,报经具备相应审批权限的部门或人员审批。

(2)采购计划是企业经营计划的重要内容,企业应根据战略目标的实际需要,结合库存和在途情况,科学地安排采购计划,防止采购量过大或过小。

(3)采购计划应纳入采购预算管理,经相关负责人审批后,作为企业的刚性指令严格执行。

(4)建立请购制度,依据购买物资或接受服务的类型,确定归口管理部门,授予相应的请购权,明确相关部门或人员的职责权限及相应的请购程序。请购单应明确采购类别、质量等级、规格、数量、相关要求和标准、到货时间等。请购单通常一式三联,经审批后,一联退请购部门,以示答复;一联交财会部门,以筹备资金和备查;一联交采购部门,作为编制采购计划和签订采购合同的依据。

(5)请购部门对于预算内的采购项目,应严格按预算执行进度办理请购手续,并根据市场变化提出合理的采购申请;对于超预算和预算外的采购项目,应先履行预算调整程序,由具备相应审批权限的部门或人员审批后,再办理请购手续。

(6)具备审批权限的部门或人员审批采购申请时,应重点关注采购申请的内容是否准确、完整,是否符合生产经营需要,是否符合采购计划,是否在采购预算范围内,等等。对不符合规定的采购申请,应要求请购部门调整请购内容或拒绝批准。

六、供应商选择与维护环节的主要风险及其控制

供应商选择与维护是采购业务中非常重要的环节,直接影响采购质量和相关风险的控制。供应商选择与维护环节的主要风险有:**供应商选择不当,可能导致采购物资质次价高,甚至出现舞弊行为;供应商关系维护不当,或者供应商信息更新不及时,未对供应商进行动态管理**;等等。

针对供应商选择与维护环节的主要风险,企业可以相应地采取以下控制措施:

(1)建立科学的**供应商评估和准入制度**,对供应商资质、信誉情况的真实性和合法性进行审查,确定合格供应商清单,建立健全统一的供应商网络。新增供应商市场准入、新增供应商服务关系以及调整供应商物资目录,都要由采购部门根据需要提出申请,并按规定权限和程序经审批后纳入供应商网络。必要时可委托有资质的中介机构对供应商进行资信调查。

(2)采购部门应按公平、公正和竞争的原则,择优确定供应商;在切实防范舞弊风险的基础上,与供应商签订质量保证协议。

(3)建立**供应商管理信息系统和供应商淘汰制度**,对供应商提供物资或服务的质量、价格、交货及时性、供货条件及其资信、经营状况等进行实时管理和考核评价;根据考核评价结果,提出淘汰和更换的供应商名单,经审批后对供应商进行合理选择和调整,并在供应商管理系统中进行相应记录。

七、询价与采购环节的主要风险及其控制

询价与采购环节的主要风险有:定价机制不科学,或者定价方式选择不当,或者缺乏对重要物资品种价格的跟踪监控,导致采购价格不合理;框架协议签订不当,可能导致物资采购不顺畅;未经授权对外订立采购合同,对方主体资格、履约能力等未达要求,合同内容存在重大疏漏和欺诈,可能导致企业合法权益受损;缺乏对采购合同履行情况的有效跟踪,运输方式选择不合理,忽视运输过程中的风险,可能导致采购物资损失或无法保证供应。

针对询价与采购环节的主要风险,企业可以相应地采取以下控制措施:

(1)根据商品或服务的性质及其供应情况确定采购方式。**大宗商品或服务的采购,应采用招标方式并签订采购合同**;采购合同应按采购权限规定,由各级授权人审核同意。合同通常一式三份,一份交供应商请求发货;一份由采购部门专人保管,负责合同的执行;一份交财会部门,以监督合同的执行。对于采购比较频繁的货物,企业可用订单替代采购合同,**但订单要素必须设计完整,一般一式三联并连续编号**。

(2)健全采购定价机制,采取协议采购、招标采购、询价采购、比价采购、动态竞价采购等多种方式,科学合理地确定采购价格。对于标准化程度高、需求计划性强、价格相对稳定的物资的采购,应通过招标、联合谈判等公开、竞争的方式签订框架协议。对于大宗商品或服务的采购,应采用招标方式确定采购价格,并明确招标的范围、标准、实施程序和评标规则。委托中介机构进行招标的,应加强对中介机构的监督。对于其他商品或服务的采购,应根据市场行情制定最高采购限价,不得以高于采购限价的价格采购,以低于最高采购限价进行采购的可适当奖励。企业应根据市场行情的变化适时地调整最高采购限价。小额零星商品或服务的采购可采用直接购买等方式,以简化手续,加快进货速度。

(3)充分了解和掌握供应商信誉、供货能力、价格、质量、供货条件、装备、技术水平和售后服务等信息,由采购、使用等部门共同参与比质比价,并按规定的授权审批程序确定供应商。小额零星采购也应事先经授权部门对采购价格等有关内容进行审核。

(4)采购部门应定期研究大宗通用重要物资的成本构成及其市场价格的变动趋势,

确定重要物资的采购执行价格或参考价格。建立采购价格数据库,定期开展重要物资的市场供求形势及价格走势的商情分析并合理利用。

(5) 与有长期购销关系的供应商订立框架协议。对拟签订框架协议的供应商的主体资格、信用状况等进行风险评估;框架协议的签订应引入竞争制度,确保供应商具备履约能力。

(6) 采购合同应明确双方权利、义务和违约责任,并按规定权限签署。对于影响重大、涉及较高专业技术或法律关系复杂的合同,应组织法律、技术、财会等专业人员参与谈判,必要时可聘请外部专家参与相关工作。对重要物资验收量与合同量之间允许的差异,应作出统一规定。

(7) 依据采购合同的主要条款跟踪合同履行情况,对有可能影响生产或工程进度的异常情况,应出具书面报告并及时提出解决方案,采取必要措施,保证需求物资的及时供应。

(8) 对重要物资建立并执行合同履约过程的巡视、点检和监造制度。对需要监造的物资,应择优确定监造单位,签订监造合同,落实监造责任人,审核确认监造大纲,审定监造报告,并及时向技术等部门通报。

(9) 根据生产建设进度和采购物资特性等因素,选择合理的运输工具和运输方式,办理运输、投保等事宜。

(10) 实行全过程的采购登记制度或信息化管理,确保采购过程的可追溯性。

案例 9-1

××电子设备制造有限责任公司采购业务流程

××电子设备制造有限责任公司采购业务流程如图 9-2 所示。

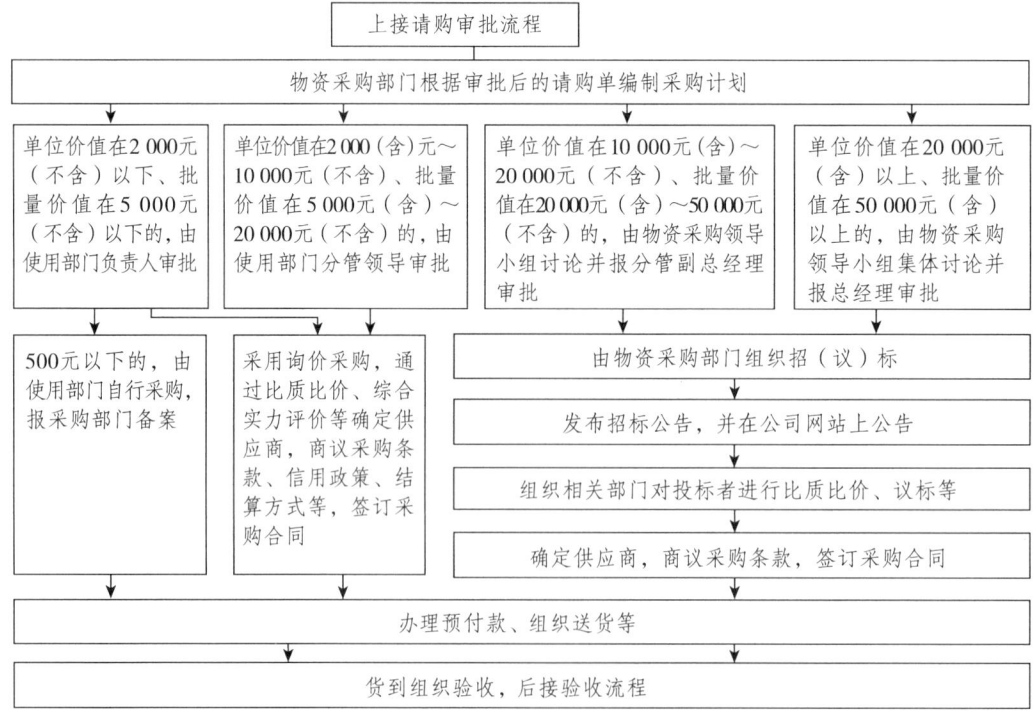

图 9-2　××电子设备制造有限责任公司采购业务流程

八、验收与付款环节的主要风险及其控制

验收与付款环节的主要风险有：验收标准不明确、验收程序不规范、对验收中存在的异常情况不进行处理，可能造成账实不符、采购物资损失；付款审核不严格、付款方式不恰当、付款金额控制不严，可能导致企业资金损失或信用受损；会计记录与相关采购记录、仓储记录不一致；等等。

针对验收与付款环节的主要风险，企业可以相应地采取以下控制措施：

（1）制定明确的采购验收标准，结合物资特性确定必检物资目录，规定此类物资出具质量检验报告后方可入库。

（2）验收机构或人员应根据采购合同及质量检验部门出具的质量检验报告，重点关注采购合同、发票等原始单据与采购物资的数量、质量、规格型号等是否一致。对验收合格的物资，填制入库凭证，加盖物资"收讫章"，登记实物账，及时将入库凭证传递给财会部门。物资入库前，采购部门必须检查质量保证书、商检证书或合格证等证明文件。**验收时涉及技术性强、大宗和特殊的物资，还应进行专业测试，必要时可委托具有检验资质的机构或聘请外部专家协助验收。**

（3）对于验收过程中发现的异常情况（比如无采购合同或大额超采购合同的物资、超预算采购的物资、毁损的物资等），验收机构或人员应向有权管理的相关机构报告，相关机构应查明原因并及时处理。对于不合格物资，采购部门应依据检验结果办理让步接收、退货、索赔等事宜。对于延迟交货而造成生产建设损失的，采购部门应按合同约定索赔。

（4）加强付款管理，完善付款流程，明确付款审核人的责任和权利，严格审核采购预算、合同、相关单据、审批程序等相关内容。审核人员应严格审查采购发票等票据的真实性、合法性和有效性，判断采购款项是否确实应予支付。例如，审查发票填制的内容是否与发票种类相符合、发票加盖的印章是否与发票种类相符合等。企业应重视采购付款的过程控制和跟踪管理，如果发现异常情况就应拒绝向供应商付款，避免出现资金损失和信用受损。

（5）严格遵循合同约定和相关法规，合理选择付款方式，防范付款方式不当带来的法律风险，保证资金安全。除不足转账起点金额的采购可以支付现金外，采购价款应通过银行办理转账。

（6）加强预付款项和定金的管理，涉及大额或长期的预付款项，应定期追踪核查，综合分析预付款项的期限、合理性、不可收回风险等情况，发现有疑问的预付款项，应及时采取措施，尽快收回款项。

（7）加强应付账款和应付票据的管理，指定专人通过函证等方式，定期向供应商寄送对账函，核对应付账款、应付票据、预付账款等往来款项；对供应商提出的异议应及时查明原因，报经有权管理的部门或人员批准后作出相应调整。货款到期后，应及时支付，以维持企业良好的信用。

（8）建立退货管理制度，对退货条件、退货手续、货物出库、退货货款回收等作出明确规定，及时收回退货货款。

九、采购业务的内部监督和后续评价

企业应建立对采购业务的内部监督制度,明确内部监督机构或人员的职责权限,定期或不定期地进行检查。

内部监督机构或人员应通过实施符合性测试和实质性测试,检查采购业务内部控制是否健全、各项规定是否得到有效执行。内部监督的内容主要包括:

（1）相关岗位及人员的设置情况。企业应重点检查是否存在不相容职务混岗的现象。

（2）授权审批制度的执行情况。企业应重点检查大宗采购业务的授权审批手续是否健全、是否存在越权审批的行为。

（3）应付账款和预付账款管理。企业应重点审查应付账款及预付账款支付的正确性、时效性和合法性。

（4）有关单据、凭证和文件的使用与保管情况。企业应重点检查凭证的登记、领用、传递、保管、注销手续是否健全,使用和保管制度是否存在漏洞。

企业应定期对物资需求计划、采购计划、采购渠道、采购价格、采购质量、采购成本、合同签约与履行情况等采购活动进行专项评估和综合分析,及时发现采购业务的薄弱环节,优化采购流程,防范采购风险,全面提升采购效能。

案例 9-2

ABC 股份有限公司采购业务内部控制

ABC 股份有限公司(化名)是生产经营电子产品的大型工业企业。为了加强内部控制建设,公司聘请甲会计师事务所对其内部控制设计与执行的有效性进行审计。在对采购业务控制进行审计时,甲会计师事务所发现以下情况:

（1）采购部门收到经批准的请购单后,由职员 E 选择并确定供应商,再由职员 F 负责编制和发出预先连续编号的订购单。订购单一式四联,经被授权的采购人员签字后,分别送交供应商、负责验收的部门、提交请购单的部门和负责采购业务结算的应付凭单部门。

（2）验收部门根据订购单上的要求对所采购的材料进行验收;完成验收后,将原材料交由仓库人员存入库房,并编制预先连续编号的验收单交仓库人员签字确认。验收单一式三联,其中两联分送应付凭单部门和仓库,一联留存验收部门。对于验收过程中发生的异常情况,负责验收的部门或人员应在验收完毕后及时通知有关部门,并作出处理。

（3）应付凭单部门核对供应商发票、验收单和订购单,并编制预先连续编号的付款凭单。付款凭单经被授权人批准后,应付凭单部门将付款凭单连同供应商发票及时送交会计部门,并将未付款凭单副联保存在未付款凭单档案中。会计部门收到附供应商发票的付款凭单后,应及时编制有关的记账凭证,并登记原材料和应付账款账簿。

（4）应付凭单部门负责确定未付款凭单在到期日能否付款,并将留存的未付款凭单及其附件根据授权审批权限送交审批人审批。审批人审批后,将未付款凭单连同附件交复核人复核,然后交出纳 J。出纳 J 据此办理支付手续,登记现金和银行存款日记账,并在每月末编制银行存款余额调节表,交会计主管审核。

要求:请分析和判断以上情况是否存在薄弱环节,并说明理由。

第二节 销售业务内部控制

销售是企业通过销售商品或提供服务等经营活动取得货款的行为,既涉及资金流,又涉及实物流,是企业实现经济利益流入的关键环节。为了规范销售业务,防范销售业务中可能出现的差错和舞弊行为,企业应加强对销售业务的内部控制。

一、销售业务总体风险

企业生产的商品如不能实现销售的稳定增长,已售商品货款如不能足额收回或不能及时收回,则必将导致企业的持续经营受阻、难以为继。针对销售业务,企业至少应关注下列总体风险:

(1)销售行为违反国家法律法规,可能遭受外部处罚,造成经济损失和信誉损失。

(2)销售未经适当审批或越权审批,可能因重大差错、舞弊、欺诈而导致损失。

(3)销售政策和信用政策管理不规范、不科学,可能导致资产损失或存货运营效率低下。

(4)合同签订未经正确授权,可能导致资产损失、舞弊或陷入法律诉讼泥潭。

(5)应收账款和应收票据管理不善,账龄分析不准确,可能因未能收回或未能及时收回欠款而导致收入流失或陷入法律诉讼泥潭。

二、销售业务内部控制目标

针对销售业务的总体风险,企业销售业务的内部控制应实现以下目标:

(1)**保证销售业务合法合规**。销售业务必须符合国家法律法规和企业内部各项规章制度的要求,有效地预防差错和舞弊行为的发生。

(2)**保障商品和货款安全完整**。商品是企业对外销售的基础,货款是企业实现经济利益流入的体现,商品和货款的安全完整是企业销售业务内部控制的基本目标。

(3)**提高销售业务的效率和效益**。企业应采取积极的销售和收款政策,努力扩大销售规模,不断提高市场占有率;同时,应注意控制营销费用,积极催收货款,争取将营业收入尽快转变为现金流量。此外,还要加强销售各环节风险的控制,避免重大差错、舞弊、欺诈、诉讼等情况的出现。

(4)**保证销售业务的报告目标**。按会计准则及相关规章制度的规定,及时、准确、完整地记录销售和收款过程,保证信息质量,为信息使用者提供真实、准确和完整的相关信息。

(5)**与企业战略和经营计划紧密联系**,使销售业务能有效地支持企业战略和经营计划。

三、销售业务流程设计

销售业务一般涉及销售计划与定价政策、客户开发与信用管理、订单处理与销售合同、发货、收款、售后服务等环节,主要作业有接受订单、信用调查、签订合同、预收货款、开票发货、货款结算、账款回收、应收账款管理、呆坏账处理等。

为简化设计,本节以流程图的形式介绍商业零售业现金销售业务的一般处理流程,如图9-3所示。

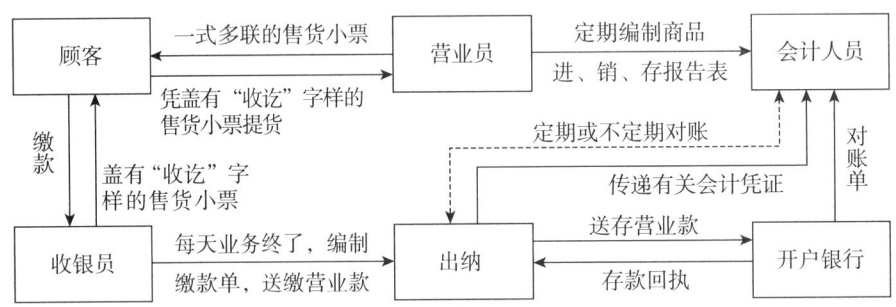

图 9-3 商业零售业现金销售业务的一般处理流程

四、销售业务职责分工和授权审批

企业应建立销售业务岗位责任制,明确相关部门和岗位的职责权限,确保不相容岗位相互分离、制约和监督。销售业务的不相容岗位至少应包括:**客户信用管理与销售合同的审批、签订,销售合同的审批、签订与发货办理,销售货款的确认、回收与相关会计记录,销售退回货品的验收、处置与相关会计记录,销售业务经办与发票开具、管理,坏账准备的计提与审批、坏账的核销与审批**。

企业应分设办理销售、发货、收款三项业务的部门。销售部门主要负责处理订单、签订合同、执行销售政策和信用政策、催收货款。发货部门主要负责审核销售发货单据是否齐全,并办理发货。财会部门主要负责销售款项的结算和记录、监督货款回收。任何一个部门或岗位都不得办理销售业务的全过程。

企业应建立销售业务授权审批制度,明确授权审批方式、权限、程序、责任和相关控制措施。审批人应在授权范围内审批,不得越权审批。经办人应在职责范围内,按审批人的批准意见办理销售业务;对审批人越权审批的事项,经办人有权拒绝办理,并及时向上级授权部门报告。严禁未经授权的机构和人员经办销售业务。**对大额销售或超过既定销售政策和信用政策范围的特殊销售,应集体决策**,防止因决策失误而造成严重损失。

企业应配备合格人员办理销售业务,合格人员应具备良好的业务素质和职业道德。企业应根据具体情况对办理销售业务的人员进行岗位轮换或管区、管户调整。

在销售过程中,会计系统控制至关重要,包括销售收入的确认、应收款项的管理、坏账准备的计提和冲销、销售退回的处理等。企业应加强对销售、发货、收款业务的会计系统控制,详细记录销售客户、销售合同、销售通知、发运凭证、商业票据、款项收回等情况,确保会计记录、销售记录与仓储记录核对一致,并根据会计准则确认、计量、记录和列报收入及相关的成本费用。

五、销售计划与定价政策环节的主要风险及其控制

销售计划与定价政策环节的主要风险有:销售计划缺乏或不合理,或者未经授权审批,导致产品结构和生产安排不合理;定价或调价不合理,未能结合市场状况、盈利测算等进行适时的调整,造成价格过高或过低;价格未经恰当审批或存在舞弊,可能损害企业利益或形象。

针对销售计划与定价政策环节的主要风险,企业可以相应地采取以下控制措施:

(1)根据企业战略和年度经营计划,结合企业实际制订年度销售计划,并结合客户订单情况,将销售计划分解到季度和月份。

(2)定期对各产品的区域销售额、进销差价、销售计划与实际销售情况等进行分析,结合生产现状,及时调整销售计划。

(3)根据价格政策,综合考虑企业的财务目标、销售目标、产品成本、市场状况及竞争对手情况等因素,确定产品基准价格。定期评估基准价格的合理性,定价或调价须经审批。

(4)在基准价格的基础上,针对某些商品可授予销售部门一定程度的价格浮动权。销售部门可结合市场特点,将价格浮动权向下逐级递减分配,同时明确权限执行人。价格浮动权执行人必须严格遵守规定的价格浮动范围,不得擅自突破。

(5)销售折扣、销售折让等政策的制定应经审核批准,实际发生的销售折扣、销售折让应记录金额、数量、原因及对象等,并归档备查。××公司销售折让呈核表如表9-2所示。

表9-2 ××公司销售折让呈核表

编制部门:　　　　　填制时间:　年　月　日　　　　　编号:

货品名称	原开发票明细				折让明细				
	日期	送货号	数量	金额	原单价	新单价	单价差	数量	金额
客户名称									
折让原因									
折让计算办法									

业务员:　　　　　业务主管:　　　　　部门经理:　　　　　总经理:

六、客户开发与信用管理环节的主要风险及其控制

客户开发与信用管理环节的主要风险有：现有客户管理不足、潜在市场需求开发不够，可能导致客户丢失或市场拓展不利；客户档案不健全、缺乏合理的资信评估，可能导致客户选择不当、销售款项不能收回或遭受欺诈；等等。

针对客户开发与信用管理环节的主要风险，企业可以相应地采取以下控制措施：

（1）在充分进行市场调查的基础上，合理细分市场并确定目标市场，根据不同目标群体的具体需求，确定定价机制和信用方式，灵活运用销售折扣、销售折让、信用销售、代销和广告宣传等多种策略与营销方式，促进销售目标的实现，不断提高市场占有率。

（2）建立和不断更新、维护客户信用动态档案，由与销售部门相对独立的信用管理部门对客户付款情况进行持续的跟踪和监控，提出划分、调整客户信用等级的方案。根据客户信用等级和企业信用政策，拟定客户的赊销限额和时限，经销售、财会等部门具有相应权限的人员审批。对于境外客户和新开发客户，应当建立严格的信用保证制度。

（3）评估客户信用，确定客户销售政策。企业应充分了解和考虑客户的信用与财务状况等，加强赊销管理。赊销业务应遵循规定的销售政策、信用政策及程序。有条件的企业可设立专职信用管理部门或岗位，负责制定信用政策，评估客户信用等级，监督各部门信用政策的执行情况。信用政策应明确不同客户的信用额度、回款期限、折扣标准，以及违约情况下应采取的应对措施等。有条件的企业可运用计算机网络集成分公司、子公司或业务分部的销售发货信息与授信情况，防止向未经信用授权的客户发出商品，并防止客户以较低的信用条件同时与企业两家或多家分公司、子公司进行交易而损害企业利益。有条件的企业可利用国家政策性出口信用保险机构的政策支持，防范风险。

七、订单处理与销售合同环节的主要风险及其控制

订单处理与销售合同环节的主要风险有：订单审核不严，可能导致虚假销售等欺诈；订单处理不及时，可能影响后续的销售进程；合同内容存在重大疏漏和欺诈，未经授权对外订立销售合同，可能导致企业权益受损；销售价格、收款期限等违背企业销售政策，可能导致企业利益受损；等等。

针对订单处理与销售合同环节的主要风险，企业可以相应地采取以下控制措施：

（1）销售部门收到客户订单后，应依据授权范围决定是否接受订单。销售授权可分别设置一般授权和特别授权。一般授权是针对常规业务的制度性授权。例如，金额在 5 000 元以下的销售可由销售部门自行决定是否同意客户赊销或给予折扣、折让。特别授权针对非常规业务或超过一般授权限制的常规业务，销售部门不能自行决定，必须特别报请经理办公会议或董事会决定是否同意客户赊销或给予折扣、折让。对于未被受理的订单，销售部门应及时向客户说明原因。

（2）销售合同订立前，企业应指定专人就销售价格、信用政策、发货及收款方式、权利和义务等具体事项与客户谈判。谈判人员应有两人以上，并与合同订立人员分离。谈判中涉及的重要事项应有书面记录，重大合同应征询财会、法律等专业人士的意见。

（3）建立健全销售合同审批制度。审批人员应对销售价格、信用政策、发货及收款方式等进行严格把关。

（4）销售合同草案经审批同意后，企业应授权有关人员与客户签订正式的销售合同。

八、发货环节的主要风险及其控制

发货是根据销售合同约定向客户提供商品的环节。该环节的主要风险有：未经授权发货或发货不符合合同约定，可能导致货物损失或客户与企业的销售争议、销售款项不能收回。

针对发货环节的主要风险，企业可以相应地采取以下控制措施：

（1）销售部门按经审核后的销售合同开具销售通知单交仓储部门和财会部门。

（2）仓储部门应落实出库、计量、运输等环节的岗位责任，对销售通知单进行审核，严格按所列的发货品种和规格、发货数量、发货时间、发货方式、接货地点等在规定时间内组织发货，形成相应的发货单据并连续编号。

（3）以运输合同或条款等形式明确运输方式，商品短缺、毁损或变质的责任，到货验收方式，运输费用承担，保险等内容，货物交接环节应做好装卸和检验工作，确保货物安全发运，由客户验收确认。

（4）做好发货各环节的记录，填制相应的凭证，设置销售台账，实行销售全过程登记制度。

（5）财会部门或经授权的有关部门在接到销售通知单后，对客户信用及实际出库记录凭证等信息进行审查，审查无误的向客户开具销售发票。编制销售通知单的人员与开具销售发票的人员应分离。

九、收款环节的主要风险及其控制

收款环节的主要风险有：企业信用管理不到位，结算方式选择不当，票据管理不善，账款回收不力，导致销售款项不能收回或遭受欺诈；收款过程存在舞弊，致使企业利益受损。

针对收款环节的主要风险，企业可以相应地采取以下控制措施：

（1）结合销售政策，选择恰当的结算方式，及时办理货款结算和收款业务，加快款项回收，提高资金的使用效率。收取的现金、银行本票、汇票等应及时缴存银行并登记入账。避免销售人员直接接触销售现款，若必须由销售人员收取，则应由财会部门加强监控。

（2）加强商业汇票管理，由专人保管应收票据，明确应收票据的受理范围和管理措施，对票据贴现、背书、保管予以明确规定。严格审查商业汇票的真实性和合法性，防止票据欺诈。

（3）加强应收账款管理，建立账龄分析和逾期催收制度。严格区分并明确收款责任，建立合理的清收奖励、责任追究和处罚制度。财会部门应督促和配合销售部门加紧催收货款，妥善保存催收记录（包括往来函电）。催收无效的逾期账款可通过法律程序来解决。应收账款应分类管理，针对不同性质的应收款项，企业应采取不同的方法和程序。企业应按客户设置应收账款台账,及时登记并评估每一个客户应收账款的余额变动和信用额度的使用情况。

(4)加强代销业务款项的管理,及时与代销商结算款项。

(5)呆账是可能成为坏账的应收账款,企业应按会计准则的规定计提坏账准备,并按权限范围和审批程序进行审批。发生坏账损失的,应查明原因,明确责任,并在履行审批程序后作出会计处理。已核销的坏账,应进行备查登记,做到账销案存。已核销坏账又收回时,应及时入账,防止形成账外款。

十、售后服务环节的主要风险及其控制

售后服务是企业与客户之间的信息沟通机制,对于客户提出的产品维修、销售退回、维护升级等问题,企业应予以及时解答或反馈、处理,不断改进服务水平,提升客户满意度和忠诚度。这一环节的主要风险有:客户服务水平低或客户满意度不足,影响企业品牌形象,造成客户流失;退货管理不善,可能造成商品毁损或丢失。

针对售后服务环节的主要风险,企业可以相应地采取以下控制措施:

(1)结合竞争对手客户服务水平,建立和完善客户服务制度,包括客户服务内容、标准、方式等。

(2)设专人或部门进行客户服务和跟踪。有条件的企业可按产品线或地理区域建立客户服务中心。加强售前、售中和售后的技术服务,实行客户服务人员的薪酬与客户满意度挂钩的制度。

(3)加强销售、生产、研发、质检等相关部门之间的沟通与协调。

(4)做好客户回访工作,定期或不定期地开展客户满意度调查;建立客户投诉制度,记录所有的客户投诉,并分析原因及提出解决措施。

(5)加强销售退回控制。销售退回须经具有相应权限的人员审批后方可执行;销售退回货物应参照物资采购入库管理制度,由质检部门检验和仓储部门清点后方可入库。质检部门应对客户退回的货物进行检验并出具检验证明;仓储部门应填制退货接收报告单,注明退回货物的品种、数量、金额、退货原因等;财会部门应在审核检验证明、退货接收报告单以及退货方出具的退货凭证等后办理相应的退款事宜。企业应对退货原因进行分析并明确有关部门和人员的责任。××公司销售退回业务处理工作流程如表9-3所示,具体的业务流程图如图9-4所示。

表9-3 ××公司销售退回业务处理工作流程

业务部门	业务职责	业务权限	业务衔接
销售部门	①接受客户退货申请 ②审查客户退货申请 ③填制退货单	根据质检部门意见,在授权范围内决定是否同意客户退货	①通知质检部门验货,并接收质检部门的意见反馈 ②通知仓储部门接收退货,并沟通退货情况 ③通知财务部门退款或冲账,并沟通冲账情况

(续表)

业务部门	业务职责	业务权限	业务衔接
质检部门	对退回货物进行质量检验	建议销售部门是否同意退货	通知销售部门,建议是否同意退货
仓储部门	接收销售部门同意的退货	检查退货数量、包装、外观等是否完好	通知销售部门、财务部门退货的接收情况
财务部门	①审查是否符合退款或冲账条件 ②办理退款或冲账手续	是否同意退款或冲账	根据销售部门开具的退货单和仓储部门的验货单办理退款或冲账

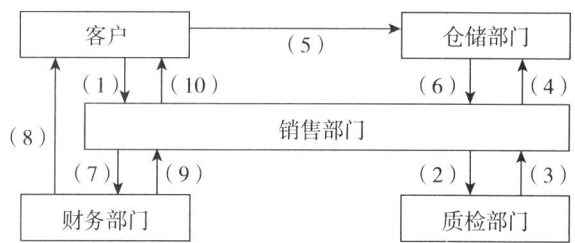

图 9-4　业务流程图

注：业务描述如下。

（1）客户持货物或货物样品向销售部门提出退货申请。

（2）销售部门通知质检部门对货物或货物样品进行质检或其他检查。

（3）质检部门对货物或货物样品进行质检或其他检查，确认有无质量或其他问题，向销售部门反馈检验结果，并建议是否退货。

（4）销售部门根据质检结果，对照合同等决定是否同意退货。如果同意退货，则通知仓储部门接收客户的退货。

（5）客户向仓储部门交付退货；仓储部门填制货物入库单（一式五联，一联交客户、一联交销售部门、一联交财务部门、一联用于登记存货明细簿、一联存根）。

（6）仓储部门接收客户退货后，根据验收情况，通知销售部门。

（7）销售部门根据质检部门的检查情况和仓储部门的验收情况，开具退货单（一式三联，一联交客户、一联交财务部门、一联存根），并通知财务部门退款或冲账。

（8）财务部门审查销售部门的退货单和仓储部门的收货情况，向税务机关申请退货发票，为客户办理退款或冲账手续。

（9）财务部门将退款或冲账情况反馈给销售部门。

（10）销售部门与客户沟通退款或冲账情况。

案例 9-3

ABC 股份有限公司销售业务的相关控制

ABC 股份有限公司（化名）是生产经营电子产品的大型工业企业，为了加强内部控制的建设，公司聘请 A 会计师事务所对其内部控制设计与执行的有效性进行审计，在对销售业务内部控制进行审计时，A 会计师事务所发现以下情况：

（1）接受客户订单后，由销售部门的职员甲根据订单编制销售单，交给审批赊销的同部门的职员乙；职员乙在职权范围内进行审批，超过职权范围的赊销业务全部交给销售部门的经理进行审批。

（2）开具账单部门的职员丙在核对商品装运凭证和相应的经批准的销售单后，开具销售发票。具体流程为：根据已授权批准的商品价目表填写销售发票金额，根据商品装运凭证上的数量填写销售发票数量，并将销售发票的一联连同发运单和销售单及时送交财务部门。

（3）财务部门核对无误后确认销售收入并登记应收账款账簿。财务部门定期向客户催收款项并寄送对账单，对客户提出的异议进行追查。

（4）公司的应收账款账龄分析由专门的"应收账款账龄分析计算机系统"完成，该系统由独立的信息部门负责维护管理。财务部门相关人员负责在系统中及时录入所有与应收账款交易相关的基础数据。为了便于及时更正录入的基础数据可能存在的差错，信息部门拥有修改基础数据的权限。

要求：请分析和判断以上情况是否存在薄弱环节，并说明理由。

第三节 投资业务内部控制

投资作为一种营利性活动，对企业筹资的成本补偿和利润创造具有重要意义。投资属于高风险的经济活动，很多企业因对外投资而导致重大经济损失，特别是全球金融危机爆发以来，因对外投资而引发的风险急剧扩大，严重影响了企业的生存和可持续发展。企业应慎重选择投资项目，突出主业，谨慎从事股票或衍生金融工具等高风险投资。本节将对投资业务各环节的主要风险进行梳理，并采取有针对性的风险控制措施，以有效地防范投资风险，保证投资安全，提高投资效益。

一、投资业务总体风险

企业在对投资业务进行内部控制时，至少应关注以下总体风险：

（1）盲目并购、贪大求全、与企业发展战略不符，可能给企业带来发展风险。

（2）投资行为违反国家法律法规，可能遭受外部处罚，造成经济损失和信誉损失。

（3）投资业务未经适当审批或越权审批，可能因重大差错、舞弊、欺诈而导致损失。

（4）相关员工不具备良好的职业道德和必要的专业知识。

（5）投资项目未经科学、严密的评估和论证，可能因决策失误而导致重大损失。

（6）对投资项目执行缺乏有效的管理，可能因不能保障投资安全和投资收益而导致损失。

二、投资业务内部控制目标

针对投资业务的总体风险，企业投资业务的内部控制应实现以下目标：

（1）保证投资业务合法合规。投资活动要遵循国家的法律法规，符合国家的产业政策和宏观调控趋势。

（2）有效预防差错和舞弊行为的发生，保护投资相关资产的安全完整，合理安排与投资活动有关的资产结构，控制流动性风险。

（3）保持完整的投资及投资收益记录，会计确认、计量、记录和报告要符合会计准则要求，能为信息使用者提供真实、准确和完整的高质量信息。

（4）提高投资效益。无论是对内投资还是对外投资都要强调效益目标，包括经济效益和社会效益等。

（5）投资决策要与企业战略和经营计划紧密关联，使投资业务能有效地支持企业战略和经营计划。

三、投资业务流程设计

投资业务涉及投资方案拟订、论证及审批，投资计划编制与审批，投资计划执行与实施，投资处置，投资评价等环节，主要作业有提出投资建议、拟订投资方案、进行可行性论证、编制投资计划、审批投资计划、执行投资计划、收益或减值核算与持续管理、投资处置、投资评价与考核等。投资业务的一般流程如图 9-5 所示。

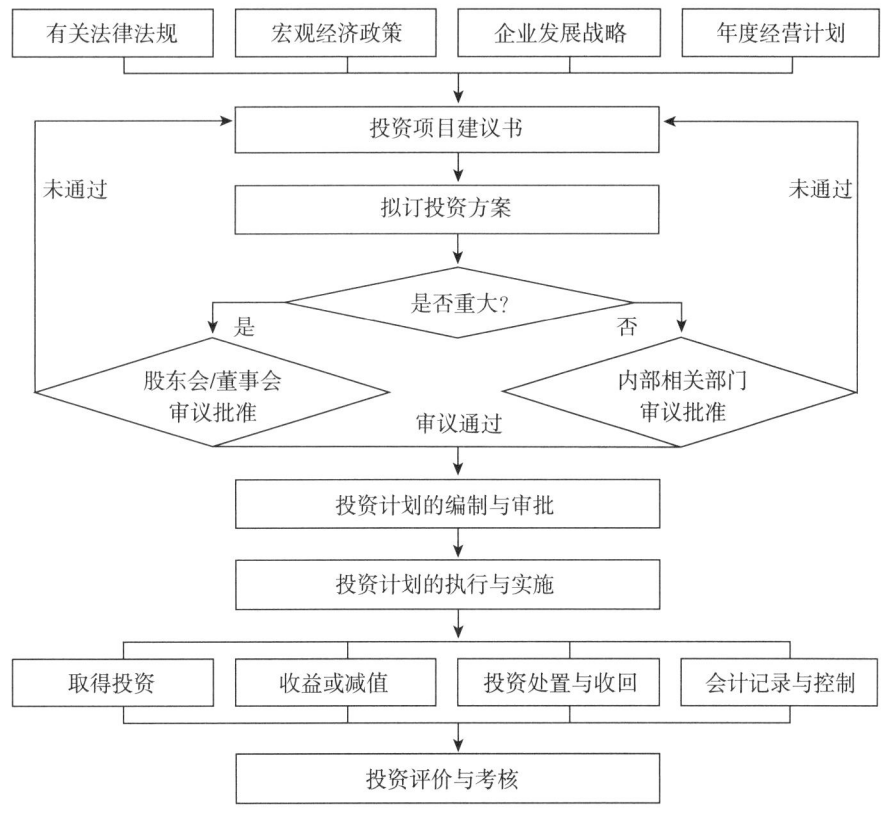

图 9-5　投资业务的一般流程

四、投资业务职责分工和授权审批

企业应建立投资业务岗位责任制,明确相关部门和岗位在投资论证、授权、执行、记录、资产保管等方面的职责权限,确保不相容岗位相互分离、制约和监督。投资业务的不相容岗位应至少包括:**投资计划的编制及可行性研究与投资项目评估,投资计划的审批与执行,投资处置环节的申请、审批与执行,投资绩效评估与投资计划执行,投资计划执行与相关会计记录,投资计划执行与有价证券保管,会计记录与有价证券保管**,等等。

企业应配备合格人员办理对外投资业务。合格人员应具备良好的职业道德,掌握金融、投资、财会、法律等方面的专业知识。

企业应建立投资业务授权审批制度,并按规定的权限和程序办理投资业务;根据投资类型制定业务流程,明确投资业务各环节的责任人员、风险点和控制措施等。××石油天然气股份有限公司 TH 油田对外投资业务职责分工和权限指引如表 9-4 所示。

表 9-4　××石油天然气股份有限公司 TH 油田对外投资业务职责分工和权限指引

环节	部门	科室/岗位	职责及权限
投资方案拟订与审批	财务资产处	资本运营科	①会同有关部门提出项目投资建议,组织编写或委托具备资质的中介机构编写可行性研究报告 ②可行性研究报告经总经理办公会和投资部门审批后编制投资方案
	总经理办公会		按权限对项目投资建议书、可行性研究报告及投资方案进行审批
	投资部门		经总经理办公会审批通过后,由投资部门对投资方案按权限进行审查或评审
投资计划编制与审批	计划预算处	计划管理岗	根据公司年度投资计划和经审批的投资方案汇总并平衡各项投资计划
		预算管理岗	根据投资计划编制投资和融资预算,并报处长审批
		计划预算处处长	①平衡并审核公司年度投资计划、投资和融资预算 ②提交预算管理委员会审批 ③下达经预算管理委员会审批的投资计划、投资和融资预算,并上报投资部门备案
	预算管理委员会		审议并批准年度投资计划、投资和融资预算
投资计划执行与实施	财务资产处	资本运营科科长	根据经批准的投资计划、投资和融资预算,会同相关部门草拟投资合同
	总经理办公会		审查并批准投资合同,并报投资部门备案
	财务资产处	股权管理岗	根据投资合同执行支付或转移,按规定程序取得投资证明文件
		投资核算岗	按会计准则和内部会计制度的规定核算投资及其收益

(续表)

环节	部门	科室/岗位	职责及权限
投资收回或处置	财务资产处	资本运营科科长	提交投资处置申请
		财务资产处处长	审核投资处置申请,并报总经理办公会审批
	总经理办公会		审议并批准投资处置申请
	财务资产处	股权管理岗	办理投资的收回或处置
		投资核算岗	按会计准则和内部会计制度的规定核算对外投资的收回或处置
后续评价	总会计师		组织相关人员撰写并提交投资绩效评价报告
	总经理办公会		审议并批准投资绩效评价报告,反馈评价结果

企业应保持完整的记录和凭证,如实记载投资业务各环节的开展情况;明确各种与投资业务相关文件资料的取得、归档、保管、调阅等各环节的管理规定及相关人员的职责权限。

五、投资业务各环节的主要风险及其控制

下面主要以列表的形式说明投资业务各环节的控制目标、主要风险及其控制。

(一)投资方案拟订、论证及审批环节的主要风险及其控制

企业应按国家投资法律法规,结合宏观经济政策、企业战略和经营计划等编写投资项目建议书,进行可行性论证,拟订投资方案。根据项目涉及金额和影响判断其是否重大,若项目重大则须提交股东会或董事会进行审议并投票表决;反之,则提交相关部门审批,经反复修改后最终确定。这一阶段的控制目标、主要风险、关键控制点及控制措施如表9-5所示。

表9-5 投资方案拟订、论证及审批环节的主要风险及其控制

业务环节	控制目标	主要风险	关键控制点	控制措施
提出投资申请	确保投资项目建议书的编制程序合法合规、内容完整翔实、规划科学、投资数额估算准确	①投资行为违反法律法规,可能遭受外部处罚,造成经济损失和信誉损失 ②投资项目不符合国家产业政策和宏观调控趋势,影响其未来收益 ③相关人员业务能力不胜任,或不具备良好的职业道德	①熟悉相关法律法规 ②不相容岗位相分离 ③配备合格人员 ④关联人员实施回避制度	①职责分工、权限范围明确规范,机构设置和人员配备科学合理 ②熟知国家相关法律法规,了解宏观经济政策和宏观调控趋势,考虑政治、经济、法律、市场等因素对投资的影响,必要时聘请专业人员进行咨询

(续表)

业务环节	控制目标	主要风险	关键控制点	控制措施
		④盲目并购、贪大求全、与企业发展战略不符,投资效益差,可能带来发展风险 ⑤投资规模、方向、时机不适当	⑤审核及初评申请资料是否完整齐全	③根据投资目标和规划,选定投资项目,关注投资收益和风险 ④突出主业,谨慎从事股票投资或衍生金融产品等高风险投资 ⑤严控并购风险,关注并购对象的隐性债务、承诺事项、发展能力、员工状况、与本企业治理层和管理层的关联关系
可行性研究	确保可行性研究报告的客观、真实、科学、严谨,有效地识别风险	①投资项目未经科学评估和研究,投资与筹资在资金数量、期限、成本与收益上不匹配,可能因决策失误而导致重大损失 ②可行性研究人员能力不胜任,不具备良好的道德素质或专业知识 ③可行性研究流于形式,未能识别潜在风险	①不相容岗位相分离 ②人员配备合理 ③关联人员实施回避制度 ④投资项目风险评估 ⑤可行性研究	①职责分工、权限范围明确规范,机构设置和人员配备科学合理 ②投资项目建议书和可行性研究报告的内容真实可靠,支持投资建议和可行性的依据与理由充分恰当 ③重点对投资目标、投资规模、投资方式、资金来源、技术可行性、市场容量与前景、风险与收益等作出客观评价。根据需要,可委托有资质的专业机构进行可行性研究
投资方案审批	确保审批程序规范、公正,依据充分,结论合理	①审批人员能力不胜任,不具备良好的道德素质或专业知识 ②投资业务未经适当审批或越权审批,致使审批不规范 ③可能因重大差错、舞弊、欺诈而导致损失	①不相容岗位相分离 ②人员配备合理 ③审批流程恰当 ④关联人员实施回避制度	①审批程序明确规范,机构设置和人员配备科学合理 ②重大投资项目应报经董事会或股东会批准;投资方案须经有关部门审批的,应履行报批程序;投资方案发生重大变更时,应重新履行程序 ③决策审批须重点审查可行性和资金能力、是否符合产业政策及相关法规、是否符合投资战略目标和规划、划出资金能否按时收回、预期收益能否实现、投资风险是否可控,并严控投资规模

（二）投资计划编制与审批环节的主要风险及其控制

投资计划编制是企业根据审批通过的投资方案，签订投资合同或协议，编制具体的投资计划，落实不同阶段的资金投放数量、投资具体内容、项目进度、完成时间、质量标准与要求等，并根据授权审批制度报经有关部门审批。投资计划编制的合理性及可行性，直接关系到后续的执行与考核的成败。企业应建立和完善投资计划编制工作制度，明确编制依据、编制程序、编制方法等，确保投资计划编制依据合理、程序适当、方法科学，避免预算指标过高或过低。这一阶段的控制目标、主要风险、关键控制点及控制措施如表9-6所示。

表9-6 投资计划编制与审批环节的主要风险及其控制

业务环节	控制目标	主要风险	关键控制点	控制措施
投资计划编制与审批	确保投资计划编制科学合理，与企业发展战略相一致	①职责分工、权限范围不清晰 ②编制人员能力不胜任，或者不具备良好的道德素质或专业知识 ③编制范围和项目不全面，各计划间缺乏整合，可能导致全面计划难以形成 ④编制所依据的信息不足，可能导致目标与战略规划、经营计划、市场环境、企业实际等相脱离，准确率降低 ⑤编制程序不规范，横向、纵向信息沟通不畅，编制方法不当，可能导致投资计划缺乏科学性和可行性 ⑥目标及指标体系不完整、不科学 ⑦投资计划完成时间太早或太晚，可能导致准确性不高，或者影响计划的执行 ⑧计划未经适当审批或越权审批，可能因重大差错、舞弊、欺诈而导致损失	①不相容岗位相分离 ②配备合格人员 ③审批流程恰当 ④关联人员实施回避制度 ⑤投资计划编制科学合理	①编制和审批职责相分离 ②完善投资计划编制工作制度，明确编制依据、编制程序、编制方法等 ③配备合格人员编制投资计划，合格人员具备良好的职业道德和专业胜任能力 ④核查企业当前资金额及正常生产经营预算对资金的需求量，积极筹措投资项目所需资金 ⑤编制的计划与国家产业政策及企业自身战略相吻合，保证其可行性 ⑥编制计划时与各部门进行沟通，以获取各部门的配合及全方位的数据和信息

(三) 投资计划执行与实施环节的主要风险及其控制

投资计划执行与实施环节是企业按编制的投资计划进入具体执行阶段,保证投资活动按计划合法、有序、有效地进行。企业有关人员应积极关注企业内部条件变化对投资方案的影响,一旦投资方案的某些关键性因素发生较大变化,企业就应果断地采取相应对策。例如,对原有投资方案作出某些修正,或者停止对原有投资方案的执行,以避免投资损失的进一步扩大。这一阶段的控制目标、主要风险、关键控制点及控制措施如表9-7所示。

表9-7 投资计划执行与实施环节的主要风险及其控制

业务环节	控制目标	主要风险	关键控制点	控制措施
投资计划执行与实施	确保投资计划的执行与实施严格按照投资计划进行,按照会计准则进行会计处理	①权责配置不清晰,授权审批不规范 ②监督职责不到位,截留投资收益形成账外资金,给企业造成损失 ③投资资产保管不善 ④违反法律法规或会计准则,可能遭受外部处罚,造成经济损失和信誉损失 ⑤关键因素发生变化,未及时对投资方案作出相应修正,使损失持续扩大 ⑥计划的执行与实施和计划不一致,无法达到投资目的 ⑦执行与实施未经适当审批或越权审批,可能因重大差错、舞弊、欺诈而导致损失 ⑧会计记录混乱或错误	①不相容岗位相分离 ②配备合格人员 ③计划执行恰当 ④严格监督投资计划执行与实施的全过程	①职责权限和审批流程明确规范,机构设置和人员配备科学合理 ②通过限制未经授权人员直接接触资产、定期盘点、财产记录、账实核对、财产保险、分析评价等多种措施,确保投资资产安全完整 ③严格控制会计系统,遵循会计准则进行会计处理,详细记录投资资产的增减变化;妥善保管投资合同、出资证明等文件 ④持续监控投资项目实施进程,做好投资项目跟踪分析工作;被投资方出现财务状况恶化、市价大幅下跌等情形的,应计提减值准备

(四) 投资处置环节的主要风险及其控制

投资处置环节就是按照投资计划对已到期投资项目进行收回、转让或核销等,以实现利润最大化。投资项目的处置要按照规定报经有关部门批准,处置方式要符合国家的法律法规。这一阶段的控制目标、主要风险、关键控制点及控制措施如表9-8所示。

表 9-8　投资处置环节的主要风险及其控制

业务环节	控制目标	主要风险	关键控制点	控制措施
投资处置	确保投资项目的处置合法合规，按照相关会计准则进行正确的会计处理和记录	①职责分工、权限范围不清晰，审批程序不规范 ②处置未经审批或越权审批，可能导致重大差错、舞弊、欺诈 ③处置方式违反相关法规，可能遭受外部处罚 ④员工舞弊使投资资产价值评估有误 ⑤会计记录不完整或有错误	①熟知相关政策和法律法规 ②不相容岗位相分离 ③配备合格人员 ④严格监督投资处置环节的全过程	①明确投资收回、转让、核销等的职责授权和审批流程 ②及时足额收取投资的处置价款。转让投资由相关机构或人员合理定价，并经授权审批；必要时，可委托有资质的专门机构评估。核销投资，应取得因被投资方破产等不能收回投资的法律文书和证明文件 ③认真审核与投资处置有关的审批文件、会议记录、资产回收清单等相关资料，确保资产处置真实、合法 ④遵循会计准则进行会计确认、计量和报告 ⑤建立投资项目后续跟踪评价管理制度，并将评价结果作为奖励或责任追究的依据

六、投资业务的内部监督

企业应加强对投资业务内部控制的监督检查，明确监督检查机构或人员的职责权限，定期或不定期地进行检查。对投资业务内部控制监督检查的内容包括：

（1）相关岗位设置及人员配备情况。企业应重点检查岗位设置是否科学、合理，是否存在不相容岗位人员混岗的现象，以及人员配备是否合理。

（2）授权审批制度的执行情况。企业应重点检查分级授权是否合理，对外投资的授权审批手续是否健全，以及是否存在越权审批等违规行为。

（3）投资业务决策情况。企业应重点检查对外投资决策过程是否符合规定的程序。

（4）投资业务执行情况。企业应重点检查各项资产是否按投资计划投出，投资期间获得的投资收益是否得到及时的会计处理，以及对外投资权益证书和有关凭证的登记与保管手续是否健全。

（5）投资处置情况。企业应重点检查投资资产的处置是否经过决策并符合授权审批程序，资产回收是否完整、及时，资产作价是否合理。

（6）投资业务会计处理情况。企业应重点检查会计记录是否真实、完整，是否符合会计准则的要求。

案例 9-4

W 股份有限公司投资业务的相关控制

W 股份有限公司(以下简称"W 公司")是 2004 年由某大型国有企业改制的股份有限公司,在改制初期,公司经营状况良好,并于 2006 年在上海证券交易所成功上市。W 公司 2012—2014 年对外财务报告均显示该公司经营状况良好,经营收益按 20%的增长幅度递增,负责审计的 Q 会计师事务所出具了标准无保留意见的审计报告,W 公司股价稳步增长。但在 2016 年 4 月 10 日报出的 W 公司 2015 年年报显示,该公司累计巨额亏损达 3 亿元,并说明之前两年的财务报告存在虚假信息;修改后的前期财务报告显示,2013 年 W 公司亏损 1 亿元,2014 年 W 公司亏损 0.9 亿元,并且存在高达 5 亿元的资产抵押,以及涉及金额 12 亿元的未决诉讼。W 公司董事会委托 K 会计师事务所对其内部控制与风险管理进行全面审计。经过审计,K 会计师事务所发现了以下问题:

(1) 2014 年 2 月,W 公司在总经理张某的策划和推动下,开始从事外币期货和期权交易。W 公司自成立以来主要经营基本建设工程,高层管理人员对期货和期权交易并不了解,主要是根据市场行情判断这个业务收益高、收益快,所以积极推动上马。董事会事后通过其他渠道获知 W 公司从事期货和期权交易,认为不恰当,但在管理层坚持的情况下,董事会并没有采取有效措施予以制止。

(2) 2014 年 8 月,W 公司董事会准备采用直接委派的方式,委派财务经理、内部审计经理和销售经理。张某表示,既然公司已经将经营管理委托给自己,且自己对经营情况全权负责,那么委托其他人员担任财务经理、内部审计经理和销售经理,将不利于自己的工作,于是坚持安排自己的人员担任上述职务。董事会只好表示同意。

(3) 2014 年 12 月,由于受到国际外币市场的重大影响,W 公司没能准确地判断投资外币的走势,造成亏损;张某认为趋势很快就会扭转,坚持补仓。为了满足不断增加的交易量对交易保证金的需求,张某指示公司财务部门将董事会和银行贷款协议中明确规定的基本建设工程用途的贷款 3 亿元用于支付保证金;同时,对于该资金用途的变化没有向董事会报告,也没有告知贷款银行;对于由此造成的期权、期货交易的损失,也没有在财务报告中反映和披露。

(4) 2015 年 3 月,张某担心财务报表不能通过 Q 会计师事务所的审计,于是与事务所高级经理(负责 W 公司审计业务)李某进行商谈。李某表示,如果 W 公司同意将今后 10 年的审计业务交给 Q 会计师事务所审计,该事务所就可以发表无保留意见的审计报告。张某表示同意,并于当日与李某签订了 10 年期的审计业务约定书。为了感谢李某的大力支持,张某私下给予其 100 万元的中介费。

(5) 根据 W 公司《风险管理手册》的规定,期权交易业务实行"交易员—审计部门—总经理—风险管理委员会—董事会"多层次上报、交叉控制的制度。同时规定,损失在 100 万元以上的单笔交易要提交风险管理委员会评估,任何导致 500 万元以上损失的交易均必须强制平仓。《风险管理手册》还明确规定,公司的止损限额是每年 1 000 万元。但是交易员、审计部门、风险管理委员会均没有按规定执行。张某为了挽回损失,一错再错,造成巨额损失;董事会对期货和期权交易的盈亏情况始终不知情。

审计工作结束,K 会计师事务所的注册会计师向 W 公司股东会提交了一份详细的审计报告。该报告对 W 公司的内部控制缺陷进行了深入的分析,并针对董事会应如何加强对 W 公司的内部控制提出了改进建议。

要求:

(1) 从内部控制角度,简要分析 W 公司在内部环境、风险评估、控制活动、信息与沟通、内部监督等方面存在的缺陷。

(2) W 公司董事会应如何加强对公司的内部控制?请你提出合理建议。

第四节 筹资业务内部控制

筹资是企业为满足对外投资和生产经营活动的需要,通过发行股票、债券或向银行借款等形式筹集资金的活动。筹资是企业整个生产经营活动的基础,为企业筹措投资和生产经营活动所需的资金,从而使投资和生产经营活动能够顺利地进行。企业应根据筹资业务的特点,设计合理的业务流程,查找各环节的风险点,健全风险控制措施,控制筹资风险,防止筹资过程的差错与舞弊。

一、筹资业务总体风险

筹资业务可能面临诸多风险,企业在建立和实施筹资业务内部控制的过程中至少应关注以下总体风险:

(1) 缺乏完整的筹资规划,盲目筹资,使得企业资本结构、资金来源结构、利率结构、资本成本等频繁变动,给企业带来财务风险。

(2) 缺乏对企业资金现状的全面认识,无法正确评估资金的实际需要量和期限等,容易导致筹资过度或筹资不足。

(3) 缺乏完善的授权审批制度,容易草率决策筹资活动,给企业带来潜在风险。

(4) 缺乏对筹资条款的认真审核,可能使企业在未来的潜在经济纠纷或诉讼中处于不利地位。

(5) 因无法保证支付利息、股利股息等筹资成本而导致的风险。

(6) 因缺乏严密的跟踪管理制度而导致的风险。

二、筹资业务内部控制目标

针对筹资业务的总体风险,企业筹资业务的内部控制应实现以下目标:

(1) 保证筹资业务合法合规。

(2) 有效预防差错和舞弊行为的发生,保护筹资相关资产的安全完整。

(3) 筹资业务的会计处理符合会计准则的要求,能为信息使用者提供真实、准确和完整的高质量信息。

（4）在保证资金需求的前提下，努力降低筹资成本，保持合理的资本结构。

（5）筹资业务能有效地支持企业战略和经营计划。

三、筹资业务流程设计

筹资业务通常涉及拟订筹资方案、进行可行性论证、审批筹资方案、编制筹资计划、执行筹资计划、评价筹资活动与责任追究等环节。筹资业务的一般业务流程如图9-6所示。

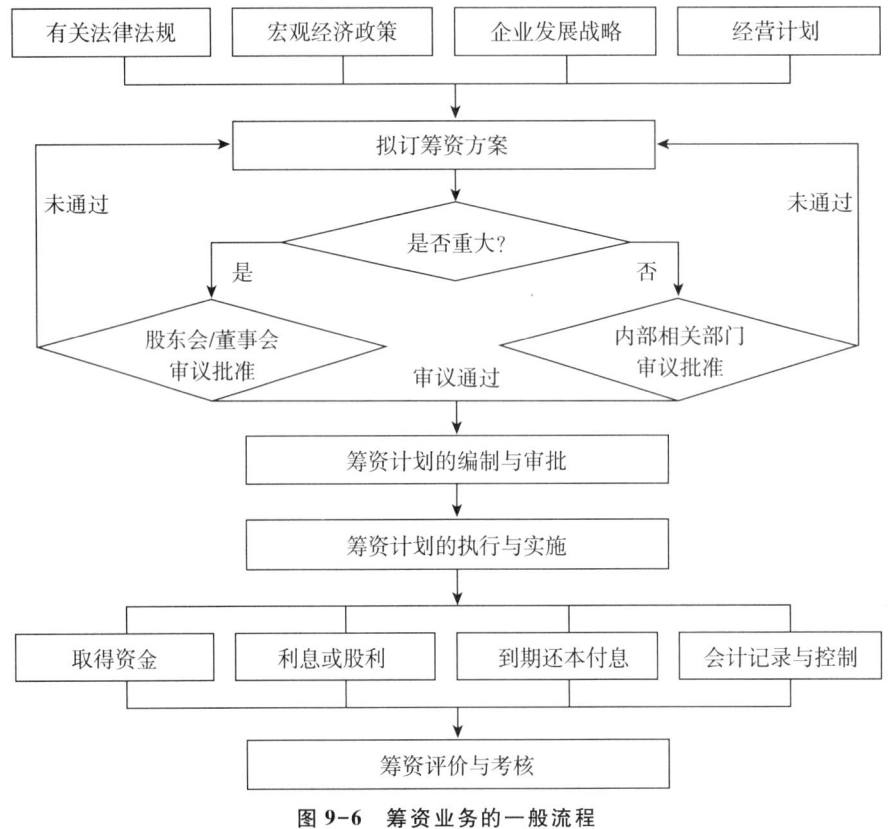

图 9-6 筹资业务的一般流程

四、筹资业务职责分工和授权审批

企业应建立筹资业务岗位责任制，明确相关部门和岗位的职责权限，确保不相容岗位相互分离、制约和监督。筹资业务的不相容岗位应至少包括：**筹资方案的拟订与决策，筹资合同的审批与订立，与筹资有关的各种款项偿付的申请、审批与执行，筹资计划的执行与相关会计记录，筹资计划的审批、执行与评价考核**，等等。同一个部门或个人不得办理筹资业务的全过程。

企业应配备合格人员办理筹资业务，合格人员应具备良好的职业道德和必要的筹资业务专业知识，熟悉国家有关法律法规、相关国际惯例及金融业务。

企业应对筹资业务建立严格的授权审批制度，明确授权审批的方式、程序和相关控制措施，规定审批人的权限、责任，以及经办人的职责范围和工作要求。

企业应制定筹资业务流程,明确筹资决策、执行、偿付等环节的内部控制要求,并设置相应的记录或凭证,如实记载各环节业务的开展情况,确保筹资全过程得到有效的控制。为了明确责任,筹资决策和审批过程应有书面记录,合同、凭证等应归档保管。

财会部门在筹资业务内部控制中发挥着重要作用,企业应按会计准则的规定正确地核算和监督资金筹集、本息偿还、股利支付等相关情况,妥善保管筹资合同或协议、收款凭证、入库凭证等资料,定期与资金提供方进行账务核对,保证资金及时到位与资金安全,确保筹资活动符合筹资方案的要求。

财会部门应做好资金管理工作,协调好筹资的利率结构、期限结构等,努力降低资金成本;编制贷款申请表、内部资金调拨审批表、借款存量表、借款计划表、还款计划表等,随时掌握资金情况。

五、筹资业务各环节的主要风险及其控制

企业筹资业务可能面临的风险类型较多且较为发散,企业应注意识别主要风险,设计并实施有针对性的控制活动,对风险进行有效控制。

(一)筹资决策环节的主要风险及其控制

筹资决策环节的主要风险有:缺乏完整的筹资规划;盲目筹资,使得企业资本结构、资金来源结构、利率结构、资本成本等频繁变动,给企业带来财务风险;缺乏与生产经营等部门的沟通协调,使筹资缺乏针对性;缺乏对企业资金现状的全面认识,容易导致筹资过度或筹资不足;筹资授权审批制度缺失或流于形式,缺乏集体审批或联签制度,使得重大筹资决策不科学;等等。

针对筹资决策环节的主要风险,企业应加强对筹资方案拟订、可行性论证及筹资决策过程的控制。筹资方案应符合有关法律法规、政策和企业筹资预算要求,明确筹资规模、筹资用途、筹资结构、筹资方式和筹资对象,并对筹资时机选择、预计筹资成本、潜在筹资风险与具体应对措施及偿债计划等作出安排和说明。筹资方案应考虑投资项目的未来效益、目标资本结构、可接受资金成本水平和偿付能力等。海外筹资还应考虑筹资地区的政治、法律、汇率、利率、环保、信息安全等风险。重大筹资方案应进行可行性论证和风险评估,形成评估报告,报董事会或股东会审批。评估报告应全面反映评估人员的意见,并由所有评估人员签章。企业应综合筹资成本和风险评估等因素选定方案,重大筹资方案应实行集体决策审批或联签制度,筹资方案必须经有关管理部门或上级主管单位批准的,应及时报请批准。决策过程应有完整的书面记录。

(二)筹资执行环节的主要风险及其控制

筹资执行环节的主要风险有:筹资计划编制不当或未经恰当审批;不按计划实施筹资活动;缺乏筹资合同或未对合同条款进行认真审核,合同条款存在重大缺失或错误;因无法保证支付利息、股利股息等筹资成本而导致的风险;等等。

针对筹资执行环节的主要风险,企业应对筹资合同的订立与审核、资产的收取等作出明确规定。企业应根据经批准的筹资方案和筹资计划,按规定程序与有关方面订立筹资合同。相关部门或人员应认真审核筹资合同,审核情况和意见应有书面记录。筹资合同应经授权人员审批;重大筹资合同应征询法律顾问或专家的意见。通过证券经营机构承销或包销企业债券或股票来筹资的,应选择具备规定资质和资信状况良好的证券经营机构,并签订承销或包销合同。变更筹资合同,应按原审批程序进行。企业应按照筹资合同,及时、足额取得相关资产。筹资取得的非货币性资产,应合理确定其价值,办理财产转移手续并及时入账。需要评估的资产,应聘请有资质的中介机构及时评估。筹资费用的计算、支付应符合筹资合同的约定。

(三) 筹资评价环节的主要风险及其控制

筹资评价环节的主要风险有:筹集资金使用混乱,未对重大筹资活动进行绩效评价,因缺乏严密的跟踪管理制度而导致的风险,等等。

针对筹资评价环节的主要风险,企业应按筹资方案规定的用途使用所筹资金,严禁擅自改变资金用途。因环境变化等确需改变资金用途的,应履行相应的审批手续。企业应建立筹资决策责任追究制度;对重大筹资项目应进行后期评估,明确相关部门及人员的责任。

筹资业务各环节的控制目标、主要风险、关键控制点及控制措施如表 9-9 所示。

表 9-9 筹资业务各环节的主要风险及其控制

业务环节	控制目标	主要风险	关键控制点	控制措施
提出筹资方案	筹资方案可行性论证科学合理	①缺乏完整的筹资战略规划 ②盲目筹资,使得企业资本结构、资金来源结构、利率结构、资本成本等频繁变动,给企业带来财务风险 ③缺乏与生产经营等部门的沟通协调,使筹资缺乏针对性 ④缺乏对企业资金现状的全面认识,无法正确评估资金的实际需要及期限等,容易导致筹资过度或筹资不足	①制定筹资规划 ②与资金需求部门加强沟通协调 ③评估资金现状	①进行筹资方案的战略性评估,包括是否与发展战略相符,筹资规模是否适当 ②进行筹资方案的经济性评估,如筹资成本是否最低,资本结构是否恰当,筹资成本与资金收益是否匹配 ③进行筹资方案的风险性评估,如筹资方案面临哪些风险,风险大小是否适当、可控,是否与收益匹配 ④对企业的资金现状进行评估,包括评估生产经营各部门的现金需求量

(续表)

业务环节	控制目标	主要风险	关键控制点	控制措施
审批筹资方案	选择批准最优筹资方案	①缺乏完善的授权审批制度，容易草率决策筹资活动，给企业带来潜在风险 ②缺乏集体审批或联签制度，使得重大筹资决策不科学	①分级授权和审批 ②"三重一大"治理规则	①根据分级授权审批制度，按照规定程序严格审批经过可行性论证的筹资方案 ②重大筹资决策应实行集体审批或联签制度，保证决策的科学性
制订筹资计划	筹资计划科学合理、切实可行	①不根据当前经济形势、不结合筹资方式来确定资金成本，不能制订或选择正确的筹资计划 ②筹资计划制订人员缺乏专业经验，筹资计划风险大 ③筹资计划的编制与审批未实现岗位相分离	①制订筹资计划 ②授权审批 ③不相容岗位相分离	①根据筹资方案，结合当时的经济、金融形势，分析不同筹资方式的资金成本，正确选择筹资方式和不同方式的筹资数量，制订具体的筹资计划 ②根据授权审批制度报经有关部门批准 ③筹资计划审批人与编制人岗位相分离
实施筹资计划	保证筹资活动正确、合法、有效地进行	①不按计划实施筹资活动 ②缺乏筹资合同等法律文件，不能明确筹资数额、期限、利率、违约责任 ③缺乏不相容岗位相分离制度 ④缺乏对筹资合同条款的认真审核，可能对企业未来的潜在纠纷或诉讼不利 ⑤因无法保证支付利息、股利股息等筹资成本而导致的风险	①签订筹资合同 ②授权审批 ③会计系统控制 ④监督检查筹资执行过程	①根据筹资计划进行筹资 ②签订筹资合同，明确权利和义务 ③按照岗位分离与授权审批制度，各环节和各责任人正确地履行监督与审批责任 ④做好筹资记录，完善会计系统控制
筹资评价与责任追究	保证所筹资金的正确使用，维护筹资信用	①筹集资金使用混乱 ②未评价筹资活动绩效 ③因缺乏严密的跟踪管理制度而导致的风险	①筹集资金使用管理 ②筹资活动绩效评价 ③后续责任追究	①督促各部门严格按规定用途使用资金 ②督促各环节严密保管未发行的股票、债券或票据 ③督促会计部门正确计提、支付利息 ④加强债务偿还和股利支付的监督管理 ⑤评价筹资活动绩效，落实相关责任

本章小结

采购、销售、投资及筹资等业务是企业的核心业务,也是差错和舞弊频发的高风险领域,企业应予以高度重视。在业务层面,企业应围绕控制目标、业务流程、风险点、控制点、控制措施、持续监督等关键词开展控制活动。在细化和明确业务控制目标的基础上,识别和分析业务风险,设计业务流程,设置关键控制点,针对主要风险点在关键控制点上采取控制措施,将业务风险控制在可接受水平之内。

采购是企业生产经营的起点,采购业务一般涉及请购与审批、供应商选择与维护、询价与采购、验收与付款等环节,主要作业有编制请购单并报经审批、编制采购计划、进行采购询价、确定供应商、签订采购合同、预付货款、组织送货、结算货款、记录应付账款、与供应商对账等。

销售是企业实现经济利益流入的关键环节,销售业务一般涉及销售计划与定价政策、客户开发与信用管理、订单处理与销售合同、发货、收款、售后服务等环节,主要作业有接受订单、信用调查、签订合同、预收货款、开票发货、货款结算、账款回收、应收账款管理、采坏账处理等。

投资属于高风险的经济活动,投资业务一般涉及投资方案拟订、论证与审批,投资计划编制与审批,投资计划执行与实施,投资处置,投资评价等环节,主要作业有提出投资建议、拟订投资方案、进行可行性论证、编制投资计划、审批投资计划、执行投资计划、收益或减值核算与持续管理、投资处置、投资评价与考核等。

筹资是企业整个生产经营活动的基础,为企业筹措投资和生产经营活动所需的资金。筹资业务通常涉及拟订筹资方案、进行可行性论证、审批筹资方案、编制筹资计划、执行筹资计划、评价筹资活动与责任追究等环节。

思考题

1. 采购业务的内部控制目标如何设定?
2. 采购业务中常见的风险有哪些?
3. 如何设置采购业务的关键控制点?
4. 采购业务常见的单据和文件有哪些?
5. 销售业务应予以分离的不相容岗位有哪些?
6. 根据你所学的知识,分析出口销售面临哪些特定风险。
7. 如何设置销售业务的关键控制点?
8. 如何设定投资业务的内部控制目标?
9. 投资业务应予以分离的不相容岗位有哪些?

案例讨论

云博公司成立于2015年,致力于智能机器人的研发和制造,其产品广泛应用于冶金、医疗、金融、物流等领域。

云博公司的销售业务由一位主管副总经理负责,主管副总经理根据业务能力选拔、任用多名分别负责不同类别产品的销售经理。每位销售经理管理一个由5～8名销售人员组成的销售组,负责某一类产品的销售。销售组的年度销售计划由销售经理提出,经主管副总经理批准后实施。公司员工包括销售人员的薪酬取决于对公司确定的各项业绩目标所作出的贡献,"唯业观"被公司员工普遍接受。因此,销售经理们往往制定较高的年度销售目标,并把该目标按月分解并分配给组内的每一名销售人员。截至2019年年底,智能机器人市场一直供不应求,销售计划完成得比较顺利,因此,主管副总经理对销售经理提出的销售计划往往不经仔细审核就签字通过。根据业绩目标完成情况,主管副总经理对销售经理进行季度考核和奖罚、销售经理对组内销售人员进行月度考核和奖罚。考核时间的短期化使销售人员时时感受到压力,彼此之间为完成业绩指标争夺客户的情况时有发生。在价格与合同管理上,公司为更快、更多地获取订单采用灵活的做法,赋予销售经理和销售人员可按最低八折价格与客户签订产品销售合同的权力。虽然公司制度规定销售合同须事先经财务、法务部门审核方能签订,但未得到严格执行。公司建立了对销售人员每半年进行一次职业规范、业务技能和相关法律法规培训的制度,但由于销售经理们销售任务重、抽不出时间参加培训,因此该制度始终未能落实。

2020年年初,由于新冠疫情暴发,云博公司的产品订单急剧减少。但销售经理们和主管副总经理却一致认为,新冠疫情不会持续很久,市场需求很快就会转旺,因此要求生产部门生产并储备比疫情暴发前更多的产品。一年后,新冠疫情并未缓解,市场仍然低迷,云博公司的大量产品滞销、积压。有的销售经理未进行资信调查就向新客户赊销产品,造成大量货款至今没有收回。还有个别销售经理与客户合谋,擅自突破公司规定的产品价格折扣底线,以极低的价格出售产品并从对方那里收取"报酬"。公司内部控制和审计部门对销售过程中的失控和混乱现象未能及时发现和纠正。这些原因导致公司销售业务陷入困境。半年后,云博公司由于巨额亏损濒临破产。

要求:简要分析云博公司销售业务存在的主要风险。

第十章 其他业务内部控制

学习目标 >>>

1. 掌握担保业务内部控制的目标、主要风险及控制措施。结合违规担保案例分析,培养廉洁自律和遵纪守法意识。
2. 掌握工程项目内部控制的目标、主要风险及控制措施。结合工程领域腐败案例,知晓贪腐后果,保持清醒头脑,远离腐败行为。
3. 掌握财务报告内部控制的目标、主要风险及控制措施。结合财务舞弊案例,践行"诚信为本,操守为重,坚持准则,不做假账"的职业道德,树立法治观念,培育社会责任感。
4. 掌握母公司控制子公司的主要渠道或方式,提升专业素养和综合能力。

引导案例 >>>

F集团公司是一家大型国有集团公司,由于集团公司是基于行政划转等方式组建的,母、子公司内部连接纽带脆弱,子公司各行其是的现象比较严重。因此,对子公司和分支机构的控制薄弱是困扰F集团公司很长时间的难题。2024年,F集团公司在生产经营和管理活动中发生了以下几件事情:

(1) 2024年3月,F集团公司下属分公司甲事业部经过研究决定建造一栋新厂房,该厂房采取招标方式委托建筑公司建造。工程快完工时,F集团公司组织专家到现场查验,发现工程质量很差,很多建筑材料不合格。进一步追查,发现承包方不具有建筑资质,承包方与甲事业部某领导的关系密切。

(2) 2024年5月,F集团公司下属分公司乙地区分部为了利用专业化分工的优势,将保洁、安保和食堂等后勤业务委托本公司以外的专业机构完成。F集团公司对乙地区分部的外包业务进行检查时,发现成本高、质量差。

(3) 2024年8月,F集团公司召集了一次董事会会议,专题讨论加强对子公司和分支机构的控制问题。会议建议集团公司加强对子公司重大决策权,包括筹资权、对外投资权、对外担保权、重大资本性支出决策权等的控制,对子公司的重大决策应实行集团公司总经理审批制。同时,会议还建议各子公司的总经理和总会计师由集团公司统一任命,直接对集团公司董事会负责。

要求：

（1）请分析甲事业部在工程项目领域、乙地区分部在业务外包领域的内部控制是否存在缺陷，如果存在请指出缺陷并说明如何改进。

（2）请分析判断F集团公司董事会会议的两项建议是否合理，并说明理由。

担保业务、工程项目、业务外包、财务报告等业务是舞弊和腐败高发的领域，特别是担保业务和工程项目一般涉及金额大、时间长、环节多，多种利益关系错综复杂，成为经济犯罪和腐败问题的"高危区"。企业应加强这些领域的内部控制，防范相关风险。另外，对子公司和分支机构的控制薄弱也是很多企业的一块心病，很多企业对此感到力不从心、鞭长莫及。本章将重点介绍担保业务、业务外包、财务报告，以及对子公司和分支机构的风险控制。

第一节 担保业务内部控制

担保是对偿还债务的一种保证：在借贷、买卖、货物运输、加工承揽等经济活动中，债权人需要以担保方式保障其债权实现的，可依照规定设定担保。担保可分为贷款担保、贸易担保、租赁担保、发行债券担保、票据担保、工程担保、商业信用担保、纳税担保等很多种类。本节将主要介绍债务担保，即企业作为担保人按公平、自愿、互利原则与债权人约定，当债务人不履行债务时，依照法律规定和合同承担相应法律责任的行为。债务契约是一种高风险契约，债权人为防范风险，通常会要求债务人或第三方提供担保，特别是那些高风险债务契约。担保主要有保证、抵押、质押、留置和定金等形式，实践中多采用抵押和质押两种形式。担保属于高风险的经济活动，很多企业因担保而陷入诉讼风险，导致重大经济损失。为了防范担保业务风险，企业应加强担保业务管理，全面梳理和分析担保业务流程及其主要风险点，并有针对性地采取相应的控制措施。

一、担保业务总体风险

企业办理担保业务至少应关注以下总体风险：

（1）担保活动不符合国家政策、相关法规或企业内部制度的规定，可能导致担保业务违规操作，加大企业合规风险。

（2）对担保申请人的资信状况调查不深、审批不严或越权审批，可能导致企业担保决策失误或遭受欺诈。

（3）对被担保人出现财务困难或经营陷入困境等状况监控不力，应对措施不当，可能导致企业承担法律责任。

（4）担保过程存在舞弊行为，可能导致调查、审批、经办等相关人员涉案或企业利益受损。

（5）担保业务的会计处理不符合会计准则的规定，或者未履行信息披露责任，可能遭受监管部门谴责或处罚。

二、担保业务内部控制目标

控制目标是确定担保业务关键控制点和实施控制活动的原则与依据，针对担保业务总体风险，企业应设定如下担保业务的内部控制目标：

（1）**合规目标**。确保担保业务符合国家政策、相关法规和企业内部制度的规定；填补漏洞，消除隐患，防止担保业务中的错误或舞弊行为，一旦发现，则及时纠正。

（2）**资产目标**。确保与担保业务相关资产的安全完整。

（3）**报告目标**。确保担保业务会计处理符合会计准则的规定，提高信息披露质量，为信息使用者提供真实、准确和完整的相关信息。

（4）**运营目标**。促进担保业务有序、高效地进行，提高经济效益。

（5）**战略目标**。与企业战略和经营计划紧密联系，使担保业务能有效地支持企业战略和经营计划。

三、担保业务流程设计

担保业务一般包括**受理申请、资信调查和风险评估、担保审批、签订担保合同、进行日常监控和会计系统控制等环节**。图10-1列示的担保业务流程适用于各类企业的一般担保业务，具有通用性。

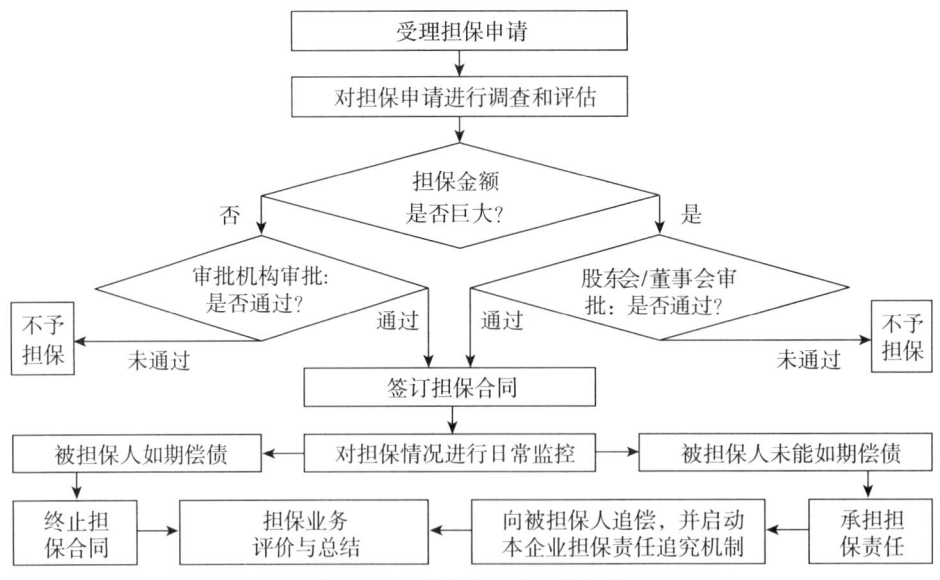

图10-1 担保业务的一般流程

企业应依法制定和完善担保业务政策及相关制度，明确担保的对象、范围、方式、条件、程序、担保限额和禁止担保等事项，规范调查评估、审核批准、担保执行等环节的工作流程，按政策和流程办理担保业务。

四、担保业务职责分工和授权审批

企业应建立担保业务岗位责任制,明确相关部门和岗位的职责、权限,确保不相容岗位相互分离、制约和监督。担保业务不相容岗位应至少包括:**接受担保申请与审批,对申请人资信的调查评估与审批,对被担保人的日常监控与担保业务的监督检查**,等等。同一个部门或个人不得办理担保业务的全过程。

企业应建立担保业务授权审批制度,规定授权审批方式、权限、程序、责任和相关控制措施。审批人在授权范围内进行审批,不得越权审批;重大担保应报经董事会或类似权力机构批准。经办人员应在职责范围内,按审批人的批准意见办理担保业务;对审批人越权审批的情况,经办人应拒绝办理。企业应采取合法有效的措施加强对子公司担保业务的统一监控。企业内设机构未经授权不得办理担保业务。**为关联方提供担保的,与关联方存在经济利益或近亲关系的人员在评估与审批环节应回避**。对境外企业提供担保的,应遵守外汇管理规定,关注被担保人所在国家的政治、经济、法律等风险,并评估外汇政策、汇率变动等可能带来的影响。

担保业务直接涉及担保财产、费用收取、财务分析、债务承担、会计处理和相关信息披露等,因此财会部门在担保业务风险控制中起到举足轻重的作用。担保业务经办部门应与财会部门保持顺畅的信息沟通,促进担保信息及时、有效地沟通。财会部门应建立担保台账,详细记录担保对象、金额、期限、用于抵押和质押的物品或权利以及其他有关事项;同时,应及时足额收取担保费用,维护企业担保权益。财会部门应严格按会计准则进行担保会计处理,发现被担保人出现财务状况恶化、资不抵债、破产清算等情形的,应合理确认预计负债和损失;属于上市公司的,还应区别不同情况依法予以公告。财会部门应切实加强对反担保财产的管理,妥善保管被担保人用于反担保的权利凭证,定期核实财产的存续状况和价值,发现问题及时处理,确保反担保财产的安全完整;财会部门还应夯实担保合同的基础管理,妥善保管担保合同、与担保合同相关的主合同、反担保函或反担保合同,以及抵押、质押的权利凭证和有关原始资料,做到担保业务档案完整无缺。当担保合同到期时,企业要全面清查用于担保的财产、权利凭证,按照合同约定及时终止担保关系。××股份有限责任公司担保业务职责分工和权限指引如表10-1所示。

表10-1 ××股份有限责任公司担保业务职责分工和权限指引

部门	岗位	职责及权限
计划财务部门	信用调查岗	①受理担保申请;②检查受理资料是否齐全;③对担保申请人进行资信调查和风险评估;④提交担保初查报告;⑤对被担保人进行日常监控
	担保审查岗	①审查担保初查报告;②提交担保可行性分析报告;③对被担保人进行日常监控;④相关文件归档管理;⑤办理与担保有关的其他事项
	担保办理岗	①具体办理担保手续;②进行抵押登记;③收取担保费用;④办理代偿和追偿手续;⑤编制担保清单;⑥办理担保终结手续

(续表)

部门	岗位	职责及权限
	主任	①审核批准单笔担保额在 500 万元(不含)以下、担保余额小于最近一期经审计净资产 5%的担保事宜;②定期与分管副总经理沟通担保情况;③担保信息披露
合约合规部门		①协同计划财务部门做好担保申请人的资信调查和风险评估工作;②组织相关人员参与签订担保合同;③负责处理与担保有关的法律纠纷;④协助计划财务部门处理向被担保人的追偿
分管副总经理		审核批准单笔担保额在 500 万元(含)~1 000 万元(不含)且担保余额小于最近一期经审计净资产 10%的担保事宜
总经理		审核批准单笔担保额在 1 000 万元(含)~2 000 万元(不含)且担保余额小于最近一期经审计净资产 20%的担保事宜
董事会		①审核批准单笔担保额在 2 000 万元(含)~5 000 万元(不含)且担保余额小于最近一期经审计净资产 50%的担保事宜 ②经全体董事过半数且出席董事会会议 2/3 以上董事的同意才能通过审核
股东会		须经股东会审批的对外担保,包括但不限于下列情形:①单笔担保额超过最近一期经审计净资产 10%的担保;②对外担保总额超过最近一期经审计净资产 50%所提供的任何担保;③为资产负债率超过 70%的担保对象提供的担保;④对股东、实际控制人及其关联方提供的担保;⑤单笔担保额超过 5 000 万元的担保 股东会在审议为股东、实际控制人及其关联方提供的担保议案时,该股东或受该实际控制人支配的股东,不得参与该项表决;表决由出席股东会的其他股东所持表决权的半数以上通过。除上述第④项以外,应由股东会作出决议,并经出席会议的股东所持表决权的 2/3 以上通过
内部审计机构		对担保业务管理和控制的健全性、有效性进行评价与监督

注:1.如遇利益冲突,相关人员在办理担保业务的过程中应主动回避。

2.应由上级人员审批的担保事宜,下级人员应先行审批再提交上级;应由股东会审批的对外担保,必须经董事会审议通过后方可提交股东会。

五、担保业务各环节的主要风险及其控制

担保业务一般包括决策审批、签订担保合同、担保过程监控、代偿和追偿、绩效评价和追责等环节。

(一)决策审批阶段的主要风险及其控制

决策审批是企业办理担保业务的起点,主要工作包括受理担保申请人的资料,对担保申请人的资信状况和担保项目的风险水平进行调查与评估,审核批准担保等。决策审批是控制担保风险的关键环节,只有进行全面深入的调查研究,科学评估担保项目的风险,才能作出合理判断,才有可能防范后续的担保风险隐患。担保业务决策审批阶段的控制目标、主要风险、关键控制点及控制措施如表 10-2 所示。

表 10-2 担保业务决策审批阶段的主要风险及其控制

业务环节	控制目标	主要风险	关键控制点	控制措施
受理申请	确保受理的担保申请资料齐全,申请人资质符合企业担保政策	①担保政策和管理制度不健全,未对担保申请进行审核和初评 ②对担保申请的审核和评价把关不严,导致申请受理流于形式 ③受理人员可能与申请人存在关联关系,形成利益冲突,导致审核与评价欠缺独立性和公正性 ④受理人员缺乏足够的专业素养进行合理判断,或者存在职业道德问题	①不相容岗位相分离 ②配备合格人员 ③实施回避制度 ④审核及初评申请资料	①建立健全担保业务政策和管理制度,明确担保对象、范围、方式、条件、程序、担保限额和禁止担保的事项 ②严格按担保政策和相关管理制度对担保申请进行审核与初评 ③担保申请受理人员如与申请人存在关联关系则应回避 ④配备具有良好职业道德且胜任业务的人员进行审核与初评
资信调查和风险评估	确保资信调查和风险评估报告客观、公正,真实反映申请人的资信状况和担保风险	①调查评估人员专业能力不胜任,或者存在职业道德方面的问题 ②调查评估人员可能与申请人存在关联关系,形成利益冲突,导致调查与评估欠缺独立性和公正性 ③对担保申请人的资信调查不深入、不完备,未完全了解其资产状况、履约能力和信誉状况 ④未能全面、科学地对担保项目进行风险评估,不能有效地识别担保风险	①不相容岗位相分离及回避制度 ②配备合格人员 ③申请人资信调查控制 ④担保项目风险评估	①配备具有良好道德且胜任业务的人员进行资信调查和风险评估 ②调查评估人员必须与申请受理人员、审批人员分离 ③调查评估人员如与申请人存在关联关系则应回避 ④重点关注申请人的资信状况和风险水平是否符合相关法规与本企业的规定 ⑤合理预测担保项目的经营前景和盈利能力 ⑥规范资信调查和风险评估报告
担保审批	确保审批人员在授权范围内审批,不越权审批;审批依据充分,审批结果恰当	①授权审批制度不健全,导致对担保业务的审批不规范 ②审批不严格或者越权审批,导致担保决策出现重大疏漏,可能引发严重后果 ③审批过程存在舞弊行为,可能导致经办审批等相关人员涉案或企业利益受损 ④审批人员可能与申请人存在关联关系,形成利益冲突,未申请回避	①担保业务授权控制 ②担保业务审批控制	①完善授权审批制度,明确授权审批方式、权限、程序、责任和控制措施 ②重大担保项目实行集体审批和联签制度 ③上市公司重大担保,应取得董事会成员 2/3 以上同意或经股东会批准 ④企业内部机构和分公司不得以企业名义对外提供担保 ⑤设定并严格执行不予担保的"红线" ⑥审批依据要充分,审批结果要恰当,担保金额应控制在设定的担保限额内 ⑦从严办理担保变更审批,担保变更应重新履行调查评估和审核批准程序

(二)签订担保合同阶段的主要风险及其控制

担保合同是约定担保双方权利、义务的载体。该阶段的控制目标是确保合同签订程序合规、内容合法、形式完备、表述准确、结构严谨。签订担保合同阶段的控制目标、主要风险、关键控制点及控制措施如表 10-3 所示。

表 10-3　签订担保合同阶段的主要风险及其控制

业务环节	控制目标	主要风险	关键控制点	控制措施
签订担保合同	确保担保合同内容合法、形式完备、表述准确、结构严谨	①未经授权对外签订担保合同，可能导致合同无效 ②合同内容存在重大疏漏和欺诈，可能导致企业诉讼失败、权利追索被动、经济利益和形象信誉受损 ③相关人员可能损公利私	①合同内容控制 ②合同形式控制 ③合同合规性控制 ④合同用章控制 ⑤合同记录控制	①相关人员应根据经审批的担保内容拟订担保合同 ②合同应明确规定担保范围、期限，以及被担保人的权利、义务和违约责任等，并要求被担保人定期提供财务报告和有关资料，及时通报担保项目的实施情况 ③实行担保合同会审和联签制度，以增强合同的合法性、规范性、完备性 ④加强对有关身份证明和印章的管理，保证用章、用印符合当事人的真实意愿 ⑤规范担保合同的记录、传递和保管，确保担保合同流转轨迹清晰完整、有案可查

（三）担保过程监控阶段的主要风险及其控制

担保过程监控一般包括日常监控和会计系统控制。在担保合同执行的过程中，企业应持续追踪被担保人的经营和财务状况，定期评估被担保项目的风险水平，发现异常应及时报告，以便适时作出反应。会计系统控制不仅是企业实施内部控制的基础，也是有效的内部控制方法，企业应确保担保业务的会计处理和信息披露符合会计准则，会计记录和相关档案完整、有序，会计监督检查健全、有效。担保过程监控阶段的控制目标、主要风险、关键控制点及控制措施如表 10-4 所示。

表 10-4　担保过程监控阶段的主要风险及其控制

业务环节	控制目标	主要风险	关键控制点	控制措施
日常监控	持续追踪被担保人的经营和财务状况，发现异常应及时应对	对担保合同履行情况疏于监控或监控不当，导致企业不能及时发现和妥善应对被担保人的异常情况，可能延误处置时机，加剧担保风险，造成经济损失	①被担保人的财务状况 ②担保项目的实施状况	①指定专人定期监测被担保人的经营和财务状况；持续追踪和监督担保项目的执行、资金使用、贷款归还、财务运行及风险等 ②及时报告被担保人的异常情况和重要信息，特别是被担保人经营困难、债务加重、违反担保合同等情况 ③针对被担保人的异常情况，及时采取措施，降低或规避担保风险

(续表)

业务环节	控制目标	主要风险	关键控制点	控制措施
会计系统控制	确保会计处理和信息披露符合会计准则，会计记录和相关档案完整、有序，会计监督检查健全、有效	①会计系统控制不力，担保业务记录和相关档案保管残缺不全，日常监控难以奏效 ②未能及时足额收取担保费用，损害企业利益 ③担保业务的会计处理和信息披露不合规，可能引发行政处罚 ④对反担保财产和权利凭证保管不力，使企业利益受损 ⑤担保合同到期后，未能及时终止担保关系	①会计记录控制 ②担保信息披露控制 ③担保档案控制	①加强信息沟通，促进信息及时传递 ②建立担保台账，详细记录担保对象、金额、期限、用于抵押和质押的资产等 ③及时足额地收取担保费用，维护企业利益 ④遵循会计准则进行会计处理，及时确认预计负债和损失 ⑤加强对反担保财产的管理，妥善保管有关凭证，定期核实财产存续状况和价值，确保反担保财产安全完整 ⑥担保合同到期后，全面清查用于担保的财产、权利凭证，及时终止担保关系 ⑦夯实档案管理基础，确保会计记录和业务档案完整无缺

（四）代偿和追偿阶段的主要风险及其控制

当被担保人无法按约偿还债务时，企业应依据担保合同承担连带赔偿责任，同时启动向被担保人的追偿行动。企业应确保在被担保人无法按约偿还债务时，自觉地履行代偿义务，同时积极地向被担保人追偿，减少担保损失。代偿和追偿阶段的控制目标、主要风险、关键控制点及控制措施如表10-5所示。

表10-5 代偿和追偿阶段的主要风险及其控制

业务环节	控制目标	主要风险	关键控制点	控制措施
代偿和追偿	自觉代偿，积极追偿，减少损失	①不履行代偿义务，可能被诉至法庭，影响企业形象和声誉 ②承担代偿义务后向被担保人追偿不力，可能造成经济损失	①代偿控制 ②追偿控制	①当被担保人无力偿债时，应自觉地按担保合同承担清偿义务，树立法治意识和诚信形象 ②代偿之后，依法加大对被担保人的追偿力度，注意收集证据，做到举证有力

（五）绩效评价和追责阶段的主要风险及其控制

任何业务在完成和终结后，都应建立相应的总结评价和责任追究制度，担保业务也不例外。企业应在解除担保合同、完成代偿和追偿任务后，及时总结经验教训，落实岗位责任制，追究相关部门和人员的责任。绩效评价和追责阶段的控制目标、主要风险、关键控制点及控制措施如表10-6所示。

表10-6　绩效评价和追责阶段的主要风险及其控制

业务环节	控制目标	主要风险	关键控制点	控制措施
绩效评价和追责	落实担保业务责任制	未及时评价担保业务，未总结经验和教训，没有落实岗位责任制，未有效追究失职人员的责任	①绩效评价控制 ②责任追究控制	落实岗位责任制度，对担保业务中出现的受理、审查、评估、审批、监控等失误，以及未按规定办业务的部门和人员追究责任，落实奖惩措施

第二节　业务外包内部控制

业务外包是企业利用专业化分工优势，将生产经营和管理活动中的部分业务委托给外部专业机构或经济组织（以下简称"承包方"）完成的经营行为。常见的外包业务如研发、资信调查、可行性研究、委托加工、物业管理、客户服务、信息技术服务等。

一、业务外包总体风险

企业将一些非核心、次要或辅助性的功能或业务外包给外部专业机构，利用其专长和优势提高企业的整体效率与竞争力，而**自身则专注于那些核心功能或业务**，可以形成成本降低、效率提高、核心竞争力突出和整体实力增强的局面。但业务外包自身也充满风险，企业应加强对这一领域的内部控制，防范相关风险。在业务外包的过程中，企业至少应关注以下总体风险：

（1）业务外包违反国家法律法规，可能遭受外部处罚，造成经济损失和信誉损失。

（2）业务外包未经适当审批或越权审批、决策不科学，可能因重大差错、舞弊、欺诈而导致损失。

（3）外包范围和价格确定不合理，承包方选择不当，可能导致企业资产遭受损失。

（4）对外包业务的实施过程监控不严，服务质量低劣，可能导致企业难以发挥业务外包的优势，导致外包决策失败或经营效率低下。

（5）业务外包信息的保护措施不当，可能导致企业商业机密被泄露。

（6）业务外包的会计处理不当，相关记录不完整，可能导致财务报告及其他相关信息失真等。

二、业务外包内部控制目标

针对业务外包总体风险,企业应设定如下内部控制目标:

(1)**合规目标**。企业应确保业务外包符合国家政策、相关法规和企业内部规章制度的规定。

(2)**资产目标**。企业应防止并及时发现、纠正外包业务的错误或舞弊行为,确保与业务外包相关资产的安全完整。

(3)**报告目标**。企业应确保外包业务记录完整,数据真实可靠,业务外包会计处理符合会计准则的规定,能为信息使用者提供真实、准确和完整的高质量信息。

(4)**运营目标**。企业应促进外包业务有序、高效地运行,充分发挥业务外包的优势,提高经济效益,提高企业整体运营的效率和效果。

(5)**战略目标**。业务外包与企业战略和经营计划紧密联系,使外包战略的决策与执行能在总体上有效地支持企业战略和经营计划。

三、业务外包流程设计

如图10-2所示,业务外包流程主要包括制订业务外包实施方案、审核批准、选择承包方、签订业务外包合同、组织实施业务外包活动、业务外包过程管理、验收、会计系统控制等环节。

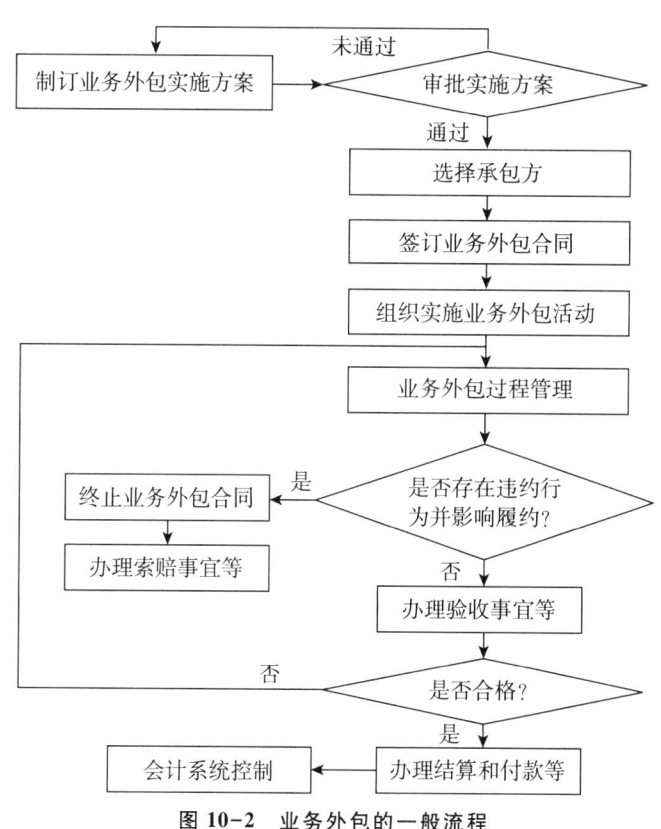

图10-2 业务外包的一般流程

四、业务外包各环节的主要风险及其控制

(一) 业务外包决策阶段的主要风险及其控制

业务外包决策阶段包括制订业务外包实施方案、审核批准、选择承包方等环节。

制订业务外包实施方案是企业根据年度经营计划和业务外包管理制度,结合确定的业务外包范围,制订实施方案的过程。审核批准是企业按规定的权限和程序审核批准业务外包实施方案的过程。选择承包方是企业按批准的业务外包实施方案择优选择承包方的过程。

业务外包决策阶段的控制目标、关键控制点、主要风险及控制措施如表10-7所示。

表10-7 业务外包决策阶段的主要风险及其控制

业务环节	控制目标	关键控制点	主要风险	控制措施
制订业务外包实施方案	业务外包实施方案科学完整、合理可行,符合企业生产经营的特点	①制定业务外包管理制度 ②实施方案的可行性评估或论证	①缺乏业务外包管理制度,导致方案制订无据可依 ②实施方案不合理、不符合企业生产经营的特点或内容不完整	①建立和完善业务外包管理制度,合理确定业务外包范围,明确业务外包的方式、条件、程序和实施等 ②严格按业务外包管理制度规定的业务外包范围、方式、条件、程序等制订实施方案 ③根据企业年度预算及经营计划,对实施方案的重要方面进行深入评估,确保方案可行 ④认真听取专业人员对业务外包的意见,并根据其合理化建议完善实施方案
审核批准	授权恰当,审批程序规范,审核评价科学合理	①授权 ②审核 ③批准	①授权不当 ②审批制度不健全或流于形式 ③审批不严格或越权审批 ④未审核方案的经济性和可行性等	①建立和完善业务外包审批制度 ②加大对分公司重大业务外包的管控力度,避免因分公司越权进行业务外包给企业带来不利后果 ③审核和评价业务外包实施方案,对比分析该业务自营与外包的风险和收益,评估外包的合理性和可行性 ④总会计师或分管会计工作的负责人参与重大业务外包决策,对业务外包的经济效益作出合理评价 ⑤重大业务外包实施方案由董事会或类似机构审批
选择承包方	择优选择承包方,合理确定承包价格,避免相关人员舞弊或收受贿赂	①调查候选承包方 ②确定外包价格 ③选择承包方 ④审批承包方	①承包方无资质 ②从业人员不具备专业资格或缺少专业经验 ③外包价格不合理、成本过高 ④存在贿赂等舞弊行为	①调查候选承包方的合法资格和专业资质 ②调查候选承包方的技术实力及从业人员的专业技能 ③考察候选承包方类似成功案例、业界评价和口碑 ④综合考虑内外部因素,合理确定外包价格,严控成本 ⑤引入竞争机制,择优选择承包方 ⑥按规定程序和权限选择与审批承包方,并建立回避和监督处罚制度,避免相关人员选择承包方时出现受贿和舞弊行为

(二）业务外包实施阶段的主要风险及其控制

业务外包实施阶段包括签订业务外包合同、组织实施业务外包活动和业务外包过程管理等环节。

确定承包方后，企业应及时与选定的承包方签订业务外包合同，约定业务外包的内容和范围、双方的权利和义务、服务和质量标准、保密、费用结算标准和违约责任等事项。组织实施业务外包活动要求企业严格按照业务外包制度、工作流程和相关要求，组织业务外包过程中人、财、物等方面的资源分配，建立与承包方的合作机制，为下一环节的业务外包过程管理做好准备，确保承包方严格履行业务外包合同。企业在组织实施业务外包活动时，应根据业务外包合同条款，落实双方应投入的人力资源、资金、硬件及专有资产等，明确承包方提供服务或产品的工作流程、服务模式、职能架构、项目实施计划等内容。根据业务外包合同的约定，承包方会采取在特定时点向企业一次性交付产品或在一定期间内持续提供服务的方式交付业务外包成果。由于承包方交付成果的方式不同，因此业务外包过程也有所不同。前者的业务外包过程是指承包方对产品的设计制造过程，后者的业务外包过程是指承包方持续提供服务的整个过程。

业务外包实施阶段的控制目标、关键控制点、主要风险及控制措施如表10-8所示。

表10-8　业务外包实施阶段的主要风险及其控制

业务环节	控制目标	关键控制点	主要风险	控制措施
签订业务外包合同	业务外包价格合理，业务外包合同内容完整、表述准确、权责清晰	①确定业务外包价格 ②草拟业务外包合同 ③审核业务外包合同 ④签订业务外包合同	①未针对相关风险作出明确约定 ②承包方违约责任界定不清晰 ③业务外包价格不合理或费用过高 ④未明确违约补救措施	①拟定合同前，评估业务外包实施方案的重要风险点，并通过合同条款予以有效规避或降低 ②明确约定承包方提供服务的类型、数量、成本，以及服务环节、作业方式、作业时间、服务费用等细节 ③明确约定双方的责权利及存在问题的沟通方式 ④明确约定服务和质量标准，以及未达到标准的补救措施 ⑤具体约定承包方的保密责任和义务 ⑥综合考虑内外部因素，合理确定业务外包价格 ⑦明确约定双方的违约责任及补救措施
组织实施业务外包活动	承包方工作流程和质量标准清晰明确，外包业务实施过程有序高效，与承包方沟通协调积极有效	①制定业务外包实施全过程管控机制 ②明确承包方工作流程和质量标准 ③业务外包实施中的信息与沟通	①业务外包过程管控工作不充分或未落实到位 ②未明确承包方工作流程和质量标准 ③未与承包方建立有效的沟通协调机制，缺乏相关信息的收集和传递机制	①按业务外包制度、工作流程和相关要求，制定业务外包实施全过程的管控措施，落实与承包方之间的资产安全、信息资料、人力资源、安全保密等管理机制 ②做好与承包方的对接工作，通过培训等方式确保承包方充分了解企业的工作流程和质量要求，从价值链的起点开始控制业务外包质量 ③与承包方建立并保持畅通的沟通协调机制，及时发现并解决业务外包过程中存在的问题 ④梳理工作流程，针对每项岗位的职责分工、质量要求等提出明确要求，并建立即时监控机制，及时检查、收集和反馈业务外包实施过程中的相关信息

(续表)

业务环节	控制目标	关键控制点	主要风险	控制措施
业务外包过程管理	督促承包方持续保持履约能力,按照约定质量要求持续提供合格产品或服务,保护相关信息安全,避免商业秘密被泄露	①承包方履约能力评价与考核 ②实时监控承包方履约能力 ③建立重大业务外包失败的应急方案 ④承包方违约索赔 ⑤相关信息保密控制	①承包方不能持续保持履约能力,无法按照合同约定履行义务 ②承包方违约,无法按照约定质量要求持续提供合格产品或服务,外包优势难以发挥,甚至遭受重大损失 ③信息管控不力,导致商业秘密被泄露	①动态监控重大业务承包方的履约能力,对承包方开展日常绩效评价和定期考核 ②持续评估承包方对项目的投入是否能够支持其产品或服务质量达到企业预期目标,承包方自身的财务状况、技术创新等综合能力是否满足项目要求 ③建立实时监控机制,一旦发现偏离合同目标等情况,及时要求承包方调整改进 ④对重大业务外包的各种意外情况作出充分预计,建立应急机制,制订临时替代方案 ⑤有确凿证据表明承包方存在重大违约行为并导致业务外包合同无法履行的,应及时终止合同,并指定有关部门按法律程序向承包方索赔 ⑥切实加强对业务外包过程中形成的商业信息资料的管理

(三) 验收及后评估阶段的主要风险及其控制

业务外包合同执行完成后需要验收的,企业应建立外包业务验收制度,组织相关部门或人员对完成的业务外包合同进行验收。承包方最终提供的产品或服务应与外包合同的约定一致。业务外包归口管理部门应对所有产品或服务的差异予以确认,并及时告知承包方进行调整改进。

重大业务外包合同执行完成后,企业应对外包业务的目标、执行过程、效益效用等进行分析和评价,落实业务外包项目决策、实施和验收环节的责任追究制度。需要索赔的,应加强索赔管理,积极依法、依约索赔。对于承包方认可的赔款事项,企业应指定专人跟踪和报告,以便及时收回赔款并追究责任人的责任;对于长期未决赔款,企业可通过法律手段予以解决。

验收及后评估阶段的控制目标、关键控制点、主要风险及控制措施如表10-9所示。

表10-9 验收及后评估阶段的主要风险及其控制

业务环节	控制目标	关键控制点	主要风险	控制措施
验收	确保收到的产品或服务符合合同约定的标准,合理处理差异,减少损失	①明确验收方式 ②明确验收标准 ③规范验收过程 ④处理验收异常	①验收方式与业务成果交付方式不匹配 ②验收标准不明确或不合理 ③验收程序不规范,验收流于形式,不能及时发现存在的问题	①根据承包方的产品或服务交付方式,确定相应的验收方式,可以一次性验收,也可以分阶段验收 ②根据业务外包合同的约定,确定产品或服务数量和质量的验收标准 ③组织有关部门和相关人员,严格按照验收标准对承包方交付的产品或服务进行审查和全面测试,确保产品或服务符合需求,并出具验收证明 ④验收过程发现异常的,应立即报告,查明原因,视问题的严重性与承包方协商补救措施,并依法索赔

(续表)

业务环节	控制目标	关键控制点	主要风险	控制措施
后评估	明确责任,落实奖罚,持续改进业务外包	①后评估的组织②明确责任③落实奖罚④持续改进	①重大业务外包缺少后评估或评估流于形式②后评估不能明确责任,落实奖罚	①对重大业务外包开展后评估②根据验收结果对业务外包是否达到预期目标作出总体评价③依据业务外包管理制度和评估结果,明确相关人员责任,落实奖罚④依据评价结果改进和优化业务外包管理制度与流程

(四)业务外包会计系统控制的主要风险及其控制

财会部门在业务外包风险控制中具有重要的作用,相关业务部门和职能部门应与财会部门保持顺畅的信息沟通,促进业务外包信息得到及时、有效的沟通。重大业务外包项目从立项开始,财会部门就应提前介入,以便从源头开始控制相关风险。外包业务会计核算应符合会计准则的要求,能够提供真实可靠、相关及时的业务外包信息。财会部门应加强对业务外包的审核与监督,并做好外包费用的结算工作。

业务外包会计系统控制的控制目标、关键控制点、主要风险及控制措施如表 10-10 所示。

表 10-10 业务外包会计系统控制的主要风险及其控制

业务环节	控制目标	关键控制点	主要风险	控制措施
业务外包会计系统控制	业务外包会计核算符合会计准则的规定,能提供高质量的财务报告信息,业务外包成本核算真实准确,会计审核与监督真实有效	①业务外包会计核算②业务外包信息披露③会计审核与监督④业务外包档案保管	①会计系统控制失效,未能真实、完整地记录和反映业务外包各环节的资金流与实物流②业务外包会计处理不当,导致信息失真③结算审核不严,支付不当,可能导致资金或信用受损④业务外包档案管理混乱	①根据会计准则的规定,加强对业务外包中交由承包方使用的资产、涉及资产和负债变动的事项及外包合同诉讼等的核算与监督②根据会计准则的规定,结合业务外包的特点和管理机制,建立并完善业务外包成本核算方法,进行有关会计处理,并在财务报告中披露相关内容③向承包方结算费用时,应依据验收证明,严格按合同约定的结算条件、方式和标准办理支付④及时整理和归档保管业务外包相关合同、文件、单据、记录和报告等,建立业务外包档案

第三节 财务报告内部控制

高质量的信息披露是市场经济健康、有序发展的重要条件,对保护利益相关者的权益具有重要意义。然而,近年来财务丑闻频发,严重损害了利益相关者的权益,降低了市场的有效性,引起了人们的广泛关注。合理保证财务报告及相关信息的真实、完整是企业内部控制的重要目标,财务报告风险是企业面临的重要风险。财务报告风险是指企业财务报告未达到相应的质量要求,不能实现财务报告目标的可能性。本节将对财务报告各环节的主要风险进行系统梳理,并有针对性地设置关键控制点,提出相应的控制措施,以提高企业信息披露的质量。

一、财务报告的主要环节及其控制目标

企业财务报告业务可分为编制、审核、审计、批准、发布和使用六个环节,如图10-3所示。

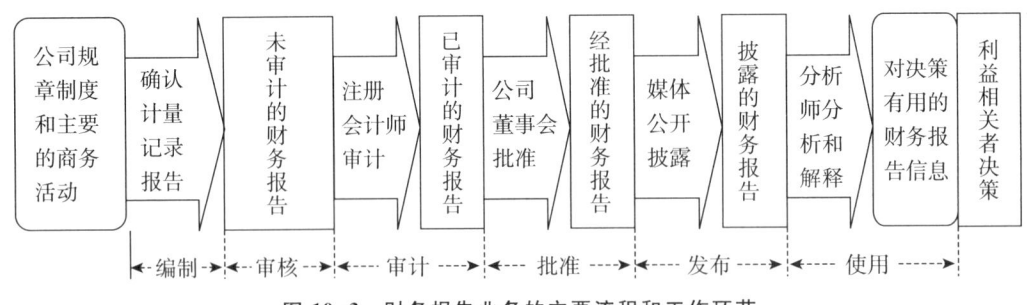

图10-3 财务报告业务的主要流程和工作环节

财务报告**编制**环节涉及制订编制方案、确定重大交易或事项的会计处理、清产核资、**核实债权债务、对账与结账、编制个别财务报表、编制合并财务报表**等。编制环节是财务报告生成的基础,编制环节的风险控制效果直接影响财务报告信息是否真实、可靠。**这一环节的控制目标是确保企业有明确的财务报告编制程序、清晰的权责分工和合理的人员配备,遵循会计准则和内部制度编制财务报告。**

财务报告审核环节是指财务报告在对外提供前,财会部门负责人、总会计师或分管领导与企业负责人通过审核程序保证财务报告的准确、真实、完整及合法合规。这一环节的控制目标是**确保企业财务报告按规范的流程得到审核,以保证对外提供的财务报告的真实性、完整性和合规性。**

财务报告审计环节是指企业在对外发布财务报告前,聘请具备相应资质的会计师事务所对财务报告进行审计;会计师事务所在政府和市场的监管下,按照会计规范和审计规范审计财务报告。这一环节的控制目标是**保证被审计的财务报告具有可信性**,使财务报告使用者可以依据被审计的财务报告作出正确、有用的经济决策。

财务报告批准环节是指财务报告须由财会部门负责人、总会计师、企业负责人审核以及董事会或类似机构批准后方可对外发布,以保证财务报告真实完整及合法合规。这一环节的控制目标是保证财务报告真实完整及合法合规。

财务报告发布环节是指企业将财务报告连同审计报告向投资者、债权人、政府监管部门等报送,披露自身的财务信息,以达到为财务报告使用者提供决策依据的目的。这一环节的控制目标是**让财务报告使用者能够更加快捷、有效地利用财务报告及其相关资源。**

财务报告使用环节是指分析师利用资产负债表、利润表和现金流量表等财务报表,对企业的财务状况、经营成果及现金流量进行系统的分析和评价。这一环节的控制目标是:评价企业的经营业绩、财务状况和现金流量,揭示财务活动中存在的矛盾和问题,为改善经营管理提供方向和线索;分析企业的预算是否完成,评估管理层的经营情况,并就改善经营效果提出财务建议;对企业的未来风险报酬作出预测,为财务报告使用者作出正确的经济决策提供必要的依据。

二、财务报告编制环节的主要风险及其控制

企业应在编制财务报告前拟订财务报告编制方案,明确财务报告的编制依据、编制方法和程序、职责分工和编报时间安排等;确定重大交易或事项的会计处理方法,如债务重组、兼并收购、非货币性资产交换、公允价值计量、资产减值等;组织财会部门及有关部门进行资产清查和债权债务的核实工作;在日常信息核对无误的基础上完成对账、调账、差错更正等工作,然后实施关账操作;按会计准则规定的财务报表格式和内容,根据真实、完整的会计账簿记录和其他有关资料编制个别财务报表;集团公司在编制合并财务报表前,应及时取得纳入合并范围内各分公司、子公司和内部独立核算单位的财务报表,并按规定程序进行形式和内容的审核,若发现问题则应退回原单位重编。

财务报告编制环节的控制目标、关键控制点、主要风险及控制措施如表10-11所示。

表10-11 财务报告编制环节的主要风险及其控制

业务环节	控制目标	关键控制点	主要风险	控制措施
拟订财务报告编制方案	编制方案切实可行,会计政策及时更新,会计政策和会计估计变更审批恰当,编制程序合法合规,职责分工和时间安排清晰合理	①确定财务报告编制方法(如会计政策,会计估计,合并方法、范围与原则等)②确定财务报告编制程序③职责分工(牵头部门、配合部门职责分工)、时间安排等	①会计政策未更新,不符合准则规定②会计政策和会计估计变更未经审批,导致会计政策或会计估计不当③会计政策未能有效贯彻、执行④各部门职责、分工不清,导致数据传递出错、遗漏、格式不一致等⑤各步骤时间安排不明确,导致整体编制进度延后,违反报送的要求	①按照会计法规、会计准则和最新监管要求,及时更新企业内部会计规章制度和财务报告编制流程等②按照规定权限和程序审批会计政策调整事宜③财务报告流程、年报编制方案经企业分管财务会计工作的负责人核准后签发④建立完备的信息沟通渠道,将内部会计规章制度和财务流程、会计科目表和相关文件及时、有效地传达至相关人员,以确保有效执行⑤通过内部审计等定期测试会计政策的执行情况及其在不同部门、不同期间的一致性⑥明确职责分工,总会计师或分管副总经理组织领导,财会部门具体编制,各部门配合,及时提供编制财务报告所需信息,并保证信息的真实、完整⑦按照报送要求倒排时间节点,严格执行,确保进度

(续表)

业务环节	控制目标	关键控制点	主要风险	控制措施
确定重大交易或事项的会计处理方法	重大交易或事项的会计处理方法合规、有效	①确认对当期有重大影响的交易或事项 ②确定重大交易或事项的会计处理	①重大交易或事项的会计处理不合法 ②重大交易或事项会计信息扭曲,无法如实反映实际交易或事项	①关注和收集重大交易或事项信息,建立处理流程,经审批后执行 ②关注会计准则变化及其对财务报告的影响 ③沟通需要专业判断的重大交易或事项及其会计处理 ④按照法规、准则和内部制度的规定,确定重大交易或事项的会计处理
清查资产、核实债权债务	保证资产、负债账实相符	①资产清查 ②减值测试 ③债权债务核实	①资产、负债账实不符 ②资产计价方法随意变更 ③未计提资产减值准备或计提不当 ④提前、推迟甚至不确认资产或负债	①制订具体可行的资产清查、负债核实计划 ②认真执行资产清查和负债核实计划 ③发现账实不符的差异,应分析原因,按规定处理,并记录账实不符和差异的处理情况 ④按照会计准则的规定对各项资产、负债进行计量 ⑤按照会计准则的规定进行减值测试,确认减值损失,计提减值准备,确保账实相符
对账与结账	保证账簿记录真实完整、账账相符、结账正确及时	①账账核对相符 ②账证核对相符 ③进行试算平衡 ④更正差错、调整不相符记录 ⑤结账和关账	①账证、账账不符 ②虚列或隐瞒收入,推迟或提前确认收入 ③随意改变成本、费用确认或计量标准 ④结账时间、程序不符合规定 ⑤关账后又随意打开会计期间等	①核对各种账簿记录之间是否钩稽相符 ②进行发生额和余额的试算平衡 ③按权责发生制和会计准则的要求,调整收入和费用 ④按规定结账,不因赶报表而提前结账或把本期事项延至下期登账,也不得先编表后结账 ⑤关账之后如需要重新打开已关闭的会计期间,则须填写申请表,并经总会计师或分管领导审批
编制个别财务报表	按照会计准则要求编制真实、完整的个别财务报表,如实反映企业的经营活动	①财务报表编制程序 ②财务报表格式 ③财务报表内容	①财务报表编制程序存在问题 ②报表格式不符合要求 ③报表内容存在漏报或错报,误导使用者 ④附注内容不完整,披露不充分	①按照经批准的财务报表编制方案编制个别财务报表 ②按照会计准则和监管要求选用财务报表格式 ③审核个别财务报表的内容,校验报表项目与账户的对应关系,以及报表项目之间、前后期之间、不同报表之间、报表项目与附注之间等的钩稽关系 ④审批财务报表,确保不存在重大漏报或错报 ⑤按照会计准则的要求编制附注,并与报表项目建立对应或索引关系

(续表)

业务环节	控制目标	关键控制点	主要风险	控制措施
编制合并财务报表	确保合并财务报表不存在重大漏报或错报,如实反映集团的经营情况	①统一集团的会计政策 ②确定合并范围 ③审核个别报表 ④汇总内部交易 ⑤编制抵销分录 ⑥合并报表项目	①集团内部会计政策不统一 ②合并范围不完整 ③内部交易信息不完整 ④合并抵销分录不准确 ⑤报表项目合并计算错误 ⑥合并财务报表未经审核和批准	①统一集团内母子公司的会计政策,如果子公司的财务报表按照不同政策编制,则应按照准则规定处理 ②遵循会计准则的规定,确认合并范围是否完整 ③审核子公司财务报表 ④汇总内部交易信息并编制合并抵销分录 ⑤对内部交易信息及合并抵销分录进行交叉复核 ⑥将合并抵销分录录入试算平衡表 ⑦对母子公司报表项目进行合并,计算合并后的金额 ⑧编制合并财务报表,并经适当审核和批准

三、财务报告其他环节的主要风险及其控制

财务报告编制完成后还要经过审核、审计、批准、发布和使用等环节,这些环节的控制目标、关键控制点、主要风险及控制措施如表10-12所示。

表10-12 财务报告其他环节的主要风险及其控制

业务环节	控制目标	关键控制点	主要风险	控制措施
审核	按规定流程审核财务报告,确保其真实性、完整性和合规性	①财会部门负责人审核 ②总会计师审核 ③单位负责人审核	①未按规定程序审核 ②对内容的真实性、完整性及格式的合规性等审核不充分	①严格按规定程序审批,认真审核财务报告内容的真实性、完整性及格式的合规性等 ②保留审核记录,建立责任追究制度 ③装订成册,加盖公章,并由相关人员签章
审计	选择具备资质的会计师事务所,保证被审计财务报告具有可信性	①会计师事务所遴选 ②与审计师沟通	①财务报告对外提供前未经审计 ②审计机构选择不合规,审计机构与企业串通舞弊	①选择具备资质的会计师事务所进行审计 ②不干扰审计人员的工作,认真落实审计意见 ③注册会计师及其所在事务所出具的审计报告,应随财务报告一并提供

(续表)

业务环节	控制目标	关键控制点	主要风险	控制措施
批准	保证财务报告真实、完整及合法合规	①财会负责人审核 ②总会计师审核 ③企业负责人审核 ④董事会或类似权力机构批准	①报告提供前未按规定程序审核 ②未经董事会或类似权力机构批准	①财会负责人审核报告的准确性,并签章 ②总会计师或分管领导审核报告的真实性、完整性、合规性,并签章 ③企业负责人审核报告整体的合规性,并签章 ④董事会或类似权力机构批准对外发布
发布	让报告使用者能更加快捷、有效地利用财务报告	①一般企业财务报告经相关审核并签章后对外提供 ②上市公司财务报告经董事会和监事会审批后发布 ③财务报告与审计报告一同报送	①对外提供过程未遵循相关规定,导致被谴责或处罚 ②报送不及时,信息时效性降低 ③对外提供前泄露信息,导致内幕交易发生等	①通过制度来明确财务报告对外提供的对象。例如,国有企业要向职工代表大会公布财务报告,上市公司财务报告要向全社会提供 ②明确对外报送时间,倒排编制、审核、报送的时间节点,对未能按时完成的人员进行处罚 ③设置保密程序,对能够接触报告的人员设置权限,保证信息对外提供前控制在适当的范围 ④记录信息的访问情况,以便及时发现可能的泄密行为;万一泄密,方便找到责任人 ⑤及时整理、归档保存对外提供的财务报告
使用	充分利用财务报告,全面分析企业的生产经营和管理状况、存在的问题等,为改善管理提供线索,对企业未来的风险报酬作出预测,为信息使用者的决策提供支持	①建立并完善财务分析制度 ②定期编写财务分析报告 ③定期召开财务分析会	①未建立财务分析制度,或虽已建立但存在缺陷 ②财务分析报告不正确或分析方法不当 ③内容不完整,未重大交易或事项进行专门分析 ④分析局限于财务部门,未充分利用相关部门的资源 ⑤财务分析报告未经审核等	①建立并完善财务分析制度 ②明确财务分析的目的,运用正确的分析方法 ③充分利用各类资料,包括财务信息、从其他部门获得的非财务信息及外部信息等 ④加强财务分析的组织,总会计师在财务分析工作中发挥主导作用,负责组织领导 ⑤财会部门负责人负责审核财务分析报告的准确性、完整性和真实性 ⑥定期召开财务分析会,吸收有关部门负责人参加,加强沟通,完善财务分析报告 ⑦财务分析报告经适当审批后,及时报送企业负责人和相关部门,作为决策支持的依据

第四节 对子公司和分支机构的控制

子公司是受母公司控制的独立法人,拥有独立的名称、公司章程和组织机构,自主经营,独立核算,独立承担公司行为所带来的一切后果和责任。母公司通过委派子公司董事会的多数成员,实现对子公司重大交易或事项的控制。分支机构或分公司是与总公司或本公司相对的一个概念,没有独立的法律地位,是总公司下属的、直接从事业务活动的附属机构。对子公司和分支机构的控制薄弱是很多企业的通病,企业应加强对子公司和分支机构的控制。

一、对子公司组织层面的控制

对子公司的控制应围绕目标导向、权责配置、业绩监控、绩效考评等重点展开。母公司要抓好**对子公司的目标确定和考核评价两个关键**,至于子公司的日常运营则强调设定好规则,以制度和机制为保障进行程序控制。

（1）母公司**应依法制定或参与建立子公司的治理架构,确定子公司章程的主要条款**。

（2）母公司可**根据子公司章程,选任代表母公司利益的董事、经理及总会计师等高级管理人员到子公司任职**。

（3）母公司委派的董事、经理及总会计师应定期向母公司报告子公司经营管理的有关事项;对于重大风险或重大决策信息,委派的董事应及时上报母公司董事会。**委派的总会计师应实行定期轮岗制度**。

（4）子公司经理未能履行其职责并对企业利益造成重大损害的,母公司有权向子公司董事会提出罢免建议。

（5）母公司应建立健全对子公司委派董事、经理、总会计师等人员的绩效考核与薪酬激励制度,充分发挥其积极性,维护企业的整体利益。

（6）母公司可以根据需要设置专职部门（或岗位）,具体负责对子公司的股权管理工作。

（7）母公司财会部门应根据公司章程规定或董事会授权,对子公司的财务活动实施控制,主要职责包括但不限于:①统一母、子公司会计政策和会计期间;②负责编制母公司的合并财务报表;③参与子公司财务预算的编制与审查;④参与子公司总会计师或其他会计人员的委派与管理工作;⑤参与子公司的资金控制与资产管理工作;⑥参与内部转移价格的制定与管理。

二、对子公司业务层面的控制

（1）母公司应建立子公司业务的授权审批制度,**在子公司章程中明确约定子公司的业务范围和审批权限**。子公司不得从事业务范围或审批权限之外的交易或事项;对于超越业务范围或审批权限的交易或事项,子公司应提交母公司董事会或股东会审议批准后方可实施。重大交易或事项包括但不限于子公司的发展计划及预算、重大投资、重大合同或协议、重大资产收购和出售及处置、重大筹资活动、对外担保和互保、对外捐赠及关联交易等。

（2）母公司应参照子公司历年的盈利水平，结合子公司的实际经营状况及其在一定期间所能达到的业绩水平，合理确定子公司的投资回报率，**核定子公司的业绩指标，促进子公司资产保值、增值。**

（3）母公司应根据整体战略规划，协调子公司的经营策略，督促子公司据以制订相关的经营计划和年度预算方案，以确保企业整体目标和子公司责任目标的实现。

（4）母公司应**对子公司金额较大或风险较高的重大投资项目实施审核、监督。**

（5）母公司应**对子公司重大合同或协议及重大资产收购、出售及处置事项进行控制。**

（6）凡引起注册资本变动及涉及重大负债的筹资活动，子公司应提出方案，经子公司董事会批准后，提交母公司董事会或股东会审议通过后方可实施。母公司可采用以下方式对子公司的筹资活动进行控制：①单笔负债额度控制；②负债总额控制；③资产负债比率控制；④资产负债比率与企业绩效挂钩控制。

（7）母公司应按子公司章程的约定，审核子公司利润分配或亏损弥补方案，并考虑以下因素：①母公司利益分配要求和子公司未来发展需要；②盈余和现金是否充足；③出资人的出资比例；④有关法规和会计准则规定的法定程序。

（8）未经母公司董事会或经理批准，子公司不得对外提供担保或互保。经批准的担保事项，母公司负责组织专人定期检查。

（9）子公司对外捐赠资金或资产超出一定限额的，应经母公司董事会或经理批准。

（10）母公司应统一制定关联交易的政策和程序，并加以有效控制。

（11）母公司应指导子公司制定重大交易或事项的内部报告和对外披露制度。

（12）母公司应根据子公司的业务特征及所在地的法规要求，协调子公司的内部控制与风险管理工作，督促子公司建立健全本单位的内部控制体系。

三、母、子公司合并财务报表及其控制

（1）母公司应制订合并财务报表编制方案，**明确纳入合并财务报表的合并范围。**

（2）**母子公司应统一会计政策和会计期间**；对难以统一的海外上市子公司，应经由母公司董事会及其审计委员会审议批准。

（3）母公司应定期**审核内部交易及往来会计科目**，确保内部交易和往来业务得到准确、完整的账务处理并核对一致。

（4）母公司应审核纳入合并范围的子公司财务报表，对于审核发现的差错应通知相关人员按规定程序及时纠正；有条件的母公司可利用计算机信息系统，实现对财务报表的自动检查。

本章小结 》》

担保业务、工程项目、业务外包、财务报告等业务是舞弊和腐败高发的业务领域，特别是担保业务和工程项目一般涉及金额大、时间长、环节多，利益关系错综复杂，成为经济犯

罪和腐败问题的"高危区"。对子公司和分支机构的控制薄弱,也是困扰很多企业的一个难题。企业应加强这些领域的内部控制,防范相关风险。

担保业务一般包括受理申请、资信调查和风险评估、担保审批、签订担保合同、进行日常监控和会计系统控制等环节。业务外包流程主要包括制订业务外包实施方案、审核批准、选择承包方、签订业务外包合同、组织实施业务外包活动、业务外包过程管理、验收、会计系统控制等环节。企业财务报告业务可分为编制、审核、审计、批准、发布和使用六个环节。企业应在细化和明确业务控制目标的基础上,识别和分析上述业务流程各环节的主要风险,设置关键控制点,针对主要风险在关键控制点上采取控制措施,将业务风险控制在可接受水平之内。

子公司是独立法人,具有独立的决策权和经营权。母公司应依法制定或参与建立子公司的治理架构,确定子公司章程的主要条款;选任代表母公司利益的董事、经理及总会计师等高级管理人员,并对选派到子公司的人员进行绩效考核与薪酬激励;股权投资较多的企业,可以根据需要设置专职部门(或岗位),具体负责对子公司的股权管理工作;母公司财会部门应加强对子公司财务报告、全面预算、重大资金收支等活动的管控。企业可以比照对子公司监督管理的制度,对分公司、具有重大影响的参股公司进行监督管理。

思考题 >>>

1. 担保业务中常见的风险点有哪些?
2. 担保业务中应予以分离的不相容岗位有哪些?
3. 如何设计担保业务的基本业务流程?
4. 业务外包的总体风险有哪些?
5. 财务报告业务的主要环节有哪些?各环节的内部控制目标如何设定?
6. 财务报告编制环节的主要风险有哪些?如何控制这些风险?
7. 如何加强对子公司的控制?

案例讨论 >>>

G公司成立于2002年,2013年正式挂牌上市。2023年12月16日,一家国际著名调查机构发布做空G公司的报告,指出G公司在苜蓿草和产奶量等方面数据造假。随后数月,国内一家银行审计发现,G公司大量单据造假,将账上30亿元资金转出投资房地产,无法收回。此外,业内人士也发现了G公司编制财务报告的多处内部控制缺陷:

(1) G公司2023年3月的报表显示公司流动资金充足,并对企业的持续经营能力表示肯定。然而2023年度的财务报表显示,G公司2023年的经营活动在收入、成本、借款等方面存在不实问题,企业未来的持续经营能力存在重大不确定性,财务报表存在重大错报风险。

(2) G公司2021年4—6月向某种业公司累计购买约680万元的种子,但该交易并未在中期报告中及时披露,而后期执行董事蔡坤被发现间接持有该种业公司的控股权,该购买行为被证明为关联交易。2021年12月23日,G公司将其当年4月建立的富强子公司的股份转让给新成立的兴旺公司,后者由刘烨个人100%控股。然而此次交易不具有正当的商业理由,且G公司2022年财务报告并未披露此次处置子公司的作价,业内人士质疑G公司建立富强公司的目的是利用关联方转移资产。

要求:简要分析G公司财务报告存在的主要风险。

第十一章　行政事业单位内部控制与风险管理

学习目标 >>>

1. 熟悉行政事业单位内部控制的目标。理解并践行党和政府执政为民的思想理念,提高办事效率,减少资源浪费,保障公共利益和公共服务质量,更好地满足人民群众需求。
2. 理解行政事业单位内部控制与企业内部控制的主要区别,培育稳健的风险管理文化,促进可持续繁荣。
3. 熟悉行政事业单位风险评估和控制方法,培育风险防范意识,树立底线思维。
4. 掌握廉政风险防控的内部控制目标,树立正确的权力观、利益观和道德观,拒绝贪污腐败,守住道德底线。

引导案例 >>>

粮库私设"小金库"长达 18 年,虚报冒领、套取公款作为"私房钱"

"小金库"是违反法规及其他规定,应列入而未列入单位合法账簿的各项资金(含有价证券)及其形成的资产。近年来,随着各地深入整治,财务管理日渐严格,私设"小金库"的情况得到有效遏制,但仍时有发生。

2022 年,青岛市城阳区纪委监委开展粮食购销领域腐败问题专项整治工作。接到关于城阳区粮食收储中心的问题线索后,办案人员从财务查起,分批调取该中心 20 余年的账目,邀请专业审计人员参与可疑账目审核,发现该中心存在虚报冒领、套取公款并私设"小金库"等问题。城阳区原财贸局党委书记、局长,原粮食局局长刘某忠,城阳区粮食收储中心前后两任主任刘某泽、徐某以及财务科原科长纪某刚等 6 人的严重违纪违法问题得到严肃查处。

刘某泽自 2004 年下半年起设立"小金库"并使其延续至他 2010 年离任。徐某接替刘某泽上任后,同样设立"小金库"直至 2021 年年底。因此,该粮库"小金库"的存续时间前后长达 18 年。纪某刚在粮食收储中心财务科工作了 20 多年时间,业务经验丰富,账目做得非常工整;加之"小金库"资金以现金形式存放在一个带锁的铁皮柜子里,单从流水账目上很难发现问题,隐蔽性强。

经查,城阳区粮食收储中心"小金库"的资金主要来自虚报损耗冒领补贴费、保管费,虚构粮食交易的买粮款,在粮食轮换过程中虚构运费、装卸费等,以及在粮食置换业务中收取的回扣等。城阳区粮食收储中心最初设立"小金库"是为了处理单位一些不好入账的费用,比如请客招待、发放节日福利等开销从"小金库"中支取资金比较方便;后来,"小金库"变成了刘某泽、徐某、纪某刚等人的"私房钱"。而作为上级主管单位领导,刘某忠对私设"小金库"等问题失管失察,负有重要领导责任。

从本案例可以看出:该单位负责人和相关人员纪法观念淡薄,单位相关制度和内部控制机制落实不到位,存在用现金结算、将公款存入个人账户等问题。单位内部控制存在漏洞,对关键岗位的廉政风险缺乏有效管控,作风建设和纪律建设不扎实。

资料来源:根据中纪委国家监委网站2023年12月25日发布的要闻公告(https://www.ccdi.gov.cn/toutiaon/202312/t20231225_316800.html,访问时间:2024年10月20日)整理。

行政事业单位是提供社会公共服务的主体,掌握着大量公共资源,其内部控制的好坏影响着广大民众的切身利益。行政事业单位经常出现的"统计数据打架""采购金额超标""滥用职权""贪污腐败"等问题,或多或少都与其内部控制相关。因此,**建立健全行政事业单位内部控制,对规范行政事业单位内部权力运行、防止职权滥用、提高内部管理水平、加强廉政风险防控、提高公共服务的效率和效果等具有重要作用**;同时,也有利于维护社会公共利益,提高政府公信力,促进经济和社会的健康发展。

第一节 行政事业单位内部控制与风险管理概述

内部控制是保障组织权力规范有序、高效运行的重要手段,也是组织目标实现的长效保障机制。2012年以来,为规范行政事业单位内部控制建设,财政部先后发布了《行政事业单位内部控制规范(试行)》《关于全面推进行政事业单位内部控制建设的指导意见》《关于开展行政事业单位内部控制基础性评价工作的通知》《行政事业单位内部控制报告管理制度(试行)》等文件,为规范行政事业单位内部经济和业务活动、制约内部权力运行提供了制度依据。

一、行政事业单位内部控制的概念及目标

行政事业单位内部控制是指行政事业单位为实现控制目标,通过制定制度、实施措施和执行程序,对经济活动的风险进行防范和管控。

行政事业单位内部控制的目标以提高公共服务的效率和效果为核心,合理保证单位经济活动合法合规、资产安全和使用有效、财务信息真实完整,有效防范舞弊和腐败。合规目标包括行政事业单位活动不仅要遵守法律法规和监管要求,也要遵守行政事业单位内部制定的各种政策方针和规章制度,还要遵守伦理和道德层面的公序良俗和公平正义。资产目标包括行政事业单位不仅要加强资产管控,**保障资产安全完整**,也要提高资产利用**效能,有效使用资产**,避免由于差错、闲置浪费、使用效率低下而可能带来的资产损失。

内部控制是行政事业单位为了防范和管控经济活动风险而建立的内部管理系统,它

由内部环境、风险评估、控制活动、信息与沟通和内部监督等要素组成,是行政事业单位为履行职能、实现总体目标而对相关风险进行管理的过程。行政事业单位内部控制的主体是行政事业单位领导层和全体职员,控制的对象是经济活动中的相关风险。

内部控制不是为了彻底消灭风险,而是要**将剩余风险控制在可接受水平以内**。很多情况下,风险是无法彻底消除的。

二、行政事业单位内部控制的组织体系

内部控制不是职能管理,不是部门管理,而是全面风险管理。为确保全员参与、全业务覆盖、全过程监控,行政事业单位应成立三个小组:

(1)**内部控制领导小组**:作为内部控制建设的政策制定和决策机构,组长由行政事业单位负责人担任,成员包括行政事业单位领导班子和其他相关成员。

(2)**内部控制工作小组**:作为内部控制工作的牵头单位,组长负责内部控制工作的领导责任,成员包括各部门负责人和业务骨干。牵头责任是组织、协调,要分清楚牵头责任和主体责任。按风险归属责任,谁的工作谁对相关风险承担主责。

(3)**监督评价小组**:监督评价是确保内部控制有效的关键,是对体系设计及实施情况进行监督检查,评价其健全性和有效性,发现和认定缺陷,并加以改进和完善的过程。通常由负责纪检监察工作或内部审计工作的领导担任组长。

为确保风险管理**人人有责,人人尽责**,需要设置三道风险防线:通过**业务部门、职能部门和监督部门三道风险防线,将风险管理职责压紧压严压实到业务流程各环节、各责任部门和各工作岗位**。作为第一道防线,业务人员和业务部门对业务风险承担主责,绝大多数业务风险要在第一道防线得到有效防控。作为第二道防线,各职能部门除了对本领域或本部门职责范围的风险承担主责外,还要协助业务风险的防控。

三、行政事业单位内部控制建设的思路

绝大多数情况下,行政事业单位的内部控制建设并不是推倒重来或从零开始,而是在梳理现状的基础上,识别缺陷和不足,分析成因,然后改进和完善。实际上,**内部控制建设没有终点,而是一个精益求精的持续改进过程**。已建立起比较完备内部控制体系的单位,**应着重抓好落地实施、监督评价和持续改进工作**,不断提升行政事业单位的风险管理水平。

改进和优化的前提是对行政事业单位内部控制现状进行调查与评估,包括对行政事业**单位整体层面和业务层面的现状梳理**,涉及**规章制度、业务流程、权责配置、风险信息**等。通过摸清现状,分析现有内部控制缺陷和薄弱环节,弄清楚阻碍内部控制目标实现的因素,确定需要改进和优化的方面。

考虑到行政事业单位的组织和业务特点,其内部控制建设应紧密围绕**预算管理和资金收支**两条主线开展,**借助现代信息技术**,对各项经济活动风险进行全面管控。

四、行政事业单位开展内部控制建设的关键任务

行政事业单位开展内部控制建设的关键任务包括:制订内部控制实施方案、建立内部

控制相关组织、开展内部控制风险评估、修订完善内部管理制度、绘制业务流程图、开展内部控制信息化建设、进行内部控制监督与评价等。

行政事业单位进行内部控制建设的年度任务清单包括调整内部控制相关组织(如有变动)、召开内部控制领导小组会议、开展内部控制专题培训和关键岗位培训、进行风险评估、更新岗位职责说明书、对相关制度进行必要的修订、对业务流程图进行必要的修订、执行关键岗位轮岗机制、开展本级和下属单位内部控制评价、填报年度内部控制报告并对下属单位填报的内部控制报告信息质量进行监督检查。

五、行政事业单位内部控制与企业内部控制的比较

行政事业单位内部控制和企业内部控制的原理、思路和方法基本相同,但也有不同之处。

(一) 内部控制建设的最终责任主体不同

董事会是企业内部控制建设的最终责任主体,而行政事业单位内部控制建设的最终责任主体是单位负责人。

(二) 内部控制目标不同

行政事业单位的内部控制目标主要包括:合理保证行政事业单位经济活动合法合规、资产安全和使用有效、财务信息真实完整,有效防范舞弊和预防腐败,提高公共服务的效率和效果。其中,前三大目标与企业内部控制的**目标相同**。**行政事业单位与企业内部控制目标的差异在于**:企业内部控制强调提高经营和管理的效率和效果,促进企业实现发展战略;而行政事业单位内部控制则强调要有效防范舞弊和预防腐败,提高公共服务的效率和效果。

(三) 内部控制原则不同

企业和行政事业单位的内部控制建设,**都应遵循全面性、重要性、适应性和制衡性等原则**。但行政事业单位更注重社会效益而不仅仅是经济利益,其**内部控制建设不强调成本效益原则**。企业内部控制建设要遵循成本效益原则,以适当的成本实现有效控制。

(四) 内部监督机制不同

企业是自主经营、自负盈亏的经济主体,有强大的内部控制建设内在动力,**董事会、监事会、审计委员会和内部审计等内部监督机制也较为健全,企业较重视内部监督机制**。对于行政事业单位而言,其资金主要来源于公共财政,旨在对外提供公共服务,因此,财政部门、主管机构、政府审计、社会公众、大众媒体等外部监督机构成为推动行政事业单位内部控制建设的重要力量。行政事业单位主张内部监督与外部监督并重,由外部监督推进内部监督机制的完善。

六、行政事业单位的风险评估

(一) 建立风险评估机制

风险评估是测评风险发生的可能性及其潜在后果的过程。行政事业单位内部控制建设的主要内容就是识别和分析经济业务活动的风险,然后因地制宜地设置控制方法并监督执行。

行政事业单位应建立风险评估机制,对经济活动存在的风险进行全面评估。**行政事业单位风险评估至少每年进行一次,外部环境、经济活动或管理要求等发生重大变化的,应及时对经济活动的风险进行重新评估。**

行政事业单位开展**风险评估应成立工作小组,单位负责人担任组长**。风险评估工作小组可以是跨部门的,也可以设置在内部控制职能部门或牵头部门,但必须与各业务部门密切联系,充分发挥相关部门的作用。风险评估结果应形成书面报告并及时提交单位领导班子,作为完善内部控制的依据。

风险评估可分为目标设定、风险识别、风险分析和风险应对四个步骤进行。

1. 目标设定

目标设定是指行政事业单位采取恰当的程序去设定控制目标,确保所选定的目标支持并契合单位的职责使命。行政事业单位应根据内部控制五大目标,定性定量相结合,设定单位整体层面和业务层面的具体目标,将相关经济活动风险控制在可接受水平之内。例如,行政事业单位设定的一项业务目标是 90% 以上的投诉举报在 48 小时内反馈,同时设定风险容限指标为 50% 的投诉举报在 48 小时内得不到反馈(风险容限是能够容忍的上限,能够容忍的最大目标偏离)。设定的风险可接受水平是保障 70% 以上的投诉举报在 48 小时内反馈。

2. 风险识别

风险识别是对行政事业单位面临的各种不确定因素进行梳理、识别和描述,形成风险清单。组织可采用各种技术来识别可能影响目标实现的不确定性。行政事业单位应结合各种有形和无形的风险源,面临的机遇和威胁、优势和劣势,内外部环境的变化等因素来识别潜在风险。

3. 风险分析

风险分析是在风险识别的基础上,进一步**分析风险发生的可能性和对行政事业单位目标实现的影响程度**,并对风险状况进行综合评价,以便为制定风险应对策略、选择应对措施提供依据。

4. 风险应对

风险应对是在风险分析的基础上,针对行政事业单位所存在的风险,提出各种风险解决方案,并择优实施方案的过程。**风险应对策略一般包括风险规避、风险降低、风险分担和风险承受等**。行政事业单位应综合运用风险应对策略,实现对风险的有效控制。

（二）行政事业单位整体层面的风险评估

行政事业单位进行整体层面的风险评估时，应重点关注以下方面的风险点：

（1）内部控制工作的组织情况，包括**是否确定内部控制职能部门或牵头部门**，是否建立各部门在内部控制中的沟通协调和联动机制等。

（2）内部控制机制的建设情况，包括经济活动的**决策、执行、监督是否有效分离**，是否**建立权责对等的岗位体系**，是否建立健全议事决策机制、岗位责任制、内部监督等机制。

（3）内部管理制度的完善情况，包括**内部管理制度是否健全，执行是否有效**等。

（4）内部控制**关键岗位管理情况**，包括是否合理设计工作人员任职资格和胜任能力体系等。

（5）**财务信息的编报情况**，包括是否按国家统一会计制度对经济业务和事项进行账务处理并编制财务报告等。

（6）其他情况。

（三）行政事业单位业务层面的风险评估

行政事业单位种类繁多，不同单位的业务活动类型和特点也不同，可能涉及预算管理、资产管理、债务管理、收入管理、支出管理、合同管理、采购管理、工程项目、科研管理、财政专项、信息化管理、所属企业管理、其他附属单位管理、教育基金会管理等。相较于企业而言，行政事业单位进行业务层面的风险评估时，应重点关注以下方面的风险点：

（1）**预算管理情况**，包括在预算编制过程中行政事业单位各部门间沟通协调是否充分，预算编制与资产配置是否相结合、与具体工作是否相对应；是否按批复的额度和开支范围执行预算，进度是否合理，是否存在无预算、超预算支出等问题；决算编报是否真实、完整、准确、及时。

（2）**收支管理情况**，包括收入是否实现归口管理，是否按规定及时向财会部门提供收入的有关凭据，是否按规定保管和使用印章和票据；发生支出事项时是否按规定审核各类凭据的真实性、合法性，是否存在使用虚假票据套取资金的情形。

（3）**政府采购管理情况**，包括是否按预算和计划组织政府采购业务；是否按规定组织政府采购活动和执行验收程序；是否按规定保存政府采购业务相关档案。

（4）**资产管理情况**，包括是否实现资产归口管理并明确使用责任；是否定期对资产进行清查盘点，对账实不符的情况及时进行处理；是否按规定处置资产。

（5）**建设项目管理情况**，包括是否按概算投资；是否严格履行审核审批程序；是否建立有效的招投标控制机制；是否存在截留、挤占、挪用、套取建设项目资金的情形；是否按规定保存建设项目相关档案并及时办理移交手续。

（6）**合同管理情况**，包括是否实现合同归口管理；是否明确应签订合同的经济活动范围和条件；是否有效监控合同履行情况，是否建立合同纠纷协调机制等。

（7）**其他情况**。

七、行政事业单位内部控制方法

在风险评估之后,行政事业单位应采取相应的控制方法将剩余风险控制在可接受水平之内。行政事业单位内部控制的控制方法一般包括:

1. 不相容职务相互分离

该方法要求行政事业单位合理设置内部控制关键岗位,明确划分职责权限,实施相应的分离措施,形成相互制约、相互监督的工作机制。实务中,下列不相容职务通常要分离:

(1)授权进行某项经济业务和执行该项业务的职务要分离;
(2)执行某些经济业务和审核这些经济业务的职务要分离;
(3)执行某项经济业务和记录该项经济业务的职务要分离;
(4)保管某些财产物资和对其进行记录的职务要分离;
(5)保管某些财产物资和使用这些财产物资的职务要分离;
(6)执行某项经济业务与监督该项经济业务的职务要分离。

2. 内部授权审批控制

该方法要求行政事业单位明确各岗位办理业务和事项的权限范围、审批程序和相关**责任**,建立**重大事项集体决策和会签制度**。相关工作人员应在授权范围内行使职权、办理业务。

3. 归口管理

该方法要求行政事业单位根据其实际情况,按照权责对等的原则,采取成立联合工作小组并确定牵头部门或牵头人员等方式,对有关经济活动实行统一管理。

4. 预算控制

该方法要求行政事业单位实施全面预算管理制度,明确各责任单位在预算管理中的职责权限,规范预算的编制、审定、下达和执行程序,强化对经济活动的预算约束,使预算管理贯穿于行政事业单位经济活动的全过程。

5. 财产保护控制

该方法要求行政事业单位建立资产日常管理制度和定期清查机制,**采取资产记录、实物保管、定期盘点、账实核对**等措施,确保资产安全完整,**严格限制未经授权的人员接触和处置财产**。

6. 会计控制

该方法要求行政事业单位建立健全财会管理制度,加强会计机构建设,提高会计人员业务水平,强化会计人员岗位责任制,规范会计基础工作,加强会计档案管理,明确会计凭证、会计账簿和财务报告处理程序。

7. 单据控制

该方法要求行政事业单位根据国家有关规定和行政事业单位的经济活动业务流程,在内部管理制度中明确界定各项经济活动所涉及的表单和票据,要求相关工作人员按规定填制、审核、归档、保管单据。

8. 信息内部公开

该方法要求行政事业单位**建立健全经济活动相关信息内部公开制度**,根据国家有关规定,结合其实际情况,确定信息内部公开的内容、范围、方式和程序。行政事业单位应充分利用现代信息技术加强内部控制,对信息系统建设实施归口管理,将经济活动及内部控制流程嵌入其信息系统中,减少或消除人为操纵因素,保护信息安全。

第二节 行政事业单位整体层面的内部控制

行政事业单位整体层面的内部控制是存在于行政事业单位整体范围内,对内部控制目标的实现能够产生深远影响,对业务层面的内部控制及其他内部控制的有效实施能够产生普遍影响的控制领域。行政事业单位整体层面的内部控制为业务层面的内部控制提供了环境基础,具体包括以下方面:

一、建立内部控制的组织架构

行政事业单位应根据自身业务性质、业务范围、管理架构,**按照决策、执行、监督相互分离,相互制衡的要求**,科学设置内设机构、管理层级、岗位职责权限、权力运行规程,切实做到分事行权、分岗设权、分级授权,并定期轮岗。分事行权要求对经济和业务活动的决策、执行、监督,必须明确分工、相互分离,防止职责混淆、权限交叉;**分岗设权**要求对涉及经济和业务活动的相关岗位,必须依职定岗、分岗定权、权责明确,防止岗位职责不清;**分级授权**要求对各管理层级和各工作岗位,必须依法依规分别授权,明确授权范围、授权对象、授权期限、授权与行权责任、一般授权与特殊授权界限,防止授权不当、越权办事。

行政事业单位应单独设置内部控制职能部门或确定牵头部门,负责组织协调内部控制工作。同时,建立起财会、基建、政府采购、资产管理、合同管理等部门或岗位间的沟通协调机制,积极发挥相关部门或岗位在内部控制中的作用,重视单位内部审计、纪检部门在内部监督中的作用。

二、科学设置内部控制关键岗位

行政事业单位应科学设置内部控制关键岗位,可以在现有编制内按内部控制要求设计工作机制,做到过程分离、岗位分离和不相容职务分离。**经济活动的决策、执行、监督要相互分离**,业务申请与审核审批、审核审批与业务执行、业务执行与信息记录等**不相容岗位要分离**。

行政事业单位应将职业道德修养和专业胜任能力作为选拔和任用员工的重要标准,并以书面形式(岗位责任书或其他相关文件)规定内部控制关键岗位的专业胜任能力和职业道德要求,明确岗位职责、岗位权力以及与其他岗位或外界的关系,并将上述书面要求落实到岗位设置和人员配置中。

对**权力集中、资金密集、资源富集、资产聚集**的重点领域的关键岗位,应通过明确轮岗范围、轮岗条件、轮岗周期、交接流程、责任追溯等要求,建立干部交流和定期轮岗制度,不具备轮岗条件的行政事业单位应采用专项审计等替代控制措施。对轮岗后发现原工作岗位存在失职或违法违纪行为的,应当按国家有关规定追责。

三、建立健全议事决策机制

行政事业单位应建立健全集体研究、专家论证和技术咨询相结合的议事决策机制。行政事业单位**领导班子集体决策应坚持民主集中制原则**;对于业务复杂、专业性强的经济活动,特别是基本建设项目和政府采购业务,应充分听取专家意见,必要时可以组织技术咨询。

行政事业单位应建立健全议事决策制度,包括确定议事成员构成,决策事项范围,投票表决规则,决策纪要撰写、流转和保存,对决策事项的贯彻落实,监督程序等。特别应**明确实行行政事业单位领导班子集体决策的"三重一大"(即重大事项决策、重要干部任免、重要项目安排、大额资金使用)事项范围。"三重一大"事项的认定标准应根据有关规定和本单位实际情况确定,并且一经确定,不得随意变更。"三重一大"事项的内部决策,应形成书面决策纪要,如实反映议事过程及每位议事成员的意见,要求议事成员进行核实、签字,并将决策纪要及时归档保存。**

行政事业单位应注重决策的具体实施,对决策执行的效率和效果进行跟踪评价,避免决策执行流于形式,失去权威性。

四、加强内部审计,强化内部监督机制

内部监督是确保内部控制有效性的关键要素,**内部审计是实施内部监督的重要主体。行政事业单位应加强内部审计工作,保证内部审计机构设置、人员配备和工作的独立性。**内部审计机构对监督检查中发现的内部控制缺陷,应按行政事业单位内部审计工作程序进行报告;对监督检查中发现的内部控制重大缺陷,有权直接向有关部门报告。

在内部控制建设中,内部审计机构按本单位主要负责人或权力机构的要求,具有如下主要职责:

(1)对本单位及所属单位的财政资金收支、财务收支及其有关的经济活动进行审计;
(2)对本单位及所属单位预算内、预算外资金的管理和使用情况进行审计;
(3)对本单位内设机构及所属单位领导人员的任期经济责任进行审计;
(4)对本单位及所属单位固定资产投资项目进行审计;
(5)对本单位及所属单位内部控制的健全性和有效性以及风险管理进行评审;
(6)对本单位及所属单位经济管理和效益情况进行审计;
(7)相关法规和本单位主要负责人或权力机构要求办理的其他审计事项。

五、依法建立会计机构,配备合格会计人员

行政事业单位应**依法建立会计机构,配备具有相应资格和能力的会计人员**,并保障财会部门的人员编制,以便能够实施必要的**不相容岗位相互分离**。财会部门关键岗位应**实施定期轮岗制度或采取替代控制措施,防止财务舞弊的发生**。

六、运用现代信息技术加强内部控制

行政事业单位应积极推进信息化建设,对信息系统建设实施归口管理,在日常办公、财务管理、资产管理等领域实施信息化。行政事业单位在信息化建设的过程中,应**将经济活动及其内部控制流程和措施嵌入信息系统中,减少或消除人为操纵的因素,保证信息系统安全、可靠、可恢复、可审计**。

第三节 行政事业单位业务层面的内部控制

与企业内部控制类似,行政事业单位实施业务层面的内部控制思路如下:一是明确该项业务活动的内部控制目标;二是分析该项业务活动面临的总体风险;三是设计业务流程;四是识别和分析业务流程各环节、各步骤的风险点;五是针对风险点,设置控制点,针对主要风险点设置关键控制点;六是在控制点和关键控制点采取控制措施,实施控制活动;七是定期评价该项业务内部控制的有效性,持续优化和改进其内部控制。

行政事业单位与企业类似的经济业务,其内部控制与风险管理要求也类似,本章不再赘述。下面重点介绍具有行政事业单位特色的预算、收支和政府采购等业务的内部控制与风险管理。

一、预算业务控制

行政事业单位预算是指行政事业单位根据工作目标(事业发展目标)和计划编制的年度财务收支计划。行政事业单位应建立健全预算编制、审批、执行、决算与评价等预算内部管理制度,合理设置岗位,明确相关岗位的职责权限,确保预算编制、审批、执行、评价等不相容岗位相互分离。

(一)预算编制环节控制

1. 预算编制环节的主要风险

(1)以财务部门为主,业务部门参与度较低,预算编制人员预算管理相关政策掌握不及时、不全面、不准确,可能导致预算编制不合理、不合规。

(2)预算编制范围和项目不细、编制粗糙,随意性大,可能导致预算约束不够。

(3)预算编制依据的相关信息不足,可能导致预算目标与单位实际情况脱节。

(4)预算编制基础数据不充分,准确率不高。

(5)预算目标及指标体系设置不完整、不科学。

(6)预算编制程序不规范、方法选择不当、信息沟通不顺畅等,导致预算编制缺乏科学性。

2. 预算编制环节的关键控制措施

(1)采取有效措施确保预算编制的合规性。行政事业单位财会部门应正确把握预算管理相关政策,做好相关人员的培训工作,统一部署预算编制工作,确保预算编制相关人员及时全面掌握相关规定,从而使预算编制符合要求。

(2)建立行政事业单位内部各部门之间的沟通协调机制。建立内部预算编制、预算执行、资产管理、基建管理、人事管理等部门或岗位的沟通协调机制,提高业务部门预算编制参与度,充分掌握预算编制的相关信息,根据业务需要和财力编制预算,保证预算编制的准确性和科学性。

(3)完善编制方法,细化预算编制,保证预算编制的科学性。编制预算应改变传统的"基数+增长"的方法,在对当年预算执行情况进行评价的基础上,根据行政事业单位实际情况制订下一年度工作计划,在全面分析基础数据的基础上对各项收支的规模和结构进行预计和测算,细化预算编制。重大预算项目采取立项评审方式,对预算项目的可行性、绩效等方面进行综合立项评审。

(4)强化相关部门的审核责任。行政事业单位内部各业务部门提交的预算建议数及基础申报数据应经过归口管理部门和财会部门的审核。归口管理部门要根据业务计划对资金额度的合理性进行审核。财会部门主要对预算建议数进行合规性审核,重点关注业务部门对预算建议数的测算是否符合规定的标准,预算安排是否符合国家的政策要求等。

(二)预算审批与执行环节控制

1. 预算审批与执行环节的主要风险

(1)预算指标分解不合理,预算审批后各部门执行责任不清晰,可能导致预算编制与预算执行脱节,各部门财权与事权不匹配。

(2)缺乏严格的预算执行授权审批制度,可能导致预算执行随意。

(3)预算审批权限及程序混乱,导致越权审批,使预算执行缺乏严肃性。

(4)预算执行过程缺乏有效监控,导致预算执行不力,偏离预算目标。

(5)缺乏健全有效的预算反馈和报告体系,导致预算情况不能及时反馈和沟通。

2. 预算审批与执行环节的关键控制措施

(1)合理进行预算指标分解和预算审批。行政事业单位财会部门收到财政部门(或上级部门)的年度预算批复后,应在本单位年度预算总额范围内,及时细化分解本年度内部预算指标。内部指标分解应按各部门(及各下属单位)业务计划对预算资金进行分配,对各项业务的预算金额、标准和具体支出方向进行限定。进行预算审批时,应结合实际预留机动财力。对于在预算审批时尚无法确定具体内容的业务,可先审批该类事项的总额,在预算执行过程中履行执行申请与审批管理。由上级单位统筹管理的预算,可一次性或分次分批下达预算指标,以保留适当的灵活性,避免频繁的预算调整。

（2）强化执行申请和支付控制。预算执行一般包括直接执行、政府采购执行、依申请执行三种方式。除政府采购外，对于支出金额较大、非经常性业务，行政事业单位应先进行预算执行申请。业务部门根据已批复的预算指标提出申请，不得超出可用指标额度，必须将指标额度、支出事项和执行申请一一对应，符合指标批复时的业务范围、经费支出管理办法和细则的相关规定。在资金支付环节，业务部门借款申请或报销申请按规定的审批权限和程序审批完成后，由审核岗对凭证、票据等审核无误后，出纳岗方可依据借款申请或报销申请的资金来源和账户类型，办理具体的资金支付。

（3）建立预算执行追踪问责机制。行政事业单位应建立预算执行分析机制，采取季报、实地检查、重点项目追踪等形式，加强对部门或单位预算资金使用情况的追踪与检查，定期通报预算执行情况，总结预算执行中出现的问题，及时采取应对措施，提高预算执行的效率。

（三）预算决算与评价环节控制

1. 预算决算与评价环节的主要风险

（1）行政事业单位预算决算与预算执行脱节，可能导致决算无法准确反映预算执行情况，预算管理效率低下。

（2）预算考核不严格、不合理、不到位，可能导致预算目标难以实现，预算绩效管理流于形式。

（3）未按规定开展预算绩效管理，评价结果未得到有效应用，可能导致预算管理缺乏监督。

2. 预算决算与评价环节的关键控制措施

（1）强化决算管理。行政事业单位应加强决算管理，确保决算真实、完整、准确、及时，加强决算分析工作，强化决算分析结果运用，建立健全行政事业单位预算与决算相互反映、相互促进的机制。

（2）提高绩效管理水平。行政事业单位应加强预算绩效管理，建立"预算编制有目标、预算执行有监控、预算完成有评价、评价结果有反馈、反馈结果有应用"的全过程预算管理机制。

二、收支业务控制

（一）收入业务控制

行政事业单位收入是指行政事业单位依法取得的非偿还性资金。行政单位收入包括财政拨款收入和其他收入。事业单位收入包括财政补助收入、事业收入、上级补助收入、附属单位上缴收入、经营收入、其他收入。行政事业单位依法取得的应当上缴财政的罚没收入、行政事业性收费、政府性基金、国有资产处置和出租出借收入等，不属于行政事业单位的收入。

1. 收入业务的主要风险

（1）各项收入征收标准和项目超出法定范围，存在收费不规范或乱收费现象。

（2）收入缺乏统一管理和监控机制，可能导致贪污舞弊。

（3）违反"收支两条线"管理规定，对应缴财政收入进行截留、挪用甚至私分，或各项收入不入账或设立账外账，可能导致私设"小金库"。

（4）业务部门和财会部门沟通不够，行政事业单位没有掌握所有收入项目的金额和时限，造成应收未收，可能导致单位利益受损。

（5）对各类票据、印章的管控不善，可能导致票据丢失，相关人员出现错误或舞弊行为。

2. 收入业务的关键控制措施

（1）建立健全收入内部管理制度，合理设置岗位，明确相关岗位的职责权限，确保收款、会计核算等不相容岗位相互分离。

（2）各项收入应由财会部门归口管理并进行会计核算，严禁设立账外账。业务部门应在涉及收入的合同签订后及时将合同副本等材料提交财会部门作为账务处理依据，确保各项收入应收尽收，及时入账。财会部门应定期检查收入金额是否与合同约定相符；对应收未收项目应查明情况，明确责任主体，落实催收责任。

（3）严格执行"收支两条线"管理规定。有政府非税收入收缴职能的行政事业单位，应按规定项目和标准征收政府非税收入，按规定开具财政票据，做到收缴分离、票款一致，并及时、足额上缴国库或财政专户，不得以任何形式截留、挪用或私分。

（4）建立健全票据管理制度。财政票据、发票等各类票据的申领、启用、核销、销毁均应履行规定手续。行政事业单位应按规定设置票据专管员，建立票据台账，做好票据的保管和序时登记工作。票据应按顺序号使用，不得拆本使用，同时应做好废旧票据管理工作。负责保管票据的人员要配置单独的保险柜等保管设备，并做到人走柜锁。行政事业单位不得违反规定转让、出借、代开、买卖财政票据、发票等，不得擅自扩大票据适用范围。

（二）支出业务控制

行政单位的支出指行政单位为保障机构正常运转和完成工作任务所发生的资金耗费和损失，包括基本支出和项目支出。基本支出是指行政单位为保障机构正常运转和完成日常工作任务发生的支出，包括人员支出和公用支出。事业单位的支出是指事业单位开展业务及其他活动发生的资金耗费和损失，包括事业支出、经营支出、对附属单位补助支出、上缴上级支出、其他支出。

1. 支出业务的主要风险

（1）支出申请、支出范围及标准不符合相关规定和要求，基本支出与项目支出之间相互挤占，可能导致行政单位预算失控或经费控制目标难以实现。

（2）支出未按规定审批，重大支出未经领导班子集体研究决定，可能导致错误或舞弊。

（3）支出不符合国库集中支付、政府采购、公务卡结算等相关规定，可能导致支出业务违法违规。

(4) 票据报销凭证虚假、不规范或不合理,可能发生利用虚假发票套取资金等违法违规行为。

(5) 公务卡管理欠完善。未按规定使用和管理公务卡,可能导致以公务卡之外方式支付回避监管的现象。

(6) 对各项支出缺乏定期分析与监控,重大问题缺乏应对措施,可能导致行政事业单位支出失控。

2. 支出业务的关键控制措施

(1) 建立健全支出内部管理制度。确定行政事业单位经济活动的各项支出标准,明确支出事项的开支范围,明确支出报销流程,按规定办理支出事项。

(2) 合理设置岗位,明确相关岗位的职责权限,确保支出申请和内部审批、付款审批和付款执行、业务经办和会计核算等不相容岗位相互分离。

(3) 按支出业务类型,明确内部审批、审核、支付、核算和归档等关键岗位的职责权限。实行国库集中支付的,应严格按财政国库管理有关规定执行。

(4) 加强支付控制。明确报销业务流程,按规定办理资金支付手续。签发的支付凭证应进行登记。使用公务卡结算的,应按公务卡使用和管理有关规定办理业务。

(5) 加强支出的核算和归档控制。与支出业务相关的原始材料应提交财会部门作为账务处理的依据,由财会部门相关人员根据支出凭证及时、准确地登记账簿。

(6) 加强支出业务分析控制。行政事业单位应定期编制支出业务预算执行情况分析报告,为单位领导提供决策有用的信息,以便及时发现问题并积极采取有效的应对措施。

(三) 债务业务控制

1. 债务业务的主要风险

(1) 未经充分论证或集体决策举借大额债务,可能导致不能按期还本付息、行政事业单位利益受损。

(2) 缺乏严格的债务管理制度,债务管理权限不清,可能导致行政事业单位陷入债务危机。

(3) 债务未按规定纳入会计核算系统,形成账外债务,可能导致行政事业单位面临财务风险。

(4) 债务对账和检查不严,长期未进行账务核对,未对债务进行清理,可能导致账实不符。

2. 债务业务的关键控制措施

(1) 实行不相容岗位分离控制。行政事业单位应建立健全债务管理制度,明确债务管理岗位的职责权限,确保债务管理与资金收付、债务管理与会计核算、债务核算与资金收付等不相容岗位相互分离。不得由一人办理债务业务的全过程。

(2) 对债务实施授权审批控制。行政事业单位应建立举借和偿还债务的审批程序。大额债务的举借和偿还属于重大经济事项,应进行充分论证,并由行政事业单位领导班子集体研究决定。

(3) 加强对债务的会计控制。行政事业单位应加强债务的对账和检查控制,定期与债权人对账,做好债务的会计核算和档案保管工作。

三、政府采购业务控制

政府采购是指各级国家机关、事业单位和团体组织,使用财政性资金采购依法制定的集中采购目录以内的或者采购限额标准以上的货物、工程和服务的行为。政府采购业务流程主要包括采购需求与预算管理、采购审批与组织、履约验收与结算、采购质疑与投诉、采购信息公开与档案管理等关键环节,应就各关键环节识别主要风险点,并采取有效的控制措施。

(一) 政府采购业务的主要风险

(1) 政府采购、资产管理和预算编制等部门或岗位间缺乏沟通协调,没有编制采购预算和计划,或者政府采购预算和计划编制不符合相关标准和单位实际情况或未按已批复的预算安排政府采购计划,可能导致采购失败或资金、资产浪费。

(2) 政府采购活动不规范。未按规定选择政府采购方式、发布政府采购信息,对政府采购进口产品、变更政府采购方式等事项审批手续不严,可能导致单位被提起诉讼或受到处罚、采购的产品价高质次、单位资金受损。

(3) 政府采购项目验收不规范,可能导致所购物品的品种、规格、数量、质量等与采购合同约定有差异,单位利益受损。

(4) 政府采购业务质疑投诉答复工作不到位,可能导致政府采购业务质疑投诉不能妥善解决,单位形象受损。

(5) 政府采购业务的记录控制不严格,采购业务相关资料保管不善,可能导致采购业务混乱、责任不清。

(6) 相关供应商或采购中介机构泄露涉密政府采购项目,可能导致单位利益受损。

(二) 政府采购业务的关键控制措施

(1) 加强对政府采购业务预算与计划的管理。根据单位实际需求和相关标准编制政府采购预算,按已批复的预算安排政府采购计划。

(2) 加强对政府采购申请的内部审核,按规定选择政府采购方式、发布政府采购信息。对政府采购进口产品、变更政府采购方式等事项应加强内部审核,严格履行审批手续。

(3) 加强对政府采购项目验收的管理。根据规定的验收制度和政府采购文件,由指定部门或专人对所购物品的品种、规格、数量、质量和其他相关内容进行验收,并出具验收证明。

(4) 加强对政府采购业务质疑投诉答复的管理。指定牵头部门负责、相关部门参加,按国家有关规定做好政府采购业务质疑投诉答复工作。

（5）加强对政府采购业务的记录控制。妥善保管政府采购预算与计划、各类批复文件、招标文件、投标文件、评标文件、合同文本、验收证明等相关资料。定期对政府采购业务进行分类统计，并在内部进行通报。

（6）加强对涉密政府采购项目的安全保密管理，与相关供应商或采购中介机构签订保密协议或在合同中设定保密条款。

第四节　行政事业单位廉政风险防控

有效防范舞弊和腐败是行政事业单位内部控制的重要目标，有效防范舞弊，加强廉政风险防控机制建设是建立健全行政事业单位内部控制的重要方面。廉政风险是行政事业单位职员在行使权力、履行职责过程中发生腐败行为的可能性。防控廉政风险对增强职员廉洁从政意识、规范公共权力运行、提高公共服务的效率和效果具有重大意义。将风险管理理论和现代质量管理方法引入反腐倡廉建设，加强廉政风险防控，是构建惩治和预防腐败体系的重要举措，是规范权力运行、建设法治政府的客观要求，是促进干部队伍作风建设的现实需要，是推进预防腐败工作的有力抓手。

一、廉政风险防控的目标

目标引领行动，廉政风险防控亦需要以合理的目标设定为前提。廉政风险防控主要通过梳理权力清单，围绕权力运行的重点领域、重要岗位和关键环节，识别和评估廉政风险，综合运用教育警示、完善制度、强化监督、问责追责等有效措施，实现"不敢腐、不能腐、不想腐"的廉政风险防控目标。

廉政风险点往往与"人、财、物、权"等息息相关，行政事业单位主要廉政风险点包括：

（一）人事廉政风险点

（1）思想腐化、滥用职权、徇私枉法风险。受拜金主义、个人主义影响，思想腐化变质，追求个人享乐。法律意识淡薄，违反规定搞权钱交易、权权交易，徇私舞弊、以权谋私。

（2）干部选拔任用违规风险。民主推荐流于形式，干部考察名不副实，接受考察对象礼品礼金，给特定关系人优先权，提示评委对特定关系人进行照顾等。

（3）干部监督与考核风险。在干部监督与考核中收受贿赂，对干部监督与考核不深入，走过场，暗中照顾特定关系干部，对群众举报处理不当等。

（4）人员招录的廉政风险。收受贿赂，人为设定有利于特定关系人的资格条件，有意向他人透露相关招录信息，在考试、体检、录用等环节徇私舞弊。

（5）专业技术资格评审风险。受人托请，收受贿赂，有意泄露评委专家信息，向评委专家以行贿、宴请等方式违规获得评审通过资格。违反规定对特定关系人擅自放宽专业技术资格申报条件；对专业技术资格有问题者，不认真核查，不如实报告，或查实后不按规定进行处理。

（6）评优评先的徇私风险。为特定关系人擅自更改评优指标，导致指标分配不合理；

评优程序不公开,或者表面公正实际为特定评优对象进行违规操作。

（7）员工培训徇私风险。借干部教育培训之机,非法收受回扣、礼品、礼金,进行在职消费,接受特殊接待;或以员工培训为借口,行个人享乐之实。

（二）财务管理廉政风险点

（1）贪污受贿风险。主要表现为:财务人员滥用职权非法收受财物或索取好处,以谋求个人利益;对亲属及身边的工作人员管理不严,使其接受馈赠或宴请,收受贿赂,产生廉政问题。

（2）财务报销管理不当风险。碍于人情关系,财务审核人员在报销及费用支出审核中擅自放宽标准,导致财务报销审批权力滥用,费用管理混乱。

（3）财务造假风险。财务人员故意虚报收入、瞒报支出或恶意篡改财务数据,以谋取个人或组织利益。

（4）滥用职权风险。财务主管及相关人员利用职务之便进行违法违规行为,例如擅自处置资产,合谋挪用资金、私设"小金库"等。

（5）与客户、仓管进行利益输送而疏于催款、人为减少收入的确认,不及时进行财产清查等,导致单位利益严重受损。

（6）出于私人目的,利用职权擅自改变资金用途,导致资金调控不合理,不按程序审批拨付资金,可能导致财政资金的误用、挪用等。

（三）物资采购廉政风险点

（1）贪污受贿风险。采购人员及采购主管人员接受回扣,收受贿赂或进行非必要的应酬和享乐。

（2）采购计划论证不足风险。采购人员对拟采购的物资缺乏认真而足够的论证,为物资采购廉政风险的产生提供了可能。

（四）工程项目廉政风险点

（1）思想腐败、贪污受贿风险。在对外联系业务时不坚持原则,假公济私。对施工单位进行吃、拿、卡、要。

（2）滥用职权风险。出于受贿等原因,在工程验收时不坚持原则,不按规范进行验收。利用职权透露合同管理或招标管理中的有关信息;在工程计量及变更上弄虚作假、以少报多,严重者危及工程项目质量;以权谋私,在工程结算时随意改变单价或弄虚作假等。

（3）瞒报或隐瞒事故风险。由于收受贿赂或个人私利,刻意隐瞒工程事故,或对事故责任人追究不到位,致使矛盾激化,单位利益受损。

二、行政事业单位廉政风险防控的工作思路

行政事业单位廉政风险防控应在"全面防控"的同时突出重点,将领导干部特别是掌握人事权、执法权、司法权、审批权、监督权等权力的领导干部作为重点对象,同时要加强

对人、财、物管理等关键岗位的防控,切实规范领导干部的用权行为。

1. 严震慑,保持"不敢腐"的高压态势

查办案件要用好问责追责工具,坚持严的基调,重遏制、强震慑。性质恶劣的重大案例要从严从重从快,惩前毖后,打牢"治"和"防"的基础。

2. 强监督,织密"不能腐"的制度之网

首先,应优化岗位设置,形成廉政风险防控有力的内部监督制约屏障。其次,应建立健全行政事业单位信息公开制度,以保障公民、法人和其他组织依法获取行政事业单位信息,提高工作的透明度。可设立专门的廉政风险防控部门,及时发现漏洞,纠正错误,对于群众举报及时回复和处理。再次,廉政风险因职权而产生,行政事业单位应摸清职权底数,编制权力清单,围绕权力运行的重点领域、重要岗位和关键环节,全面梳理排查廉政风险点,分析评估风险等级,形成廉政风险数据库。最后,重大事项应推进专家论证、集体决策、公开公示等制度。决策应重点关注自由裁量权,制定实施细则,限制自由裁量空间,明确权力边界,制定廉政风险防控的责任主体和具体防控措施。

3. 常警示,筑牢"不想腐"的思想堤坝

思想是行动的先导,应经常性地开展思想道德和廉政风险教育,加强监督和警示教育,以案说法、查处一案、警示一片。通过组织参观廉政教育基地、研究违纪违法典型案例、观看警示教育片等活动,引导领导干部牢固树立自律意识、法纪意识和责任意识,营造风清气正的政治生态,推广正直、诚信和道德价值观教育,增强领导干部不想腐的自觉。不断提高领导干部拒腐防变的能力,自觉做到廉洁自律。

4. 借助大数据和信息技术,做到精准化

通过大数据分析、多维度研判,力求精准监督,精准发现问题,精准刻画违规特征,精准问责追责。立足防风险、治未病,强调关口前移、事前防范,管早管小,尽量将苗头性贪腐行为和廉政风险消灭在萌芽状态。

本章小结 >>>

行政事业单位内部控制是指行政事业单位为实现控制目标,通过制定制度、实施措施和执行程序,对经济活动的风险进行防范和管控。行政事业单位内部控制和企业内部控制的原理、思路和方法基本相同,但行政事业单位内部控制也有其特殊性,在内部控制建设的最终责任主体、内部控制目标、内部控制原则、内部监督机制等方面与企业内部控制有所不同。

行政事业单位应根据自身的实际情况建立和实施内部控制,包括单位整体层面的内部控制和业务层面的内部控制。单位整体层面的内部控制为业务层面的内部控制提供了环境基础,包括建立健全单位内部组织架构、议事决策机制、关键岗位责任制,建立会计机构,配备合格会计人员,进行信息系统建设等。业务层面的内部控制主要包括预算业务控制、收支业务控制、政府采购业务控制等。行政事业单位应采取科学的方法识别和分析经济业务活动的风险点,并采取积极有效的措施防范和降低风险。

有效防范舞弊和腐败是行政事业单位内部控制的重要目标。廉政风险是行政事业单位职员在行使权力、履行职责过程中发生腐败行为的可能性。廉政风险防控主要通过梳理权力清单,围绕权力运行的重点领域、重要岗位和关键环节,识别和评估廉政风险,综合运用教育警示、完善制度、强化监督、问责追责等有效措施,实现"不敢腐、不能腐、不想腐"的目标。

思考题

1. 行政事业单位内部控制的目标有哪些?
2. 行政事业单位内部控制与企业内部控制的主要区别有哪些?
3. 行政事业单位进行整体层面的风险评估应重点关注哪些方面?
4. 行政事业单位进行业务层面的风险评估应重点关注哪些方面?
5. 行政事业单位整体层面内部控制的要点包括哪些?
6. 行政事业单位预算业务的主要风险有哪些?对应的关键控制措施有哪些?
7. 行政事业单位财务收支业务的主要风险有哪些?对应的关键控制措施有哪些?
8. 行政事业单位开展廉政风险防控的目标有哪些?行政事业单位开展廉政风险防控的基本思路有哪些?

案例讨论

甲单位是一家中央级事业单位。2025年5月,甲单位决定开展系统内全面检查,以促进单位内部控制建设。甲单位派出检查组,对不在同一城市的下属A单位进行检查,发现以下问题:

(1) 2024年,A单位开展一项工程项目建设,为套取工程预算和支出,同年5月,A单位负责人陈某直接指使财务负责人王某购买了大量虚假发票,套取资金1 000万元。王某保管所有的财务专用章、个人名章和票据等。

(2) 2024年12月31日,A单位进行盘点时发现办公设备和车辆都存在盘亏的情况。经检查,A单位没有建立资产台账,没有制定盘点制度,A单位资产已经三年没有进行过相应的盘点。

(3) 2024年年底,A单位为各部门发放了一部分奖金,各部门负责人根据部门情况和人员表现决定奖金发放金额。王某在陈某的怂恿下,仅将很少一部分奖金分配给下属单位(并且领取人未在奖金分配单上签名),其余部分由陈某和王某共同占用,合计金额达20万元。

甲单位对A单位的这些问题高度重视,通过办公会作出以下决定:

(1) 建立健全A单位内部控制。由财务负责人组织制定与实施内部控制,今后如果A单位内部控制再出现问题,则由财务负责人承担全部责任。

(2) 加强财务管理。A单位的银行预留财务专用章、个人名章印鉴由财务负责人一人保管,银行票据则由出纳保管。

(3) 加强业务控制。所有业务包括价格谈判、合同签订、业务运作、款项结算等,均由甲单位业务部统一负责,各下属单位仅负责宣传、推广和协助工作等。

（4）建立资产台账,加强资产实物管理,定期清查盘点资产,确保账实相符。建立资产信息管理系统,做好资产的统计、报告、分析工作,实现对资产的动态管控。

要求：

（1）请你从行政事业单位业务层面的内部控制角度分析,A 单位检查发现的问题至少暴露出 A 单位内部控制存在哪些缺陷。

（2）请你分析甲单位办公会作出的决定有无不当之处；如有不当之处,请逐项指出并简要说明理由。

主要参考文献

[1] 陈汉文,池国华.CEO内部控制:基业长青的奠基石[M].北京:北京大学出版社,2015.

[2] 程平.大数据智能风控[M].大连:东北财经大学出版社,2022.

[3] 方红星,池国华.内部控制[M].5版.大连:东北财经大学出版社,2022.

[4] 李维安.CEO公司治理[M].2版.北京:北京大学出版社,2014.

[5] 企业内部控制编审委员会.企业内部控制主要风险点、关键控制点与案例解析:2023年版[M].上海:立信会计出版社,2023.

[6] 企业内部控制编审委员会.企业内部控制基本规范及配套指引案例讲解:2023年版[M].上海:立信会计出版社,2023.

[7] 田高良,李留闯,宋环环,等.数智时代的企业内部控制:关键风险点控制、流程设计与案例详解[M].北京:人民邮电出版社,2023.

[8] 杨有红.企业内部控制系统:构建、运行与评价[M].北京:北京大学出版社,2013.

[9] 中华人民共和国财政部.行政事业单位内部控制规范[M].上海:立信会计出版社,2017.

[10] 张庆龙.新编行政事业单位内部控制建设原理与操作实务[M].北京:电子工业出版社,2017.

[11] 中华人民共和国财政部.行政事业单位内部控制报告管理制度(试行)[EB/OL].(2017-01-25)[2024-05-26].https://kjs.mof.gov.cn/gongzuotongzhi/201702/t20170216_2536035.htm.

[12] ISO. ISO 31000:2018 Risk management:guidelines[EB/OL].(201-02-18)[2024-05-26].https://www.iso.org/standard/65694.html.

[13] ISO. ISO 37301:2021 compliance management systems:requirements with guidance for use[EB/OL].(2021-04-18)[2024-05-26].https://www.iso.org/standard/75080.html.

教辅申请说明

北京大学出版社本着"教材优先、学术为本"的出版宗旨,竭诚为广大高等院校师生服务。为更有针对性地提供服务,请您按照以下步骤通过**微信**提交教辅申请,我们会在 1~2 个工作日内将配套教辅资料发送到您的邮箱。

◎ 扫描下方二维码,或直接微信搜索公众号"北京大学经管书苑",进行关注;

◎ 点击菜单栏"在线申请"—"教辅申请",出现如右下界面:

◎ 将表格上的信息填写准确、完整后,点击提交;

◎ 信息核对无误后,教辅资源会及时发送给您;如果填写有问题,工作人员会同您联系。

温馨提示:如果您不使用微信,则可以通过以下联系方式(任选其一),将您的姓名、院校、邮箱及教材使用信息反馈给我们,工作人员会同您进一步联系。

联系方式:

北京大学出版社经济与管理图书事业部

通信地址:北京市海淀区成府路 205 号,100871

电子邮箱:em@pup.cn

电　　话:010-62767312

微　　信:北京大学经管书苑(pupembook)

网　　址:www.pup.cn